KB038781

아는 듯 몰랐던 한국 문화

아는 듯
몰랐던
한국 문화

최준식 지음

서문

이 책은 한국을 대표하는 20개의 문화유산을 선정한 뒤 이들 유산과 관련된 장소를 여행하면서 쓴 문화유산 탐방기이다. 그동안 나는 한국 문화와 관련한 책은 꽤 출간했지만 이번 책처럼 특정한 주제와 관련된 장소를 여행하면서 책을 쓴 것은 처음이다. 여행이 나의 전문 분야가 아닌데도 여행을 하면서 문화유산을 탐구하게 된 것은 외부 기관으로부터 이 책의 집필을 부탁받았기 때문이다. 그 배경은 이러하다.

2021년의 일로 기억하는데 느닷없이 한국관광공사로부터 연락이 왔다. 한국에 관해 '인문관광지' 같은 것을 하나 써달라는 것이었다. 구체적으로는 한국의 주요 관광지 가운데 20개를 골라 그와 관련된 인문적 환경을 써주면 좋겠다고 제의했다. 그들의 주장에 따르면 국내에 출간된 여행 관련 문헌들이 너무 관광에만 치우쳐 있어 깊이 면에서 부족하니 인문·문화적인 내용이 충분히 포함된 책을 써달라는 것이었다. 나 역시 이전부터 이 점을 문제로 생각하고 있던 터라 두말하지 않고 선뜻 승낙하고 집필에 들어갔다.

그렇게 쓰는 중이었는데 공사 측에서 완성된 원고가 있으면 하나 보여달라고 했다. 중간 점검을 하고 싶었던 것이리라. 나는 그때 벌써 원고의 반을 썼기 때문에 그 가운데 장章 하나를 보여주는 것은 문제가 아니었다. 내가 그들에게 건넨 원고는 한국 음식에 관한 것이었는데 그 원고 하나만 가지고도 나와 공사 측은 의견이 꽤 갈렸다. 특히 역사를 해석하는 관점이 달랐다. 예를 들어, 나는 고려 후기를 서술하면서 '원이 고려를 지배했다'는 표현을 썼는데 그들은 '지배'라는 표현이 너무 강한 것 아니냐고 힐문詰問했다. 이런 것 외에도 다른 의견이 적잖게 있어 그때 나는 공사와 계속 같이 가는 것은 무리겠다는 느낌이 들었다. 원고 하나에서 이러한 어긋남이 생기는데 남은 19개의 원고에서도 같은 일이 없으리라는 보장이 없었다. 그래서 공사 측과의 협업은 없던 것으로 마무리를 지었는데 그동안 써놓은 원고가 아까웠다. 또 원고를 쓰면서 나 자신도 매우 재미있었기 때문에 이 원고를 끝내고 싶었다. 그뿐만 아니라 한국의 인문 환경에 대해 새롭게 알게 된 것이 많아 원고 집필을 마치기로 했다. 그렇게 해서 나온 게 이 책이다.

이 책의 주제는 크게 셋, 즉 '문화'와 '생활'과 '자연'으로 나뉘어 있다. 그리고 이 같은 커다란 주제 밑에 한국 문화를 대표할 수 있는 세부 주제와 장소를 골라 배치했다. '문화'에서는 한국인의 정신을 형성한 종교를 주로 보았고 '생활'에서는 의식주와 같은 한국인의 생활문화를 다루었으며 '자연'에서는 한국의 자연과 관광을 대표하는 지역을 골라 서술했다. 이 책의 주된 독자는 아마 한국 문화를 보다 심층적으로 알고 싶어 하고 그와 관련된 지역을 탐방해서 직접 체험하고 싶은 사람들일 것이다. 그리고 이 책은 외국 친구들에게 한국과 문화를 소개할 때도 지침서가 될 수 있을 것이다.

이 책의 그다음 특징으로 들 수 있는 것은 기존 책이나 인터넷을 검색하면 나올 수 있는 내용은 가능한 한 배제하고 문화의 심층적인 부분을 다루고 있다는 것이다. 건조한 사실이나 진부한 연도를 나열하기보다 문화의 의미를 탐구하는 인문학적인 입장에 중점을 두어 기술했다. 이 책을 쓰면서 내가 항상 염두에 둔 것은 이중환의 『택리지』였다. 이 책은 조선의 대표적인 인문 지리서라고 할 수 있는데 내 책이 이와 꼭 같은 것은 아니겠지만 나는 각 장소를 방문하면서 그 지역의 문화와 사람을 담아내려고 노력했다.

마지막으로 감사의 말씀을 잊을 수 없다. 가장 큰 감사는 말할 것도 없이 이 책을 출간해 준 한울엠플러스(주)의 김종수 사장께 드려야 한다. 책 판매가 나날이 저조해지는 악조건에도 불구하고 이 책을 내주시니 그 고마움이 하늘을 찌른다. 다음 감사는 이 책의 사진 자료를 정리해 준 송혜나 교수께 드려야겠다. 송 교수와 나는 제자들과 함께 국내 답사를 많이 다녔는데, 그는 그때 찍은 사진 가운데 좋은 것을 고르느라고 많은 수고를 했다. 그 덕에 이 책의 가치가 한층 격상된 느낌이다.

이 책이 출간되는 시기는 2023년 말인데, 그 지긋지긋한 '코로나19' 역병의 감염이 잦아들어 사람들이 여행을 다시 자유롭게 다닐 수 있게 되었다. 이 같은 때를 맞이해 이 책이 한국 문화와 여행을 사랑하는 이들에게 조금이라도 보탬이 된다면 더 이상의 바람이 없겠다. 한국에는 이 책에서 다룬 지역 외에도 훌륭한 관광지가 부지기수로 많다. 이번 책에서 다루지 못해 아쉬운 지역이 많았는데 앞으로 이 책을 이어서 같은 주제로 출간이 지속됐으면 하는 바람과 함께 서문을 마친다.

차례

2부 LIFE

3부 NATURE

1부

CULTURE

LIFE

NATURE

1장

한국의
왕실 문화

수도 서울에서 만나는 경복궁과 창덕궁

- 서울! 한국 문화의 이해는 서울에서부터
- 한국 궁궐의 으뜸, 세계적인 관광명소 경복궁
- 경복궁을 한눈에 제대로 보려면 이렇게
- 한국 궁궐 가운데 유일한 세계유산, 창덕궁

1장 표제지 정보 ┃ 경복궁 향원정(ⓒ 송혜나)

한국은 여느 관광국 못지않게 아름답고 유서 깊은 관광 명소들이 많습니다. 최근에는 한류로 인해 한국을 찾는 외국인 관광객이 매우 많아졌습니다. 만일 어떤 외국인이 한국에 방문하고 싶은데 어느 곳부터 가봐야 하느냐고 묻는다면 저는 망설임 없이 수도 서울이라고 대답하겠습니다.

이유는 간단합니다. 서울은 14세기 말에 건국한 조선이 심사숙고 끝에 결정한 수도입니다(당시 명칭은 한양). 그런데 그 역할은 20세기 중반에 대한민국이 열린 뒤에도 계속되어, 서울은 지금까지 수도로서 훌륭한 역할을 하고 있습니다(1948년 이후에 북한의 수도는 평양이 되었지만 말입니다). 이렇게 서울은 최근 600여 년 동안 한국과 관련된 모든 것의 중심지가 되어 있습니다.

서울! 한국 문화의 이해는 서울에서부터

서울은 지리적으로 볼 때도 한반도의 중심에 있습니다. 조선을 세운 이성계가 서울을 수도로 결정한 데에는 여러 이유가 있겠지만 무엇보다 국방과 조세에 가장 적합한 땅이 서울이라고 생각했기 때문일 것입니다.

서울은 한반도의 중심에 자리해 있어 외국 군대가 침입했을 때 방어할 수 있는 시간을 벌 수 있었습니다. 북쪽의 만주 지방이나 남쪽의 바다에서 적이 쳐들어왔을 때 그들이 서울에 도착하려면 상당한 시간이 걸리기 때문에 방어 태세를 갖추기 위한 시간을 충분히 확보할 수 있었던 것입니다.

그런가 하면 서울에는 서해로 흘러가는 한강이 있습니다. 한강은 한반도 내륙으로도 깊이 연결되어 있습니다. 따라서 각 지방에서 세금을 걷어 서울로 운송하기가 대단히 편리했습니다. 한국은 지난 역사 동안 각 왕조들이 평양이나 경주, 개성과 같은 여러 도시를 수도로 삼았지만 이 도시들은 바로 이 두 가지 점에서 서울을 따라갈 수 없었습니다. 그 결과 20세기 중엽에 새로운 한국(대한민국)이 건국되면서도 자연스럽게 서울을 수도로 삼게 된 것일 테지요.

대체로 이런 이유 때문에 저는 현대 한국과 관련된 모든 것을 이해하려면 서울을 최초의 답사 대상으로 삼아야 한다고 한 것입니다. 현재 서울은 한국의 정치나 경제, 문화 등 모든 분야에서 중심지가 되어 있습니다. 그중에서 우리가 중점적으로 다룰 것은 서울의 역사나 문화, 관광 그리고 자연과 관계된 것입니다. 이 분야들도 사실 매우 광범위한 주제인데, 다행히 이들을 한꺼번에 알 수 있는 아주 좋은 곳이 있습니다. 그곳은 바로 경복궁과 창덕궁입니다.

왜 경복궁과 창덕궁부터인가?

경복궁 주변에는 늘 사람들이 많습니다. 국내 나들이객도 많지만 특히 외국인 관광객이 많습니다. 어떤 때는 '여기가 한국이 맞나?' 하는 생각이 들 정도입니다. 이렇게 경복궁은 21세기 현재, 명실상부한 세계적인 관광지입니다.

경복궁은 조선왕조의 제1궁으로서 이름이 높지만, 그러한 영예에 국한되지 않고 한국의 역사나 문화와 관련해 수많은 이야기를 소지하고 있습니다. 경복궁은 최근 600여 년 동안 한국 역사에서 중심적인 역할을 했습니다. 따라서 경복궁에 관해서만 훑어보아도 현대 한국과 관련된 중요한 역사를 알 수 있습니다.

그런가 하면 궁을 세울 때 당시 사람들은 풍수지리설이라는 동북아시아의 독특한 자연관에 의거했습니다. 이 원리를 통해 우리는 과거의 한국인들이 인간과 자연에 대해 어떤 생각을 갖고 있었는지 알 수 있습니다. 그뿐만이 아닙니다. 경복궁에 있는 수많은 건물을 통해 한국의 전통 건축의 원리와 구조에 대해서도 배울 수 있을 것입니다.

경복궁을 다 본 후에는, 경복궁과 대조를 이루는 창덕궁에 대해서 아주 간단하게 살펴볼 것입니다. 창덕궁은 조선의 궁궐 가운데 유일하게 유네스코 세계유산에 등재되어 있습니다(1997년). 창덕궁의 특색은 경복궁과 비교해 볼 때 확연하게 드러나는데, 창덕궁은 가장 한국적인 궁궐이라는 정평이 있습니다. 창덕궁의 건축 원리가 그렇다는 말입니다. 특히 건물들의 배치를 보면 왜 창덕궁을 한국적인 궁궐이라고 하는지, 왜 세계유산에 등재되었는지를 알 수 있을 것입니다.

한국 궁궐의 으뜸, 세계적인 관광명소 경복궁

경복궁은 한국의 궁궐 가운데 중국적인 원리에 가깝게 지어진 궁궐입니다. 여기서 중국적인 원리라 함은 전체 부지에 중심축이 있고 그 축에 따라 건물들이 대칭으로 건축되었다는 것을 뜻합니다. 이 원리가 적용된 예를 알려면 중국 북경에 있는 자금성을 생각하면 됩니다. 자금성은 중심축을 가운데 놓고 대칭의 원리에 따라 건설되었습니다. 현재 서울에는 조선의 다섯 개 궁궐이 남아 있습니다(경복궁, 창덕궁, 창경궁, 덕수궁, 경희궁). 그런데 이러한 중국적인 원리로 지어진 궁궐은 첫 번째로 건설된 제1궁 경복궁이 유일합니다. 이 점은 곧 창덕궁과 비교해 보면 확실하게 드러날 것입니다.

명당의 필수 조건, 산과 강

경복궁을 답사할 때 우리는 그 터를 어떻게 잡았는지에 대해서 먼저 알아야 합니다. 과거의 한국인들이 집터를 잡을 때 활용했던 원리는 풍수론입니다. 이 원리는 중국에서 만들어졌는데 정작 그들은 그다지 활용하지 않았습니다. 대신 한국인은 풍수론의 예찬자가 됩니다. 풍수론은 매우 중요한 원리였기 때문에 전통문화를 이해하려면 반드시 알아야 하는 요소입니다. 그래서 따로 한 장을 할애했는데, 자세한 내용은 그때 살펴보기로 하고 여기서는 풍수론은 터를 잡을 때 산과 강을 매우 중요시한다는 사실만 확인하고 넘어가면 되겠습니다. 왜냐하면 산과 강이 집터를 보호해 준다고 믿기 때문이지요. 그 덕에 서울은 전 세계의 수도 가운데 산과 강이 풍부하게, 그것도 동시에 존재하는 매우 특별하고 아름다운 수도가 되었습니다. 경복궁은 그런 서울에서도 명당 중의 명당에 자리하고 있습니다.

뼈아픈 1592년

경복궁에 방문하는 사람들은 이 궁이 처음부터 이 모습이었다고 생각하기 쉽습니다. 그런데 사실은 그렇지 않습니다. 경복궁은 조선이 건국된 초기에 세워지기 시작했는데, 1395년 창건 당시에는 정전인 근정전을 비롯해 소수의 건물만이 건설되었습니다. 예를 들어 경복궁에는 한국에서 가장 큰 연못 정원인 경회루 연못 정원이 있는데 이 정원은 15세기 초인 1412년이 되어서야 만들어집니다.

그렇게 건물들이 하나둘씩 만들어지던 경복궁은 16세기 말인 1592년 임진년에 일본의 침략을 받아 모든 건물이 불타 없어지는 불운을 겪게 됩니다. 그 후로 무려 250년이 넘는 세월 동안 폐허가 된 상태로 있다가 복원되기 시작한 것은 고종 대입니다. 경복궁은 19세기 중엽인 1867년이 되어서야 비로소 중건되었습니다. 그때까지 조선의 왕들은 경복궁을 대신해 창덕궁을 비롯해 다른 궁에서 생활했습니다.

경복궁의 복원이 끝났을 때 궁 안에는 500여 동이나 되는 건물이 빼곡히 있었습니다. 지금과는 비교가 되지 않은 장엄한 모습이었지요. 아기자기한 골목길도 많았습니다. 그러나 영광은 오래가지 못했습니다.

통한의 1910년

1910년에 한국은 역사상 최초로 다른 나라에 의해 멸망하는데, 그 나라는 다름 아닌 동아시아의 새로운 침략자인 일본이었습니다. 일본은 조선을 멸망시킨 뒤 곧 경복궁의 해체 작업에 들어갑니다. 그들은 경복궁에 있는 대부분의 건물을 없애거나 팔아버렸습니다. 그 결과 1945년에 제2차 세계대전의 끝과 함께 한국이 일본으로부터 해방되었을 때 경복궁에 남아 있던 건물은 수백 동의 건물 가운데 정전인 근정전과 경회루 등 10개도 채 되지 않았습니다.

그런 와중에 1926년에 일본 정부가 세운 조선총독부 건물은 경복궁의 정문인 광화문 안쪽에 크게 자리 잡고 있었습니다. 조선총독부 건물은 그 자체로는 훌륭한 건물입니다. 하지만 한국인의 자존심상 그대로 경복궁 경내에 놓아둘 수 없었습니다. 1995년에 한국 정부는 총독부 건물을 철거합니다. 그리고 경복궁 복원 사업을 시작했지요.

여러분이 방문하게 될 경복궁은 이제 겨우 30퍼센트 정도만이 복원된 상태입니다. 경복궁에 있는 건물들 가운데 근정전이나 경회루 같은 건물은 약 180년의 역사를 자랑하지만 다른 대부분의 건물은 이렇게 1990년대 중반 이후에 지은 새로운 건물이라는 사실을 잊으면 안 되겠습니다.

경복궁을 한눈에 제대로 보려면 이렇게

이제 우리는 경복궁으로 들어갑니다. 경복궁은 중국 건축의 원리에 따라 지어졌다고 했는데, 그것은 궁의 주요 건물들이 중심축에 따라 대칭적으로 지어졌다는 것을 뜻한다고 했습니다. 경복궁은 정문인 광화문부터 정전인 근정전, 그리고 왕과 왕비의 숙소까지 주요 건물들이 모두 한 축에 따라 건설되었습니다. 그럼 들어가 볼까요?

경복궁 경내에 본격적으로 들어가려면 정문인 광화문을 지나 두 번째 문인 홍례문을 통과합니다. 이 두 대문은 모두 21세기에 세워진 것인데, 특히 텅 비어 있는 홍례문 주변을 지나면서는 1926년에 일본의 식민지 정부가 그 일대를 철거하고 조선총독부 건물을 세웠다는 사실을 꼭 기억해야겠습니다. 일제가 자신들의 핵심 관청 건물을 조선의 심장부에 세움으로써 조선인들의 자존심을 완전히 꺾으려고 했던 것이지요.

광화문과 홍례문을 지나 세 번째 문인 근정문까지 통과하면 가장 핵심적인 공간인 근정전(국보) 영역에 도달합니다. 경복궁의 정전인 근정전을 한마디로 하면 '한국의 고건축 가운데 최고'라고 할 수 있습니다. 가장 아름답고 가장 큰 한옥이지요. 이것은 당연한 일입니다. 왕실에서 만든 가장 중요한 건물이니 최고가 나올 수밖에요. 한옥은 지붕선과 처마선이 아름다운 것으로 정평이 나 있습니다. 근정전 건물을 볼 때에도 그 점을 중점적으로 봐야 합니다. 그런데 근정전을 제대로 감상하기 위해서는 건물의 바로 앞이 아니라 멀찍감치 떨어져서 봐야 합니다. 그것도 대각선 각도에서 말입니다.

최고의 뷰포인트, 여길 꼭 가 봐야!

그렇다면 어디로 가서 봐야 할까요? 근정전을 바라볼 때는 오른쪽으로 놓인 행각을 따라서 맨 구석으로 가야 합니다. 그래야 근정전을 45도 각도에서 조망할 수 있습니다. 이렇게 정면이 아닌 대각선 각도에서 봐야 이 아름답고 웅장한 건물의 위용을 제대로 볼 수 있습니다. 아울러 여기서 근정전을 조망해야 하는 또 하나의 특별한 이유는 산 때문입니다. 근정전이 뒷산(북쪽 백악산)과 겹쳐서 보이기 때문에 건물만 볼 때와는 비교할 수 없이 아름답습니다. 물론 서쪽에 병풍처럼 둘러 있는 인왕산과의 조화도 근사합니다.

경복궁은 주위의 자연과 잘 어울리게 건설되었기 때문에 건물을 볼 때도 그 자체만 떼 놓고 본다면 진가를 온전히 알 수 없습니다. 항상 자연, 특히 주위의 산과 건물을 함께 봐야 합니다. 그런데 안타깝게도 국내외 관광객들은 이곳 뷰포인트를 잘 모릅니다. 가지를 않아요. 그러나 사진 전문가들에게는 자리를 먼저 선점해야 하는 최고의 장소입니다. 여러분도 이 포인트로 가서 나름의 창의성을 발휘한 사진들을 남겨보길 추천합니다. 눈으로 보는 것과는 또 다른 묘미가 있을 겁니다. 예를 들어 행각의 지붕이나 기둥을 프레임으로 활용해 보는 것도 좋겠습니다. 어떻게 하면 근정전을 멋있게 담아볼지를 고심하다 보면 자연스럽게 경복궁에서 가장 중요한 건물인 근정전이 거기에 서 있는 이유를 알게 될 것입니다.

경복궁 근정전
ⓒ 최준식

왕의 상징 두 가지

이렇게 멀리서 근정전을 충분히 감상했다면 이제 마당을 가로질러 건물 가까이로 가봅시다. 근정전은 밖에서 보면 2층으로 보이지요? 그런데 내부를 들여다보면 1층으로 되어 있는 것을 알 수 있습니다. 그리고 곧 왕이 앉는 자리가 장엄하게 만들어져 있는 게 눈에 들어옵니다. 그런데 그 자리 바로 뒤에는 왕을 상징하는 그림인 〈일월오봉도〉가 놓여 있습니다. 조선시대에는 왕이 자리하는 곳에 항상 이 그림이 있었습니다. 세종대왕이 그려진 1만 원짜리 지폐를 한번 보시겠어요? 여기에도 〈일월오봉도〉가 있는 것을 발견할 수 있을 겁니다. 이 그림은 이렇게 조선 왕의 상징이자 분신과도 같은 것이었습니다.

천장을 올려다보는 것도 잊지 마시길 바랍니다. 왕을 상징하는 황룡이 웅장하게 조각되어 있으니까요. 그런데 천장에 있는 황룡을 보려면 옆면으로 뚫린 문으로 가서 봐야 합니다. 정면에 나 있는 문에서는 아무리 고개를 치

▲ 근정전 천장에 있는 황룡 조각
ⓒ 국가문화유산포털

◀ 근정전 내부의 어좌
ⓒ 최준식

커세우고 올려다보아도 보이지 않습니다. 동쪽과 서쪽 문 가운데 사람들이 많이 몰려 있지 않은 곳으로 가서 황룡을 만나보면 되겠습니다.

참고로 근정전은 국왕이 일상적으로 회의하는 곳은 아닙니다. 국가에 큰 행사가 있거나 외국 사신이 왔을 때만 사용하는 매우 특별한 공간이지요.

주인이 되어야 보이는 것

그다음에 우리가 갈 곳은 왕실의 공식 만찬 장소인 경회루(국보)와 연못이 있는 정원입니다(이 정원 앞에는 수정전이라는 건물이 있는데, 위대한 문자인 한글이 만들어졌다고 전해지는 곳입니다). 이곳은 조선의 정원 가운데 가장 크고 아름다운 정원입니다. 외국 사신 접대 등 국가의 큰 행사 때에만 사용했습니다. 그런가 하면 왕들은 연못에 배를 띄워놓고 놀기도 했습니다.

특히 경회루의 2층으로 올라가 그곳 내부에서 바라보는 경치는 아름답기 짝이 없습니다. 주인인 왕이 바라보던 그 경치 말입니다. 문에 장식되어 있는 프레임 덕분에 먼발치의 외부 경치는 때로는 고급 액자에 걸린 작품같이 보이기도 합니다. 하늘과 산이 보이고 밑으로는 연못의 물이 보입니다. 특히 물에 비친 하늘, 구름, 나무, 그리고 건물의 모습을 보는 것은 이곳 주인 자리에서만 즐길 수 있는 황홀한 경험입니다. 경회루 내부 관람은 인기가 아주 많은데 별도의 예약이 필요합니다.

물론 외부 관람도 훌륭합니다. 경회루 건물 자체를 외부에서 제대로 감상하려면 연못을 한 바퀴 빙 돌아야 합니다. 그러면 건물과 뒷산이 중첩되면서 환상적인 경치가 나오는데, 둘레를 돌며 보는 경치가 시시각각 매우 아름답습니다. 물론 연못 물 위에 비친 풍경도 놓치면 안 됩니다. 물에 비친 구름과 나무, 그리고 건물들의 모습을 보면 왜 이 정원에 연못을 만들어놓았는지 알 수 있을 것입니다. 참고로 뷰포인트는 이번에도 대각선 코너가 될 수 있답니다.

세계기록유산이 두 개나 탄생한 곳

경회루와 연못 정원을 다 봤다면 다음으로 가볼 곳은 근정전 바로 뒤에 있는 사정전이라는 건물입니다. 이곳은 왕이 국무회의를 하던 곳입니다. 그런데 그런 중요한 업무 장소치고는 건물이 다소 작다는 느낌을 받습니다. 원래 조선은 유교 국가로서 문文을 숭상한 나라였기 때문에 건축 같은 외적인 물질문화에는 크게 신경을 쓰지 않았습니다. 건물을 화려하게 지으려고 하지 않았지요.

대신 내심內心에 역점을 두고 책이나 역사 기록을 만드는 데에 정부의 역량을 쏟았습니다. 그 결과 조선은 무려 10개나 되는 유네스코 세계기록유산을 남겼습니다. 이것은 세계적으로 볼 때 대단한 업적입니다. 한국은 2022년 현재 세계기록유산 순위가 세계 4위로 16개가 등재되어 있는데 그중에서 무려 10개가 조선 것입니다. 그리고 이 10개 가운데 2개 이상이 바로 사정전에서 탄생했습니다. 하나는 세계 최대 단일 왕조 역사서로 무려 472년간의 조선왕조의 역사를 적은 『조선왕조실록』이고, 또 다른 하나는 세계 최대 분량의 역사서로 288년 동안 왕의 비서실에서 기록한 『승정원일기』입니다. 사정전에 가서는 세계적인 이 두 기록물이 만들어지기 시작했다는 사실을 상기해야 합니다.

실록과 일기 제작과 관련해 사정전 안에는 두 사람의 서기가 있었습니다. 한 사람은 그곳에서 이루어지는 회의의 내용을 기록했고(『조선왕조실록』) 또 한 사람은 왕의 개인적인 언행을 빠짐없이 기록했습니다(『승정원일기』). 이렇게 상세한 왕조의 역사 기록은 세계적으로 유례를 찾아보기 힘들다고 합니다. 이렇게 사정전에서는 건물을 감상하는 것보다 조선의 인문 정신을 되새겨야 할 것입니다.

아름다운 굴뚝이 있는 왕비의 특별 정원

사정전 바로 뒤에는 왕과 왕비의 처소가 있습니다(강녕전, 교태전). 모두 최근에 재건축된 것이라 따로 거론할 의의는 없습니다. 여기서 보아야 할 것은 왕비 처소인 교태전의 뒷마당에 있는 매우 특별한 정원입니다. 조선 건축에서는 정원이 앞마당이 아니라 뒷마당에 조성됩니다. 그 이유는 그곳이 여성들의 공간이기 때문입니다. 당시 여성들은 외출을 자유롭게 할 수 없었습니다. 그래서 여성들을 위해 집의 맨 뒤 공간에 정원을 만들어준 것입니다.

교태전에 있는 정원의 특색은 계단식으로 되어 있고 각 계단 위에 꽃 등을 심었다는 것입니다. 그런데 탑처럼 생긴 독특한 육각형의 구조물들이 발견됩니다. 이것은 놀랍게도 굴뚝(보물)입니다. 왕비의 방을 데운 온돌 연기가 빠져나갈 수 있게 굴뚝을 만든 것인데, 교태전 정원에 있는 굴뚝은 한국에서 가장 아름다운 굴뚝이라 칭해지고 있습니다. 시커먼 연기가 나오는 굴뚝이지만 외형은 이렇게 뛰어난 예술미를 지니고 있습니다. 한옥 굴뚝은 지붕 위가 아니라 건물 밖에 놓습니다. 왕비처럼 건물 주인의 격이 높으면 건물과의 거리를 조금 멀리 두기도 하지요.

교태전 굴뚝은 최고급 재료인 벽돌로 만들었습니다. 연한 주황빛의 벽돌색

▲ 교태전 아미산 굴뚝 전경
ⓒ 국가문화유산포털

◀ 아미산 굴뚝의 십장생 벽화들
ⓒ 국가문화유산포털

이 꽃문양 등의 장식과 잘 어우러진 모습입니다. 이런 벽돌과 꽃문양 장식은 교태전과 멀지 않은 또 다른 건물의 담과 굴뚝에서도 발견됩니다. 그 집은 자경전이라 불리는데, 자경전은 왕비 자리에서 물러난 연로한 여성(신정왕후 등)을 위해 지어진 건물로 매화, 국화, 연꽃 등을 장식한 꽃담과 아름다운 굴뚝(보물)으로 아주 유명합니다. 시간이 허락한다면 잠깐 둘러보면 좋을 겁니다.

고종이 만든 사적인 정원

이제 마지막 영역인 향원정이 있는 연못 정원으로 갑니다. 이 정원은 19세기 중엽이 되어서야 만들어집니다. 조선의 마지막 왕인 고종이 건설한 것이지요. 앞에서 본 경회루 연못 정원이 왕실의 공식 정원이라면 이곳은 왕의 사적인 정원이라 할 수 있습니다.

연못 한가운데에는 향원정이라는 아담한 형태의 아름다운 정자가 있습니다. 왕은 이 정자의 2층에서 쉬면서 경치를 즐겼을 것입니다. 아름다운 뒷산도 감상하고 물에 비치는 광경은 물론이고 물 위에 수북하게 피어 있는 연꽃도 감상했을 테지요. 우리는 아쉽게도 향원정 2층으로 올라가 볼 수 없습니다. 그러나 연못 주변을 걸으면서 경치를 충분히 즐길 수 있습니다. 특히 향원정을 뒷산인 북악산과 겹쳐서 본다면 물과 건물, 산, 그리고 하늘까지 환상적인 풍경을 즐길 수 있습니다.

향원정 연못 정원의 북쪽에는 역시 고종 때 지은 큰 한옥, 건청궁이 복원되어 있습니다. 고종은 건청궁을 지어 부인 민 황후와 함께 기거하며 연못 정원에 나와 휴식을 즐겼습니다. 그런데 건청궁은 민 황후가 일본 제국주의자들에 의해 암살된 슬픈 역사를 가지고 있습니다.

자, 여기까지 왔다면 경복궁의 중심축에 놓인 주요 건물들은 빠트리지 않고다 본 셈입니다. 간단하게 본 것 같지만 핵심 정보는 모두 전달되었습니다.

한국 궁궐 가운데 유일한 세계유산, 창덕궁

경복궁에서도 우리는 과거 한국인의 자연관이나 건축관을 엿볼 수 있지만이것을 가장 잘 체험할 수 있는 곳은 바로 창덕궁입니다. 창덕궁은 두 번째로 지은 조선의 궁으로 15세기 초에(1405년), 조선의 세 번째 왕인 태종 이방원이 만들었습니다. 그는 조선을 건국한 이성계의 아들이자 세종의 아버지입니다. 창덕궁이 경복궁과 다른 점을 한 마디로 하면 왕이 쉴 수 있는 공간이넓다는 것입니다. 경복궁은 일하는 영역에 비해 쉴 수 있는 영역이 그리 넓지않습니다. 반면에 창덕궁은 왕이 일하는 공간보다 휴식을 즐길 수 있는 공간이 훨씬 넓습니다.

창덕궁은 앞에서 말한 것처럼 1997년에 유네스코에 세계유산으로 등재되

창덕궁 전경
ⓒ 국가문화유산포털

었는데 그 이유는 '동아시아 궁전 건축에서 비정형적 조형미를 간직한 대표적인 궁으로 주변 자연환경과 완벽한 조화를 이루었고 각 요소들의 배치가 탁월하다'는 점을 인정받았기 때문입니다.

창덕궁의 건축 원리를 가장 간단하게 표현하면 이렇게 됩니다. 창덕궁은 원래 있던 자연에 거의 손을 대지 않고 인간이 지은 건물들을 자연에 안기듯이 지었습니다. 창덕궁 터는 작은 동산과 얼마간의 평지로 되어 있습니다. 조선 정부는 동산에는 정원(정확히 말하면 후원)을 만들었고 평지에는 왕의 숙소와 일하는 관청들을 만들었지요.

이게 바로 한국식 건축 원리다!

평지에 지은 건물들의 건축 사정부터 볼까요? 창덕궁 부지는 평지가 그리 넓지 않았습니다. 따라서 건물은 경복궁처럼 중국 제도에 따라 중심축을 두고 일렬로 세워서 지을 수 없었습니다. 축이 없으니 축을 중심으로 좌우 대칭의 건물도 세우지 않았습니다. 정문인 돈화문조차도 중국 제도를 따른 경복궁

창덕궁 부용지
ⓒ 국가문화유산포털

처럼 궁의 중앙이 아니라 왼쪽에 치우친 곳에 세웠습니다. 창덕궁 정문에서
핵심 건물인 정전(인정전)으로 들어가려면 경로가 어떻게 되는지 아십니까?
우회전했다가 좌회전을 해야 합니다. 정문에서 정전까지 가려면 두 번씩이나
꺾어야 도달할 수 있다는 말입니다. 중국적인 건축 원리를 완전히 부순 것이
지요. 아니, 더 이상 따르지 않은 것입니다. 사실 중국 원리에 따라 건설된 경
복궁도 중심축과 그 좌우에 대칭으로 배치한 건물들을 빼고는 모두 자유분
방하게 건설되었지요.

정원을 조성할 때도 마찬가지였습니다. 창덕궁의 정원 영역을 다니다보면
그저 군데군데 왕의 일행이 쉴 수 있는 건물과 연못이 있을 뿐입니다. 나머지
는 자연을 그대로 방치(?)했다는 사실을 알 수 있습니다. 이런 원리로 왕실 정
원을 만드는 일은 이웃 나라인 일본이나 중국에서는 발견하기 힘듭니다. 일
본과 중국은 사정이 어떻습니까? 그들은 정원을 조성할 때 원래 있던 자연
을 활용해 만들기보다는 자신들의 손으로 진짜 자연 같은 자연을 인위적으
로 만들어 정원을 만드는 경우가 많습니다. 그에 비해 한국인들은 원래 자연
을 가능한 한 있는 그대로 놓아두고 인간이 만든 조형물을 최소한으로 하는
것을 선호했습니다. 그래서 한국인들이 만든 정원을 걷다보면 정원이 아니라

그냥 자연 속에 있는 것 같은 느낌을 받습니다. 사람들이 일반적으로 떠올리는 '정원'이라는 개념과 사뭇 다른 것입니다.

창덕궁의 정원 가운데 가장 유명한 것은 부용지라 불리는 곳입니다. 중요한 연못에는 항상 정자가 있었지요? 부용지에도 왕이 쉬는 공간인 부용정(보물)이라는 정자가 놓여 있습니다. 부용지는 부용정 안에서 바라볼 때 가장 아름다운 광경으로 볼 수 있습니다. 역시 주인인 왕이 앉아 있던 자리에서 볼 때 가장 아름다운 경관이 연출되겠지요. 물에 비친 주변의 풍경이 실제 풍경과 어우러진 모습을 상상해 보십시오. 말로 다 할 수 없는 환상적인 장면일 겁니다.

이상에서 본 바와 같이 경복궁과 창덕궁을 다녀보면 과거의 한국인들이 인간과 자연, 그리고 건축이나 정원 같은 조형물을 어떻게 여겼는지 잘 알 수 있습니다. 다른 수많은 과거의 건축물들도 이 두 궁의 예에서 크게 벗어나지 않는답니다.

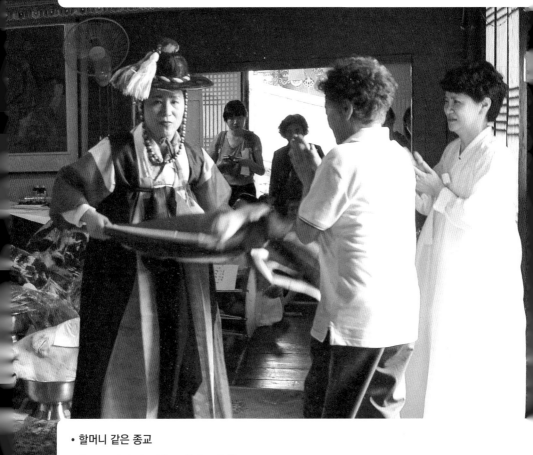

2장

한국인의 근본 신앙

성성하게 살아 있는 샤머니즘과 굿

- 할머니 같은 종교
- 한국 문화의 핵, 민속 문화의 보물 창고
- 다이내믹 컬처! 한국인의 신기와 신명의 근원
- 최고의 관광자원 굿! 어디서 체험할 수 있을까

한국 문화를 이해하려고 할 때 소외된 분야가 있습니다. 흔히 무속이라는 단어로 불리는 샤머니즘이 그것입니다. 한국인은 무속에 대해 잘 모르면서 무조건 미신이라고 매도하는 경향이 강합니다. 그런데 재미있는 것은 그들은 무속에 대해 이중적인 태도를 보인다는 사실입니다. 평소에는 무속을 미신이라고 업신여기지만 자신에게 큰 문제가 발생하면 해결을 위해 무당을 찾아가 읍소하는 경우가 꽤 있기 때문입니다. 지금 한국에는 엄청난 수의 무당이 있습니다. 그 정확한 규모는 집계가 없어 잘 알지 못하지만 대체로 20만~30만 명에 달한다는 보고가 있습니다. 무당이 이렇게 많다는 것은 그만큼 많은 수요가 있기 때문이겠지요?

할머니 같은 종교

저는 기회가 있을 때마다 무속은 가장 한국적인 종교라고 주장합니다. 한국 문화의 특색이 가장 많이 드러나는 것이 무속이라는 것이지요. 제가 보기에 한국 문화의 바탕, 즉 저류底流는 바로 이 무속입니다. 특히 종교 문화가 그렇습니다. 한국의 종교 문화를 보면 이 무속 위에 외국에서 들어온 다른 종교 문화가 자리 잡고 있는 것을 알 수 있습니다. 한국의 종교사를 보면, 불교와 유교, 그리고 기독교가 순차적으로 외국으로부터 수입됩니다. 그런데 그 종교들은 무속과 적절히 섞이면서 한국 땅에서 연명했습니다.

한국인은 무속과 함께 역사를 시작했는데 그 무속은 외국으로부터 어떤 종교가 들어와도 사라지지 않고 저류를 형성하면서 오늘날까지 이어져 왔습니다. 한국인의 시조라고 하는 단군이 무당이었다는 사실이 이 상황을 설명해 줍니다. 이렇게 한 종교가 한 민족과 역사를 같이할 수 있는 것은 양자가 상통하는 바가 많기 때문입니다. 그래서 무속을 보면 한국적인 요소가 많다고 한 것입니다.

저는 평소에 무속은 한국인에게 할머니 같은 종교라고 말합니다. 할머니는 어떤 사람입니까? 손주들이 어떠한 잘못을 해도 다 받아주는 존재 아닙니까? 이 한국의 할머니가 2021년에 세계를 놀라게 했지요? 영화 〈미나리〉를 통해서인데 거기에 나온 할머니(윤여정 분)는 한국인에게는 너무나도 익숙한 존재입니다. 외국인, 특히 서양인에게는 아주 생소한 할머니 캐릭터이지만 마음을 편안하게 해주는 존재로 비추어졌습니다. 그 덕분(?)에 영화 속 할머니를 연기한 배우는 아카데미 여우조연상까지 수상하게 됩니다.

무속은 한국인에게 바로 그런 친근한 의미로 다가옵니다. 자신이 풀 수 없는 큰 문제에 봉착했을 때, 예를 들어 사업이 부도 직전일 때, 혹은 배우자가 외도를 해 허망할 때에도 크게 위로해 주고 또 해결해 줄 수 있는 사람이 무당인 것입니다.

무당집에 가보면 대부분 여성 무당이 상담해 주고, 그가 모시고 있는 신령들도 여성이 많습니다. 무당집에는 이렇듯 여성성이 넘치는데, 여기서 말하는 여성성의 대표적인 성향은 수용성receptivity이고 그 대표주자가 바로 할머니입니다. 그래서 무당집에 가면 한없이 너그러운 할머니와 같은 존재를 만나게 됩니다.

은밀하게 큰 무속의 세계

이런 무속이지만 무속과 관계된 것들은 눈에 잘 띄지 않습니다. 기독교의 교회는 사방에 널려 있고 불교의 절도 곳곳에 있어 쉽게 발견되지만 무당집은 좀처럼 발견하기 힘듭니다. 사정이 이렇게 된 데에는 앞에서 말한, 한국인이 무속에 대해 갖고 있는 오해의 영향이 클 것입니다. 무속을 한낱 저급한 미신으로 치부하는 오해 말입니다.

무당들은 한국인들이 자신들을 미신 추종자로 여기고 있다는 것을 알고 있습니다. 그래서 자신들의 사원(신당)을 꼴복 안으로 꼭꼭 숨겨두어 눈에 띄지 않게 했습니다. 그리고 무속의 의례인 굿을 행하는 굿당 역시 인적이 드문 한적한 곳에 만들었습니다. 그런 까닭에 우리 주변에는 무당과 관계된 것들이 좀처럼 보이지 않습니다. 그래서 한국에는 흡사 무속이라는 종교가 없는 것처럼 보입니다.

그러나 실제의 상황을 보면 한국의 무속은 성성하게 살아 있습니다. 앞에서 말한 것처럼 한국인은 뻔질나게 무당을 찾아다니고 있습니다. 그들이 점사에 쓰는 돈이 일 년에 수조兆 원에 달한다고 하니 점을 치러 무당집을 숱하게 다닌 것이 됩니다. 이런 일은 대부분 개인적인 차원에서 은밀하게 진행되기 때문에 밖에서는 잘 관찰되지 않습니다. 그래서 무속적인 것이 더욱 눈에 잘 안 보이는 것입니다.

그런 의미에서 저는 무속의 세계를 지하 경제에 비유합니다. 사채 시장 같은 지하 경제적 요소는 밖으로 드러나지 않기 때문에 세무서에서도 파악하지 못해 세금을 부과하지 못합니다. 그러나 그 규모는 우리가 생각하는 것 이상으로 엄청나다고 알려져 있습니다. 한국의 무속도 한국 문화의 근저에서 그런 큰 흐름을 형성하고 있답니다.

한국 문화의 핵, 민속 문화의 보물창고

방금 무속은 한국 문화의 저류를 형성한다고 했는데, 그것을 알 수 있게 해주는 좋은 근거가 있습니다. 무속은 특히 한국 민속 문화의 핵을 이루고 있습니다. 민속 문화라는 게 무엇입니까? 민속 문화는 어느 나라의 것이든지 간에 그 나라 문화의 가장 독창적인 요소를 갖고 있습니다. 따라서 그 나라의 문화적 정체성이 가장 많이 들어 있다고 할 수 있습니다. 그런데 한국의 경우 그러한 민속 문화의 핵이 바로 무속입니다. 따라서 무속이야말로 한국 문화의 특색을 가장 많이 갖고 있다고 할 수 있습니다.

한국은 과거 수천 년 동안 중국으로부터 엄청난 영향을 받았습니다. 정치, 교육, 종교, 문자 등 수많은 분야에서 중국의 영향이 미치지 않은 분야를 찾기 어려울 정도입니다. 그런데 무속으로 오면 상황이 완전히 달라집니다. 중국의 영향이 현저하게 떨어지기 때문입니다. 그 대신 무속 안에는 한국의 토속적인 요소들이 득실거립니다. 이해를 돕기 위해 예를 들어볼까요?

가장 한국적인 음악과 춤의 산실

한국의 전통음악 가운데 가장 한국적인 것을 꼽으라고 하면 말할 것도 없이 시나위입니다. 그리고 한국의 수많은 전통춤 가운데 가장 뛰어난 춤은 시나위 음악에 맞추어 추던 살풀이춤입니다. 시나위와 살풀이춤에는 중국을 비롯한 다른 나라의 문화적 요소가 거의 없다고 할 수 있습니다. 그만큼 한국적이라는 것이지요. 따라서 이 음악과 춤은 가장 한국적인 문화라 하겠습니다. 그런데 시나위 음악과 살풀이춤이 연행되던 곳이 어디입니까? 그것은 전라남도의 굿판입니다. 특히 진도 같은 지역에서 망자를 위한 씻김굿을 할 때 연행하던 것입니다.

그런가 하면 이 굿판에서 불리던 노래가 점차 발전해 나중에 판소리가 됩니다. 판소리가 무엇입니까? 판소리는 세계에서 어떤 유례도 찾아볼 수 없는 한국의 독창적인 성악이자 한국인에게 가장 익숙한 성악 장르입니다. 이런 독창성과 보편성을 인정받아 판소리는 진즉에 유네스코 인류무형문화유산에 등재됩니다(2003년). 이렇게 보면 가장 한국적인 음악(연주)과 춤, 그리고 노래가 모두 굿판에서 나온 것을 알 수 있습니다. 그래서 무속은 한국 문화의 보물창고라 하겠습니다.

컬처 크리에이터, 무당

무속에서 탄생한 장르는 얼마든지 더 들 수 있습니다. 특히 민요는 한국인에게 매우 친숙한 노래입니다. 한국인들은 평소에 민요를 부르면서 살지는 않지만 친밀하게 느낍니다. 그런데 민요가 많은 경우에 굿판에서 무당이 부른 노래에서 연유했다는 사실을 아는 한국인은 많지 않습니다.

예를 들어보면, 한국인이 잘 아는 창부타령은 무당이 굿판에서 부르던 노래가 발전한 것입니다. 이 노래는 "아니~ 아니~ 놀지는 못하리라"로 시작하는데, 젊은 세대가 들어봐도 곧 아는 노래라는 것을 알 수 있을 겁니다. 여기서 창부라는 것은 무속에서 중요한 신입니다. 굿판에서 노래와 춤을 담당하는 신령이지요.

이처럼 옛 무당들은 민간의 음악과 춤을 만들어내는 컬처 크리에이터culture creator였습니다. 민간의 연예 문화에서는 무당이 중심적인 역할을 맡았다는 것입니다. 한국의 굿판에는 항상 음악과 춤이 넘쳐났으니 무당이 이같은 지위를 갖는 것은 전혀 이상한 일이 아닙니다.

다이내믹 컬처! 한국인의 신기와 신명의 근원

그런데 무속의 영향력은 이렇듯 과거에만 있는 것은 아닙니다. 한국인은 자신들의 문화를 다이내믹 컬처dynamic culture라고 부르는 데에서 알 수 있듯이 에너지가 넘치는 민족입니다. 한국인은 어떤 것에 매료되면 좌고우면하지 않고 끝까지 가는 것으로 유명합니다. 이 같은 한국인의 에너지는 여러 경우에 관찰되었습니다. 가장 쉽게 볼 수 있는 예가 축구장이나 야구장 같은 운동경기장에서 볼 수 있는 응원의 열정입니다. 특히 2002년 월드컵 경기 때 보여준 붉은 악마의 응원은 세계인에게 깊은 인상을 남겼습니다. 그때 한국인들은 흡사 집단적 망아경忘我境 속에 빠져든 것처럼 행동했습니다.

또 다른 예를 들어볼까요? 한국인은 유명한 가수의 공연을 볼 때에도 사력을 다해 '떼창'을 해 해당 가수를 놀라게 합니다. 객석에 있는 수천 명이 한목소리로 자기 노래를 하니 놀랄 수밖에요. 물론 그 가수는 관객들의 열렬한 떼창에 큰 희열을 느낍니다. 이는 한국인의 집단적인 에너지가 넘쳐서 생긴 결과라 할 수 있습니다.

같은 양상이 강하게 나타나는 현장은 한두 군데가 아닙니다. 그중에서 개신교의 부흥회도 대표적인 예라 하겠습니다. 부흥회에 참석한 사람들은 격렬한 노래와 기도를 한 끝에, 망아경에 들어가 방언을 합니다. 방언은 한두 명이 아니라 부흥회에 참석한 수백, 수천 명이 동시에 하기 때문에 흡사 집단적 히스테리처럼 보이기도 합니다. 한국인들은 이처럼 어떤 일을 하든지 집단적 망아경에 빠지는 경우가 많습니다. 같은 현상은 한반도의 북반부에 있는 북한 사회에서도 목격됩니다. 북한 주민들이 김씨 왕조에 보이는 집단적 열광은 전 세계를 놀라게 합니다. 특히 매스게임은 그들이 지닌 집단적 광기의 절정을 보여준다고 하겠습니다.

신기의 근원, 굿판

저는 한국인들의 이러한 에너지를 '신기spirit of ecstasy'라고 부릅니다. 한국인들은 신기를 바탕으로 경제적인 기적도 이루어냈습니다. 한국이 경제 강국이 되는 데에는 여러 요인이 작동했지만 한국인이 갖고 있는 엄청난 에너지도 한몫했습니다. 한국인들이 남다른 에너지를 가지고 누구보다도 열심히 일해 세계에 유례가 없는 경제 기적을 만들어낸 것 아닌가 하는 생각입니다. 그러면 여기서 우리는 다음과 같은 질문을 던질 수 있을 겁니다. 즉, 한국인이 갖고 있는 이 에너지의 근원은 무엇일까 하는 질문 말입니다.

저는 이 에너지의 근원을 굿판에서 찾습니다. 굿판은 앞에서 말한 것처럼 한국인들의 성정이 고스란히 드러나는 곳입니다. 그런데 굿의 본질이 무엇입니까? 굿이란 무당이 격렬한 노래와 춤으로 망아경에 들어가 신을 받아서 그의 조언을 신도에게 전하기 위해 하는 것입니다. 굿의 핵심은 '무당이 망아경에 들어가는 것'입니다. 망아경에 들지 않으면 신령을 불러올 수 없기 때문에 춤과 노래를 통해 망아경에 드는 것은 굿에서 대단히 중요한 요소입니다. 한국인들은 무엇을 하든 무당이 굿을 할 때처럼 미친 듯이 혼을 빼놓고 하는데, 이 때문에 한국인은 매사를 신기를 가지고 임하는 것처럼 보입니다.

한국인의 이런 모습을 보려면 직접 굿판에 가서 현장을 보는 게 제일 좋습니다. 저는 항상 굿판에 한국 문화의 중요한 요소가 다 들어 있다고 주장합

무당 의상
ⓒ 최준식

굿 현장
ⓒ 최준식

니다. 그래서 굿판을 진하게 경험하지 않은 사람은 한국 문화를 논하지 말라는 다소 과격한 주장을 하기도 했습니다. 동시에 저는 한국의 무속을 관광자원화해야 한다고 늘 주장해 왔습니다. 굿에는 그만큼 한국적인 멋진 요소가 많기 때문입니다. 우리는 다른 나라로 여행을 가면 그 나라에서만 볼 수 있는 것을 먼저 찾습니다. 그 나라만 갖고 있는 고유한 것 말입니다. 이 생각을 그대로 한국에 적용하면 한국의 무속이 그 주인공이 됩니다. 그런데 정작 한국인들은 이 무속을 잘 활용할 줄 모르는 것 같아 안타깝습니다.

최고의 관광자원 굿! 어디서 체험할 수 있을까

제가 이렇게 굿판을 직접 찾아보라고 조언을 하지만 사실은 굿을 보고 싶어도 그럴 수 있는 기회가 별로 없습니다. 굿을 어디서 누가 하는지 알 수 없기 때문입니다. 굿은 신도(의뢰인)들의 지극히 개인적인 문제를 풀기 위해 행하는 의례입니다. 그래서 그들의 가족끼리만 모여서 하는 경우가 많습니다. 제삼자는 굿을 볼 기회가 좀처럼 없는 것이지요. 게다가 굿당은 눈에 잘 띄지도 않습니다. 그러니 굿하는 현장을 만나기가 더 어렵습니다.

이런 한계를 염두에 두고 그나마 한국 무속을 체험할 수 있는 현장을 소개하려고 합니다. 굿은 보통 전문 굿당에서 합니다. 대관을 하는 예식장 개념으로 이해하면 됩니다. 이전에는 무당을 집으로 초청해 집에서도 굿을 했는데 요즘은 주거지가 아파트로 바뀌었고 주택이라 할지라도 시끄럽고 이웃의 눈치가 보여서 할 수 없습니다(저는 1960년대에 지하철 2호선 신당역이 있는 길가에 살았는데 그때에는 길가에 있는 그런 집에도 무당이 왕림해 굿을 했습니다). 굿당은 사실 서울에도 많습니다만 잘 보이지 않는 이유는 대부분 산속 같은 외진 데에 있기 때문입니다.

안타까운 무속의 헤드쿼터, 국사당

그 많은 굿당 가운데 꼭 소개하고 싶은 곳이 있습니다. 국사당國師堂이라는 굿당인데, 한국에서 제일 유명한 굿당이라 할 수 있습니다. 그런데 국사당은 현재 인왕산에 있습니다. 접근성도 별로 좋지 않습니다. 지하철 3호선 독립문역에서 내려 약 30분 정도 인왕산 길을 올라가야 만날 수 있으니 말입니다. 시내와 아주 가깝지만 어떻든 산속에 있기 때문에 쉬운 길은 아닙니다. 그러나 저는 인왕산 주변을 답사할 일이 있으면 일부러 국사당 쪽으로 올라가는 길로 갑니다. 혹시 굿을 하고 있지 않을까 하는 기대감이 있어서 그렇습니다.

국사당은 원래 남산 정상에 있었습니다. 조선 정부는 여기서 남산 신령에게 제사를 드렸습니다. 그런데 1925년에 일제 식민지 정부가 남산 중턱에 그들의 사원인 신사神社, 즉 '조선신궁'을 세우면서 국사당을 강제로 인왕산으로 옮겼습니다. 현재 국사당이 있던 남산 정상의 팔각정 영역에는 표지석만 세워져 있습니다.

국사당이 인왕산으로 옮겨진 후, 이곳은 무당들에게 인기가 높았습니다.

▲ 인왕산 국사당
ⓒ 국가문화유산포털

◀ 국사당 내부 모습
ⓒ 국가문화유산포털

그 이유는 국가가 세운 사당이라 권위가 있어 보였기 때문입니다. 그런데 직접 인왕산 국사당에 가보면 명성과는 달리 규모가 너무 작아 실망하게 됩니다. 그저 작고 초라한 건물만 하나 놓여 있기 때문입니다. 사정이 이렇게 된 것은 무당들도, 국가도 국사당에 전혀 신경을 쓰지 않았기 때문일 겁니다. 특히 한국인들이 미신이라고 굳게 믿고 있는 무속을 위해 국가가 나서서 이 집을 보호하려고 하지 않았습니다. 국사당은 이렇게 한국인에게 외면을 받고 있는 터라 초라한 모습에서 벗어나지 못하고 있습니다.

한국인들은 지금도 자신에게 신이 내려 무당이 되는 일을 극력하게 꺼립니다. 무당이 되면 미신을 믿고 잡신을 섬기는 주술사로 취급받기 때문입니다. 그런데 같은 일이 서양에서 생기면 모두들 축하해 준다고 합니다. 남들이 가지지 못한 신적인 힘을 지닌 인물로 인정받기 때문입니다. 한국인들은 아직도 자신의 전통 신앙을 있는 그대로 받아들이지 못하고 있습니다. 이런 태도 때문에 국사당을 이렇게 방치하고 있는 것 아닌가 하는 생각이 듭니다.

그런데 눈치 채셨겠지만 국사당을 방문한다고 해도 굿을 볼 수 있는 것은 아닙니다. 굿은 신도들이 요구할 때만 하기 때문에 언제 굿을 하는지 알 수가 없습니다. 재수가 좋으면 굿하는 현장을 만날 수 있습니다. 하지만 그 경우에도 대부분은 허탕 치기 일쑤입니다. 다른 사람들이 보지 못하게 문을 꼭 닫고 하기 때문에 내부 현장을 들여다볼 수 없습니다. 또 문을 열고 한다고 하더라도 눈치를 주는 일이 많습니다. 당연한 일입니다. 굿에서는 지극히 개인적이고 은밀한 정보가 누설되기 때문에 아무에게나 개방할 수 없겠지요.

저는 사실 국사당에서 굿 하는 것을 숱하게 보았습니다. 어떤 때는 우연히 아는 무당이 굿을 하고 있어 아예 방으로 들어가서 본 적도 있습니다. 굿을 보고 싶지만 한 번도 보지 못한 사람들은 굿의 내용이 매우 궁금할 텐데, 어디 속 시원하게 볼 수 있는 현장이 없으니 안타깝기만 합니다. 사정이 어떻든 국사당은 한국 무속의 헤드쿼터(총본산)로서 상징적인 장소이기 때문에 가볼 만합니다.

오르고 오르면 선바위와 서울이 한눈에

여기에는 볼 것이 또 있습니다. 국사당 바로 위에 있는 '선바위'라고 불리는 기괴한 형태의 비위가 그 주인공입니다. 이름이 선바위라 불리게 된 것은 이 바위가 선승禪僧이 좌선하는 모습을 닮았기 때문입니다. 선바위는 신기하게도 현무암으로 되어 있습니다. 까마득히 먼 과거에 화산이 터지면서 분출된

인왕산 선바위(후경)
ⓒ 송혜나

용암이 이렇게 굳은 것일 테지요.

선바위 앞에는 항상 기도하는 사람들이 있습니다. 일반 사람들도 많지만 무당이나 무당 비슷한 사람들도 많습니다. 국사당에서는 굿이 없으면 무당을 만날 수 없지만 선바위에 오르면 무당들을 만날 수 있습니다. 바위 뒤로 가면 가끔 여성들이 막걸리와 간단한 음식을 차려놓고 기도하는 모습을 볼 수 있는데, 무당들이 국사당과 선바위가 있는 인왕산을 영험한 기도 장소로 생각하기 때문에 많이들 기도하러 오는 것입니다.

선바위 뒤로 그렇게 계속해서 산을 조금만 더 오르다 보면 서울 시내가 한 눈에 보이는 아주 멋있는 광경을 보게 됩니다. 바로 밑에는 서대문형무소가 있으니 그것도 이 높은 곳에서 큰 볼거리를 제공합니다.

샤머니즘 박물관과 유튜브 영상

서울 시내에는 굿당이 더 있지만 모두 같은 사정이라 소개하는 게 의미가 없습니다. 대신 한국 무속을 이해할 수 있는 아주 좋은 곳이 있어 소개합니다. 바로 '샤머니즘 박물관'이라 불리는 곳입니다. 지하철 3호선 구파발역에서 걸어서 10여 분 거리에 있으니 접근성도 뛰어납니다. 이곳은 사설 박물관으로 평생 무속만 연구했던 양종승 박사가 개인적으로 수집한 것을 전시한 곳입니다. 한국 무속과 관계된 모든 것들이 전시되어 있다는 느낌을 받습니다. 양 박사가 모은 책부터, 영상, 사진, 녹음 자료 같은 생생한 자료들뿐만 아니라 다양한 무구(무당이 사용하는 도구)나 기물들이 총망라되어 있습니다. 무신도나 무당 옷, 부적, 점구占具, 제기, 악기 등 3만여 점이 전시되어 있으니 수집 규모의 방대함을 알 수 있습니다. 게다가 이곳은 박물관이라 관계자들의 설명도 들을 수 있어 좋습니다. 한국의 무속을 좀 더 심층적으로 알아보고 싶은 사람이라면 내외국인을 막론하고 반드시 들러야 할 곳입니다.

한국의 무속이나 무당을 만날 수 있는 더 쉬운 방법이 있습니다. 영상을 통해 만나는 것입니다. 지금 유튜브에는 한국 무속에 대한 자료들이 넘쳐납니다. 그중에 〈영매〉라는 제목의 다큐멘터리 필름이 있습니다. 이것은 제가 무속과 관련해서 시청했던 필름 가운데 가장 훌륭한 영상이었습니다. 〈사이에서〉라는 제목의 다큐멘터리 필름도 괜찮은데 검색이 쉽지 않습니다. 또 한국에서 가장 유명했던 무당인 김금화 씨를 다룬 영상도 꽤 많습니다. 이런 영상을 통해 간접적으로나마 우리는 한국 무속을 접할 수 있을 것입니다. 또 무당들이 개설한 개인 홈페이지를 잘 가려서 참고하면 그것도 좋을 것입니다.

여성 사제가 주도하는 보기 드문 종교 의례!

한국 무속에 대한 장을 끝내면서 마지막으로 첨언할 것이 있습니다. 한국인들은 한국의 굿이라는 종교 의례가 얼마나 독특한 것인지 모릅니다. 한국의 굿은 종교학적으로나 인류학적으로 볼 때 세계에 유례가 없는 의례입니다.

왜냐하면 굿에서는 여성들이 주역이기 때문입니다. 한국 무속에서는 많은 경우에 무당이 여성이고 신도도 대부분 여성입니다. 전 세계에 현존하는 종교 가운데 사제가 여성인 경우는 거의 없다고 해도 과히 틀리지 않을 것입니다 (무속은 엄연한 종교이고 무당은 엄연한 사제입니다!).

한국 무속의 의례인 굿판에는 남자라고는 악사밖에 없는데, 그들은 조연이지 주연일 수 없습니다. 굿은 주 무당 1인과 여러 명의 보조 무당들이 이끌고 갑니다. 세계 종교 의례 가운데 이처럼 여성들이 장악한 경우는 결단코 없습니다. 흡사 여성 해방구 같습니다. 한국에 평화봉사단으로 왔던 로렐 켄달Laurel Kendall이라는 미국 여성은 한국의 굿에서 여성들이 '판 치는' 것을 보고 매료되어 본국에 귀국해 한국의 무속으로 컬럼비아 대학교에서 박사학위를 받기도 했습니다. 그만큼 한국의 무속은 여러모로 매력적인 주제라 할 수 있습니다.

3장

한국인의
오래된 큰 믿음

문화재의 70퍼센트는 불교 것! 불교와 절

- 한국 불교 1600년! 국교로 1000년 융성, 박해로 500년 쇠퇴
- 한국인에게 불교는 어떤 의미가 있을까?
- 붓다랜드 절! 절에 가면 꼭 만나는 적어도 세 가지
- 꼭 가봐야 할 절, 세계유산 부석사에서

한국을 여행 다니다 보면 어김없이 만나는 게 있습니다. 불교 사찰, 즉 절이 그 것입니다. 특히 산에 가면 대부분의 경우 절이 있습니다. 경치가 좋은 산에는 반드시 절이 있습니다. 아울러 현재 한국 문화재의 약 70퍼센트 정도가 불교 와 관련된 것입니다. 이런 사정으로만 보면 한국은 흡사 불교국가처럼 보일 수 있습니다. 그런데 절에 가서 안내문을 읽어보면 절 역사가 1000년을 넘는 경우 가 많습니다. 그렇다면 불교는 매우 오래전부터 한국에 있었다는 것이겠지요?

오랜 기간 전승되어 온 불교는 오늘날 한국에 어떤 모습으로 남아 있고 또 한국인에게는 어떤 의미가 있을까요? 이를 알기 위해서는 한국 불교의 역사 부터 간단하게 살펴봐야 할 것입니다. 그래야 산에 가면 절이 왜 많은지, 불 교문화재는 또 왜 이렇게 많은지를 이해할 수 있습니다.

한국 불교 1600년! 국교로 1000년 융성, 박해로 500년 쇠퇴

한국에 불교는 4세기 말엽(고구려, 372년)에 중국에서 들어왔습니다. 그 후 불 교는 15세기 초(1392년)까지 1000년간 한국(신라, 고려)의 국교로 있으면서 괄목 할 만한 문화를 만들어냅니다. 그 자취를 가장 잘 볼 수 있는 곳은 경주입니 다. 경주는 무려 1000년 동안 신라(기원전 57년~기원후 936년)의 수도였습니다. 특히 신라에 불교가 공인(527년)된 이후 긴 세월 동안 경주에서는 많은 불교 관련 유물과 유적이 만들어졌습니다. 이런 특별함을 지닌 경주는 2000년에 유네스코 세계유산에 등재되는데, 경주에 산재한 불교 유산 걸작에 관해서는 따로 장을 할애해 다룰 예정입니다.

신라 다음의 왕조인 고려(936~1392)도 여전히 불교를 국교로 삼고 절대적으 로 신봉했기 때문에 한국의 불교와 불교문화는 융성을 거듭했습니다.

승려는 서울 출입 금지, 절은 산으로
오랜 명성의 불교가 정부로부터 박해를 받기 시작한 것은 불교를 극력하게 싫어했던 유교(주자학) 신봉자들이 조선(1392~1910)을 건국하고 난 다음부터의 일입니다. 조선이 통치이념을 유교로 삼으면서 불교는 500여 년간 기나긴 박해를 받게 된 것입니다.

조선 정부는 불교를 철저하게 탄압했습니다. 최고 신분이던 승려들을 최하위의 천민으로 전락시켰고, 그들이 서울, 즉 한양에 들어오는 것 자체를 법으로 금했습니다. 그래서 한양에는 불교 사찰이 들어설 수 없었습니다. 그 결과 도시에 있던 사찰들은 모두 산으로 쫓겨나게 됩니다. 그래서 지금도 당시 한양이었던 서울의 강북에서는 불교 사찰을 발견하기 힘든 것입니다. 불교의 역사가 1600여 년이 되는 한국의 수도 서울에 불교 사찰이 이렇게 없는 것은 바로 이런 배경 때문에 생긴 일입니다. 한국의 절들이 유독 산에 많이 있는 것도 같은 이유에서이지요. 아울러 조선에서는 주목할 만한 불교 사상가나 문화유산도 나올 수 없었습니다.

그런데 현 한국 불교의 대표 종단인 조계종의 본부 사찰은 산은커녕 도심 중의 도심인 경복궁 가까이에 있습니다. 조계사를 말하는 것인데, 조계사가 조선의 법궁인 경복궁 근처에 있는 것은 이 절의 역사가 오래되지 않았기 때문입니다. 조계사는 조선 시대 때 세워진 절이 아닙니다. 1930년대에 세워진 나이가 매우 어린 절입니다. 이 사실을 아는 사람은 별로 없습니다.

현 조계사는 영역이 꽤 넓고 한국에서 가장 큰 대웅전 건물을 위시해 건물이 꽤 많습니다. 그러나 원래는 서너 채의 건물밖에 없는 작은 규모의 절이었습니다. 한국이 경제적으로 부유해지자 조계사에도 많은 헌금이 들어왔고 절은 그 돈으로 주변 땅을 사고 새 건물들을 지어서 현재와 같은 큰 규모의 절이 된 것입니다.

그런데 절의 규모는 커졌지만 조계사는 부지 환경과 면적 등의 한계로 인해 한국 절이 기본적으로 지니고 있어야 할 요소들을 제대로 갖추지 못했습니다. 그 요소들이 무엇인지에 대해서는 곧 절에 대해 설명할 때 보게 될 것입니다. 따라서 저는 순전한genuine 한국 절을 탐방하고 싶은 사람에게는 서울에 있는 조계사를 그다지 추천하지 않습니다.

세계 최대 규모의 연등회, 세계인의 문화 축제

그런데 조계사에 꼭 가봐야 할 때가 있습니다. 초파일(음력 4월 8일, 부처님 오신 날) 같은 불교의 큰 축제가 진행되는 기간에는 조계사에 꼭 가볼 것을 추천합니다. 특히 초파일을 전후한 때, 조계사 경내는 화려한 연등의 물결로 넘쳐납니다. 세계 최대 규모의 연등을 볼 수 있는 사찰이 바로 조계사입니다. 오색찬란한 다양한 모양의 연등이 절 안팎을 화려하고 장엄하게 장식하고 있어

조계사 연등
ⓒ 송혜나

3장 한국인의 오래된 큰 믿음 53

낮에도 밤에도 환상적인 볼거리가 많습니다.

그밖에도 초파일 기간에는 많은 행사들이 열리는데, 이렇게 조계종과 조계사가 주축이 되어 매년 해오던 연등회는 2020년에 유네스코 인류무형문화유산에 등재되었습니다. 연등회는 불교가 국교이던 신라와 고려시대에는 왕실의 주관으로, 박해받았던 조선시대에는 민간에서 전승해 온 유서 깊은 불교문화 행사입니다.

현재 한국의 연등회는 국적, 인종, 나이, 성별, 종교와 상관없이 누구나 참여할 수 있는 세계인의 문화 축제로 명성이 높습니다. 한국의 멋진 봄날을 만끽하면서 동대문부터 조계사까지 이어지는 연등행렬과 서울 시내 곳곳에서 열리는 각종 문화행사에 세계 시민으로서 참여해 보는 것도 한국 불교 1600년을 체험해 보는 좋은 경험이 될 것입니다. 한국 불교는 이렇게 오랜 침체에서 벗어나 살아 있는 모습으로 계속해서 발전하며 보존되고 있습니다.

한국인에게 불교는 어떤 의미가 있을까?

불교는 한국인에게 과연 어떤 의미가 있는 종교일까요? 이것을 알아보기 위해 저는 두 가지 시각으로 접근할 것을 제안합니다. 일반 한국인과 승려의 입장이 그것입니다.

하나, 보편적인 문화이자 엄마 같은 종교!

먼저 일반 한국인의 관점입니다. 보통의 한국인에게(기독교도는 제외) 불교는 매우 익숙합니다. 그래서 불교가 어떤 특정한 종교라기보다는 보편적인 문화처럼 여겨집니다. 한국에서 불교의 역사가 매우 오래되었기 때문에 사람들은 절이나 승려, 그리고 불교문화는 처음부터 자신들 곁에 있었다고 생각하고 있는 것 같습니다. 한국인에게 불교는 이질적인 요소가 없는, 매우 자연스러운 문화적 요소가 되어 있는 것입니다. 그래서 산에 가면 으레 절이 있고 거기에는 승려들이 살고 있으며 초파일 같은 불교의 축제일이 되면 절에 가서 스스럼없이 참여하는 것 등을 매우 자연스러운 일로 여기고 있습니다.

그래서 한국인들은 불교의 사찰인 절을 매우 편안한 곳으로 생각합니다. 절은 아무 때나 쉬고 싶을 때면 갈 수 있는 곳이며 그곳에 가면 언제든지 반겨주는 부처님이 있다고 생각합니다. 이와 관련해 한국인들이 잘 느끼지 못하는 사실이 있어요. 불교만큼 개방적인 종교는 흔하지 않다는 사실 말입니다. 한번 생각해 보십시오. 절에 가면 신자가 아니어도 누구나 대웅전을 비롯해 대부분의 건물에 마음대로 들어갈 수 있습니다. 승려들의 숙소나 수련 장소만 아니라면 경내의 어떤 건물이든 마음대로 들어가서 신앙 행위나 관람을 할 수 있습니다. 이것이 얼마나 신기한 일인지 한국인들은 잘 모르는 것 같습니다. 이것은 다른 종교 같으면 상상할 수 없는 일입니다. 특히 개신교회는 그 교회의 신자가 아니면 교회 안에 들어가는 일이 금지되어 있지 않습니까?

그런 까닭에 한국인에게 절은, 오랜 기간 동안 그들이 세상을 떠나 쉬고 싶을 때, 아니면 세상사에 환멸을 느끼고 세상을 피하고 싶을 때 가는 장소로 여겨져 왔습니다. 언제든 지친 그들을 받아주는 곳이 절이었던 것입니다. 조선조 때에도 많은 지식인이 정치적으로 타격을 받으면 들어가는 곳이 절이었습니다. 지금은 그런 경향이 많이 사라졌지만 수십 년 전에는 사법시험 같은 공무원 시험을 준비하기 위해 절에 들어가기도 했습니다. 그뿐만이 아니지요. 많은 여성 신도는 자신에게 간절한 소망이 생기면 언제나 절에 가서 불상에게 빌었습니다. 그들의 소망은 이전에는 아들을 낳는 것이었는데, 지금은 대체로 자식들과 관계된 것으로 조금 바뀌었습니다. 특히 대학 입시철이 되면 여성 신도들은 절에 가서 부처님에게 자식의 합격을 빌었습니다. 이처럼 절은 한국인들이 힘들고 의지하고 싶은 일이 생기면 가는 곳이었고 지금도 여전히 그렇습니다. 그래서 저는 한국인에게 불교는 엄마와 같은 종교라 이르고 있습니다.

둘, 동아시아의 과거 불교 전통을 간직한 종교!

그런데 승려의 관점에서 보면 한국 불교는 영 다르게 보입니다. 전 세계 불교 교단 가운데 한국 불교는 확실한 특징을 갖고 있습니다. 중국에서 비롯된 동북아시아 불교의 원형을 비교적 많이 지니고 있다는 점이 그것입니다. 이 같은 특징은 같은 불교를 신봉했던 중국과 일본의 불교 현황과 큰 차이를 보입니다.

우선 중국은 지난 100여 년 동안 공산주의를 거치면서 승려 공동체나 교육 체계, 그리고 신도 공동체와 같은 불교를 이루는 기본적인 요소들이 거의 사라졌습니다. 지금 중국에 있는 사찰들을 보면 수행 체제나 교육 체계 등이 제대로 작동되고 있는 것 같지 않습니다. 대신 관광지로 전락한 느낌을 받습니다.

그런가 하면 일본은 승려가 대부분 결혼할 뿐만 아니라 절의 주지 직이 세습됩니다. 이런 모습에서 일본의 불교는 매우 세속화된 느낌을 받습니다. 따라서 일본에서 승려란 절에서 참선과 같은 수행을 하는 수도자이기보다 집에서 출퇴근하며 신도들을 위해 봉사하는 사제라는 생각이 듭니다.

이에 비해 한국 불교는 많은 면에서 옛 전통을 그대로 간직하고 있습니다. 한국에서 가장 큰 불교 종단인 조계종에서는 승려들의 독신 생활을 원칙으로 하고 있고 그들을 교육하는 체제가 옛 전통대로 유지되고 있습니다. 한국의 승려들은 수년간의 견습 기간을 거친 다음 비로소 정식 승려가 되는데 승려가 된 후에도 그들은 사찰에 마련되어 있는 교육 기관에서 수년간 경전 공부를 합니다. 공부와 더불어 좌선수행도 합니다. 한국 승려들은 일 년을 두 부분으로 나누어서 첫 3개월은 참선수행을 하고 그다음 3개월은 돌아다니면서 여러 스승을 만나 가르침을 받습니다. 이것을 학기식으로 일 년에 두 번씩 하게 됩니다. 이러한 식의 교육 체제는 중국 불교에서 비롯된 것입니다. 그러나 정작 중국에서는 이러한 제도가 거의 사라졌습니다. 그런 점에서 한국 불교는 수행 방식이나 예배 형태 등 동북아시아에서 과거를 가장 잘 계승하고 있는 불교라고 할 수 있을 것입니다.

한국 불교의 이 같은 특징을 다음과 같이 표현할 수도 있습니다. 즉, 한국 불교는 어떤 사람(특히 젊은이)이든 깨달음을 얻어보겠다는 큰 꿈을 가졌을 때 그를 무조건적으로 수용해 줄 수 있는 체제를 갖고 있는 불교라는 것입니다. 그런 사람은 불교 교단에 들어가서 무상으로 모든 혜택을 누릴 수 있습니다. 먹고 자는 것뿐만 아니라 옷도 제공 받으며 다년간 계속되는 교육 과정도 무상으로 밟을 수 있습니다. 그렇게 지내다 만일 승려의 길을 포기하고 환속하게 된다 해도 그는 교단에 어떤 배상도 하지 않아도 됩니다. 이것은 같은 동북아시아 불교를 수용한 중국이나 일본에서는 보기 힘든 일입니다. 그 때문에 이 점에서 한국 불교의 독특성이 드러난다고 한 것입니다.

한국 불교는 웅장하고 고전적인 예배 모습, 치열한 수행, 그리고 아름다운 사찰 건물 등의 단어로 묘사할 수 있는데 이것은 한국불교만이 간직하고 있는 아름답고 활력적인 모습이라 하겠습니다.

붓다랜드 절! 절에 가면 꼭 만나는 세 가지

동아시아 국가를 여행하다 보면 절을 자주 만나게 됩니다. 이것은 한국 여행을 할 때도 마찬가지라고 했습니다. 불교는 더 많은 신도를 끌어들이기 위해 장엄한 사찰과 불교적인 수준 높은 예술품들을 만들어야 했습니다. 그렇다면 우리는 한국 관광 중 만나는 절에 대해 기본적인 지식을 갖고 있어야 할 것입니다. 그래야 절 관광이 의미가 있는 동시에 불교를 어느 정도 이해할 수 있기 때문입니다.

기본적으로 절은 부처님Buddha이 계신 곳을 말합니다. 그래서 부처님 나라, 즉 '붓다랜드Buddha land'라고 할 수 있지요. 한국의 절에 가면 우리는 법당을 제외하고 적어도 세 가지를 만나게 됩니다. 문gate을 통과해야 하고 불상statue of the Buddha들과 탑pagoda을 마주합니다. 그러면 각각이 상징하는 것이 무엇인지 알아볼까요?

하나, '세 개의 문'을 통과해야 부처님 나라로

한국의 절은 '일주문one-pillared gate'이라 불리는 문부터 시작됩니다. 이 문은 일반적으로 본격적인 절 영역과는 거리가 상당히 떨어져 있습니다. 통상 수백 미터는 떨어져 있는데, 그래서 일주문은 주변에 아무것도 없이 혼자 덩그러니 놓여 있는 경우가 많습니다. 일주문 안으로 들어왔다고 해서 부처님의 세계에 다다른 것은 아닙니다. 그러나 일주문을 통과하면 일단 우리는 온갖 고통만 가득한 사바세계를 떠난 것이 됩니다.

일주문을 통과해 부처님이 있는 법당 영역까지 가려면 상당히 걸어가야 합니다. 일주문부터 법당까지의 길은 일종의 중간 지대라 할 수 있는데 우리 인간은 사바세계에서 온갖 욕망에 매달려 살고 있기 때문에 부처님 세계인 법당 영역을 향해 걸어가면서 몸과 마음을 정화해야 합니다. 걸어가는 길에 놓인 '해탈교bridge of great freedom'라 이르는 다리를 건너가는 것도 마찬가지 이유에서입니다. 그렇게 심신을 깨끗하게 한 다음에야 부처님을 만날 수 있는 것입니다. 법당을 향해 걸어가면서는 부처님 만날 생각만 하고 마음을 깨끗이 하려고 노력해야 합니다.

용추사 일주문
ⓒ 국가문화유산포털

그런 마음을 갖고 걷다 보면 두 번째 문에 해당하는 '사천왕문'을 만납니다. 사천왕문에는 불교를 지키고 있다는 네 명의 신적인 장군(사천왕)이 서 있습니다. 우리는 이 장군들 앞에서 삿된 마음을 갖지 않겠다고 굳게 다짐해야 합니다. 사천왕문을 통과해도 여전히 우리는 부처님 세계에 당도하지 않았습니다. 다음으로 만나는 세 번째 문을 지나야 비로소 부처님 세계로 들어가게 됩니다.

CULTURE #3

보통 '불이문gate of non-dualism'이라 불리는 이 문은 이름이 매우 철학적입니다. '불이不二'라는 것은 세상을 '둘이 아닌' 시각에서 보겠다는 것을 뜻입니다. 즉, 차별을 갖지 않고 세상을 바라보겠다는 말이지요.

둘, '불상'으로 만들어 법당에 모신 부처님과 보살

불이문을 통과하면 비로소 법당 영역을 만납니다. 이곳부터는 본격적인 부처님 세계가 됩니다. 이 영역 안에는 부처님의 집이 있습니다. 보통 대웅전이라는 이름으로 불리는 법당이 부처님이 계신 곳입니다. 대웅전에는 항상 부처님이 불상의 형태로 머물고 있습니다. 불교 신자는 그 앞에 가서 부처님을 만난 환희와 반가움에 절을 세 번 올립니다. 절을 하면서 나는 모든 노력을 다해 깨달음을 얻으려고 할 것이며 그렇게 얻은 깨달음을 다른 이웃들에게 나눌 것이라고 부처님 앞에서 맹세해야 합니다. 이것까지 마치면 부처님 세계, 즉 절에 와서 할 일은 다 한 셈입니다. 그런 다짐을 지니고 다시 세상으로 가서 그 다짐에 맞게 생활하면 됩니다.

그런데 많은 경우 대웅전에는 부처님 불상 옆에 보살상들이 함께 모셔져 있습니다. 불교를 잘 모르는 사람들은 부처님과 보살 이 두 존재를 혼동하기 쉽습니다. 그런데 이들을 구별할 수 있는 아주 좋은 방법이 있습니다. 실존했던 부처님을 형상화한 불상과 달리 보살들은 대부분 머리에 모자, 즉 관을 쓰고 있습니다.

그런데 보살들은 어떤 존재일까요? 그들은 실제로 존재했던 인물이 아닙니

경주 불국사 금동비로자나불좌상
ⓒ 국가문화유산포털

다. 불교가 발전하면서 만들어진 가상의 존재, 즉 상상 속의 인물입니다. 보살들을 가장 간단하게 이해하려 한다면 불교의 천사 정도로 보면 좋겠습니다. 부처님의 중생 구제 사업은 워낙 방대한 터라 이 사업을 도와드리라고 불교도들이 보살이라는 가상의 존재를 만들어낸 것입니다.

참고로 불상은 붓다 사후 500여 년 만에 만들어집니다. 붓다가 자신의 상을 만들어 우상 숭배하는 것을 말렸기 때문입니다. 불상은 기원전 2~1세기에 간다라 지역에서부터 만들어집니다. 그래서 초기의 불상은 그리스 문명과 만난 영향으로 그리스 신의 얼굴을 하고 있는 것이 많습니다. 그런데 불상의 종류가 하도 많아서 누가 누구인지 무엇을 하는 분인지 알기 어려울 수 있습니다.

불교의 수많은 불佛 가운데 실존했던 인물은 석가모니밖에 없습니다. 이 사실을 염두에 두고, 불상에는 우선 실존했던 부처를 빚은 석가모니불을 비롯해 가상의 존재인 아미타불(극락을 관장)과 비로자나불(진리의 본체를 상징)이 있습니다. 불교에서는 이 세 불이 가장 중요한데 한국의 절에서는 이들을 각 각 '대웅전'(혹은 금당), '극락전'(혹은 무량수전), '대적광전'(혹은 비로전)이라는 한 옥에 모셔놓았습니다.

또 가상의 존재인 보살을 형상화한 보살상을 보면, 보살상은 머리에 관을 쓰고 있다고 했지요? 가장 인기가 많은 보살은 중생들과 가장 가까운 관음보 살입니다. 이 분은 사랑으로 똘똘 뭉친 자비의 화신입니다. 쉽게 말하면 119 구급대 대장 같은 역할을 하는 보살이지요. 중생들의 도움이 필요한 곳이라 면 어디든 달려가는 분입니다. 관음보살 외에도 지장보살(지옥을 관장), 부처님 을 가까이에서 모시는 문수보살(지혜를 상징)과 보현보살(실천을 상징), 그리고 약사불(치유를 담당) 등이 있습니다. 보살상들은 앞서 말했듯이 대웅전에 모신 부처님 불상 옆에 있는 경우가 많습니다. 인기가 많은 관음보살의 경우에는 따로 관음전을 만들어 모시기도 합니다.

그런데 불상의 모습은 나라마다 시대마다 다 다릅니다. 따라서 우리는 불 상을 보면서 불상을 빚은 그 시대 그 사람들의 모습과 정신을 만나볼 수 있 을 것입니다.

셋, 부처님의 무덤 '탑', 한국 절에만 있는 삼성각

한국 절에는 부처님과 보살들을 모신 법당 이외에도 여러 가지 기물이 있습 니다. 그 가운데 가장 대표적인 것으로 석가탑과 다보탑 같은 탑을 빼놓을 수 없습니다. 탑은 쉽게 말하면 부처님의 무덤이라고 할 수 있습니다. 인도인 들이 열반한 붓다를 화장하고 남은 유해(사리)를 탑stūpa을 지어 보관했기 때 문입니다. 불상이 만들어지기 전에는 탑이 불족석佛足石이나 바퀴法輪와 더불 어 숭배의 대상이었지요. 그래서 이전에는 탑을 부처님이라 여기고 예배를 올리기도 했는데, 지금은 그런 기능을 상실했습니다. 대신 법당의 앞마당을 장식하는 예술적인 조형물로서의 기능이 더 강합니다. 중국에는 전탑(벽돌탑) 이, 일본에는 목탑이, 돌의 나라 한국에는 석탑이 많습니다.

그런가 하면 죽은 사람의 영혼을 모시고 있는 건물(명부전)도 있는데 우리가 주의 깊게 보아야 할 것은 법당 맨 뒤에 있는 삼성각이라는 건물입니다. 이것은 한국 절에만 있는 건물로 불교와는 관련이 없습니다. 가장 한국적인 신령인 산신령을 모시고 있기 때문입니다. 부처님을 모신 절이 있는 그 산을 지키는 신령을 모시고 있는 것입니다. 이렇게 불교와 인연이 없는 삼성각을 절 경내에 세운 것은 산신령을 숭배하는 토착적인 한국인들을 절로 유인하기 위함이 아니었을까 합니다. 절 한편에 삼성각을 지어 산신령을 모심으로써 승려들은 한국인에게 불교의 심오한 가르침을 선사하고 싶었을 겁니다.

꼭 가봐야 할 절, 세계유산 부석사에서

이제 지금까지 배운 정보를 갖고 실제 절로 들어가 보기로 합니다. 우선 서울에서 한국적인 절다운 절을 찾았으면 하는데, 그 일이 힘들다는 것은 앞에서 말한 대로입니다. 강북에는 북한산국립공원 안에 도선사 같은 큰 절이 있기는 한데 시내에서 꽤 멀리 있어 접근하기가 쉽지 않습니다.

그런데 그런 절이라면 굳이 시내에서 멀리 갈 것 없이 싸이의 노래로 유명한 강남에서 찾으면 됩니다. 코엑스와 같은 상업의 중심지 옆에는 봉은사라는 큰 절이 있습니다. 봉은사는 역사로 치면 1000년이 넘은 오래된 절입니다. 그리고 불교를 박해하던 조선조에도 정치적인 이유로 왕실로부터 후원을 받던 꽤 잘나가던 사찰이었습니다. 그래서 아마 원래는 사찰 본연의 모습을 제대로 갖추고 있었을 것으로 생각되는데 지금은 그 모습을 지니고 있지는 않습니다. 봉은사의 사정이 이렇게 된 데에는 이유가 있습니다. 우선 임진왜란때 이 절은 전소됩니다. 이후 다시 세웠지만 20세기 중엽에 큰불이 나는 바람에 대부분의 건물이 불에 타고 맙니다. 지금 우리가 봉은사에서 볼 수 있는 건물은 큰불 후에 점차 지은 것들인데 원래대로 충실하게 복원된 것이 아닌 관계로 옛 모습을 찾기가 힘듭니다.

세계유산에 등재된 한국의 7개 산사

따라서 한국 절이 지닌 모습을 제대로 보고 싶다면 지방으로 가는 수밖에 없습니다. 한국의 지방에는 훌륭한 절이 많습니다. 이 절들을 다 가볼 수는 없는데 마침 유네스코에 의해 세계유산으로 지정된 절들이 있어 그곳을 중점적으로 보면 되겠다는 생각입니다. 유네스코 세계유산 목록에는 한국의 수많은 절 가운데 일곱 개가 등재되어 있습니다(2018년, '산사, 한국의 산지 승원'). 등재된 절을 보면, 봉정사, 부석사, 마곡사, 통도사, 대흥사, 선암사, 법주사입니다. 이 일곱 곳의 절은 유서 깊은 역사성을 인정받고 뛰어난 문화재를 보유하고 있어 선정된 것입니다. 따라서 이 절들 가운데 어느 곳을 방문해도 실망하지 않을 것입니다. 그런데 여기서는 지면이 제약되어 있으므로 이 모든 절에 대해 설명할 수는 없습니다. 만일 한 사찰만 고른다면 저는 부석사를 고르고 싶습니다.

언덕에 살짝 얹어놓은 건물들

부석사는 한국에서 가장 오래된 목조 건물 중 하나인 무량수전이 있어 유명한 사찰입니다. 무량수전은 건축 시기가 오래되었을 뿐만 아니라 한국의 고건축 가운데 가장 아름다운 건물 중 하나로 명성이 자자합니다. 무량수전 외에도 부석사는 많은 문화재와 이야깃거리를 갖고 있지만 여기서는 절의 전체적인 구조를 조명해 보려고 합니다. 왜냐하면 절의 구조에 한국적인 미학이 숨어 있기 때문입니다.

부석사는 7세기 중엽에 최초로 건립되는데, 점차 발전하면서 지금의 구조를 갖게 됩니다. 우선 이 절이 놓인 땅은 평지가 아니라 오르막길이 계속되는 언덕입니다. 그런데 당시 한국인들은 그런 자연 지형을 전혀 변경하지 않았습니다. 그저 그 언덕 위에 건물들을 하나둘씩 지었습니다. 그래서 어떤 이는 부석사에 있는 건물들은 언덕이라는 자연 위에 인간이 만든 건물을 살짝 얹어 놓은 것 같다고 평하기도 했습니다. 이것이 바로 한국인의 자연관입니다.

영주 부석사 무량수전
ⓒ 송혜나

우리는 이러한 모습을 이미 서울의 창덕궁에서 확인한 바 있습니다. 창덕궁도 작은 언덕과 평지가 있는 자연환경을 손상시키지 않고 건물들을 건설하지 않았습니까? 부석사가 품고 있는 자연관은 이웃 나라인 중국이나 일본의 사찰에서는 좀처럼 발견되지 않습니다.

무량수전 아래에서 방향을 살짝 틀어

부석사에서 발견되는 또 다른 한국적인 모습은 이 절의 중심축과 관계됩니다. 부석사의 정전은 앞서 소개한 무량수전으로, 부석사의 가장 뒤편에 있습니다. 그런데 무량수전은 그 아래에 있는 다른 건물들과 같은 축에 있지 않습니다. 그러니까 직선으로 나 있는 보행로는 무량수전의 바로 아래 부분에서 왼쪽으로 살짝 꺾입니다. 그래서 그때까지는 걸어가면서 누구도 무량수전의 전체 모습을 볼 수 없습니다. 무량수전 건물 바로 앞에 놓인 계단을 통해 올라가서

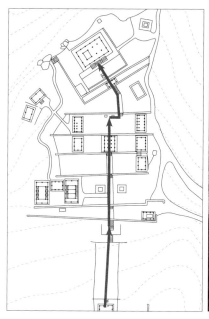

안양문을 통해 부석사 무량수전으로 가는 길
ⓒ 송혜나(오른쪽)

앞마당에 도달했을 때라야 우리는 비로소 무량수전 전체 모습을 목격할 수 있습니다. 이것은 직선이나 대칭적인 구도를 좋아하지 않는 한국인들의 성향이 반영된 구도라 할 수 있습니다. 한국인들은 질서가 잘 잡혀 있는 축이나 대칭 구도를 그리 좋아하지 않습니다. 이 점 역시 창덕궁에서 본 그대로입니다. 창덕궁도 건물들이 중심축을 따라 대칭적으로 건설된 것이 아니라 매우 자유분방하게 건설되지 않았습니까? 이러한 건축 원리는 한국의 전통 건축에 많이 반영되어 있습니다. 부석사의 건축 원리 역시 그 전형적인 예라고 하겠습니다.

한국인의 자연관, 자연을 있는 그대로!
그리고 다른 사찰도 그렇지만 부석사에는 담이 없습니다. 이 역시 자연과 인공 구조물을 가능한 한 구분하지 않으려는 한국인의 자연관이 반영된 것이라 할 수 있습니다. 과거의 한국인들은 자연을 대할 때 자연을 손상하지 않고 자신들이 그 속으로 들어가는 방법을 선호했습니다. 이러한 태도는 일본인과 중국인들의 자연관과 매우 다릅니다. 이 두 나라 사람들은 한국인처럼 자연을 있는 그대로 놓아두기보다는 인간이 자연을 만들어내는 방법을 선호했습니다. 그들은 자신들이 원하는 모습과 규모로 진짜 자연 같은 자연을 인공적으로 구현했습니다. 이러한 모습은 일본과 중국의 옛 정원을 가보면 알 수 있습니다. 일본 교토에 있는 용안사龍安寺의 정원이나 중국 소주蘇州에 있는 졸정원拙政園 등을 보면 그러한 경향을 확인할 수 있지요. 한중일 3국이 만든 정원의 조형 원리를 보면, 일본인과 중국인은 인간이 자연을 직접 만들어내는 쪽으로 기울어져 있고 한국인은 반대로 자연을 있는 그대로 놓아두고 정원을 조성하는 쪽을 선택했습니다.

서울에서 찾아야 한다면 북한산 기슭의 삼천사를

부석사는 이처럼 한국적인 자연관을 체험하며 아름다운 건물을 볼 수 있는 훌륭한 절이지만 서울에서 멉니다. 하루에 다녀오기가 쉽지 않습니다. 서울 안에서 한국 절의 향취를 느끼고 싶은 사람이 있다면 저는 서울 북한산 기슭에 있는 진관사나 삼천사를 추천하고 싶습니다. 그중에서도 한 곳만 꼽으라 하면 삼천사를 추천하고 싶습니다.

삼천사는 서울 도심에서 30~40분 정도 걸리는 거리에 있어 쉽게 갔다 올 수 있습니다. 삼천사는 특히 뒤에 있는 북한산과 함께 보면 아주 훌륭한 경광을 연출합니다. 또 이곳에는 만든 지 1000년이 넘는 아름다운 마애불이 있습니다. 이렇게 아름다운 불상은 서울에서 만나기 쉽지 않습니다. 또 절의 뒤로 가면 북한산으로 오르는 등산로가 있어 마음만 먹으면 자연도 충분히 즐길 수 있습니다. 이처럼 삼천사는 자연과 절 건물, 그리고 문화재를 동시에 즐길 수 있는 절입니다. 시간이 많지 않은 사람이 한국 불교를 체험하기에 적합한 절이라 할 수 있습니다.

4장

한국인의 가치관

마음을 빚은 큰 가르침, 유교와 학교

- 한국 유교의 특징, 그리고 유교로부터 파생된 문화
- 조선의 유일한 국립대학, 〈성균관 스캔들〉의 그 성균관
- 세계유산으로 빛나는 조선의 지방 사립학교, 서원
- 가장 아름다운 서원, 병산서원 답사기

4장 표제지 정보 | 서울 성균관 내부 전경(ⓒ 국가문화유산포털)

한국 문화나 한국인을 이해하려 할 때 사람들이 많이 간과하는 것이 있습니다. 외국인은 말할 것도 없고 한국인들조차 자신들의 문화가 형성되는 데 유교가 얼마나 많은 영향을 미쳤는지 잘 모르고 있는 것 같습니다. 특히 한국의 사회 문화 혹은 한국인의 가치관이 형성되는 데 유교가 끼친 막대한 영향에 대해 잘 모르고 있습니다. 이것은 한국인들이 자신들의 사회 문화에 너무도 익숙해 있는 탓에 생긴 현상일 겁니다.

유교가 끼친 영향에 대해 가장 간단한 예를 든다면, 외국인이 한국인으로부터 가장 많이 받는 질문이 무엇인지 아십니까? 그것은 'How old are you?'입니다. 한국인은 타인을 처음 만났을 때 상대방의 나이를 매우 궁금해합니다. 그들은 상대의 나이를 확인한 후에 그 결과를 가지고 곧 위아래를 나누는데, 그다음에 가장 한국적인 현상이 벌어집니다. 형이나 언니 같은 가족 호칭으로 서로를 부르는 것 말입니다. 이런 호칭으로 부름으로써 처음 만나는 타인이 가족처럼 됩니다.

한국인은 자신들의 이런 모습에 너무도 익숙합니다. 그래서 이것이 한국에만 있는 독특한 현상인 줄 잘 모릅니다. 그런데 이런 모습은 유교의 오륜five relationships 가운데 장유유서에서 파생된 현상으로, 전형적인 유교적 사회관계를 보여주고 있습니다. 지금 전 세계에서 가장 유교적인 가치관을 지닌 민족을 꼽으라면 한국인이 그 자리를 차지하는 데 반대할 사람이 없을 것입니다. 그런 의미에서 한국은 전 세계에서 가장 유교적인 사회라 할 수 있습니다. 사정이 이렇게 된 연유는 한국 유교의 역사와 특징을 살펴보면 자연스럽게 알게 될 것입니다.

한국 유교의 특징, 그리고 유교로부터 파생된 문화

한국에 유교가 언제 들어왔는지는 확실히 모릅니다. 추정컨대 기원 전후로 중국에서 한자가 도입되면서 유교 경전도 소개되었을 것입니다. 그래서 조선이 건국되는 14세기 말까지 한국의 지식인들은 유교의 가르침에 꽤 친숙해 있었습니다. 그럴 수밖에 없는 것이, 조선이 건국되기 전까지는 1000년 동안 불교가 국교였지만 그때에도 관리직 선발 시험에는 유교 경전이 시험 과목으로 포함돼 있었기 때문입니다. 그러나 그렇다고 해서 그때 유교를 신봉하는 세력 집단이 생긴 것은 아니었습니다.

이상적인 유교 국가, 철저한 가부장 국가

이런 상황이 완전히 바뀐 것은 조선이 건국하면서 국교를 유교로 삼은 이후였습니다. 당시에 중국에서 새롭게 생겨난 사상인 '신유학新儒學'(주자학, 성리학)을 신봉하는 집단이 조선의 세력 집단이 되면서 조선의 모든 것은 유교 일색으로 굴러가게 됩니다. 조선에서는 왕을 비롯해 모든 관리들이 유교 경전만 공부했습니다. 그들은 유교만을 유일한 가르침으로 인정하고 불교를 비롯한 다른 종교에 대해서는 매우 배타적인 태도를 취했습니다. 그 결과 이전 왕조에서는 귀족의 지위를 누렸던 불교의 승려들은 천민의 수준으로 몰락하게 됩니다. 주자학 일색의 세상이 된 것이지요.

유학을 신봉했던 조선의 위정자들은 조선을 이상적인 유교 국가로 만들기 위해 진력했습니다. 이것은 부계가 중심인 철저한 유교적인 가부장 국가를 만드는 것을 의미했습니다. 따라서 조선 정부는 각 가정에 아버지가 정점이 되어 모든 것을 관장하는 엄격한 가부장적인 문화를 심으려고 노력했습니다. 그러기 위해 아버지에게 절대적으로 복종하는 '효孝'를 특히 강조했습니다. 아들은 아버지를 최우선으로 생각하고 존경해야 합니다. 효 다음으로 중요한 것은 가문 내에서 질서를 잡는 것이었습니다. 특히 나이나 항렬 등을 가지고 종적인 상하 위계질서를 바로잡는 것은 대단히 중요한 일이었습니다. 이것이 바로 효의 하위 덕목인 '제悌'입니다. 효가 아들이 아버지에게 바치는 존경과 복종이라면, 제는 남동생(아랫사람)이 형(윗사람)에게 바치는 존경과 복종을 말합니다.

조선의 위정자들이 조선을 유교 국가로 만드는 데 온갖 노력을 기울인 결과, 조선은 17세기 중엽이 되었을 때 모든 국민이 유교적인 법도대로 사는 국가가 되었습니다. 유교 정착에 성공한 것입니다. 오늘날 한국의 사회 문화가 유교식으로 된 데에는 지금까지 본 역사적 배경이 자리하고 있습니다. 한번 정착된 가치관은 쉽게 바뀌지 않습니다. 그 때문에 조선의 가치관이 그대로 현대 한국으로 넘어온 것이지요.

CULTURE
#4

효와 제! 아버지와 윗사람에게 바치는 존경과 복종

조선에 정착된 유교의 덕목으로는 앞서 언급한 효와 제를 들 수 있습니다. 유교에서 효는 가장 중요한 덕목입니다. 유교를 신봉하는 사람은 지극한 정성으로 아버지(그리고 어머니)를 섬겨야 했습니다. 아버지는 절대로 거스를 수 없는 성역 같은 존재였습니다. 자신의 아버지를 이렇게 극진히 모심으로써 대단히 강한 가족주의가 생겨납니다. 그 결과 매우 강한 혈연중심주의가 생겨났고 이것이 발전해 당파를 지나치게 나누는 정파주의가 생겨나게 되지요. 현대 한국 사회에서 보이는 유교적인 가부장제나 가부장적인 집단주의 문화는 바로 유교의 효 덕목에서 나온 것입니다.

그런가 하면 유교에서는 사람들 사이에 상하를 엄격하게 나눕니다. 그래서 아랫사람이 윗사람에게 절대적으로 복종해야 하는 권위주의가 발생하게 됩니다. 이것이 바로 제입니다. 이 덕목 때문에 가족 안에서 동생은 형이나 언니 등 나이가 많은 사람에게 복종해야 했습니다. 이 성향이 사회적으로 확산되어 현금의 한국의 사회 문화를 만들어낸 것입니다. 어린 사람이 연장자에게 복종하는 게 예의처럼 되어 있고 서열을 중시하는 등 아랫사람의 의무를 강조하는 권위주의 문화가 바로 제에서 파생된 문화이지요.

사회는 가족의 연장! 타인에게도 가족 호칭을

유교는 세계의 여러 가르침 가운데 가족을 가장 많이 강조한 가르침입니다.

가족을 매우 중시하고 가족에 대단히 집착하는 경향을 보입니다. 그렇기 때문에 유교를 신봉하는 사람은 가족이라는 관점에서 사회를 바라봅니다. 사회를 가족의 연장으로 보기 때문입니다. 이 영향으로 한국인들은 길에서 만나는 모르는 타인을 부를 때에도 가족 호칭을 씁니다. 예를 들어 한국인들은 지하철에서 처음 보는 연로한 여성에게 자리를 양보할 때 "할머니 여기 앉으세요"라고 말합니다. 그런데 '할머니'는 엄연한 가족 호칭이므로 그들은 생면부지의 모르는 사람에게 가족 호칭으로 부르고 있는 게 됩니다. 또 학교 같은 데서도 상대방이 한 학년만 높아도 무조건 형이나 언니라는 가족 호칭으로 부르지요. 전 세계에 이런 관습을 가진 나라는 드물 것입니다. 한국인들은 이 같은 사회 문화 속에 살면서 이것이 유교에서 비롯된 것이라는 사실을 잘 눈치 채지 못하는 듯 보입니다.

조선의 유일한 국립대학, 〈성균관 스캔들〉의 그 성균관

한국인의 가치관은 이렇게 유교에서 영향 받은 바가 큽니다. 그런데 이것은 인간의 생각과 관계된 것이라서 실제로 보거나 만질 수 없습니다. 그러나 한국에는 유교를 상징적으로 대표하는 기관이 있으니, 그곳을 답사하면 유교를 이해하는 데 도움이 될 것입니다.

그곳은 성균관이라는 기관입니다. 성균관을 간단하게 정의하면 조선의 국립대학이라고 할 수 있습니다. 이 기관은 창덕궁에서 멀지 않은 곳에 있고 한국에는 이곳의 이름을 딴 대학교도 있습니다. 성균관대학교를 말하는 것인데 조선의 성균관은 이 대학의 교정 안에 있습니다.

성균관에 있는 건물들은 임진왜란 직후에 만들어진 것입니다. 400년이 넘어 국가 보물로 지정되어 있습니다. 성균관은 역사적으로 또 문화적으로 한국에서 매우 중요한 유적인데, 현대 한국인들은 관심이 별로 없는 것 같습니다. 서울 도심에 있는데도 많은 한국인이 그 존재를 잘 모릅니다. 조선시대 때에는 유교 교육과 정치의 중심이었지만 현대에 와서는 주목을 받지 못하고 있는 것이지요.

조선 최고의 국립대학 성균관은 그 주된 기능이 유능한 관리를 교육하는 것이었습니다. 전국에서 치러지는 예비 시험에 붙은 사람이 성균관에 들어올 수 있는 자격을 갖습니다. 이곳에 입학해서는 수년간 매우 강도 높은 공부를 해서 과거 시험을 보는데, 합격하면 관리가 되는 것입니다. 물론 국립학교라 개인적으로 내는 비용은 없었습니다.

CULTURE #4

스승을 제사로 기리며 경전 공부로 뜻을 잇는 곳

그런데 성균관에서 하던 교육을 보면 우리가 생각하는 일반적인 학교 교육과 다른 점이 발견됩니다. 제사가 포함되기 때문입니다. 성균관의 배치도를 보면 제사를 지내는 제향 공간과 공부하는 강학 공간으로 나뉘어 크게 두 영역으로 되어 있는 것을 알 수 있습니다.

성균관 경내의 앞부분에는 유교의 교조인 공자를 비롯해 역사적으로 유명한 중국과 한국의 유학자들의 위패를 모신 대성전이라는 건물이 있습니다. 이곳에서는 일 년에 두 번(봄, 가을) 성현들에게 '문묘제례'라는 큰 제사를 올립니다. 조선시대 때 문묘제례는 왕이 직접 주관하는 큰 행사였습니다. 그런가 하면 이곳에서 공부하는 학생들은 한 달에 두 번씩 이 성현들에게 간단한 제사를 지냈습니다. 지금으로 치면 조회 같은 것이었지요. 현재까지 지속해 오고 있는 한국의 문묘제례는 세계적으로 명성이 높습니다. 유네스코에 등재된 종묘제례와 더불어 동북아 문명의 매우 특별한 왕실 제사 의례이기 때문입니다. 우리는 다음 장에서 종묘제례와 문묘제례를 자세히 살펴볼 예정입니다.

이렇게 성균관에는 대스승들의 위패를 모시고 그들을 기리며 제사를 올리는 대성전 영역이 있습니다. 그리고 대성전이 있는 뒤쪽에는 학생들이 공부하고 숙식을 할 수 있는 또 다른 영역이 있습니다. 여기에는 학생들의 기숙사가 동서로 나뉘어 있고 그 사이에 수업을 하는 명륜당이라는 큰 강당이 있습니

성균관 대성전
ⓒ (사)석전대제보존회

다. 명륜당은 1000원짜리 지폐에도 그려져 있을 만큼 유교의 한 상징으로서 매우 중요하고도 유명한 건물입니다.

성균관에 가보면 유교의 교육관을 잘 이해할 수 있습니다. 유교식 교육은 공자와 맹자, 그리고 주자와 같은 스승을 닮아 그들처럼 되는 것이 주목적입니다. 그렇게 되려면 그 스승들에게서 직접 배우는 것이 가장 좋습니다. 그런데 그 스승들은 이 세상에 없습니다. 그렇지만 그들이 남긴 말씀이 있지요? 따라서 스승들을 배우려면 그들이 남긴 말씀을 경전을 통해 배워야 합니다.

그러나 그것만 가지고는 부족합니다. 스승처럼 되려면 그들을 사무치게 생각해야 합니다. 그러기 위해 학생들은 한 달에 두 번씩 제를 올리면서 스승에 대한 사모의 정을 나타내고 스승과 같은 경지에 올라가겠다고 다짐을 해야 합니다. 이 같은 생각은 유교가 책으로만 하는 교육을 넘어 인격적인 교육을 중시했다는 것을 알려주고 있습니다. '전인교육全人敎育'을 중시했다는 것이지요. 성균관의 구조는 두 영역으로 매우 단순하지만 여기에는 이처럼 유교의 깊은 교육 정신이 들어가 있습니다.

성균관 명륜당
ⓒ 국가문화유산포털

교육 중시 가르침, 한국의 기적을 일구는 데 한몫

유교는 인간의 교육을 대단히 중시하는 가르침인데, 세계 종교 가운데 교육을 이렇게 강조한 종교는 없을 것입니다. 여기서 우리는 한국이 현대에 와서 보여준 기적을 다시 생각하게 됩니다. 한국은 1960년대에 세계에서 가장 가난한 독재국가로 유명했습니다. 그런데 지금은 후진국 가운데 산업화와 민주화를 동시에 이룬 유일한 국가라는 평가를 받고 있습니다. 그래서 한국은 지금 경제 대국이면서 민주화를 이룩한 선진국으로 인식되고 있습니다.

한국은 2022년 현재 세계 12위의 경제 대국입니다. 2021년에는 유엔무역개발회의UNCTAD가 195개국 만장일치로 한국이 '개발도상국'에서 '선진국'이 되었음을 발표한 바 있습니다. 선진국의 기준에는 국민소득뿐만 아니라 교육 수준이나 문맹률 등이 지표가 되는데 이 같은 한국의 예는 이 유엔무역개발회의가 1964년에 창립된 이후 처음 있는 일로 기록되고 있습니다.

한국이 이처럼 세계에 전례가 없는 기적을 일군 데에는 많은 요인이 있겠지만, 교육을 강조한 유교의 철학이 중요한 요인으로 작용했을 것입니다. 경제적으로 발전하고 정치가 민주화되려면 국민의 의식 수준이 높아져야 하는데 이것을 가능하게 할 수 있는 방법은 교육밖에 없습니다. 한국인들은 그동안 자식 교육에 정신적으로나 경제적으로 어마어마한 노력을 기울였습니다. 한국인들이 자식 교육에 그렇게 열을 올린 것은 교육을 중시하는 유교적인 가치를 따랐기 때문입니다. 그 결과 한국인들의 지적 수준이 급격히 성장했고 그 발전에 힘입어 한국은 그 어렵다는 경제 개발과 민주화를 동시에 이룩했던 것입니다.

서울의 성균관(국립대학)이나 전국에 수백 개에 달하는 향교(지방 국립학교)와 서원(지방 사립학교) 등 조선이 남긴 유교 유적지를 답사하면서 유교가 한국인에게 미친 영향을 이처럼 다각도로 생각해 보는 것도 좋겠습니다.

세계유산으로 빛나는 조선의 지방 사립학교, 서원

유교와 관련된 유산이 서울에만 있는 것은 아닙니다. 조선조 때 지방에는 군이나 도시마다 향교라는 지방 국립학교가 있었습니다. 향교는 해당 지역의 이름에도 반영되어 있어 재미있습니다. 한국의 많은 도시에는 경주의 교동이나 강릉의 교동과 같이 '교동'이라는 행정 구역이 있는데 이것은 그 지역에 향교가 있었기 때문에 만들어진 이름입니다. 지방에 사는 사대부의 자제는 향교에서 공부해서 과거를 보는 경우가 많았습니다. 지금도 한국에는 전국에 200개가 넘는 향교가 남아 있습니다. 각 향교의 구조(대성전과 강학 공간)는 서울에 있는 성균관과 같습니다.

스승 타계 후 제자들이 세운 지방 사립학교
지방에는 유교와 관련된 건물이 향교 말고 또 있습니다. 서원이 바로 그 주인공입니다. 서원은 지방의 사립학교라 할 수 있지요. 성균관이나 향교가 국가에서 세운 교육 기관이라면 서원은 개인이 세운 교육 기관입니다.

서원은 한 스승에게서 배운 제자들이 스승이 타계한 후에 그를 추념하고 그의 교육 이념을 연구하고 밖으로 알리기 위해 만든 학교라 할 수 있습니다. 서원의 시작은 그런 점에서 동창회적인 성격도 갖고 있습니다. 그래서 한국의 서원에는 그들이 모시는 스승(학자)의 위패가 모셔져 있고 성균관이나 향교가 그랬듯이 정기적으로 그 위패 앞에서 제를 지냅니다.

서원과 관계해서 우리의 관심을 끄는 것은 한국의 서원 가운데 9개가 유네스코 세계유산에 등재됐다는 사실입니다. 그들을 소개하면 소수서원, 남계서원, 옥산서원, 도산서원, 병산서원, 도동서원, 필암서원, 무성서원, 돈암서원입니다. 각 서원에는 조선에서 손꼽히는 걸출한 유학자가 모셔져 있습니다. 그 학자들 가운데 가장 유명한 사람은 조선 유교의 대표주자인 퇴계 이황(1501~1570)일 것입니다. 그를 모신 서원은 경북 안동에 있는 도산서원입니다. 퇴계가 지금까지도 얼마나 유명한 인물인가 하면 현재 통용되고 있는 한국의 1000원짜리 지폐에 그의 초상화가 올라와 있을 정도입니다.

서원 제도는 중국에서 들어온 것입니다. 그런데 현재 중국에는 서원이 많이 남아 있지 않습니다. 그런가 하면 일본에는 아예 서원 제도가 소개조차 되지 않아 그 유례가 없습니다. 이렇게 보면 서원 제도를 지금까지 유지하고 발전적으로 보존시킨 것은 한국이 유일할 것입니다. 한국은 서원이 많이 남아 있고 방금 본 것처럼 그중에서 9개나 되는 서원이 세계유산으로 등재되어 있습니다. 이 사실은 서원의 종주국인 중국의 서원이 세계유산으로 선정되지 않은 것과 대비가 됩니다. 여기에는 다음과 같은 요소가 작용된 것 같습니다.

왜 한국의 서원만 세계유산이 되었나?

한국과 중국의 서원은 성균관이나 향교처럼 학식이나 덕이 높은 학자를 기리기 위해 만들어졌습니다. 그래서 서원도 건축 원리는 성균관이나 향교와 같습니다. 서원에도 선대 유학자를 모시고 제를 올리는 사당 영역이 있고 원생들이 공부하는 영역이 있습니다. 그런데 왜 한국의 서원만 유네스코에 등재되었을까요?

그 이유 중의 하나는, 한국의 서원은 공부하고 제사를 지내는 원래의 취지가 여전히 살아 있기 때문입니다. 중국의 경우에는 그렇지 못했기 때문에 세계유산에 등재되지 않은 것이라고 합니다. 중국의 서원은 관료를 양성하는 쪽에 더 비중을 두어 운영했다고 합니다. 한국의 서원은 조금 달랐지요. 현재 한국의 서원이 운영되는 모습을 보면 유교 경전을 연구하는 기능은 예전 같지 않지만 아직도 그 서원에 모셔져 있는 학자에게 정기적으로 제를 올리고 있습니다. 서원이 이처럼 현대에도 살아 움직이고 있는 모습이 유네스코 관계자들에게 신선한 자극을 주지 않았을까 하는 생각을 해봅니다. 유네스코에서는 과거의 전통도 중요시하지만 그와 함께 그것이 현대에 어떻게 전승되고 있는가에 대해서도 많은 관심을 기울이기 때문입니다. 그런 점에서 한국의 서원은 점수를 많이 받았을 것입니다.

가장 아름다운 서원, 병산서원 답사기

한국의 서원이 그다음으로 주목을 받은 것은 서원의 건축 원리입니다. 그중에서도 서원의 건물이 주위의 자연과 어우러지는 건축미가 뛰어난 점이 크게 주목을 받았습니다. 우리는 앞에서 본 창덕궁이나 부석사의 예를 통해 한국인들이 건물을 지을 때 자연과의 조화를 중시한다는 것을 알았습니다. 한국인들은 경치가 매우 훌륭한 곳에 자연에 안기듯이 건물을 지었습니다. 이것은 서원의 경우에도 그대로 적용되었습니다. 가장 대표적인 예가 바로 경북 안동에 있는 병산서원입니다. 세계유산이 된 병산서원은 서원 건축으로만 뛰어난 것이 아니라 한국의 고건축 가운데서도 최고의 건물 가운데 하나로 간주됩니다.

병산서원은 한국인이든 외국인이든 간에 한국 문화를 깊게 알고 싶어 하는 사람에게 제가 꼭 방문을 권하는 곳입니다. 그런데 많은 기대를 안고 갔다가 서원의 겉모습을 보면 실망할 수도 있습니다. 그저 큰 한옥으로만 보이기 때문입니다. 게다가 이곳은 학교이자 제사를 지내는 사당이기 때문에 불교의 사찰이나 궁처럼 단청 같은 것으로 건물을 치장하지도 않았습니다. 그래서 나무의 원래 모습만 보이니 장엄하다거나 화려하다는 느낌이 전혀 들지 않습니다. 그보다는 고졸古拙하다는 느낌이 강합니다.

어찌 실망할 수가! 만대루에 앉아보면

그러나 서원 내부에 들어가서 밖을 바라보면 상황이 완전히 달라집니다. 매우 아름다운 광경이 펼쳐지기 때문입니다. 이 광경을 제대로 체험하기 위해서는 이 서원의 주위부터 살펴보아야 합니다. 병선서원은 한국의 다른 서원과 마찬가지로 언덕에 세워졌습니다. 이런 곳에 세운 이유 가운데 하나는 전방의 경치를 더욱 잘 감상하기 위해서일 것입니다. 이것은 보통 도시의 평지에 세우는 중국의 서원과 대조를 이룹니다. 한국의 서원은 도시가 아니라 경치가 수려한 교외에 세우는 것이 보통입니다. 그래서 어떤 때는 한국의 서원은 공부하려고 세운 것이 아니라 쉬고 놀기 위해서 세운 것이 아닌가 하는 생각이 들 정도입니다. 그 정도로 주위의 경치가 훌륭합니다.

이러한 원리는 병산서원에도 그대로 적용되어 있습니다. 우선 서원의 입구에 있는 만대루라는 누각에 올라가 봅시다. 이곳에 올라간 사람들은 주위에 펼쳐지는 경광에 압도되고 맙니다. 서원 바로 앞에는 꽤 큰 강인 낙동강이 흐르고 있고 강안江岸에는 아름다운 산이 바로 연해 있습니다. 산이 이처럼 강과 함께 있는 경우는 흔하지 않은데 병산서원에서는 이런 일이 벌어집니다.

지금 병산서원의 만대루에 앉아 있다고 상상해 봅시다. 우리 앞에는 낙동강이 기세 좋게 흐르고 있고 산이 병풍처럼 펼쳐져 있습니다(그래서 서원의 이름이 '병산'입니다). 산 위는 물론 하늘입니다. 따라서 여기에 앉으면 하늘과 물과 산을 동시에 볼 수 있습니다. 기가 막힌 풍광이 나올 수밖에 없지 않겠습니까? 만대루에 앉아 있으면 경치에 취해 하염없이 앉아 있고 싶습니다. 이 감흥은 글로는 도저히 전달할 수가 없군요. 여기서 여러분은 만대루가 바로 이 광경을 가장 아름답게 볼 수 있는 높이로 건설되어 있다는 것을 잊어서는 안 됩니다. 서원의 건축은 그냥 보면 대충 만든 것 같지만 사실은 이런 데까지 세심하게 신경을 써서 만들었습니다.

입교당 원장 자리에 앉아보아도

그런데 이 아름다운 경치를 더 멋있게 볼 수 있는 곳이 있습니다. 만대루 위쪽 영역에는 학생들이 앉아서 공부할 수 있는 입교당이라는 강당이 있습니다. 그리고 입교당 좌우에는 학생들이 기거할 수 있는 아담한 규모의 기숙사가 있습니다. 만대루에서 보았던 경광은 이 입교당의 마루에 올라서도 볼 수 있습니다. 특히 마루의 중앙 뒤편에는 서원의 원장이 앉는 자리가 있는데, 거기서 보면 최고의 경치가 눈에 들어옵니다. 왜 최고인가 하면 이곳에서는 바깥쪽의 경치가 있는 그대로만 보이는 게 아니라 정면에 있는 만대루의 기둥 사이로 보이기 때문입니다. 만대루의 기둥이 일종의 프레임 역할을 하는 것입니다. 만대루의 기둥 사이로 들어오는 경치는 매우 정제되어 보입니다. 경치 좋은 곳에 가보면 관광객들을 위해 마련한 포토존에 사각 프레임을 설치해 놓은 곳이 있지 않습니까? 프레임을 통해 경치를 찍으면 훨씬 더 세련되고 다채롭게 보이기 때문입니다. 입교당에서 만대루를 통해 경치를 바라볼 때에도 같은 원리가 적용될 수 있습니다.

병산서원은 이처럼 안에 들어가서 밖을 바라볼 때 경광이 아름답게 보이도록 설계되었습니다. 바깥에서 볼 때 보이는 건물은 아름답게 설계되지 않았습니다. 그래서 건물 자체는 큰 볼거리를 제공하지 않습니다. 여기에도 이유가 있습니다. 조선의 유학자들은 건물이란 공부하고 숙식을 할 수 있으면 되는 것이지 그 이상의 시설이나 장식은 필요 없다고 생각했습니다. 따라서 한국에서 학교 같은 유교적인 건물에 갈 때에는 건물 자체를 볼 것이 아니라

**병산서원 입교당에서
바라본 광경**
ⓒ 최준식

병산서원 입교당 후면
ⓒ 최준식

그 건물이 주위의 자연과 얼마나 조화를 이루었나를 보아야 합니다. 그게 조
선 유학의 정신이자 건축 원리입니다. 서원 외에도 조선의 건물을 볼 때에는
대체로 이런 시각에서 보아야 합니다.

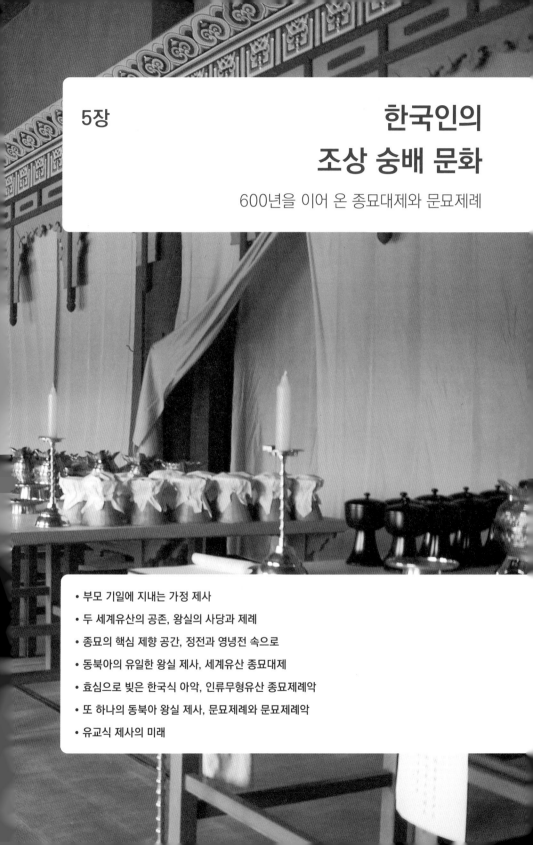

5장

한국인의
조상 숭배 문화

600년을 이어 온 종묘대제와 문묘제례

- 부모 기일에 지내는 가정 제사
- 두 세계유산의 공존, 왕실의 사당과 제례
- 종묘의 핵심 제향 공간, 정전과 영녕전 속으로
- 동북아의 유일한 왕실 제사, 세계유산 종묘대제
- 효심으로 빚은 한국식 아악, 인류무형유산 종묘제례악
- 또 하나의 동북아 왕실 제사, 문묘제례와 문묘제례악
- 유교식 제사의 미래

5장 표제지 정보 Ⅰ 종묘대제 당일, 정전 신실 내부(ⓒ 송혜나)

전 세계에서 한국인처럼 조상을 많이 숭배하는 민족은 더 없을지 모릅니다. 이 같은 한국인의 모습은 평상시에는 잘 드러나지 않습니다. 그래서 사람들은 사는 데에만 바쁘고 자신들의 조상에 대해서는 아무 생각이 없는 것처럼 보이기도 합니다. 그러다 한국인들이 조상 제사를 얼마나 중시하는가를 알수 있게 해주는 사건이 일어나는 날이 있습니다. 예상할 수 있는 것처럼 설과 추석과 같은 명절날입니다.

명절이 되면 전국의 고속도로는 고향으로 내려가는 차량 행렬로 주차장이 되어버립니다. 한국인의 이런 모습을 처음 보는 외국인들은 무척 놀랍니다. 대관절 명절이라는 게 무엇이기에 이토록 많은 한국인들이 고향으로 가느냐고 말입니다. 한국인들이 고향에 가는 이유에는 여러 가지가 있습니다. 그중에서 가장 큰 이유는 조상에게 제사를 지내기 위함입니다. 명절을 맞이해 조상들께 감사의 마음을 전하는 동시에, 그들로부터 큰 복을 받기 위해 제사를 지내러 가는 것입니다. 그런데 한국인의 조상 숭배는 에서 그치지 않습니다. 유례가 없는 면모들로 세계를 놀라게 하고 있습니다.

부모 기일에 지내는 가정 제사

설과 추석, 이 두 명절날을 제외하고 한국인들이 조상들에게 제사 드리는 날이 또 있습니다. 부모가 타계한 날이 그날입니다. 한국인들은 매년 부모가 돌아가신 기일이 되면 만사를 제쳐놓은 채 집에서 부모의 혼(위패)을 모셔놓고 제사를 지냅니다. 그들은 이날만큼은 모든 일에서 면제받을 수 있습니다. 만일 직장인이라면 이날 저녁에 회식이 있어도 부모 제사를 이유를 들어서 가지 않아도 됩니다. 평소에는 회식 같은 모임에서 빠지려면 눈치가 많이 보이는데, 이날은 '당당하게' 아무 눈치 보지 않고 회사 문을 나설 수 있습니다.

한국인 가운데 개신교인을 제외하고 제사를 지내지 않는 사람은 없을 것입니다. 그러나 개신교인들도 전통적인 방법으로 제를 올리지 않을 뿐이지

나름대로 개신교식의 추모제를 지냅니다. 이렇게 보면 한국인들 가운데 제사를 지내지 않는 사람은 없다고 해도 과언이 아닙니다. 한국인들이 이렇게 열심히 제사를 지내는데도 밖으로 잘 드러나지 않는 이유는, 제사는 각 가정의 지극히 개별적인 일이기 때문입니다. 제사라는 의례는 가족들만 참여하고 집에서만 지내는 것이라 외부에서는 잘 알 수 없습니다. 따라서 한국을 잘 안다고 하는 외국인들도 한국의 제사 문화에 대해서는 잘 모르는 경우가 많습니다.

두 세계유산의 공존, 왕실의 사당과 제례

조상 제사와 관련해서 한국에는 세계적인 풍속과 유적이 있습니다. 서울 중심부에 있는 종묘와 그곳에서 지내는 종묘대제가 그것입니다. 종묘는 조선의 역대 왕과 왕비의 혼을 모시고 제사를 올리는 국가의 사당으로서, 유네스코 세계유산으로 등재(1995년)되어 있는 대단히 중요한 유적입니다. 그리고 이곳에서는 매년 종묘대제라는 큰 제사를 지내는데, 이 역시 유네스코에 인류무형문화유산으로 등재(2001년)되어 있습니다. 그러니까 한 곳에 두 개의 세계유산이 공존하고 있는 것인데, 그만큼 종묘가 문화적으로 매우 의미 있는 지역이라는 것을 말해줍니다. 따라서 종묘는 한국 문화를 심층적으로 알고 싶은 사람이라면 반드시 방문해야 하는 곳이라고 할 수 있습니다.

종묘와 종묘대제, 그중에서도 종묘대제가 중요한 것은 국가 차원에서 진행하는 동북아 왕실의 제사 풍습이 한국에만 남아 있기 때문입니다. 왕실 제사는 중국에서 유래한 것이지만 중국에서는 이 관습이 완전히 사라졌습니다. 그 이유는 잘 알려진 것처럼 중국이 19세기 중엽부터 겪었던 수많은 환란으로 인해 많은 문화유산이 소실된 데에 그 이유가 있을 것입니다. 그 후에도 공산주의 정권이 들어서면서 전통문화와 관계된 것들이 많이 소멸되는 바람에 중국에서는 왕실 제사 같은 중요한 궁중 의례가 살아남기 힘들었습니다.

그에 비해 한국은 왕실에서 행하던 제사 관습을 원래 그대로 유지해 현재에 이르고 있습니다. 이는 조선 초부터 시작한 것이니 그 역사가 벌써 600년을 넘어섰습니다. 게다가 원래의 형태를 그대로 고수하고 있어 그 진가가 더 높이 평가되고 있지요. 이런 여러 요소들을 인정받아 조선 왕실의 제사 의례인 종묘대제가 유네스코에 등재될 수 있었던 것입니다.

종묘의 핵심 제향 공간, 정전과 영녕전 속으로

CULTURE
#5

종묘대제를 보기 위해 먼저 살펴야 할 것은 대제의 현장인 종묘입니다. 종묘의 핵심 공간은 당연히 제사를 지내는 곳이겠지요. 종묘에는 큰 사당 건물이 두 개 있습니다. 정전과 영녕전이 그것입니다. 조선의 왕과 왕비의 혼령은 신주(위패)라는 나무로 만든 상징물로 분해 이 두 건물에 나뉘어 모셔져 있습니다. 조선의 왕(그리고 왕비)은 승하 후에 육체는 왕릉에 모셔지고 혼은 이곳 종묘로 모셔집니다('조선왕릉'은 42기가 전해지고 있는데, 한국에 있는 40기는 2009년에 유네스코 세계유산으로 등재되었습니다).

종묘에는 주인공 격인 정전과 영녕전 이 두 건물 외에도 많은 건물이 있습니다. 그래서 수많은 이야깃거리가 있습니다. 왕이 제례를 지내기 위해 옷을 갈아입고 쉬는 '어숙실', 조상신에게 올릴 제수를 준비하는 '전사청', 조선에서 공을 많이 세운 신하들의 혼령을 모신 '공신당', 토속신들을 모신 '칠사당' 등 많은 건물이 있고, 건물마다 얽혀 있는 이야기도 많습니다. 하지만 종묘 건축에서 가장 중요한 공간은 왕과 왕비의 혼을 모신 '정전'과 '영녕전'입니다. 따라서 우리는 두 공간에 집중해서 들어가 보기로 합니다.

14세기 초에 시작해 19세기 초에 완성된 대형 건물

정전은 14세기 초에 태조가 한양으로 수도를 옮기자마자 창건한 건물로, 최초의 신실神室은 7칸에 불과했습니다(1395년). 세종 대가 되어 정전의 신실이

종묘 정전
ⓒ 국가문화유산포털

부족해지자, 세종은 6개의 신실을 갖춘 영녕전이라는 별묘를 창건합니다(1421
년). 그런데 조선왕조는 27명의 왕이 재위하며 500년 이상 지속되었습니다.
따라서 정전과 영녕전은 (물론 중간에 소실과 재건도 있었지만) 증축을 거듭해 19
세기 초반이 되어서야 완성되는데, 정전은 19실, 영녕전은 16실로 최종 완성
을 봅니다. 500년이라는 최대 단일 왕조의 위용은 왕실 사당의 건축 과정과
최종 규모에서도 확인됩니다.

　19실의 정전에는 19명의 왕과 30명의 왕비가 모셔져 있습니다(총 49위). 16
실의 영녕전에는 16명의 왕과 18명의 왕비를 모셨습니다(총 34위). 조선의 왕
은 27명인데 모신 왕의 신위 수가 그 이상인 이유는, 추존한 왕들을 포함하
고 있기 때문입니다. 각 신실에는 한 명의 왕과 그의 왕비(한 명에서 많게는 세
명)가 함께 모셔져 있습니다.

종묘 영녕전
ⓒ 국가문화유산포털

후손들이 업적을 평가해 정전과 영녕전으로 모셔

그런데 왕의 혼령은 어떤 기준에 따라 정전과 영녕전에 나누어 봉안되었을까요? 사정은 이렇습니다. 대체로 큰 업적을 남긴 왕은 정전에 모시고, 그렇지 않은 왕은 별묘로 지은 영녕전에 모셨습니다. 구체적으로 보면, 왕의 승하 후에 궁에서 삼년상을 치르면 신주를 종묘 정전으로 모셔오는데, 16세기 중반(명종 대)이 되자 정전의 신실 수가 부족해지는 상황에 다다르고 맙니다. 그래서 첫 증축을 단행하는데, 그때 봉안의 원칙을 세웁니다. 그것은 '5대가 지나면 영녕전으로 옮겨 모시되 공덕이 큰 왕은 불천위不遷位로 정전에 그대로 둔다'는 내용이었습니다. 따라서 현재 정전에 있는 왕들은 후손들로부터 생전 공로를 인정받은 분들입니다. 물론 예외가 있습니다. 마지막 5개 방인 15실부터 19실에 있는 다섯 명의 왕은 공덕과 관계없이 정전에 남아 있는 경우입니다. 5대가 채 되기도 전에 조선왕조가 운을 다했기 때문에 남게 된 것이지요 (문조, 헌종, 철종, 고종, 순종). 나머지 14실에 모신 14명의 왕은 혁혁한 공을 세워

불천위가 된 왕입니다(태조, 태종, 세종, 세조, 숙종, 영조, 정조 등).

영녕전에 있는 신위는 추존된 왕이거나 정전에서 옮겨 모신 왕들입니다. 실제 왕이었던 경우에도 재위 기간이 길어봐야 3년 정도로 짧았습니다. 그런데 정전과 영녕전에 오르지 못한 왕과 왕비도 있습니다. 폐위됐다가 끝내 복위되지 못한 연산군과 광해군의 신위, 그리고 왕의 모친이었지만 왕비가 아니었던 숙빈 최씨나 희빈 장씨 등의 신위는 종묘에 들어오지 못했습니다. 정전과 영녕전에 방문하게 되면 이런 엄중한 사연들이 깃들어 있다는 사실을 상기하면 좋겠습니다. 덧붙여, 우리가 부르는 세종, 세조 같은 조선 왕들의 이름은 종묘에 모시면서 붙인 묘호廟號라는 사실도 기억해야겠습니다.

뛰어난 건축학적인 가치를 지닌 정전

정전은 많은 세계적인 건축가들이 주목하는 건물입니다. 이유는 간단합니다. 전 세계에 있는 고건축 가운데 이런 건물이 없기 때문입니다. 정전 건물이 내포하고 있는 건축 원리는 단순, 절제, 경건, 장엄 등으로 표현할 수 있습니다. 먼저 단순함이란, 이 건물이 어떤 장식도 없이 지붕과 기둥, 그리고 여러 개의 방으로만 구성되어 있는 특징을 일컫는 것입니다. 정전 건물은 죽은 사람에게 제사를 지내는 사당이기 때문에 궁궐 건물처럼 단청으로 화려하게 장식할 수 없었습니다. 그래서 우리는 정전 건물에서 절제미와 경건함을 느낄 수 있습니다.

그러나 이 단순함만 가지고는 부족합니다. 정전 건물은 왕이라는 최고의 인물들을 모셔놓았기 때문에 누구든지 이 건물 앞에서는 겸손해야 하고 머리를 저절로 숙여야 합니다. 그러려면 인간은 이 건물에 압도당해야 합니다. 이 효과를 내기 위해 조선의 건축가들은 지붕과 기둥 그리고 신실만 있는 단순한 건물을 옆으로 길게 뽑았습니다. 그래서 아무 치장도 하지 않은 거대한 건물이 마치 옆으로 누워 있는 것처럼 완성되었습니다. 그 길이가 무려 101미터나 되니, 지구상에 이와 비슷한 건물을 찾기 힘들 것입니다. 그래서 일반 사진기로는 이 건물을 정면에서 온전한 한 컷으로 담을 수가 없습니다.

이런 장엄한 건물은 보통 '기념비적인monumental' 척도로 건설됩니다. 기념비적이라는 것은 인간의 감각을 뛰어넘는 규모를 말합니다. 건물의 층수나 방의 개수가 6개 이상이 되면 그때부터 인간은 해당 규모를 단번에 파악하는 일이 어려워집니다. 따라서 이 경우에는 인간이 위축되는 느낌을 받습니다. 그런데 정전 건물은 같은 방이 6개는 고사하고 19개나 되는데, 그게 단절없이 줄줄이 반복적으로 나열해 있으니 인간은 그 앞에서 주눅이 들 수밖에 없습니다. 인간의 감각으로는 도저히 파악할 수 없는 장대한 규모이기 때문이지요. 특히 지붕 위에 있는 흰 선(용마루)이 100미터나 길게 뻗어 있는 모습을 보면 그 장엄함에 감탄하지 않을 수 없습니다. 정전 건물이 이런 모습이니 그 앞에 있는 후손들은 자신을 낮추게 되고 왕을 공경하며 우러러보는 마음이 자연스럽게 생길 겁니다. 이 기념비적인 척도는 교회나 사찰 같은 종교 건물들이 쓰는 건축 방법이기도 합니다. 건물을 기념비적인 규모로 만들어서 신자들을 조복調伏시키려는 의도가 있는 것이지요.

크지만 인간적인 척도를 지닌 영녕전

정전이 지닌 기념비적인 건물의 특성을 쉽게 아는 방법이 있습니다. 또 다른 제향 공간인 영녕전 건물과 비교하는 것이지요. 영녕전은 규모로만 보면 정전과 그리 차이가 나지 않습니다. 정전이 19칸이고 영녕전은 16칸이니 말입니다. 그런데 영녕전에서는 정전의 장엄함이 느껴지지 않습니다.

기념비적인 척도와 대비되는 것이 '인간적인humanistic' 척도입니다. 이것은 건물의 층이나 방이 5개 이하일 때의 규모를 말합니다. 이런 규모는 인간의 감각으로 단번에 파악할 수 있기 때문에 인간적인 척도로 지어진 건물 앞에서는 압도당하는 느낌을 받지 않습니다. 영녕전 건물이 바로 그렇습니다.

영녕전은 지붕의 선이 정전처럼 일— 자로 죽 뻗어 있지 않습니다. 가운데

4칸의 지붕이 높이 솟아 있기 때문입니다. 중간에 분절이 생긴 것인데, 따라서 영녕전 건물은 한 동의 장대한 건물로 보이지 않습니다. 그렇기 때문에, 사람들은 영녕전 건물 앞에서 압도당하는 느낌을 받지 않습니다. 3개의 작은 건물로 파악하는 등 단번에 그 규모를 가늠할 수 있기 때문이지요. 사람들은 이런 건물 앞에서는 장엄함이나 경건함보다는 편안함과 친밀함을 느끼게 됩니다. 이 건물이 인간적인 척도로 만들어졌기 때문입니다.

이처럼 종묘가 세계유산이 된 것은 핵심 공간인 정전과 영녕전이 지닌 이러한 건축학적인 배경과 원리를 인정받았기 때문입니다.

정전과 영녕전이 지금까지 살아남은 것은 기적

그런데 사람들이 정전과 영녕전을 보면서 이런 건물이 지금까지 남아 있는 현실을 그다지 기이하게 생각하지 않는 것 같습니다. 사실 이 두 건물이 한국에서 살아남은 것은 기적입니다.

최초의 정전(7칸)은 조선이 건국되자마자 만들어졌고 최초의 영녕전(6칸)은 세종 때 만들어졌다고 했습니다. 예상되는 바와 같이, 첫 번째 위기는 16세기 말(1592년)에 일본의 침략을 받았을 때 찾아옵니다. 이때 한 번의 증축으로 규모가 커졌던 정전 건물(11칸)은 완전히 잿더미로 변했고 세종이 세운 영녕전도 화마를 피하지 못하고 전소됐습니다.

이후 두 건물은 17세기 초(광해군 원년, 1608년)에 비로소 재건되면서 명성을 찾습니다(정전 11칸, 영녕전 10칸). 이후에도 조선 왕실은 정전과 영녕전을 각각 두 번씩 증축해 19세기 초반(헌종, 1836년)에 19칸과 16칸의 대형 규모를 갖추면서 비로소 긴 건축 과정을 마쳤습니다. 바로 이때의 모습이 지금까지 그대로 200년 가까이 전해지고 있는 것인데, 이것은 정말 기적입니다. 진짜 위기가 일제 시대와 한국전쟁 때 있었기 때문입니다.

정전과 영녕전은 궁궐 건물에 속하지만 다행히 혹독한 일제기에도 철거만은 피했습니다. 만신창이가 된 경복궁과는 다른 국면이지요. 또 한국전쟁 때 살아남은 것도 기적입니다. 천우신조가 따로 없습니다. 한국전쟁 때 서울은 폭격 등으로 광화문이 날아가는 등 그야말로 쑥대밭이 됐지만 종묘의 정전과 영녕전 이 두 건물은 꿋꿋하게 남았습니다. 그래서 기적이라고 한 것입니다.

동북아의 유일한 왕실 제사, 세계유산 종묘대제

지금까지 종묘 건축에 대해서 보았습니다. 사실 사당 건축물인 종묘에서 제사, 즉 종묘대제가 이루어지지 않는다면 종묘는 의미가 많이 퇴색할 겁니다. 종묘대제는 왕과 왕비의 혼령을 모셔놓은 정전과 영녕전에서 행하는 국가 제사입니다. 조선은 수많은 국가 제사를 지냈습니다만, 그중에서 종묘에서 지내는 제사가 가장 중요하고 큰 규모였으므로 '종묘대제'라 이릅니다.

종묘대제가 귀중한 것은 동북아시아에서 왕실의 제사로서는 유일하게 남은 것이라 그렇습니다. 역대 왕에게 제를 올리는 풍속은 중국에서 비롯된 것입니다. 그런데 다른 전통문화적인 것들이 그랬듯이 중국에는 종묘 제사 문화가 남아 있지 않습니다. 제사를 지냈던 건물은 지금도 자금성 안에 남아 있는데 제사는 없어졌습니다. 자금성을 말할 때 항상 정문처럼 나오는 천안문의 왼쪽(동쪽)에 있는 태묘太廟가 그것입니다. 종묘에서 지내는 제사의 특징은 주자학에서 제시하는 법도에 따라 치러진다는 데에 있습니다. 그것도 이제는 완전히 사라져버린 중국 것을 원형(?)에 가깝게 보전해 행하고 있다는 점에서 종묘대제는 더욱 특별한 가치를 발합니다.

일반 가정 제사와 크게 다른 점

종묘대제의 기본 골격은 조상신에게 술잔을 세 번 올리고 축문을 읽는 것으로 되어 있습니다. 여기까지는 일반 가정에서 지내는 제사와 다를 것이 없지요? 그런데 종묘대제의 제례 절차가 이렇게 건조하게 진행될 리가 있겠습니까? 술잔을 올리고 내리는 동안, 그리고 왕을 비롯한 수백 명의 제관들이 신

종묘대제
ⓒ 최준식

실을 오르고 내려가는 동안 아주 장엄한 음악이 규모와 격을 갖춰 연주됩니다. 종묘대제가 일반 가정에서 지내는 제사와 다른 점은 바로 이 음악을 연주하는 데에 있습니다.

종묘대제에서는 제례 절차가 진행되는 동안 끊임없이 음악이 연주됩니다. 이 음악은 종묘제례악이라 이르는데, 종묘제례와 종묘제례악은 서로 분리할 수 없는 관계이므로 이 두 개의 유산은 '종묘제례 및 종묘제례악'이라는 한 개의 항목으로 유네스코 인류무형문화유산에 등재되었습니다(2001년).

효심으로 빚은 한국식 아악, 인류무형문화유산 종묘제례악

종묘제례악은 한국의 궁중음악을 대표하는 음악입니다. 100명이 넘는 악사와 무용수가 행하는 종묘제례악은 장엄하기 짝이 없습니다. 중요한 것은 여기서 말하는 음악이란 악기 연주만을 뜻하는 게 아니라 노래하고 춤추는 일도 포함한다는 사실입니다. 종묘제례악은 악기 연주(악樂)와 노래(가歌), 그리고 춤(무舞)이 일체가 되어 행해지는 종합예술입니다. 이것은 동북아(중화) 음악의 이론에 따른 것으로 연주와 노래와 춤을 하나로 보는 '악가무樂歌舞 일체 사상'에 기인한 것입니다. 그러니까 음악이 있으면 사람의 노래가 있어야 하고, 아울러 사람의 춤이 반드시 같이 가야 한다는 것이 악가무 일체 사상의 골자입니다.

CULTURE #5

제사만 지내면 될 것을 왜 음악을 함께 행했을까?

그렇다면 제사를 지낼 때 왜 음악을 함께 지어 올렸을까요? 그것도 그냥 음악이 아니라 악가무가 총출동하는 음악을 말입니다. 그 해답은 유교의 창시자인 공자의 '예악禮樂 사상'에서 찾을 수 있습니다. 쉽게 말하면 예는 서로를 다르게 구분하는 것인데, 예를 강조하면 사회에 규범이 잡혀 좋지만 화합하기는 어렵습니다. 이런 예의 단점을 보완하는 장치가 바로 음악입니다. 음악은 서로를 같게 만들고 조화를 이루게 합니다. 공자는 예와 악으로 질서를 잡고 조화를 이뤄 세상을 평화롭게 만들고자 했던 인물입니다.

역사상 가장 유교적인 국가였던 조선의 정부는 공자의 예악 전통을 충실히 따르기 위해 종묘제례뿐만 아니라 왕실의 각종 의례에서 쓸 음악을 바로 세우고 제정하는 데 실로 긴 세월 동안 말로 다할 수 없을 만큼의 진심을 다했습니다. 이것은 세종 대의 일인데, 세종은 1424년부터 당시 각종 악기의 제작과 수리, 레슨 등 음악에 관한 모든 것을 중국에 의존할 수밖에 없었던 일방적인 구조를 고치는 데 온 힘을 쏟았습니다.

예악 사상에 충실한 세종의 놀라운 업적

결과는 어떻게 됐을까요? 세종의 숙원은 '율관律管'을 만들어 삐뚤어진 음정 체계를 완벽하게 정립하고 악기들을 국내에서 생산하는 것으로 중간 마침표를 찍었고, 공자의 이상향이던 고대 주나라 음악 전통의 완벽한 복원과 제정이라는 큰 성과를 내는 것으로 정점을 찍었습니다. 이 쾌거에 힘입어 세종은 한 발 더 나아가 한반도 음악을 토대로 조선 사람들의 정서에 맞는 한국식 음악, 즉 '신악新樂'을 제정하는 위업까지 달성하는 등 대성공을 거뒀습니다 (1433~1447년). 1424년부터 시작해 20년이 넘도록 진행된 이 엄청난 일련의 사건들은 모두 세종의 업적입니다.

조선 왕실의 각종 예에는 늘 음악이 함께했습니다. 그런데 음악 중에서 가장 중요한 음악은 무엇일까요? 그것은 말할 것도 없이 제사음악입니다. 제사음악 중 으뜸은 당연히 조선의 역대 왕에게 올리는 종묘제례악입니다. 이 대목에서 우리는 종묘제례악을 다시금 조명해야 합니다. 왜냐하면 종묘제례악은 한국 고전음악의 표본과 같은 음악인데, 이 수준 높은 음악을 만든 사람은 여느 음악가가 아니라 다름 아닌 세종이기 때문입니다.

'조상들이 평소에 듣던 음악을 쓰는 게 어떨지'

원래 조선 왕실이 주관하는 종묘제례에서는 중국에서 받은 음악을 연주했습니다. 이상하게 들릴지 모르지만 당시로서는 당연한 일이었습니다. 그 이유는 우선 종묘제례가 중국에서 온 것이기 때문입니다. 이것은 지금 기독교의 의례에서 서양음악이 연주되는 것과 마찬가지입니다. 그 다음 이유는 당시 예악의 '악'은 누구나 함부로 만들 수는 없는 음악으로서, 제후국에서는 임금도 마음대로 제정할 수 없었기 때문입니다.

그런데 한글을 만든 불세출의 영웅인 세종은 종묘제례 때마다 선왕들께 중국 사람들에게나 익숙한 중국 음악을 바치는 게 영 마음에 들지 않았습니다. 세종은 '조상들이 평소에 듣던 음악을 쓰는 게 어떨지'를 놓고 여러 날을 고심했습니다. 게다가 당시 종묘제례악은 중국이 고려에 전해 준 음악을 계승한 것으로, 많이 훼손되어 중국적인 정통성을 거의 상실한 상태였습니다. 이에 세종은 앞서 기술한 것처럼 '정통한 중국식 음악 제정'과 '한국식 음악

제정'이라는 두 가지 일을 동시에 진행했습니다. 그가 제정한 중국식 음악은 현 문묘제례악으로서 세계의 주목을 받고 있고, 한국식 음악 중 일부는 종묘 제례악으로서 세계유산으로 빛나고 있습니다.

세종은 선왕들에게만큼은 중국의 음악이 아닌 조선의 음악을 선사하고 싶었습니다. 이에 세종은 추진했던 음악 사업이 성공적으로 마무리되자 스스로 여러 의례에 쓸 조선풍의 음악들을 작곡했습니다. 세종이 만든 이 음악들은 당시 신악新樂이라 불렸습니다. 여기에서 종묘제례악이 나온 것인데, 세종의 신악은 세종이 완전히 새로 창작한 음악은 아닙니다. 유교에서 음악은 함부로 만들 수 있는 것이 아니었기 때문에, 당시의 작곡 방식대로 이전 왕조부터 있었던 고려가요 등을 활용해 만들었습니다.

세종 작곡 세조 편곡! 부자지간인 두 왕이 일군 명작

세종이 만든 신악 중에서 일종의 모음곡인 「보태평保太平」 11곡과 「정대업定大業」 15곡이 종묘제례악의 모태가 됩니다. 「보태평」은 조상들의 문덕을 칭송한 음악이고, 「정대업」은 무공을 기리는 내용을 담고 있습니다. 그런데 세종이 지은 「보태평」과 「정대업」은 그의 생전에는 아쉽게도 종묘제례 때 사용되지 못했습니다. 한국식 음악 「보태평」과 「정대업」이 종묘에서 울려 퍼진 것은 세종의 아들인 세조 때의 일입니다.

세조는 누구의 눈치도 보지 않고 아버지가 만든 「보태평」과 「정대업」을 제례 절차에 맞게끔 직접 편곡하는 한편 자신이 만든 몇 곡을 추가해 종묘제례악으로 사용할 것을 공식적으로 선언했습니다. 이 역사적인 사건은 그가 즉위한 지 10년째이던 1464년의 일이었습니다. 그가 공표한 종묘제례악은 550년이 넘도록 지금까지 종묘에서 울려 퍼지고 있습니다.

지금까지 본 것처럼 조선의 왕들은 음악을 만들고 편곡하는 등 대단히 수준 높은 음악 지식과 능력을 지니고 있었습니다. 왕실의 가장 중요한 음악이던 종묘제례악은 부자지간인 세종과 세조가 한마음으로 탄생시킨 최고 수준의 음악입니다. 효심으로 빚은 음악이라 그 의미가 더 크다고 하겠습니다.

매년 단 한 번 봉행, 그 현장을 꼭 가봐야

종묘대제는 연주와 노래, 춤이 어우러진 종묘제례악이 함께 연행되는 국제문화행사로서, 대단한 볼거리가 아닐 수 없습니다. 특히 종묘대제가 봉행되는 현장에서만 볼 수 있는 특별한 장면은 연주와 노래에 맞춰 추는 팔일무八佾舞라는 춤입니다. 팔일무는 64명이나 되는 무용수들이 가로와 세로로 각각 8명씩 줄을 지어 사각형 대형을 이루고 추는 춤입니다. 실로 장관이 아닐 수 없습니다. 무용수들은 붉은색 관복을 입고, 음악이 「보태평」(문덕 칭송)이냐 「정대업」(무공 칭송)이냐에 따라 손에 각각 관악기와 꿩 깃털을 단 나무 막대, 그리고 목검이나 창을 들고 춤을 춥니다. 춤은 매우 단순하고도 절제된 큰 동작들로 구성되어 있습니다. 그래서 이 춤을 처음 보는 사람들은 다소 생소하게 느낄 수 있지만 곧 독창적인 기품을 느낄 수 있을 것입니다.

　종묘대제는 일 년에 단 한 번 개최됩니다(매년 5월 첫 번째 일요일). 또 유네스코 인류무형문화유산으로서 행사 규모가 대단히 큽니다. 저는 여러분에게 종묘대제를 당일 종묘 현장에 가서 관람하는 것을 강력히 추천합니다. 수백 명의 제관들이 제복을 갖춰 입고 예를 올리는 모습도 장관이지만, 장엄한 종묘제례악을 종묘대제 현장에서 감상하는 것은 상상 이상의 감동을 선사합니다. 1년에 단 한 번밖에 없는 그 기회를 놓치지 말기를 당부합니다. 마침 2021년부터는 문화재청의 유튜브 채널을 통해 생중계를 진행하고 있으니, 당일 참석이 불가하다면 영상으로도 볼 수 있습니다. 물론 영상은 언제든지 다시보기가 가능하니 그것을 참고하는 것도 현존하는 동북아 왕실의 유일한 제례문화인 한국의 종묘대제와 종묘제례악을 체험하는 한 방법이겠습니다.

또 하나의 동북아 왕실 제사, 문묘제례와 문묘제례악

종묘대제 외에도 한국에는 또 다른 동북아의 중요한 왕실 제사가 살아서 전해지고 있습니다. 종묘대제보다 규모는 작지만 이 역시 왕이 참가하는 중요한 제사였습니다. 이 제사는 다름 아닌 공자를 비롯해서 중국과 한국의 최고 유학자들에게 드리는 제사입니다. 조선 왕을 모신 사당을 종묘라 하고 그곳에서 행하는 제사를 종묘대제라 일렀지요? 공자 등을 모신 사당은 '문묘文廟'라 이르고, 여기서 행하는 제사는 '문묘제례'라 합니다. 공자를 문선왕文宣王으로 추대한 것에서 비롯된 명칭이지요. 문묘제례는 앞에서 소개한 성균관의 대성전 앞마당에서 거행됩니다. 그래서 종묘대제와 비교하면 규모가 상당히 작은 편입니다.

중국에서는 절멸된 동북아 유일의 문묘제례

문묘제례 역시 당연히 중국에서 유래한 것입니다. 그런데 종주국인 중국에서는 완전히 소멸해 그 흔적을 찾기 힘들어졌습니다. 그 이유에 대해서는 앞에서 이미 언급했습니다. 따라서 한국의 문묘, 즉 성균관 대성전에서 지내는 문묘제례는 국가적 차원에서 공자를 모시는 제례 가운데 동북아시아에서 유일한 것이 되었습니다.

문묘제례는 적어도 조선이 건국되면서 시작됐을 터이니 그 역사가 600년이 더 됩니다. 이 같은 유구한 제례가 한국에만 남아 있는 것은 기이한 일이 아닐 수 없습니다. 이 일을 알아챈 중국 정부는 자신들도 공자를 21세기의 스승으로 모시고 공자를 기리는 제사를 복원하려고 한국의 성균관에서 이루어지고 있는 제례를 모두 조사해서 중국으로 역수입해 가져갔습니다. 그리곤 수년 전부터 공자의 고향인 곡부曲阜에 있는 공자묘에서 재현했는데, 얼마나 고증에 충실히 했는지는 잘 알려지지 않습니다. 한국은 이처럼 동북아시아의 유구한 전통을 보존하고 있다는 점에서 칭송받아 마땅할 것입니다.

▲ **문묘제례**
ⓒ (사)석전대제보존회(문묘제례)

◀ **대성전 내부**
ⓒ 국가문화유산포털

　문묘제례가 종묘대제에 비해 규모가 작다고 해서 갖추고 있어야 할 요소들
이 없는 것은 아닙니다. 각 신위 앞에 술을 석 잔씩 올리고 축문을 읽는 것
등 제례의 순서와 내용은 종묘대제와 거의 같습니다. 그런데 음악이 다릅니
다. 여기서도 악가무 일체의 엄격한 음악이 행해집니다만 음악의 풍이 영 다
릅니다. 종묘제례악이 한국식으로 제정된 음악이라면 문묘제례악은 철저하게

중국식으로 제정된 음악이기 때문입니다. 이것은 어찌 보면 당연한 일입니다. 문묘제례는 공자나 맹자를 비롯한 중국의 스승들에게 드리는 제사라 중국 음악을 올리는 게 맞기 때문입니다. 물론 대성전에는 설총, 이황, 이이와 같은 한국 스승들의 위패도 있지만, 이들은 모두 중국의 학문으로 일가一家를 일 군 분들이니 크게 어색할 것은 없습니다.

그런데 이 대목에서 우리는 다시 세종을 모셔 와야 합니다. 왜냐하면, 앞 서 언뜻 말했듯이 중국식 음악인 문묘제례악 역시 15세기에 세종이 제정한 음악이기 때문입니다. 중국에서 수입한 음악이 아니라 조선의 왕 세종이 자 주적으로 만든 음악으로, 중국 음악의 법도를 완벽하게 갖춘 제례악입니다. 이게 무슨 말일까요?

또 하나의 역작! 정통한 중국식 아악, 문묘제례악

이즈음에서 소개하면 좋겠는데, 여러분은 아악雅樂이라는 용어를 많이 들어 보셨을 겁니다. 아악이란 원래 고대 중국의 상고시대(하·은·주) 때 궁중에서 행하던 모든 음악을 말하는 것이었습니다. 세종은 당시 중국에조차 제대로 된 아악이 남아 있지 않다는 사실을 간파하고, 신하들과 함께 중국에도 없는 주대의 정통 중국 아악을 만들어냅니다. 그는 무려 456곡에 달하는 아악곡 을 제정했는데, 이들은 모두 『세종실록』에 첨부되어 있습니다. 이 456곡은 모 두 중국 주대의 아악의 법도와 질서에 따라 한 치의 어긋남이 없이 완벽하게 제정된 아악입니다.

여기서 주목해야 할 사실은, 이 456곡의 아악곡 중에 현재 연주되고 있는 곡은 단 여섯 곡뿐인데 이것이 바로 오늘날에 이루어지는 한국의 문묘제례 악의 전곡全曲이라는 사실입니다. 또 문묘제례악 역시 진즉 유네스코에 등재 되었어야 할 유산이지만 여러 가지 이유로 속도를 내지 못하고 있는 모양입 니다.

앞에서 세종이 제정한 종묘제례악 역시 궁중의 제사음악이라고 했지 않습니까? 따라서 아악이라 아니할 수 없습니다. 이로써 한국은 중국식 아악인 문묘제례악과 한국식 아악인 종묘제례악이라는, 세계에서 '유이唯二'한 아악을 보전하고 행하고 있는 나라가 됩니다. 이 두 제례악은 성격이 판이하게 다른 음악이지만 모두 세종의 뛰어난 음악적 능력과 과감한 추진력으로 탄생한, 세상에 더는 없는 음악입니다. 한국에는 유교적 가르침뿐만 아니라 이렇게 유교와 관련된 조상 숭배 문화유산들이 훌륭하게 보존되고 시연되고 있습니다.

유교식 제사의 미래

이번 장을 시작하면서 한국인들은 전 세계에서 조상 제사를 열렬히 드리는 민족으로 유명하다고 했습니다. 여기에는 지금까지 살펴본 것과 같은 대단한 배경이 있었던 것입니다. 한국인들이 중국에서 유래한 고대 제사들을 모두 보전하고 있다는 것은 그만큼 그들이 제사를 중요하게 생각하고 있다는 사실을 말해줍니다.

지금도 산에 있는 조상들의 무덤 앞에 가서 음식을 차려놓고 제사를 지내는 민족은 한국인을 제외하면 보기 힘들 것입니다. 이런 유교적 관습에 관심 있는 외국인이라면 명절 때 서울 주위의 산을 가볍게 돌아다니다가 제사를 지내는 한국인을 발견할 수도 있을 것입니다. 고속도로를 달리다가도 이런 제사 행렬을 쉽게 볼 수 있습니다. 만일 산에 한국인들이 모여 있다면 그것은 십중팔구 제사를 지내는 사람들일 것입니다.

제사는 다양한 의미를 갖고 있습니다. 사람들은 제사를 단순한 추모제 정도로 이해하기 쉬운데, 과거 조선에서는 그런 의미를 훌쩍 뛰어넘어 매우 정치적인 행위이기도 했습니다. 집안 제사든 국가 제사든 제를 지낼 때 중요한 역할을 하는 사람은 대부분 강한 권력을 갖고 있었습니다. 따라서 제사는 강한 이데올로기를 동반하는 의례가 되었지요. 그러나 지금 한국에서 행하는 제사는 그런 이데올로기적인 힘을 갖고 있지는 않습니다. 오늘날의 제사는 추모제 이상도 이하도 아닌 것이 되었습니다.

그렇다면 한국 제사의 미래는 어떻게 될까요? 매우 흥미로운 주제인데, 일단 제사가 없어지는 일은 발생하지 않을 것 같습니다. 그러나 규모는 대폭 축소되어 조부모 이상의 제사는 희미해지고 자신의 부모에게 지내는 제사만이 남을 것 같습니다. 사촌끼리도 잘 안 모이니, 직계 자식만 모여 자기 부모에게만 제사를 드리는 형태가 되지 않을까 하는 생각입니다. 그러나 1인 가구 혹은 자식이 없거나 한 명뿐인 가족이 점차 많아지고 있기 때문에 현재로서는 한국인들이 제사를 어떻게 지낼지 그 미래를 예측하기가 쉽지만은 않습니다.

규모가 있는 가족인 경우에도 설과 추석 명절날 지내는 차례를 생략하고 기일 제사만 지내는 등 횟수나 규모를 축소하는 경우가 많아지고 있습니다. 또 제사 때 반드시 차려야 하는 음식도 그 수고와 낭비가 적지 않아 대체로 간소화하고 있는 추세입니다. 그것도 정성을 담아 제수를 차리던 전통적인 풍습과는 달리 제사음식 전문 조리 업체를 이용하는 경우도 적지 않습니다. 과거에는 전혀 올리지 않던 새로운 메뉴가 상에 오르는 일도 비일비재하다고 합니다. 앞으로 한국의 제사 문화가 어떻게 보존되고 발전할지 귀추가 주목됩니다.

6장

한국인의
새로운 믿음

근현대사를 품은 그리스도교 문화를 찾아

- 세계 기독교사에 혁혁한 공을 세운 한국의 기독교
- 유례가 없는 수많은 기록을 가진 한국의 기독교
- 기독교는 어떻게 한국 사회의 실세 종교가 되었을까?
- 유서 깊은 가톨릭교회: 한국 최초의 가톨릭 성당, 명동성당
- 역사가 오래된 개신교회 1: '눈 덮인 조그만 교회당', 정동교회
- 역사가 오래된 개신교회 2: 주황 기와지붕이 수려한 성공회 교회

한국에 온 외국인들이 놀라는 일이 더러 있는데, 그중의 하나는 한국의 도시에 교회가 많은 것입니다. 한국을 전형적인 아시아 국가라 생각해 그리스도교(이하 기독교)와는 별 관계가 없을 줄 알았는데 현실은 그와 영 다르기 때문입니다. 한국의 도시, 특히 서울은 조금 과장해서 한 집 건너 교회가 있는 것처럼 보이니, 교회가 얼마나 많은지 알 수 있습니다. 특히 밤에 서울 시내를 공중에서 보면 흡사 공동묘지를 보는 것 같은 느낌이 들 수 있습니다. 한국 교회는 빨간색의 십자가를 많이 달아놓기 때문에 공중에서 보면 그렇게 보일 수 있지요. 그래서 그랬는지 한국의 전체적인 인상을 간단한 그림으로 그려달라는 부탁을 받은 어떤 외국인은 끝없는 아파트의 행렬을 그리는 데 그치지 않고 아파트 위에 수없이 달린 십자가도 그렸습니다. 그 외국인에게 한국은 '아파트와 교회 공화국'처럼 보인 것입니다. 현대 한국 도시의 모습을 정확하게 묘사한 것이라 하겠습니다.

세계 기독교사에 혁혁한 공을 세운 한국의 기독교

한국은 기독교의 역사가 꽤 됩니다. 우선 가톨릭은 그 시작을 1780년대로 잡으니 역사가 230여 년이 되고, 개신교는 그 시초를 1880년대로 잡으니 역사가 130여 년이 됩니다. 그런 까닭에 한국에는 역사가 꽤 오래된 교회가 적지 않습니다. 19세기 말에 완성된 가톨릭의 명동성당이나, 거의 같은 시기에 완성된 한국 최초의 개신교(감리교) 교회인 정동교회 등이 그 예입니다. 그밖에도 서울에는 유구한 역사를 자랑하는 교회가 꽤 있습니다. 따라서 이런 교회들을 살피다 보면 한국의 근현대사를 이해하는 데에 도움이 될 것입니다.

그런데 대부분의 관광 서책을 보면 전통적인 유물만을 강조해 근현대 유적이 밀려나 있는 경향이 있는 것 같습니다. 그러나 근현대의 유적을 살펴보는 것도 한국을 전체적으로 이해하는 데 많은 도움이 됩니다. 역사는 과거뿐만 아니라 지금도 펼쳐지고 있기 때문입니다. 이런 생각을 염두에 두고 먼저 한국의 기독교가 갖는 특징부터 살펴보도록 합니다.

기독교 성공의 바로미터, 역대 대통령의 종교

기독교와 관련해서 한국인들은 자기 나라가 얼마나 기이한 나라인지 잘 모르는 것 같습니다. 아시아에서 기독교가 성행하고 있는 나라는 거의 한국뿐이라는 사실이 기이하다는 것입니다. 이것은 세계지도를 펼쳐놓고 보면 금세 알 수 있습니다. 동아시아 국가 가운데 한국을 제외하고 가톨릭이 수백만의 신자를 자랑하면서 인구 대비 신자 비율이 높은 나라는 거의 없습니다(필리핀 제외). 그뿐만 아니라 1980년대부터 시작된 한국 개신교의 급성장은 전 세계의 개신교도들에게 강한 인상을 주었습니다.

한국이 기독교적으로 얼마나 성공했는지를 알 수 있게 해주는 좋은 '바로미터'가 있습니다. 거두절미하고 한국의 대통령들을 보면 됩니다. 한국은 초대 대통령부터 개신교 신자였습니다. 한국인들은 이 사실을 그다지 신기하게 생각하지 않지만 아시아에 이런 나라가 없다는 사실을 알아야 합니다. 한 나라의 대통령은 대부분 그 사회의 전통 종교를 믿지 외부로부터 들어온 종교를 믿지 않습니다.

한국은 예서 끝나지 않았습니다. 그를 이은 대통령들도 기독교도인 경우가 많았습니다. 한국의 역대 대통령을 보면 전체 대통령 가운데 절반이 기독교도였습니다. 그래서 대통령만 보면 흡사 한국이 기독교 국가인 것 같은 느낌을 받습니다. 한국의 역대 대통령이 대부분 기독교 신자였다는 것은 한국 사회에서 기독교가 그만큼 기득권을 많이 소유하고 있다는 사실을 말해줍니다.

전통 종교가 있지만 기독교가 성공한 나라

거듭 이야기하지만 한국인들은 이런 사실이 그다지 신기하지 않나 봅니다. 그러나 이것은 2000여 년에 달하는 기독교사적 입장에서 볼 때 대단히 기이한 일입니다. 기독교는 지난 역사 동안 매우 활발한 선교 활동을 하면서 전 세계에 선교사를 보냈습니다. 그래서 나름대로 큰 성공을 거두었지만 전통 종교가 확실하게 자리 잡은 나라에서는 성공한 사례를 찾기 힘듭니다. 특히 아시아처럼 이슬람교나 불교, 힌두교 등이 확실하게 뿌리를 내린 나라에서는 기독교가 고전을 면치 못했습니다. 그렇지 않습니까? 아랍권이나 인도, 동남아, 중국, 일본 등지에서 기독교가 선교를 시도했지만 성공한 사례를 찾을 수 없지 않습니까? 이런 나라에는 이미 전통 신앙이 굳건하게 자리 잡고 있어 기독교가 그 신앙을 뚫지 못한 것입니다.

그런 수많은 나라 가운데 전통 종교가 확실하게 있으면서도 기독교의 선교가 성공하고, 심지어 사회의 주 종교가 된 나라는 한국밖에 없습니다. 현재 한국 기독교는 신자의 수에서도 전통 종교인 불교를 능가하고 있습니다. 2020년을 기준으로 한국의 5000만 인구 가운데 개신교도가 약 18퍼센트이고, 가톨릭이 약 13퍼센트, 그리고 불교가 16퍼센트라고 합니다. 그런데 신교인 개신교와 구교인 가톨릭을 합하면 약 30퍼센트가 되니 기독교가 불교를 월등히 능가하고 있는 것을 알 수 있습니다. 한마디로 전통 종교인 불교가 기독교에 '쨉'이 안 되는 것입니다. 그뿐만이 아니라 교육 수준 면에서도 기독교도는 불교도를 능가합니다. 대학 진학률에서 기독교도는 불교도를 훨씬 능가하는 것으로 알려져 있습니다.

유례가 없는 수많은 기록을 가진 한국의 기독교

믿기지 않을 정도로 성공한 한국의 기독교는 다른 나라에서는 찾아볼 수 없는 기록을 많이 갖고 있습니다. 우선 가톨릭을 보면, 한국 가톨릭의 가장 진귀한 기록은 한국은 선교사의 유입 없이 가톨릭을 받아들였다는 사실입니다. 한국이 이룩한 이 기록은 전全 가톨릭 역사상 유례가 없습니다.

선교 없이 자생하고 성장한 '살아 있는' 한국 가톨릭

보통 한 지역에 가톨릭이 전파되려면 선교사가 그 지역에 가서 선교를 해야 합니다. 그런데 한국은 18세기 후반에 중국에서 가톨릭 신부를 만나 세례를 받은 한국인(이승훈)이 한국으로 돌아와 자생적으로 가톨릭 공동체를 시작했습니다. 외부로부터 신부가 유입되지 않았는데도 가톨릭이 신앙되기 시작한 것입니다. 그 뒤에 한국 가톨릭은 꾸준히 성장했는데, 그 자세한 역사를 여기서 다룰 필요는 없습니다. 한국 가톨릭사에서 괄목할 만한 일은 1980년대에 이르러 엄청난 성장을 했다는 것입니다. 이런 폭발적인 성장은 다른 나라에서는 유례를 찾아보기 힘듭니다. 2021년 현재 한국 가톨릭은 500만 명을 훨씬 웃도는 신자 수를 자랑하고 있습니다.

한국 가톨릭이 그동안 한국 사회에서 행한 업적은 엄청납니다. 그중에서도 한국의 민주화를 위해 가톨릭이 보여준 열정은 특기할 만합니다. 군사독재 정권의 서슬이 퍼럴 때 과감하게 일어나 부당한 정권에 맞선 신부들의 정의감은 대단했습니다. 그러나 그것만 가지고는 한국 가톨릭의 특징을 다 표현할 수 없을 것 같습니다.

한국 가톨릭의 전체적인 인상을 한마디로 표현한다면, 한국의 가톨릭 교인들은 '살아 있다'라고 하는 게 제일 정확할 것 같습니다. 수많은 신도들이 활발한 신앙생활을 하는 것은 물론이고, 많은 청년들이 사제의 길을 가겠다고 신학교에 입학하고 있으며 많은 여성들이 수녀원에 들어가 수도와 봉사 활동을 하고 있습니다. 게다가 한국 가톨릭은 이렇게 훈련받은 사제와 수녀들을 해외에 파견해 선교와 봉사에 힘쓰도록 장려하고 있습니다. 그래서 농담처럼 들립니다마는, 한국은 신부와 수녀를 해외에 수출하는 유일한 국가라는 말까지 있을 정도입니다. 이처럼 선교를 받은 국가에서 역으로 선교를 나가는 국가가 된 한국의 예는 세계 가톨릭계에서 그 유례를 찾기가 쉽지 않을 겁니다.

세계를 주름잡는 기록을 보유한 한국 개신교

다음은 한국 개신교의 기록을 볼 차례입니다. 개신교는 가톨릭보다 주목할 만한 기록을 더 많이 갖고 있습니다. 한국 개신교는 역사가 약 130년밖에 안 되었지만 그 기간이 무색할 정도로 엄청난 기록을 갖고 있습니다.

한국 개신교를 말할 때 가장 먼저 거론되는 것은 전 세계에서 가장 큰 교회가 한국에 있다는 사실입니다. 그 교회는 말할 것도 없이 서울에 있는 여의도 순복음교회입니다. 수십 만의 신도를 자랑하는 이 교회는 건물의 규모가 대형 체육관을 연상시킬 정도로 거대합니다. 개신교 선교 100여 년 만에 세계에서 제일 큰 교회를 만들어냈다는 것은 실로 대단한 일이 아닐 수 없습니다.

그런데 한국의 대형 교회 행진은 여기서 끝나지 않습니다. 세계 10대 교회 가운데 한국 교회가 네 개 정도를 차지하고 있다니 말입니다. 행진은 계속됩니다. 세계 50대 교회 가운데에는 한국 교회가 반 정도를 차지하는 것으로 보고되고 있습니다. 한국인들이 그동안 얼마나 개신교에 열광했으면 전 세계를 주름잡는 대형 교회가 이렇게 많이 나올 수 있다는 말입니까? 믿기 어려운 기록입니다.

그런가 하면 전 세계의 도시 가운데 교회의 밀집도가 가장 높은 도시가 한국의 군산이라는 확인되지 않은 소문도 있습니다. 물론 군산보다 교회가 많은 도시가 있을 테지만, 도시 전체 면적에 비추어볼 때 군산은 교회 밀집도가 가장 높다고 합니다. 또 국제공항으로 유명한 인천의 부평구는 조금 과장해서 100미터마다 교회가 있다고 하네요.

한국의 곳곳에 교회가 이렇게 많다는 것은 그만큼 목사가 많다는 뜻이기도 한데, 이는 한국에 신학교가 많기 때문에 가능한 일입니다. 현재 한국에는 400여 개의 신학교가 있다고 합니다. 그런데 이 가운데 교육부의 인가를 받은 곳은 수십 개밖에 되지 않습니다. 나머지는 미인가 신학교인데, 문제는 이런 신학교에서도 목사 안수를 주기 때문에 목사 수가 이렇게 많아진 것이고, 그에 따라 교회 수도 많아졌다는 것입니다.

기독교는 어떻게 한국 사회의 실세 종교가 되었을까?

지금까지 본 한국의 기독교를 보면 가장 먼저 드는 질문이 있습니다. '어떤 요인 때문에 한국에서 기독교가 이렇게 엄청난 성공(?)을 거두고 있느냐'는 것입니다. 그러니까 기독교라는 외래 종교가 어떻게 한국 사회의 주류 세력 혹은 실세가 되었느냐는 말입니다. 이 특이한 상황은 이웃 나라인 일본과 중국의 상황과 비교해 보면 금세 알 수 있습니다. 일본이나 중국에도 기독교가 진즉에 선교되었지만 이 두 나라는 기독교의 선교가 실패한 곳으로 유명합니다. 그런데 이 두 나라와 비슷한 종교적 배경을 가진 한국에서는 기독교가 유례없는 성공을 거두었으니 이것을 어떻게 설명해야 할까요?

이 주제는 대단히 광범위한 주제라 전문적인 연구가 필요합니다. 따라서이 작은 지면에서 그것을 심층적으로 다룰 수는 없습니다. 여기서는 이 현상을 잘 이해할 수 있도록 간단히 정리해 볼까 합니다. 설명은 다음과 같이 진행됩니다.

근대화의 물결에 합류하고자 교회의 문을 두드려

1945년에 일본으로부터 해방된 한국인들은 자신들도 다른 나라와 마찬가지로 근대화된 국가를 세우고 싶어 했습니다. 그러려면 근대화의 새로운 모델이 필요했는데, 마침 이때 미국이라는 엄청난 나라가 한국에 들어오기 시작했습니다. 미국이라는 슈퍼 파워를 만난 한국인들은 압도당하지 않을 수 없었습니다. 그래서 당시 한국인들에게는 미국이 모든 면에서 선망의 대상이되었습니다.

미국은 한국인들이 바라던 근대화의 표본이 되었지요. 따라서 한국인들은 모든 면에서 미국 것을 따라 하기 시작했습니다. 이것은 종교 분야에서도 마찬가지였습니다. 종교 분야에서 한국인들은 자신들이 신봉하고 살았던 불교나 유교를 전근대적인 유산으로 여겼던 것 같습니다. 그런 한국인들에게 미국의 개신교(그리고 가톨릭)는 근대 그 자체로 보였을 것입니다. 교회의 건축은 말할 것도 없고 선진화된 음악과 의례 등 예배의 요소들이 너무도 멋있게 보였을 겁니다.

CULTURE #6

그렇게 생각한 끝에 한국인들은 너도나도 교회에 나가기 시작했습니다. 그들은 자신이 교회에 나가서 신자가 되면 근대화가 안 된 한국인의 신세를 벗어날 수 있다고 생각했습니다. 내가 기독교 신자임을 고백하면 나는 고리타분한 한국인을 넘어서 세계인이 되는 것입니다. 만일 미국의 개신교를 받아들이면 나는 미국인들과 동질감을 느낄 것이고, 유럽의 가톨릭을 받아들이면 나는 로마 시민, 즉 유럽인이 된 것 같은 느낌을 갖게 될 것입니다. 한마디로 말해 내가 세계시민이 되는 것이지요.

한국인들은 이런 생각을 갖고 1960년대부터 교회의 문을 두드리기 시작했는데, 1980년대가 되자 한국의 기독교도 수가 폭발적으로 증가해 지금까지온 것입니다. 기독교가 융성하기 시작한 것은 갑자기 일어난 현상이 아니라이렇게 10년에서 20년 정도의 세월이 흐르면서 기독교가 한국 사회의 모든계층에 스며든 결과라고 할 수 있습니다.

유서 깊은 가톨릭교회: 한국 최초의 가톨릭 성당, 명동성당

한국 기독교의 역사를 돌아보면 반드시 가봐야 할 유적이 꽤 많습니다. 우리는 서울에 소재한, 역사가 적어도 100년이 넘은 유적 가운데 대표적인 것을 보았으면 합니다. 가장 먼저 둘러볼 곳은 말할 것도 없이 명동성당입니다. 한국 최초의 가톨릭 성당이자, 고딕 양식을 갖춘 성당 가운데 동아시아에서 가장 오래된 건축이라고 하니 말입니다.

서울 명동성당 전경
ⓒ 국가문화유산포털

우여곡절 끝에 완공된 큰 벽돌집, 명동성당

18세기 말에 신앙공동체를 형성한 한국 가톨릭교회는 약 100년 동안 선교와 박해의 역사를 겪습니다. 그러다 1886년 프랑스 정부가 조선과 정식으로 외교 관계를 수립하면서(조불수호통상조약 체결) 가톨릭은 선교의 자유를 얻습니다.

　그 후 성당 건립을 위해 지금의 명동성당 부지를 사들이고 공사를 시작했는데, 여기서 조선 정부와 마찰이 생깁니다. 성당 부지에서 궁이 내려다보이는 게 문제였습니다. 지금의 명동성당을 보면 언덕에 세워져 있는 것을 알 수 있는데, 당시 성당이 들어설 자리는 종현鍾峴이라 불리는 언덕이었습니다. 그곳에서는 조선의 정궁인 경복궁이 훤하게 내려다보였습니다. 서울에는 그렇게 임금이 있는 궁을 내려다보는 건물이 없었는데, 이 언덕에 성당이 들어선다고 하니 조선 정부가 발끈한 것입니다. 그래서 몇 년간 공사가 중단되기도 했는데, 그새 1890년에 주교관[현 서울대교구 역사관(사도회관)]이라 불리는 건물

명동성당 내부
ⓒ 국가문화유산포털

이 먼저 완성을 보게 됩니다.

당시 총감독은 외젠 코스트Eugene Coste 신부가 맡았는데, 조선에는 제대로 된 건축기사나 설계자가 없었을 뿐만 아니라 기능공이나 자재마저 부족해 건설에 많은 어려움을 겪습니다. 명동성당 건물은 당시 벽돌로 지은 가장 큰 집(벽돌로 지은 최초의 집은 약현성당)이라고 하는데, 조선은 벽돌 건축에 그리 밝지 않았습니다. 그래서 성당 측은 벽돌공과 미장공을 중국으로부터 직접 데려왔는데, 그 기능공들이 청일전쟁 때 중국으로 돌아갔다가 다시 조선으로 돌아오는 등 공사의 진행에 우여곡절이 많았습니다. 또 감독을 맡았던 코스트 신부가 전염병으로 죽는 우환도 있었습니다.

이런 일들을 겪은 끝에 1898년, 명동성당은 드디어 완공됩니다. 특히 이 성당의 지하 성당에는 로랑-조제프-마리위스 앵베르Laurent-Joseph-Marius Imbert 주교나 피에르 모방Pierre Maubant 신부 등 조선에서 순교한 이들의 유해가 안장되어 있어 가톨릭의 성지로서 가치를 다하고 있습니다.

민주화의 성지, 민주화 인사들의 버팀목

명동성당 건물은 가톨릭교회에서만 중요한 장소가 아닙니다. 가톨릭 신앙을 가지지 않은 한국인들에게 성당은 한국 민주화의 성지로 각인되어 있었습니다. 1970년대 박정희 대통령의 군사독재가 맹위를 떨칠 때 민주화를 위해 투쟁에 나섰던 학생을 포함한 한국인들은 기댈 언덕이 없었습니다. 그때 한국 가톨릭은 그런 한국인들이 의지할 수 있는 버팀목이 되어주었습니다.

　민주화에 대한 논의가 비밀리에 이루어졌던 곳도 이곳 명동성당이었고 하다못해 데모하다가 도망가서 체포를 피할 수 있는 곳도 이곳이었습니다. 학생들이나 민주화 인사들이 악독한 경찰을 피해 성당 안으로 들어가면, 성당 안은 신성불가침 지역이라 경찰들이 들어올 수 없었기 때문입니다. 또 당시 유일한 추기경이었던 김수환 신부는 한국의 민주화를 위해 당당히 자신의 의견을 밝혀 많은 인사들의 존경을 받았습니다. 박정희 정부가 가톨릭을 마음대로 할 수 없었던 것은 바티칸의 눈치를 봐야 했기 때문이었습니다. 박정희가 아무리 간이 커도 세계적인 조직을 갖고 있는 바티칸의 가톨릭교회와 겨룰 수는 없었을 것입니다.

　명동성당으로 올라가는 길을 걸을 때면 아직도 1970년대에 이 언덕에서 한국의 민주화를 위해 데모를 하던 사람들이 앉아 있던 모습이 눈에 선합니다. 그런 의미에서 명동성당은 한국 현대사에서도 매우 중요한 위치를 차지하고 있다고 하겠습니다.

역사가 오래된 개신교회 1: '눈 덮인 조그만 교회당', 정동교회

가톨릭보다 100년 정도 늦게 선교를 시작한 개신교도 비슷한 시기에 주목할 만한 유적을 남깁니다. 개신교와 관계해서 우리가 가장 먼저 방문해야 할 곳은 서울의 중심부에 있는 정동제일교회입니다. 가수 이문세가 부른 「광화문 연가」에 나오는 덕수궁 돌담길의 "눈 덮인 조그만 교회당"이 바로 이 정동교회입니다. 개신교 중 감리교단에 속한 정동교회는 한국에서 가장 먼저 세워진 교회로 알려져 있습니다. 1897년에 완공되었으니 명동성당보다 1년 먼저 세워진 셈입니다.

서양인의 터전 정동에 아펜젤러 목사가 세운 교회

그런데 정동교회는 왜 이 자리에 건설된 것일까요? 그것은 1883년에 미국이 조선과 외교 관계를 개설하면서 이곳 정동에 공사관을 세웠기 때문일 것입니다. 미국 공사관 자리에는 현재 미국 대사관저가 있습니다. 대사관저는 1949년에 들어섰는데, 1970년대 중반에 한옥(하비브하우스)으로 새로 지어 오늘에 이르고 있습니다.

CULTURE #6

주지하다시피 미국 대사관저와 정동교회는 거의 붙어 있다고 할 수 있을 정도로 가까운 거리에 있습니다. 당시 서울(한양)에는 서양인들이 지극히 적었을 테니, 그들은 이렇게 공사관을 중심으로 자연스럽게 모여 살게 되었을 테지요. 이곳에 미국 공사관이 들어오면서 정동 지역은 서양인들의 터전이 되어갑니다. 대표적인 것이 영국 공사관(그리고 성공회 성당)과 러시아 공사관입니다. 이들은 모두 지척 거리에 자신들의 터전을 만들었습니다.

정동교회는 헨리 아펜젤러Henry Appenzeller(1858~1902) 목사가 세웠습니다. 그는 1885년에 조선에 입국해 선교를 시작합니다. 그해 10월에는 한국 최초의 개신교 성찬식(예수의 피와 살로 상징되는 포도주와 빵을 나누는 의식)을 거행하는데, 이 교회에서는 이날을 교회의 창립일로 친다고 합니다. 아펜젤러는 그해에 영어 교육도 시행하는데, 이것은 후에 배재학당이라는 엄연한 교육 기관으로 발전합니다.

19세기에 지은 붉은 벽돌의 소박한 고딕 건물

교회의 본당 건물은 그리 크지 않습니다. 그렇다고 금방 완공된 것도 아닙니다. 약 10년에 걸쳐 신도가 서서히 늘어 500여 명에 달하자 교회 건축의 필요성을 느껴 1895년에 공사를 시작했고 1897년 12월에 완성을 보게 되었으니, 규모는 작지만 교회 건물이 완성되는 데에 시간이 꽤 걸린 셈입니다.

정동교회는 현재까지 남아 있는 유일한 19세기 개신교 교회 건물로 이름이 높습니다. 20세기가 아니라 19세기에 세워진 것이라 그 귀중함이 더합니다. 설계는 일본 요코하마에 교회를 지은 경험이 있는 일본인 요시자와 도모타로吉澤友太郎가 했고, 실제 공사는 심의석이라는 사람이 시공했다고 합니다. 교회는 붉은 벽돌을 쌓아 지었습니다. 건축 양식은 명동성당과 같은 고딕 양식이지요. 종탑과 창호 외에는 별다른 장식이 없는 소박한 모습인데, 전형적인 미국 교회의 형태를 지닌 것으로 보입니다. 제가 유학 시절 미국에서 많이 보았던 교회와 별반 다르지 않은데, 다만 건물의 규모가 작은 것이 다르다고 하겠습니다. 「광화문 연가」의 노랫말처럼 '조그만 교회당'의 모습인데, 현재의 모습은 1926년에 증개축된 것입니다.

한국 최초로 설치된 파이프오르간이 품은 이야기

정동교회는 또 하나의 최초의 기록을 갖고 있습니다. 1918년에 한국 최초로 파이프오르간이 설치된 것이 그것입니다. 이 악기와 연관해서 재밌는 이야기가 꽤 있습니다. 파이프오르간은 지금도 그렇지만 과거에는 아주 귀한 것으로, 당시 아시아에는 단 세 대밖에 없었다고 합니다. 그럴 수밖에 없는 것이 가격이 엄청나기 때문입니다. 이 교회당을 짓는 데에 당시 돈으로 8000원이 들었다고 하는데, 파이프오르간 악기에 들어간 비용을 보면 구입하는 데에 2500원, 운반하고 설치하는 데에 5000원이 쓰였다고 합니다. 건축 비용에 버금가는 이 큰 돈은 재미동포들의 호주머니에서 나왔다고 하더군요.

파이프오르간과 관련해 또 흥미로운 것은 3·1 운동 당시에 「독립선언서」

서울 정동교회 전경
ⓒ 대한민국역사박물관 현대사아카이브

서울 정동교회 파이프오르간
ⓒ 대한민국역사박물관 현대사아카이브

를 이 오르간의 몸통인 송풍실wind box에서 인쇄했다는 사실입니다. 송풍실은 비밀 공간 같은 곳이라 보안을 유지할 수 있어서 독립선언서 인쇄 같은 위중한 일에 이곳을 활용한 모양입니다. 그런데 현재 설치돼 있는 악기는 원래 것이 아니라고 해요. 원래 것은 6·25 전쟁 때 폭격으로 망가져 더 이상 연주할 수 없게 되었다고 합니다. 그러다 2003년에 악기를 복원해 다시 연주할 수 있게 되었습니다.

독립운동과 근대화의 현장

정동교회는 한국의 독립운동이나 근대화에 이바지한 바가 큽니다. 우리가 너무나도 잘 알고 있는 이승만 대통령이나 서재필 박사, 한국 최초의 여의사인 박에스더 선생, 저명한 한글학자 주시경 선생 등이 이 교회에서 예배를 드리며 신앙생활을 했다고 전합니다. 그중에서도 유관순 열사는 주목할 만한데, 그는 교회 바로 옆에 있는 이화학당의 학생이면서 이 교회의 신자이기도 했습니다. 정동교회는 이렇듯 한국의 근현대사와 많은 관계를 지니고 있습니다.

역사가 오래된 개신교회 2: 주황 기와지붕이 수려한 성공회 교회

정동교회와 더불어 꼭 언급되어야 할 개신교 교회는 성공회 교회입니다. 성공회 교회 건물인 대한성공회 서울주교좌성당은 서울시청 앞을 지나가다 보면 아주 잘 보이는데, 우선 건물이 매우 수려합니다. 또 교회 바로 옆에는 영국 대사관이 있어서 그 주변에 가면 흡사 영국에 온 것 같은 느낌이 들기도 합니다.

가톨릭을 개혁한 개신교, 세계적인 대교단 성공회

이 교회는 성당으로도 불리고 교회로도 불려서 기독교에 밝지 않은 사람은 헷갈리기 쉽습니다. 우선 말하고 싶은 것은 성공회는 개신교에 속하는 종파라는 것입니다. 비록 성공회 사제를 신부라 부르고 수녀들의 수도회가 있으며 종교 의례도 가톨릭과 거의 같지만 이 종파는 영국의 유명한 국왕이었던 헨리 8세 때 가톨릭을 개혁해 만든 것이라 개신교로 분류됩니다. 그래서 그런지 이 종파의 교리에는 종교개혁 정신이 반영되어 있다고 합니다. 그런데 성공회의 교리를 잘 모르는 제삼자가 볼 때에는 어떤 면이 개혁적인지 알기 어렵습니다. 단지 교황제를 인정하지 않고 사제도 결혼할 수 있는 정도만 기존 가톨릭과 다르게 보일 뿐이지요.

성공회는 한국에서는 세가 약하지만 전 세계적으로는 신도 수 8500만 명을 자랑하는 대★교단입니다. 신구교를 포함한 전체 기독교 내에서는 가톨릭, 정교회에 이어 세 번째로 큰 교단입니다. 한국인들에게는 장로교나 감리교 같은 개신교 종파가 익숙하지만 성공회는 이런 교단들보다 훨씬 더 큰 교단인 것입니다.

성공회 교단은 영어로는 보통 '앵글리칸 처치Anglican Church'라 불리는데, 한자로는 성공회聖公會라고 씁니다. 저는 이 교단을 소개할 때 농담조로 '성공한 사람들만 다니는 교회'라고 하는데, 이름의 뜻은 그런 것이 아니라 '거룩하고[聖] 보편된[公] 교회[會]'라고 합니다. 종파에 대한 설명이 조금 길어졌는데, 그것은 이 교단이 한국인에게는 생소하기 때문입니다.

한식을 가미한 한국 최초의 로마네스크 양식 건물

다시 건물로 돌아가서 설명을 계속해 보지요. 다만, 앞서 언급했듯이 성공회는 개신교로 분류되지만 이 건물에 대해서는 성공회에서 사용하는 공식 명칭을 따라 '성당'이라 표현하겠습니다. 이 성당의 본당 건물은 1926년에 건축되었으니 앞에서 본 명동성당이나 정동교회보다는 시대가 조금 뒤처집니다. 그런데 성공회 성당 건물은 앞의 두 건물과 양식이 전혀 다릅니다. 이 교회 건물은 한국 최초의 로마네스크 양식의 건물로 서울에서는 유일하다고 하네요. 그래서 그런지 확실히 고딕 양식인 명동성당과는 외관이 상당히 다릅니다.

대한성공회 서울주교좌성당 전경(왼쪽)과 실내 전경(오른쪽)
ⓒ 대한민국역사박물관 현대사아카이브(왼쪽), 송혜나(오른쪽)

이 두 양식의 차이를 아주 간단하게 보면, 우선 고딕 양식은 뾰족한 아치가 있어 수직적이고 강렬하게 위로 뻗은 느낌을 받습니다. 이에 비해 로마네스크 양식은 이 건물에서 보이는 것처럼 둥근 아치가 있어 선이 완만해 보입니다. 그래서 유려한 느낌을 줍니다. 이 때문인지 1988년에는 세계의 100인의 건축가가 선정한 가장 아름다운 건물 가운데 하나로 꼽히기도 했다는 후문이 있습니다.

설계는 영국의 종교 건축가인 아서 딕슨Arthur Dixon이라는 사람이 했는데, 바로 옆에 있는 덕수궁을 유념했는지 건물 곳곳에 한국적인 요소가 들어가 있습니다. 예를 들어 내부 천장을 돔이 아니라 서까래를 연상시키는 구조물로 채웠고 창문에는 한옥 창살 디자인을 적용했으며 지붕을 주황색 기와지붕으로 얹었고 처마에도 서까래를 장식해 넣은 것 등이 그렇다고 합니다. 그런데 원래의 로마네스크 양식을 잘 모르는 우리는 이 건물이 얼마나 로마네스크 양식에서 벗어나 한국적인 느낌을 주는지 잘 알 수 없습니다.

미완의 1926년 건물이 1996년에 완공되기까지

그런데 성공회 성당 건물을 둘러싸고 아주 흥미로운 이야기가 전해집니다. 이 건물은 최근까지도 완성된 형태가 아니었다는 사실입니다. 원래는 이 건물은 십자가 형태로 설계되었는데, 건축 당시 비용이 부족해 십자가의 양 날개를 만들지 못하고 그냥 'I'자 건물만을 세웠다고 합니다. 그러나 한국 성공회 100주년을 즈음한 1990년대 초에 교단 내에서 건물을 원래의 형태로 증축하자는 안이 나왔습니다.

이 기획을 담당했던 사람은 건축가 김원이었습니다. 그는 최초 설계자인 아서 딕슨의 사망 소식을 실은 신문기사를 찾아 읽던 중, 그의 유품이 모두 그의 고향인 영국의 리버풀시 도서관에 기증되어 보관 중이라는 사실을 알아냈습니다. 기사의 말미에 그렇게 적혀 있더라는 겁니다. 그는 한걸음에 그 도서관으로 달려가서 기적처럼 딕슨이 만든 이 성당의 설계도를 찾아냅니다. 이것이 1993년의 일입니다. 그는 곧 설계도 도면대로 증축을 시작했고 성공회 성당 건물은 마침내 1996년에 딕슨의 최초 설계대로 완공을 맞이합니다.

저는 공사 이전에도 가서 건물을 보았었는데, 공사가 끝난 후에 가보니 역시 새로 증축한 모습이 훨씬 더 교회 건물 같아 보여 좋았습니다. 한편 성당 건물 뒤편에는 덕수궁에 있던 '양이재養怡齋'라는 건물이 있는데 1905년에 만든 전형적인 조선 건축이라 푸근한 느낌을 줍니다.

건물에서 마주하는 의미 있는 몇 가지

성당 건물 안에서 우리의 주목을 끄는 것은 제단 뒤에 있는 모자이크 성화 (제단화)입니다. 예술적으로 아주 뛰어나 국가등록문화재로 지정되어 있습니다. 이 성화가 뛰어난 것은, 영국 웨스트민스터 대성당의 성 앤드류 채플에 있는 모자이크 성화를 만든 조지 잭George Jack이라는 사람의 작품이기 때문

**대한성공회 서울주교좌성당
모자이크 성화**
ⓒ 송혜나

입니다. 그림을 잘 모르는 사람이 보아도 금빛 모자이크가 매우 강렬해 홀륭한 작품이라는 것을 알 수 있습니다.

또 지하 예배당에는 이 성공회 성당을 세운 마크 트롤로프Mark Napier Trollope(1862~1930) 주교의 유해가 묻혀 있습니다. 제가 처음 이 성당을 방문했을 때 지하에 주교의 유해가 묻혀 있는 것을 보고 생경했던 기억이 납니다. 한국에서는 보통 무덤을 민가에서 멀리 떨어진 곳에 두는데 여기에서는 아예 예배당 지하실에 모셨으니 이상했던 것입니다.

이 성당에 가면 또 보아야 할 것이 있습니다. '6월 민주항쟁 발생지 기념비'가 바로 그것입니다. 1987년 6월 민주화 항쟁이 이 성당에서 시작된 것을 기념하는 비입니다. 당시 '민주헌법 쟁취 국민운동본부'라는 단체의 주최로 이

성당에서 '박종철 군 고문치사 조작·은폐 규탄 및 호헌 철폐 국민대회'를 개최했습니다. 당시는 여당인 민정당이 직선이 아닌 간선으로 대통령을 뽑겠다고 주장하고 있었는데, 이것을 국민이 모두 참가하는 직선으로 바꾸자는 운동을 시작한 것입니다. 간선제는 박정희가 체육관에서 처음으로 실시해서 계속 이어졌는데 이 악습을 바꾸자고 저항을 시작했던 것입니다. 이 모임을 기점으로 한국인들은 전두환 독재정권에 대항해서 결국 직선제를 쟁취하게 됩니다. 저는 당시 이 과정을 다 목격했는데, 서울 시내 중심부에 일반 회사원인 '넥타이 부대'가 등장해 데모에 참여하는 등 당시 한국인들의 민주화를 향한 열기는 대단했습니다.

성공회 성당은 이 같은 한국 현대사의 면면을 간직하고 있습니다. 서울 시내를 돌면서 기독교 관련 건물들을 보면 한국 근현대사를 같이 살필 수 있어 아주 좋은 답사 코스가 됩니다. 이곳 성공회 성당은 일요일을 제외하고 오전 11시부터 오후 4시까지 일반인에게 개방하고 있는데, 수요일에는 '성공회 정오 음악회'라는 수준 높은 서양 클래식 음악회가 연 20회 정도 열리고 있으니 답사를 계획해 보면 좋겠습니다.

如ᄆᆡ為山ㆍ마為薯藇ㆍ

사ᄫᅵ為蝦드ᄫᅵ為瓠ㆍ자為尺ㆍ죠ᄒᆡ為

紙ㆍ체為籭채為鞭ㆍ손為

手ㆍ셤為島ㆍ부ᅘᅥᆼ為鵂鶹힘為

筋ㆍ○비육為鷄雛ㆍᄇᆞ얌為蛇ㆍ

무뤼為雹어름為氷ㆍ아ᅀᆞ

為弟ㆍ너ᅀᅴ為鴇中聲ㆍ如ᄐᆞᆨ為頤

풋為小豆ㆍᄃᆞ리為橋ㆍᄀᆞ래為楸ㆍ

7장

한국인이 자랑하는
최고의 문화유산

세종이 준 선물, 한글과 『훈민정음』

- 자국의 말과 그것을 적는 고유 문자가 있다는 것
- 훈민정음의 모든 것은 『훈민정음』에 다 있다!
- 어떤 원리로 만들었을까? 그 빛나는 창제 원리
- 한글을 왜 과학적인 문자라고 할까?
- 세종을 찾아서 1: '세종대왕기념사업회' 간편 답사기
- 세종을 찾아서 2: 육체가 잠든 곳과 세종로의 '세종 이야기'
- 한글을 체험할 수 있는 현장 두 곳

지금 전 세계에는 한국말, 미국말, 태국말 등 수천 개의 말이 있습니다. 그 개수는 확실히 모르지만 대체로 7000개 내외가 아닐까 합니다. 그런데 그 가운데 자기 나라 말을 정확히 적을 수 있는 자기만의 고유한 문자를 가진 말은 몇십 개가 되지 않습니다. 대부분의 말은 한 문자를 공유하면서 그것을 자기네 말에 맞게 변형해서 쓰고 있습니다.

전형적인 예가 서양입니다. 유럽과 아메리카 대륙의 나라들은 모두 다른 언어를 갖고 있습니다. 영어, 프랑스어, 독일어 등이 그것입니다. 그런데 이들은 모두 한 문자를 공유하고 있습니다. '로만 알파벳', 즉 로마 글자가 그것입니다. 이 사실은 해당 나라들이 로마 시대 때 만들어진 글자를 공유하고 있다는 것을 말합니다. 그러나 로마 글자를 원래대로 쓰고 있는 것은 아닙니다. 자신들의 말에 맞게 변형해서 쓰고 있습니다. 예를 들어 독일 문자를 보면 '움라우트 용법' 같은 것이 있습니다. 기존의 모음인 a, u, o를 변형해 ä, ü, ö로 써서 자신들이 내는 말소리를 표기하는 것이 그것입니다. 이렇게 보면 많은 유럽과 아메리카의 국가들은 제 나라 글자, 즉 문자가 없다고 할 수 있습니다.

CULTURE
#7

자국의 말과 그것을 적는 고유 문자가 있다는 것

이에 비해 한국인들은 고유한 말인 한국말이 있을 뿐만 아니라 한국말을 정확히 표현할 수 있는 문자인 한글이 있습니다. 그런데 한국인들은 자신들에게 한국말과 한글이 모두 있다는 사실에 너무나 익숙해 이게 얼마나 대단한 일인지 잘 모르는 것 같습니다.

고유의 말은 있는데 고유의 문자는?

멀리 갈 것도 없이 이웃 나라인 일본을 보십시오. 일본은 일본말이라는 고유의 말은 있는데 그것을 적을 수 있는 문자는 있다고 해야 할지 없다고 해야 할지 고개가 갸우뚱해집니다. 그들은 한자가 없으면 문자 생활 자체가 불가능하고 그들의 고유 문자라는 '가나'도 한자에서 파생된 것입니다. 이처럼 한자라는 다른 나라(중국)의 문자가 없으면 자신들의 문자 생활이 가능하지 않으니, 일본인이 문자를 갖고 있다고 해야 할지 가늠이 잘 안 되는 것입니다.

더 적나라한 예는 같은 아시아 국가인 베트남이나 인도네시아입니다. 이들 국가는 아예 문자가 없습니다. 그래서 로만 알파벳을 가져다 쓰고 있습니다. 이 점에서 유럽과 아메리카 국가들과 다를 바 없지요. 이런 예는 수도 없이 들 수 있으니 이 정도로만 하겠습니다.

세계가 칭송하는 문자 한글! 바로 알아야

이런 나라들에 비해 한국은 자기들이 하는 한국말을 적는 고유 문자인 한글이 있습니다. 그런데 여기서 주목해야 할 점은 한글이 그저 그런 일개 문자가 아니라는 사실입니다. 한글이라는 문자는 유사 이래 인류가 만들어낸 문자 가운데 가장 과학적인 문자라고 평가받습니다. 그런 면에서 한글을 최고의 문자라고 할 수 있을지도 모르겠습니다.

이번 장에서는 이런 엄청난 문자인 한글에 대해 알아보려고 합니다. 한국문화와 한국인을 이해하는 데에는 그들의 문자인 한글에 대한 이해가 필수입니다. 언어와 문화는 같이 가는 것이기 때문입니다. 한글은 너무나 뛰어난 문자라 주인공인 한국인들도 한글이 어떤 문자인지 그 전모를 파악하는 데에 성공하지 못하는 경우가 많습니다.

예를 들어볼까요? 잘 알려진 것처럼 한글은 세계의 많은 학자들이 입을 모아 칭송하는 문자입니다. 특히 언어학자들은 한글을 보면 시쳇말로 '뻑이 간다'고 합니다. 한글이 너무도 우수해서 그런 반응을 보이는 것입니다. 그런데 정작 한국인들은 왜 세계 유수의 언어학자들이 한글에 대해 그 같은 반응을 보이는지 잘 모릅니다. 이 장에서는 이 주제에 대해 간략하지만 선명하게 볼까 합니다. 물론 그렇다고 해서 한글의 전모가 다 드러나는 것은 아닙니다.

한글은 세종이라는 인류 최고(?)의 천재가 만든 것이라 우리 같은 범상한 사람들이 전모를 이해하기는 어려울 것 같습니다.

훈민정음의 모든 것은 『훈민정음』에 다 있다!

한글이 지닌 위대한 특징에 대해 말하려면 1940년에 발견되어 인류 문자사에 큰 획을 그은 『훈민정음』이라는 책부터 살펴봐야 합니다. 훈민정음은 세종이 창제한 문자의 명칭('백성을 가르치는 바른 소리')이기도 하고, 훈민정음의 모든 것을 적은 책의 이름이기도 합니다. 그래서 양자를 구분하기 위해 이 책을 『훈민정음』(해례본)이라 적고 또 그렇게 부르기도 합니다. 세종이 명명한 훈민정음을 지금처럼 '한글'이라 부르게 된 것은 한글의 보급과 연구에 서른아홉의 짧은 일생을 바친 주시경(1876~1914) 선생으로부터 비롯된 일입니다.

세상에 한 권밖에 없는 『훈민정음』은 유네스코 세계기록유산에 등재되어 있습니다(1997년). 이와 관련해 한국인들이 간혹 오해하는 게 있습니다. 사람들 중에는 세계기록유산에 한글이 등재되었다고 생각하는 경우가 종종 있는데 유네스코 기록유산에는 실물이 올라가야 하므로 한글은 아무리 가치가 높아도 등재 대상이 될 수 없습니다. 유네스코에는 한글에 대해 모든 것을 설명한 이 책이 올라가 있지요.

세종이 새로운 문자를 만든 배경

그런데 『훈민정음』 책을 보기 위해 먼저 알아야 할 것은 세종이 왜 한글이라는 새로운 문자를 만들었는지에 관한 것입니다. 이것은 워낙 많이 알려져 있으니 긴 설명은 필요 없을 테지요. 잠깐 봅시다.

세종은 15세기 중반에 한글을 만들었는데, 당시 그가 가장 안타깝게 생각한 것은 한국말을 적을 수 있는 고유한 문자가 없다는 것이었습니다. 조선의 지식인들은 잘 알려진 것처럼 중국 문자인 한자를 가져다 자기들 문자인 양

CULTURE
#7

생활했습니다. 그러나 한국말과 중국말은 너무나 달라 그들도 자신들이 하는 한국말을 중국 문자인 한자로 적는 일이 쉽지 않았습니다. 그뿐만이 아니라 대다수의 국민들은 어려운 한자를 익힐 수 없어 아예 문자라는 것과는 담을 쌓고 살았습니다. 당시 대부분의 한국인은 문자를 읽을 줄도 쓸 줄도 모르는, 이른바 문맹이었습니다. 세종은 누구보다도 이 사실을 잘 알고 있었고 매우 안타깝게 생각하고 있었습니다. 이 현실을 타개하고자 세종은 국민들이 쉽게 배워서 쓸 수 있는 문자를 만들어냈는데, 그 결과가 한글의 탄생이었습니다.

'혼자' 만들어 1443년에 깜짝 발표, 책은 신하들과 함께 써

세종은 '일단' 1443년 12월에 자신이 만든 새로운 문자인 한글(당시 이름은 '훈민정음')을 발표합니다. 이때 발표한 글자는 모두 28자인데, 자음이 17개이고 모음이 11개입니다. 그런데 조선의 기득권층은 한글을 언문諺文이라 이르며 한껏 얕잡아 보면서 수백 년간 홀대했습니다. 그 사이에 28자 가운데 4개의 글자(자음 3개, 모음 1개)가 사라져 현재 한국인은 24자를 가지고 한글을 쓰고 있습니다.

이 대목에서 분명히 짚고 넘어갈 문제가 있습니다. 한글의 창제 과정을 소개한 책이나 사전 등 다양한 온오프라인 자료를 보면 거의 대부분이 세종이 한글을 만들 때 신하들과 '함께' 만들었다고 적고 있습니다. 그러나 이것은 사실이 아닙니다. 세종은 자신이 새로운 문자를 만들면 중국 문화에 도취한 신하들이 격렬하게 반대하리라는 사실을 알고 있었습니다. 그 때문에 세종은 철저하게 비밀리에 연구를 진행합니다. 주로 자식들과 사사로이 연구를 도모했지요. 심지어는 사가에 시집간 딸을 불러다가 같이 연구하기도 했습니다.

그렇게 홀로 고군분투하며 연구하다 1443년에 '한글 알파벳'을 완성해 일단 깜짝 발표했습니다. 예상했던 대로 신하들의 많은 반대가 있었습니다. 그러나 세종은 뜻을 굽히지 않았습니다. 반대하는 신하들과 격렬한 토론도 벌였습니다.

세종은 예서 그치지 않았습니다. 자신의 뜻에 동조하는 신하들을 선정해 이 새로운 문자에 대해 알려주고 연구하도록 시켰습니다. 『훈민정음』 책에 발문을 쓴 정인지 같은 학자가 이때 세종과 같이 연구한 대표적인 신하이자 학자입니다. 그렇게 뜻을 같이한 학자들과 깊이 연구한 결과, 3년 후인 1446년에 한글 설명서인 『훈민정음』이 탄생합니다. 이처럼 한글 창제는 세종이 철저하게 혼자 한 일이고, 한글 설명서인 『훈민정음』 책은 세종이 신하들과 합심해서 같이 쓴 것입니다. 우리는 이 두 가지 사실을 반드시 구분해서 알아야 할 것입니다.

왜 대단한 책일까? 페이지를 넘길 때마다 나오는 감탄!

『훈민정음』이 대단한 이유는 인류의 문자와 관련해 이같이 하나의 문자에 대해 전모를 밝힌 설명서가 없기 때문입니다. 유례가 없다는 것이지요. 이 책을 소개할 때 보통은 전체 33장으로 크게 '예의例義'와 '해례解例' 두 부분으로 구성되어 있다고 설명합니다. "訓民正音"(훈민정음)으로 시작하는 예의는 세종이 직접 작성한 것이고, "訓民正音解例"(훈민정음해례)로 시작하는 해례는 세종의 명을 받든 집현전 학자들이 작성한 것입니다. 세종의 예의는 예의라 따로 적혀 있지는 않지만, 책의 마지막을 장식하고 있는 정인지가 쓴 글의 내용에 따라 그렇게 부르는 것입니다. 목판 원고 글씨는 명필이었던 세종의 셋째 아들인 안평대군이 쓴 것입니다. 우리는 정인지의 글을 따로 분리해 편의상 세 부분으로 나누어 보겠습니다.

첫 번째 부분은 한글 창제자인 세종이 직접 작성한 것으로, 일곱 쪽 분량의 예의 부분입니다. 여기에는 앞서 설명했던 창제의 배경 등의 소회와, 자신이 만든 28자에 대한 간략한 소개 및 사용법을 밝히고 있습니다. 아주 짧지만 세종이 직접 쓴 이 부분만 가지고 공부해도 한글의 기본을 떼는 데에 모자람이 없을 정도인데, 구체적인 내용은 곧 보기로 합니다.

두 번째 부분은 세종의 명을 받들어 3년간 한글 연구에 매진했던 8인의 집현전 학자들의 연구 성과를 담은 해례 부분입니다. 여기서는 글자를 만든 창제 원리와 사용법 등을 아주 상세히 밝혀놓고 있는데, 바로 이 부분이 별처럼 빛나는 하이라이트입니다. 글자(자음과 모음)를 만든 원리가 이토록 명백하고 자세하게 기록으로 밝혀져 있는 문자는 인류문자사에 없기 때문입니다. 여기에 밝혀놓은 정보는 『훈민정음』 이외에 어디에도 없었습니다. 그래서 이 책이 발견되기 전까지는 한글의 창제 원리를 정확히 몰랐던 탓에 세간에 난무했던 억측과 오해를 깔끔하게 정리할 만한 확실한 근거가 없었습니다. 그런데 이 책이 1940년에 발견됨으로써 온갖 설들을 일축하고 온전한 정보를 천하에 공개할 수 있게 된 겁니다. 이 책이 발견된 덕분에 한글은 제작 원리가 밝혀진 유일한 문자가 되었습니다. 세종과 뜻을 받은 8인은 정인지를 위시해 최항, 박팽년, 신숙주, 성삼문, 강희안, 이개, 이선로로, 기라성 같은 최고의 학자들입니다. 잠시 후 이 부분의 내용 중 일부를 가지고 한글이 왜 우수하고 과학적인지를 조명해 볼 것입니다.

마지막 세 번째 부분은 책의 맨 끝부분에 실린 것으로, 8인의 학자 중 대표인 정인지가 쓴 일곱 쪽 분량의 긴 글입니다. 여기서 그는 세종이 왜 한글을 창제할 수밖에 없었는지 그 경위와 의의를 밝히고, 한국말을 적는 문자인 한글과 한글 창제의 당위성 및 위대함을 강조했습니다. 한글과 관련해 유명한 이야기인, "지혜로운 사람은 한글을 아침이 되기도 전에 깨우칠 것이고 어리석은 사람이라도 열흘이면 배울 수 있다智者不終朝而會 愚者可浹旬而學"는 것, "바람소리와 학 울음소리, 닭 우는 소리, 개 짖는 소리도 모두 적을 수 있다雖風聲鶴 鷄鳴狗吠 皆可得而書矣"는 것이 모두 정인지가 여기에 쓴 내용이랍니다.

세종에게 직접 배우는 훈민정음의 기본

세종이 직접 소개하고 설명한 예의, 즉 한글에 대한 개요를 잠깐 보고 가겠습니다. 세종은 초성 17자와 중성 11자, 그리고 종성 및 초성과 중성을 조합

아음	ㄱ(ㄲ), ㅋ, 옛이응*
설음	ㄷ(ㄸ), ㅌ, ㄴ
순음	ㅂ(ㅃ), ㅍ, ㅁ
치음	ㅈ(ㅉ), ㅊ, ㅅ(ㅆ),
후음	여린히읗*, ㅎ(ㅎㅎ), ㅇ
반설음	ㄹ,
반치음	반치음*

해 글자를 만드는 방법을 설명하고 있습니다. 차례로 볼까요?

세종은 먼저 초성이 되는 자음 17자와 중성이 되는 모음 11자에 대해 각 글자의 모양을 적고, 그것을 만든 기본 원리와 발음을 소개하고 있습니다. 초성 17자부터 보면 아음, 설음, 순음, 치음, 후음, 반설음, 반치음의 순서로 적되, 나란히 쓰기(병서)를 하는 자음(ㄱ, ㄷ, ㅂ, ㅈ, ㅅ, ㅎ)은 그 설명을 추가해 넣었습니다. 세종의 순서대로 자음을 정리해 적으면 위의 표와 같습니다.

표 내용 중에 괄호나 별표로 표시한 것은 각각 책에 따라 그 모양이 적혀 있지 않거나 사라진 세 개의 글자를 현재 부르는 명칭으로 적은 것입니다. 원문을 풀어서 하나만 소개해 보지요. 가장 먼저 나오는 자음은 'ㄱ'인데, 세종은 이 자음을 이렇게 설명하고 있습니다. 즉, "ㄱ은 牙音(어금닛소리)이다. 君(군) 자의 처음 발하는 소리와 같다. 나란히 쓰면 虯(뀨) 자의 처음 발하는 소리와 같다ㄱ. 牙音. 如君字初發聲 並書. 如虯字初發聲"라고 했습니다. 짧은 문장이지만 'ㄱ' 자를 만든 기본적인 원리와 발음이 다 들어 있습니다. 나머지 자음에 대한 설명 방식도 이와 동일합니다.

이어 나오는 것은 중성, 즉 모음에 대한 설명입니다. 유일하게 사라진 아래아 자를 시작으로 세종은 다음과 같은 간결한 방식으로 모음 11자를 간단명료하게 소개하고 있습니다. 즉, "ㆍ는 呑(탄) 자의 중간소리와 같다ㆍ. 如呑字中聲"라고 설명하고 있습니다. 세종이 만든 모음 11자를 순서대로 현대식으로 표기하면 다음과 같습니다.

ㆍ, ㅡ, ㅣ, ㅗ, ㅏ, ㅜ, ㅓ, ㅛ, ㅑ, ㅠ, ㅕ

중성에 이어서는 받침이 되는 종성과, 초성과 중성을 어떻게 조합해서 글자를 만드는지 그 방법을 설명하고 있습니다. 설명은 "종성에는 다시 초성을 쓴다 終聲.後用初聲"로 시작하는데, 글자를 만드는 방법에 대해서는, 가령 ㆍ, ㅡ, ㅗ, ㅜ, ㅛ, ㅠ는 초성 아래에 붙여서 쓰고, ㅣ, ㅏ, ㅓ, ㅑ, ㅕ는 오른쪽에 붙여 쓰는데, 모든 글자는 반드시 합해서 음을 이룬다는 설명 등을 적고 있습니다. 이처럼 세종은 아주 간략하지만 기본적인 정보를 다 알려주고 있습니다.

상세한 한글 '매뉴얼', 세상에서 가장 훌륭한 교재

그런데 한국인들은 이 책이 얼마나 대단한 책인지 모르는 것 같습니다. 만일 간단하게만 알고 싶은 사람이라면 『훈민정음』은 인류의 문자사와 관련해서 볼 때 버금가는 책이 없다는 사실만 숙지하면 되겠습니다.

현재 인류가 사용하는 문자들을 보면, 그 창제자를 아는 문자가 한글에만 국한되는 것은 아닙니다. 창제자를 아는 문자는 적지 않게 있습니다. 그러나 그 창제자가 자신이 만든 문자에 대해 글자 모양을 만든 원리, 발음(음가), 그리고 활용법 등 해당 문자에 대한 모든 것을 상세히 설명한 '매뉴얼'을 만들어준 예는 세상 어디에도 없습니다.

한글은 현재 문자가 없는 민족들의 문자로도 조명되고 있습니다. 한류 열풍으로 인해 한글을 배우려는 세계인도 갈수록 많아지고 있지요. 이러한 때에 한글을 가르치는 교사나 한글을 제대로 배우고 싶은 사람에게 이 책은 대단히 훌륭한 교재가 될 수 있을 것입니다. 한글이 품고 있는 심오한 철학적 원리까지 알게 되는, 실로 경이로운 체험을 하게 될 것입니다. 세종 가까이에서 한글 연구의 선봉에 있던 정인지가 이 책을 보는 사람들이 스승 없이 한글을 깨우칠 수 있기를 바랐다고 했을 정도이니, 세상에 이보다 더 좋은 한글 안내서가 또 있을까요?

한국의 문화 영웅, 간송 전형필 선생

세종과 그의 신하들, 그리고 『훈민정음』을 이야기할 때 반드시 함께 조명해야 할 분이 있습니다. 한국인들도 이 책이 1940년에 발견되기 전까지는 한글에 대해 확실한 정보를 갖지 못했습니다. 특히 자음인 ㄱ이나 ㄴ 같은 글자들이 도대체 어떻게 만들어졌는지에 대해 추측만 난무했을 뿐 정확한 내용을 알 수 없었다고 합니다. 그래서 이 책이 우리에게 발견되어 손에 들어온 것은 너무도 값진 일입니다. 지금부터 할 이야기는 꽤 많이 알려진 것으로, 세간에 나온 『훈민정음』의 가치를 알아보고 망설임 없이 큰돈을 주고 구입한 한국의 문화 영웅, 간송 전형필(1906~1962) 선생에 관한 것입니다. 그 과정은 이렇게 진행됩니다.

경상북도 안동의 어느 집안에서 이 책이 발견됩니다. 소식은 간송의 귀에도 들어갔습니다. 간송은 일제기에 전통적인 문화물을 수집한 것으로 유명한데, 이 책이 발견되었다는 소식을 듣고 그냥 지나칠 그가 아니었습니다. 그는 곧 책 구입 작업에 착수했고 지금 돈으로 수백억 원의 돈을 지불해 책을 사들입니다. 당시는 일제강점기였기 때문에 일본인들이 낌새를 채면 어떤 방해 공작을 할지 모르기 때문에 그는 모든 일을 극비로 진행했습니다.

일제강점기는 그렇게 잘 지나갔습니다. 그런데 1950년에 한국전쟁이 터집니다. 서울은 당시 북한군에 의해 함락되는데, 간송은 북한군에게 행여 이 책을 뺏기는 사태를 막기 위해 이 책 하나만 가지고 피난길에 올랐다고 합니다. 그가 사 모은 수십, 수백 종의 유물보다 이 책이 제일 소중하다고 생각했기 때문에 그런 것입니다. 덕분에 책은 무사히 지킬 수 있었고, 한글의 전모를 만천하에 알리는 제 역할을 하게 됩니다.

여기서는 매우 간략하게 소개했습니다만, 이 책은 대단히 힘든 과정을 거처 우리에게 전달된 한국의 유산, 아니 세계의 유산입니다. 따라서 책을 구입하고 보관에 모든 것을 걸었던 간송 선생의 업적에 대해 어떤 칭송을 해도 모자랄 것입니다.

어떤 원리로 만들었을까? 그 빛나는 창제 원리

한글은 어떻게 만들어진 문자일까요? 이것은 『훈민정음』에 전모가 다 밝혀져 있습니다. 그중에서 여기서는 자음을 볼까 합니다. 지금 한글 자음은 14개인데(세종이 만든 자음은 17개) 세종은 이것을 단 5개의 기본 자음을 기반으로 만들었습니다. 그런데 한국인들은 이 5개의 기본 자음에 대해 잘 모르는 것 같습니다. 제가 강의 때마다 질문을 하면 정답이 잘 안 나옵니다.

자음(초성)의 조성 원리: 기본 5자로 일사천리

한글의 기본 자음은 아·설·순·치·후음의 대표인 ㄱ, ㄴ, ㅁ, ㅅ, ㅇ입니다. 이 5개 자음을 가지고 나란히 쓰거나 선을 추가해서 나머지 자음을 만든 것입니다. ㄱ을 예로 들어보면 이 글자를 나란히 쓰면 'ㄲ'이 되고 선을 하나 더 그으면 'ㅋ'이 되는 것 아닙니까? 이것은 나머지 기본 자음에도 그대로 적용되는데, 지금 사용하고 있는 자음들을 세종의 방식대로 정리해 보면 아래와 같습니다.

그런데 이 5개의 기본 자음도 외울 필요가 없습니다. 바로 여기서 한글의 첫 번째 과학성이 나옵니다. 이 5개의 기본 자음은 그 글자를 발음할 때 사

아음	ㄱ → ㄲ, ㅋ
설음	ㄴ → ㄷ, ㅌ, ㄸ, (ㄹ)
순음	ㅁ → ㅂ, ㅃ, ㅍ
치음	ㅅ → ㅈ, ㅉ, ㅊ, ㅆ
후음	ㅇ → ㅎ

용되는 기관의 모습을 본떠서 만들었기 때문입니다. 세종은 이 발성되는 기관의 이름을 따라 기본 자음을 설명했습니다. 잘 알려진 것처럼, 어금닛소리(아음), 혓소리(설음), 입술소리(순음), 잇소리(치음), 목구멍소리(후음)가 그것이지요. 즉, ㄱ은 어금니 쪽에서 소리가 나오니 어금닛소리라고 하고, ㄴ은 주로 혀로 소리를 내니 혓소리라고 하며, ㅁ은 입술에서 소리가 나오니 입술소리라고 하고, ㅅ은 치아로 소리를 내니 잇소리라고 하며, 마지막으로 ㅇ은 목구멍으로 소리를 내니 목구멍소리라고 한 것입니다.

이렇게 발성 기관을 본떠 글자를 만든 것은 대단히 독창적인 일입니다. 그 창의력이 보통이 아닙니다. 그리고 기본 글자에 선을 하나 첨가하거나 글자를 겹쳐 놓아 비슷한 유의 새로운 글자를 만든 것은 매우 과학적인 접근이라고 할 수 있습니다. 글자 만든 방식이 예측된다는 점에서 특히 그렇다는 것입니다. 세종은 이처럼 매우 합리적으로 글자를 만들었습니다.

글자를 이런 방식으로 만들었기 때문에 한글의 자음을 배울 때는 따로 외울 필요 없이 발성 기관의 모습만 떠올리면 됩니다. 예를 들어볼까요? 가장 좋은 예가 ㄴ입니다. ㄴ을 외국인에게 가르칠 때 이렇게 하면 됩니다. 즉, '느(혹은 '니은)라고 발음해 보라고 합니다. 그러면 혀가 어찌 됩니까? 혀가 입천장 앞부분에 닿으면서 구부러지지 않습니까? 바로 이 혀의 모양이 'ㄴ'이라는 글자가 된다고 가르쳐주면 그것으로 끝입니다. 그러니 글자의 모습을 굳이 외울 필요가 없는 것입니다. 나머지 글자도 사정이 같으니 설명하지 않아도 되겠지요?

한글은 이렇게 글자 배우기가 쉽기 때문에 외국인이라도 대학을 다니거나 대학을 졸업한 정도의 학력을 가진 사람이라면 한 시간 안에 자기 이름을 한글로 쓸 수 있습니다. 물론 한글도 어려운 글자, 예를 들어 'ㄹㅎ'이나 'ㄹㅌ'처럼 글자를 병렬로 만든 받침 글자는 터득하기 쉽지 않습니다. 그래도 처음 본 외국 문자를 한 시간 안에 어느 정도 깨우칠 수 있다는 것은 있을 수 없는 일 아닙니까? 이것은 모두 한글이 매우 합리적으로, 그리고 과학적으로 만들

CULTURE
#7

어졌기 때문입니다.

모음(중성)의 조성 원리: 점 하나와 작대기 두 개로 끝

다음은 모음입니다. 한글이 배우기 쉬운 글자가 된 이유에는 앞에서 본 자음을 만든 원리 말고 또 있습니다. 모음이 말할 수 없이 간단한 원리로 만들어졌다는 사실이 그것입니다. 주지하다시피 한글의 모음은 ·와 ㅡ, ㅣ라는 세 가지 기본 글자를 가지고 혼합해서 만듭니다. 우선 이 세 글자가 각각 하늘, 땅, 인간을 상징한다는 것은 널리 알려진 사실입니다. 동그란 하늘과 평평한 땅, 서 있는 인간이 그것이지요. 이 때문에 한글은 매우 철학적인 문자라는 평을 받습니다.

그런데 우리는 이 세 글자를 조합하면 엄청난 수의 모음이 나온다는 사실에 주목해야 합니다. 앞서 봤듯이 『훈민정음』 책에서는 기본이 되는 모음인 ·, ㅡ, ㅣ 세 글자에 이어 ㅗ, ㅏ, ㅜ, ㅓ, ㅛ, ㅑ, ㅠ, ㅕ의 여덟 글자를 차례로 제시하고 있습니다. 이것들이 이른바 단모음인데, 이들을 서로 조합하면 ㅙ나 ㅝ, ㅞ와 같은 복모음을 얼마든지 만들 수 있습니다.

한글의 모음 글자와 관련해서 가장 경이로운 일은, 한글에서는 모음이 독자적인 글자 형태를 갖고 있다는 점일 것입니다. 한국인들은 한글에 너무 익숙해 이런 사실을 놓치기 쉬운데, 우리가 쉽게 접하는 문자들을 보면 한글처럼 모음 글자 모양이 자음 글자 모양과 그 형태가 뚜렷하게 구별되는 문자가 드물다는 것을 알 수 있습니다. 당장 영어부터 보십시오. 영어는 원래 모음 글자가 없었다고 하지요? 지금 우리가 쓰는 영어 글자는 원래 모두 자음 글자였는데, 나중에 몇몇 글자가 모음으로 바뀐 것이라고 합니다. 그 때문인지 영어는 모음 글자와 자음 글자가 그 모양으로는 서로 구분되지 않습니다. 예를 들어 대문자 I[아이]는 모음이고 소문자 l[엘]은 자음인데 이 두 문자를 구별하는 일이 쉽지 않습니다. 이 두 글자는 거의 같게 생겨서 영어를 처음 배우는 사람은 혼동하기 십상입니다.

세계에서 제일 스마트한 스마트전화기 문자판

한글의 모음 글자에 대해 더 많은 이야기가 있지만 이 작은 지면에 다 담을 수가 없습니다. 그러나 한 가지 꼭 언급하고 싶은 것은 한글 모음 글자의 제자 원리가 현대에 와서 빛을 발한다는 것입니다.

한글의 모음은 조금 편하게 말해서 점 하나와 작대기 두 개를 가지고 다 해결했다고 할 수 있습니다. 단모음은 말할 것도 없고 복모음도 결국은 이 점과 작대기 두 개를 가지고 만들지 않았습니까? 그 때문에 한글은 모든 글자를 스마트전화기의 문자판에 다 집어넣고도 자판이 남습니다. 이것은 특히 모음이 세 글자밖에 없기 때문에 가능해진 일입니다. 전화기 문자판에서 모음 글자가 차지하는 것은 단 세 개의 판 밖에 되지 않으니 얼마나 경제적입니까?

우리는 문자를 쓸 때 자신이 원하는 모음을 마음대로 만들어내서 그것을 자음과 결합해 글자를 만드니, 한글로 문자를 작성하는 일은 아주 쉽습니다. 그래서 다른 나라의 글자로 문자를 작성하는 것보다 속도가 훨씬 빠릅니다. 젊은 세대들은 양손을 사용해서 엄청나게 빠른 속도로 타자를 치기도 합니다. 이에 대해서는 독자들이 매일 겪는 일이라 더 이상의 설명이 필요 없을 겁니다. 다만 익숙한 이 일이 절대 당연하고 평범한 일이 아니라는 사실은 꼭 기억해야겠습니다. 이는 한글을 사용하는 한국인만의 특권입니다. 세종에게 감사해야 할 일이지요.

한글을 왜 과학적인 문자라고 할까?

한글의 탁월성에 대한 설명은 아직 끝나지 않았습니다. 아니, 이제부터가 진짜입니다. 세계의 유수의 언어학자들이 칭송하는 한글의 과학성에 대한 설명은 아직 시작되지도 않았습니다. 이 학자들을 '뻑 가게' 만드는 과학성은 도대체 무엇일까요?

CULTURE
#7

한글은 '소리바탕글자'라는데……

한글을 다른 나라 문자와 비교할 때 흔히들 '소리바탕글자feature-based writing system'라고 부릅니다. 그러니까, 한글은 소리를 바탕으로 글자를 만들었다는 것인데, 더 쉽게 설명하면 한글은, '소리를 문자로 옮긴 글자'라고 할 수 있습니다. 부연 설명하면, 비슷한 소리를 가진 문자는 모습도 비슷하다는 것입니다. 이것은 어찌 보면 당연한 것일 수 있는데 이런 원리로 만들어진 문자는 드물다고 합니다.

조금 어려워졌나요? 이럴 때 제가 항상 드는 예가 있습니다. ㄴ과 관계된 글자들입니다. ㄴ이 혓소리라는 것은 앞에서 이미 언급했고, 또 이 글자에서 ㄷ, ㅌ, ㄹ 같은 글자가 파생했다고도 했습니다(ㄹ은 정확히 말하면 반혓소리입니다). 그런데 이 네 글자는 생긴 것만 비슷한 것이 아니라 음가가 비슷하기 때문에 서로 교환되어 쓰일 수 있습니다.

이렇게 이론에 대해서만 말하면 잘 모를 수 있으니 다시 예를 들어보겠습니다. 영어에 좋은 예가 있습니다. 물을 뜻하는 워터water는 일상에서는 '워러'라는 발음으로 많이 읽힙니다. t가 r(혹은 l)로 발음되는 것입니다. 또 지명 등을 뜻하는 헌팅턴huntington은 '허닝턴'으로 자주 발음됩니다. 여기서는 t가 n으로 발음되었습니다. 이것은 t라는 문자는 r, l, n과 서로 교환되어서 발음될 수 있다는 것을 의미합니다. 이렇게 되는 이유는 간단합니다. 이 네 문자의 음이 같은 어군에 속해 있기 때문입니다. 언어학의 달인이었던 세종은 이것을 파악했습니다. 그래서 한글의 ㄴ, ㄷ, ㅌ, ㄹ을 같은 혓소리 군에 모두 배열시켰습니다. 이것이 바로 소리를 문자로 옮겨 만든 소리바탕글자라는 것입니다.

그런데 다시 영어를 보십시오. 영어의 t, r, l, n은 그 발음이 유사한데도 글자 모양들이 서로 아무 연관성이 없지 않습니까? 이 글자들은 문자를 만든 사람이 나름의 연구 끝에 만들어진 것이 아니고 세간에서 쓰던 글자로부터 형성되었기 때문입니다. 한글의 과학성은 바로 여기에 있습니다. 그리고 세계

의 언어학자들이 찬탄해 마지않는 한글의 우수성이 바로 여기서 유래하는
것입니다. 그런데 이 같은 한글의 과학성이 제대로 알려지지 않은 것 같아 안
타깝습니다. 이 외에도 한글의 특징이나 장점은 많은데 그것을 이 작은 지면
에 다 담을 수 없습니다. 가장 중요한 것은 조금 전에 본 것처럼 한글이 '소리
바탕글자'라는 것입니다. 이것만 알면 한글의 중요한 측면을 다 이해했다고
할 수 있습니다. 이런 기본 지식을 가지고 우리는 이제 세종과 한글을 직접
체험할 수 있는 곳으로 떠나기로 합니다.

세종을 찾아서 1: '세종대왕기념사업회' 간편 답사기

한글을 만든 세종에 대해 살펴보는 일은 한글을 아는 데 유익할 것입니다.
세종은 한국이 낳은 역대 임금 가운데 최고로 꼽히는지라 그에 대한 정보를
제공해 주는 곳이 꽤 있습니다.

세종을 알 수 있는 곳 중 대표적인 곳은 두말할 나위 없이 서울 동대문구
청량리동에 있는 '세종대왕기념사업회'입니다. 이 단체는 1956년에 처음으로
설립되었으니 역사가 상당합니다. 초기에는 문교부(교육부) 장관이 대표를 맡
았으니 당시에 상당히 명망 있는 단체였던 것을 알 수 있습니다. 이 단체에서
는 1970년에 '세종대왕기념관'을 만들어 세종이 행한 모든 업적을 소개하고
있습니다.

전시실에서 만나는 한글을 연구한 분들

이 기념관 안에는 '한글실'이라는 전시실이 있어 한글에 대해 상세히 소개하
고 있으니 우리는 이 방에만 집중하기로 합니다. 사실 한글 자체에 대해서는
우리가 이미 많은 정보를 갖고 있고 이에 대한 정보는 다른 기관에서도 접할
수 있으니 그다지 새로운 것은 없습니다. 그러나 이곳이 아니면 접할 수 없는
것들이 있어, 그것을 소개했으면 합니다.

우선 이 방에는 『훈민정음』을 비롯해 『용비어천가』 등 수많은 책이 전시되어 있는데, 이 책들은 복제본이고 다른 데에서도 접할 수 있어 그다지 인상적이지 않습니다. 기억에 남는 것은 불경 등을 한글로 해설한 책 세 권인데, 이것들은 모두 보물로 지정되어 있습니다. 이 책들은 불교를 좋아하기로 유명했던 군주인 세조가 기획해서 출간한 것입니다. 초기 한글을 연구하는 데에 중요한 논점을 제공한다고 하는데, 너무 전문적이라 제대로 알 수는 없었습니다. 그 방면에 문외한인 저로서는 국어학보다는 이 책들에 나타난 한글 활자를 보는 재미가 더 컸습니다. 활자들이 다 비슷비슷하지만 책마다 조금씩 다르게 디자인되어 아주 흥미로웠습니다.

이 방에서 인상 깊었던 것은 현대에 한글을 연구한 분들의 업적을 소개하는 전시였습니다. 이 방에는 저명한 한글학자였던 최현배 선생이 쓰신 책들을 진열해 놓는데, 선생의 숨이 느껴지는 것 같았습니다. 새로웠던 것은 한글 글꼴을 연구한 분들의 업적이 소개된 코너였습니다. 이에 대한 정보는 저도 그곳에서 처음으로 접했는데, 이 분들이 이룩한 업적을 요즘 말로 하면 '폰트를 창안하는 일'이라고 할 수 있습니다. 저는 이 전시를 보기 전까지는 선학들이 한글 서체에 대해서 이렇게 많은 연구를 했는지 몰랐습니다. 최정순 선생 같은 분은 이 일로 김영삼 전 대통령으로부터 훈장도 받았더군요. 이런 분들이 창안한 서체 가운데에는 훌륭한 서체도 적지 않았습니다. 이 서체들을 저장한 CD도 언제든지 볼 수 있도록 그 CD도 전시해 놓았습니다.

야외에서 만난 경이로운 보물! 수표, 석물, 신도비

그런데 이곳에 가서 놀란 것은 한글에 관한 것뿐만 아니라 야외에 전시되어 있는 석물들 때문이기도 했습니다. 보물이 세 점이나 되니 대단한 것들입니다. 석물들을 보기 위해서라도 또 이곳을 방문해야겠다는 생각이 들었습니다.

보물 세 점은 각각 수표水標와 구영릉舊英陵 석물 그리고 세종대왕 신도비를 말합니다. 먼저 수표를 보면, 이것은 원래 청계천의 수표동에 있던 것으로 조선 후기에 만든 것입니다. 청계천에 흐르는 물의 높이를 재던 것이었죠. 그러다 청계천을 복개할 때 옮겨져 1973년부터 이 자리를 지키고 있습니다. 눈금은 10자까지 표시되어 있습니다(1자는 21.5센티미터). 저는 이 수표를 그동안 복제품으로만 보았습니다. 또 그러면서 진품으로 본들 수표가 수표지 별것이겠냐고 생각했는데, 답사를 가서 원본을 보니 확연히 달랐습니다. 원본은 치밀하게 제작되었을 뿐만 아니라 멀리서 봐도 너무 아름다웠기 때문입니다. 조각한 솜씨에서 조선의 품격을 느낄 수 있었습니다. 다시 한번 왜 우리가 원본을 보아야 하는지를 절감했습니다.

CULTURE #7

그다음은 석물과 신도비입니다. 솔직히 말해 저는 이곳 세종대왕기념사업회를 답사하기 전에는 이곳에 세종대왕의 생애와 업적에 대해 기록한 이렇게 엄청난 신도비가 있는지 몰랐습니다. 답사를 계획하고 인터넷으로 탐색하던 중 이러한 사실을 알게 되어 비상한 관심이 생겼습니다. 여기에 이 같은 유물이 있게 된 배경은 다음과 같습니다. 원래 세종의 능은 서울시 서초구에 있는 헌인릉 옆에 있었다고 합니다. 헌인릉은 태종을 모신 헌릉과 순조를 모신 인릉을 합해 부르는 이름입니다. 세종은 자신의 사후에 부친 태종이 묻혀 있는 이 헌릉 옆에 묻어달라고 부탁합니다. 그의 바람대로 사후에 그 옆에 묻히는데, 이것이 영릉이지요. 지금 이 세종대왕기념사업회에 있는 석물과 신도비는 바로 그곳에 있던 것입니다.

그런데 영릉은 지금 서초구가 아니라 여주에 있지요? 이에 대한 사정은 이렇습니다. 세종의 묘를 헌릉 옆에 만든 후에 그곳이 풍수상 좋지 않은 자리라는 설이 나왔답니다. 그래서 결국 예종 1년(1469)에 세종의 묘를 여주 영릉으로 이장합니다. 그렇게 무덤이 이장했지만 함께 있던 석물과 신도비는 너무나 무거워 옮기지 못하고 그냥 땅에 묻었답니다. 그것을 1970년대에 발굴해 이곳 세종대왕기념사업회 야외로 옮긴 것입니다. 얼마나 무겁기에 못 옮겼는지는 직접 보면 금방 알게 됩니다. 석물 군단도 신도비도 그 규모가 어마어마합니다. 이 유물들은 이곳이 시내에서 다소 외진 곳이라 그런지 그동안

구영릉 석물(舊英陵 石物)
ⓒ 송혜나

주목을 받지 못했습니다.

저는 최근에 간 답사에서 처음으로 이 석물과 신도비를 보고 깜짝 놀라고 말았습니다. 석물은 문인석과 무인석, 그리고 난간, 석등으로 되어 있는데 그 조각 솜씨나 기세가 대단했습니다. 특히 무인석과 문인석이 그러한데, 저는 이렇게 장중하면서도 힘 있고 섬세한 석물을 다른 능에서는 본 적이 없습니다. 세종 대가 아니면 나올 수 없는 엄청난 기개와 세세한 '디테일'을 느낄 수 있었습니다.

이런 기개는 신도비에서도 느낄 수 있었습니다. 그동안 무덤을 적지 않게 답사하면서 신도비를 보아 왔지만 이렇게 장엄한 신도비는 본 적이 없습니다. 우선 몸체의 높이가 5.7미터에 달해 크기가 엄청납니다. 비신碑身과 그 윗부분을 장식하고 있는 이수螭首가 하나로 되어 있어 더 크게 보입니다. 그런데 안타깝게도 비신에 적힌 글자들은 마모되어 알아볼 수 없다고 합니다. 그러나 이수를 장식하고 있는 두 마리의 용만 보아도 충분합니다. 그 기개와 용맹이 하늘에 뻗칩니다. 게다가 아주 섬세하게 조각되어 있습니다.

구영릉의 무인석(왼쪽)과 문인석(오른쪽)
ⓒ 국가문화유산포털

　저는 석물들을 포함해 이 신도비를 보고 세종 당시 조선이 얼마나 힘차고 문화가 출중한 국가였는지 다시 한번 절감하게 되었습니다. 조선 후기처럼 허약한, 그런 조선이 아니었습니다. 이 두 유물을 보니 조선이 달리 보였습니다. 그런데 왜 이런 유물들을 이렇게 방치하고 있는지 알 수 없었습니다. 특히 신도비는 용산에 있는 국립중앙박물관 상설관 1층 실내 복도에 갖다놓고 조선의 참모습을 보여주면 어떨까 하는 생각도 들었습니다. 물론 박물관 바닥이 무게를 버텨준다면 말이지요. 석물들도 박물관의 야외 전시장에 얼마든지 가져다놓을 수 있겠다는 생각입니다. 지금 한국인들 가운데에는 조선이 심약한 국가였다고 믿는 사람들이 많은데, 이 신도비와 석물들을 보면 그런 생각을 단박에 고칠 것 같다는 생각입니다.

세종을 찾아서 2: 육체가 잠든 곳과 세종로의 '세종 이야기'

위의 생각을 담아놓고 이번에는 세종의 삶과 죽음을 모두 볼 수 있는 곳으로 가볼까요? 먼저 가볼 곳은 세종의 육체가 묻혀 있는 여주 영릉입니다. 앞에 서 종묘대제를 다루면서 조선의 왕은 승하하면 육체는 왕릉을 조성해 모시 고 혼은 위패라는 상징물을 만들어 종묘에 모신다고 했지요? 또 세종의 무덤 인 영릉은 헌인릉 근처에 있었는데 1469년에 이곳으로 옮겼다고도 했습니다. 이곳에 가는 주된 이유는 세종의 묘를 직접 방문하기 위해서입니다. 위대한 인물의 묘를 직접 답사하는 것은 그것대로 의미가 있겠지요.

세계유산 '조선왕릉' 40기! 그중에 '영릉'

그런데 이곳은 단지 세종의 묘일뿐만 아니라 유네스코 세계유산이라는 것을 명심해야 합니다. 잘 알려진 바와 같이 조선 왕릉 가운데 완벽하게 남아 있 는 40기의 무덤이 유네스코 세계유산으로 등재되어 있습니다(2009년). 500년 이상 지속된 왕조의 왕(그리고 왕비)의 무덤을 보존하고 있는 것은 전 세계적 으로 유례가 없는 일입니다. 게다가 이곳은 풍수지리설에 따라 터를 잡았기 때문에 경치가 아주 좋습니다. 그런 의미에서 조선의 왕릉은 언제나 좋은 휴 식 공간을 제공하고 있습니다. 따라서 만일 조선 왕릉을 가본 적이 없다면 이곳에 한번 가보시는 것을 추천합니다. 좋은 추억으로 남을 겁니다.

그런데 이곳은 서울에서 조금 멀리 있어 접근성이 다소 떨어집니다. 자동 차로 한 시간 이상 걸리니 꽤 먼 거리입니다. 그런데도 이렇게 추천하는 이유 는 이곳에 '세종대왕 역사문화관'이 있기 때문입니다. 왕릉에 이처럼 능의 주 인공을 소개하는 시설이 갖춰진 곳은 아마 영릉이 유일할 것입니다. 이곳에 는 세종 말고도 인조의 아들이면서 병자호란 때(1636년) 청에 인질로 붙잡혀 갔다가 돌아온 효종의 묘가 있는데, 이 문화관에는 효종에 대해서도 별도의 공간을 만들어 자세히 소개하고 있습니다. 효종은 세종 옆에 묻히는 바람에 자신의 행적이 소개되는 영광(?)을 얻게 되었군요.

보통 조선 왕릉은 다 비슷비슷하게 생겨서 능 하나만 보면 다른 능을 볼 필요가 없는데, 세종의 능은 이렇게 볼거리가 많아 좋습니다. 이 문화관 안에 들어가면 세종의 일생과 그가 행한 일이 사진이나 영상으로 잘 소개되어 있습니다. 여기에는 물론 한글 창제에 대한 내용이 포함되는데, 한국인이면 대부분 아는 그런 내용입니다. 그런가 하면 이 능에서는 세종 대에 만들어진 여러 과학 기기를 복제해 전시하고 있습니다. 측우기나 혼천의, 앙부일구 등 한국사 시간에 많이 들었던 기기들이 야외에 전시되어 있어 볼만합니다.

그런데 영릉과 더불어 잠깐 들를 곳이 있어요. 세종의 묘가 이곳으로 이장되면서 능의 원찰(망자의 명복을 빌기 위해 만든 사찰)로 지정된 신륵사가 그곳입니다. 신륵사는 큰 절은 아니지만 국가 보물이나 시도지정문화재가 많은 곳입니다. 그런데 그것보다 제가 여기에 들르길 추천하는 이유는 절이 남한강가에 세워져 있어 그 경치가 기막히다는 것 때문입니다. 그 빼어난 경관에 안 가볼 수 없는 곳입니다. 신륵사처럼 강가에 만들어진 절은 드뭅니다. 따라서 만일 영릉에 갈 기회가 있다면 답사 코스에 이 절을 넣는 것이 좋겠습니다.

시내 한복판 지하에 있는 '세종 이야기'

사실 세종의 모든 것(?)에 대해 알고 싶을 때 가장 좋은 곳은 따로 있습니다. 좋은 곳이라고 하는 이유는 접근성이 뛰어나기 때문입니다. 조금 전에 말한 여주 영릉은 가면 좋은 곳이기는 하지만 서울에서 다소 떨어진 곳이라 한 번 가려면 크게 마음을 먹어야 합니다. 그런데 서울에서 길을 가다가도 들어갈 수 있는 곳이 있습니다. 바로 세종로에 있는 '세종 이야기'라는 공간입니다.

이곳은 세종대왕의 동상이 있는 광화문 광장 지하 2층에 있지요. 이 광장에는 이순신 장군과 세종대왕의 동상이 있습니다. 이에 걸맞게 지하 2층에는 세종과 이순신을 소개하는 기념관이 있습니다. 이곳은 시내 한복판에 있으니 아무 때나 길을 가다가 들어갈 수 있어 접근성이 아주 좋습니다.

'세종 이야기'에는 세종의 일생과 그가 남긴 모든 업적이 소개되어 있습니다. 여기에는 물론 한글의 창제도 포함되어 있지요. 이곳에서 개인적으로 좋았던 점은 세종이 한글을 창제한 후 간행한 서적들을 보는 것이었습니다. 이것들은 물론 진본은 아니고 복제품입니다마는, 책은 복제품으로도 얼마든지 그 진가를 알 수 있습니다. 여기에는 『훈민정음』(해례본)을 비롯해서 『월인천강지곡』 등 한글이 창제된 다음에 인쇄된 서적들이 전시되어 있습니다.

저는 이 책을 볼 때마다 각 책에 쓰였던 한글 활자들을 유심하게 봅니다. 이 활자들의 글꼴 디자인이 훌륭하기 때문입니다. 지금 가져다 써도 전혀 어색하지 않을 정도로 아름답게 만들어졌습니다. 한국인들은 이 사실을 무심하게 생각하는 것 같은데, 사실 이것은 대단한 일입니다. 한 개인이 초절정의 문자를 만든 데에 그치지 않고 그것을 가지고 활자를 만들었다는 것은 전 인류사에 없는 일일 겁니다. 활자도 그냥 활자가 아니라 유려하기 짝이 없으니 그 가치를 말로는 다 표현할 수 없습니다. 당시에 인문학이나 디자인의 미학, 그리고 인쇄술이 얼마나 뛰어났으면 이런 일이 가능했던 것인지 아직도 잘 모르겠습니다. 여러분들도 이곳에 오면 이 책과 한글 활자들의 아름다움을 한껏 감상했으면 좋겠습니다.

한글을 체험할 수 있는 현장 두 곳

국립중앙박물관 옆 국립한글박물관

지금까지는 세종이라는 사람을 전체적으로 보았는데, 이제는 한글만 전적으로 보는 곳, 한글을 체험할 수 있는 곳으로 가보기로 합시다. 사실 문자는 그것이 어떤 원리로 만들어졌는지를 알면 되는 것이지 굳이 체험하러 어디를 갈 필요는 없습니다. 그러나 한글은 수백 년의 역사를 지닌 문자라 지금까지 많은 이야기가 전해져 오고 있습니다. 관련된 문헌도 많습니다. 이런 것들을 모두 모아 전시하는 곳이 있는데, 바로 '국립한글박물관'입니다.

국립한글박물관은 2014년에 만들어진 곳으로, 한글에 대한 모든 것을 알려주는 최적의 장소입니다. 이 박물관은 잘 알려진 바와 같이 용산에 있는 국립중앙박물관 옆에 있습니다.

'국립한글박물관'은 국가가 한글과 관계해서 공식적으로 만든 유일한 박물관입니다. 국립중앙박물관과 붙어 있으니 교통은 편한 셈입니다. 우선 외관을 보면 건축 개념이 한글 모음의 제자 원리라고 할 수 있는 천지인을 형상화했다고 하는데 제 개인적인 생각으로는 한글과 어울리는 디자인으로 보이지 않습니다. 우리가 갈 곳은 2층에 있는 상설 전시실입니다.

이곳에서는 세종이 한글이라는 새로운 문자를 만들게 된 의도와 동기가 담긴 『훈민정음』의 머리말을 주제로 전시하고 있습니다. 전시는 일곱 개 부분으로 나뉘어 있는데 그 각각의 제목을 보면, ① '나라의 말이 중국과 달라', ② '딱하게 여겨', ③ '28자를 만드니', ④ '쉽게 익혀', ⑤ '사람마다', ⑥ '날로 씀에', ⑦ '편안케 하고자 할 따름이니라'로 되어 있습니다. 이렇게 되니까 전시장 전체를 둘러보면 『훈민정음』 한 권을 읽는 것과 같다고 하겠습니다. 여기 전시된 내용은 너무 풍부해서 여기서 다 다룰 수는 없습니다. 간단하게 예를 들어보면, 첫 번째 장인 '나라의 말이 중국과 달라'에서는 한글이 발명되기 전에 한국인이 쓰던 문자인 이두나 구결, 향찰 등을 소개하고 있습니다. 또 '쉽게 읽혀' 장에서는 불경이나 유교 경전, 질병이나 무예 등 실용서 등에서 한글이 어찌 쓰였나를 보여주고 있습니다. 그리고 '사람마다' 장에서는 한글이 왕을 비롯해 여성, 노비 등 다양한 계층의 사람들 사이에서 쓰였다는 사실을 각종 문헌을 동원해 보여주고 있습니다.

이곳에서 우리는 한글이 그동안 어떤 발자취를 남기면서 발전해 왔는가를 알 수 있어 대단히 유익한 시간을 가질 수 있습니다. 그런데 너무 역사적으로 접근해 한글 자체에 대한 설명이 다소 부족하지 않았나 하는 생각을 해봅니다. 한글은 문자이지만 소리, 즉 발음과 떨어질 수 없습니다. 그런데 이 전시에는 한글의 소리에 대해서는 아무런 안내가 없습니다. 예를 들어 ㄱ이 어

국립한글박물관
ⓒ Jocelyn Durrey(CC BY-SA)

떤 소리가 나며 그 소리는 ㅋ이나 ㄲ과 어떻게 다른지에 대한 예시가 없습니다. 또, 자음들은 모음들과 어우러져 어떻게 글자를 이루는지 등에 대한 설명도 선명하지 않습니다. 이런 예가 많아서 일일이 들 수 없는데, 한국인들에게는 많은 정보를 제공해 주는 좋은 전시이지만 한글을 잘 모르는 외국인에게는 너무 어려운 전시가 아닌가 합니다.

만일 제가 이 박물관의 전시를 고안했다면 한글을 체험할 수 있는 방을 만들어 희망하는 외국인들이 이용할 수 있게 할 것입니다. 앞에서 말했듯이 한글은 한 시간만 배워도 쉬운 글자는 읽고 쓸 수 있습니다. 그게 가능하다는 것을 보여줄 수 있는 프로그램을 만들어 외국인들이 체험할 수 있게 하자는 것이죠. 또 한국인들은 한글에 대해 입만 열면 한글은 가장 과학적인 문자라고 하는데, 이 박물관의 전시에는 그것을 느낄 만한 설명이 부족한 것 같습니다. 앞에서 언급한 것처럼 한글이 '소리바탕글자'라는 것을 잘 설명하면 될 터인데 그에 대한 정보가 거의 노출되지 않고 있습니다.

그렇게 되니까 이 전시에서는 한글이 왜 우수한 문자인지에 대해 그다지 드러나지 않은 것 같습니다. 그러니까 한글의 장점이 부각되지 않았다는 것이고, 이것을 밝히려면 세계의 다른 문자와의 비교가 필요한데 이 같은 시도가 없습니다. 한글을 세계의 문자 가운데 하나로 설정하고 그 특장점을 설명해야 하는데 한글 하나만 가지고 설명하니 한글이 지닌 강점이 드러나지 않았던 것일 테지요. 그러다 보니 계속해서 어려운 자료가 나열되는 느낌이었습니다. 책과 문서만 진열되어 있으니까 집중하기가 어렵더군요. 마지막으로 가장 이상했던 것은 전시실이 너무 작다는 것입니다. 전시관은 4층짜리 건물 가운데 2층을 부분적으로 쓰고 있는데, 한글에 대한 소개는 4층 전 층을 써도 모자랄 터인데 왜 이렇게 작은 공간에 국한했는지 잘 모르겠습니다. 앞으로 한글의 우수성을 더 쉽고 풍부하게 보여주는 이상이 실현될 날을 고대하면서, 국립한글박물관 돌아보기를 마쳐야 하겠습니다.

2021년, 최근에 개관한 김해한글박물관

그런데 제가 이 책의 원고를 교정하던 중에 관청에서 세운 한글박물관이 하나 더 있는 것을 발견하고 적잖이 놀랐습니다. 바로 '김해한글박물관'이라는 곳인데, 2021년 11월에 개관한 곳으로 김해시에서 만든 기관입니다. 제가 이 글을 쓸 때만 해도 아직 이 박물관은 개관하지 않았습니다. 원고를 고치다 이 박물관을 발견한 것이지요. 하도 뜻밖이라 김해시에서 왜 이런 박물관을 세웠는지 찾아보니, 이 박물관은 김해가 고향이면서 한글 발전에 큰 공을 세운 두 분을 기리기 위해 세워졌다더군요. 두 분은 바로 이윤재 선생과 허웅 선생입니다. 박물관 1층에서는 이윤재 선생을 소개하고 있고 2층에서는 허웅 선생을 소개하고 있습니다.

이 두 분 가운데 허웅 교수님은 꽤 친숙한 분입니다. 서울대학교 등에서 교수를 역임했고 30여 년 동안 한글학회를 이끌어오신 분이라 그렇습니다. 한글날처럼 한글과 관계된 날이 되면 TV에 예외 없이 이 분이 나와서 말씀하시던 장면이 떠오릅니다. 그래서 저 같은 세대의 사람들은 '허웅' 하면 '한글학회'가 연상됩니다. 이 박물관 내부를 보니 허웅 선생께서 생전에 쓰던 컴퓨터나 원고 등이 전시되어 있어 자못 신기했습니다. 김해나 부산 지역으로 갈 일이 있으면 반드시 들러야겠다는 생각입니다.

8장

세계를 계속 놀라게 하는 한류

상수(常數)가 된 연예 문화

- 한류! 장르와 매체, 시공을 넘나드는 활기찬 전개 양상
- 한류의 성공 요인은 무엇일까?
- 한류 문화를 체험하는 몇 가지 방법

문화적으로 볼 때 한국은 그동안 세계의 변방 국가에 불과했습니다. 문화를 수입하는 데에만 급급했고 자국 문화를 수출하는 데에는 별 성과가 없었기 때문입니다. 이것은 한국의 역사를 보면 쉽게 알 수 있습니다. 지난 수천 년 동안 한국은 중국으로부터 막대한 영향을 받았습니다. 정치나 경제 등의 분야는 말할 것도 없고 문화적으로도 엄청난 영향을 받았습니다. 중국으로부터 불교나 유교 같은 종교를 받아들였으며 한문이라는 문자도 받아들였습니다. 그런 덕에 지난 역사 동안 한국의 지식인들은 중국 문화에 심취되어 살았습니다. 예를 들어 조선의 사대부는 어려서 천자문부터 시작해서 사서오경으로 끝나는 중국의 문화 교과서만 배웠습니다. 역사도 자기 나라 역사는 배우지 않고 중국 역사만 배웠습니다.

그뿐만이 아닙니다. 한국이 중국으로부터 문화적으로 얼마나 큰 영향을 받았는가를 알려면 다음과 같은 사항 하나면 충분할 겁니다. 전 세계에서 중국식 이름을 쓰는 나라가 한국밖에 없다는 사실이 그것입니다. 이렇게 중국으로부터 엄청난 영향을 받으면서도 한국은 중국에게 어떤 영향도 주지 못했습니다. 과거 중국의 영토에 나타났던 수많은 나라 가운데 한국으로부터 문화적인 영향을 받은 나라는 거의 없다고 해도 틀리지 않을 것입니다.

한국은 그런 상태로 있다가 20세기 들어 잠깐 일본의 지배를 받았는데, 당시에 받은 일본의 영향이 적지 않았지만 그 상태는 그다지 오래 지속되지 않았습니다. 한국에게 막대한 영향을 미친 나라는 그다음에 들어온 미국이었습니다.

한국에 미친 미국의 영향은 그야말로 '메가톤급'이었습니다. 한국인은 역사 이래 처음으로 일상생활이 미국식으로 바뀌게 됩니다. 양복을 입고 양옥에 살 뿐만 아니라 커피와 빵 등 미국(서양) 음식을 거침없이 먹기 시작한 것이 그 사실을 말해주지요. 또 미국의 주 종교인 개신교를 받아들여 그것을 수백만 명이 믿게 되었고, 정치, 경제, 군사, 교육 등 모든 분야에서 미국을 모델로 받아들였습니다. 그래서 한국어보다 영어가 더 중요한 세상이 되었고, 대중음악과 같은 연예 분야에서도 미국을 따라가기에 바빴습니다. 따라서 한국은 미국으로부터 문화를 수용하기에 급급했을 뿐 역으로 미국에 한국 문화를 수출한다는 것은 상상도 하지 못했습니다.

사정이 이러했기 때문에 대부분의 한국인들은 자기들 문화가 미국을 포함해 세계의 다른 나라로 퍼져 나아갈 것이라고는 전혀 예상하지 못했습니다.

한류! 장르와 매체, 시공을 넘나드는 활기찬 전개 양상

대체로 이러한 상황이었는데, 1990년대에 들어오면서 한국에서 기이한 일이 벌어지기 시작했습니다. 1990년대 말 중국에서 한국 드라마인 〈사랑이 뭐길래〉(1991~1992년 방영)가 뜻하지 않게 인기를 얻었는데, 이를 한류의 시작으로 보는 의견이 많습니다. 그 후에 곧 한국의 가수들이 중국에서 인기몰이를 하는데 이때 '한류'라는 용어가 처음으로 중국에서 생겨납니다. 중국인들이 한자로 '韓流'라고 만들어준 것입니다. 이 이름은 정말 잘 지은 이름입니다. 중국인들은 한자가 자신들의 문자라 이렇게 멋있는 이름을 만들 수 있었을 겁니다. 한류를 영어로 'Korean wave'라고 하는 것도 이 한자 이름에서 비롯된 것입니다.

긴가민가하는 사이에 욘사마와 대장금이……

한류는 한번 형성되자 영향력이 더 확장되어 동남아에서도 큰 인기를 얻게 됩니다. 당시에 한국인들은 이 현상을 보고 어리둥절해하면서 긴가민가했습니다. 자기들의 연예 문화가 이렇게 주변 국가에서 큰 반향을 얻을 줄은 전혀 예상하지 못했기 때문입니다. 그래서 그런지 당시에 한류는 일시적인 현상에 불과할 것이라는 예측이 많았습니다. 한류는 한국보다 연예 문화가 조금 덜 발달한 나라에서나 통하지 한국보다 문화가 앞선 나라에서는 통하지 않으리라 여겼던 것입니다.

(왼쪽)〈겨울연가〉 포스터
(오른쪽)〈대장금〉 포스터

그러나 이 주장도 곧 무색해지고 맙니다. 〈겨울연가〉가 일본에서 공전의 히트를 쳤기 때문입니다. 이때 일어난 '욘사마' 신드롬은 정말로 대단한 것이었습니다. 한국인들은 이 현상을 직면하고 어리둥절했습니다. 왜냐하면 일본인들은 대체로 한국 문화를 한 수 아래로 보기 때문에 일본에서는 한국 것이 통하지 않을 것이라고 생각했는데, 그 예상이 보기 좋게 빗나갔기 때문입니다. 그러다 이번에는 〈대장금〉이라는 드라마가 일을 저질렀습니다. 이 드라마는 동아시아를 훌쩍 넘어서 아랍이나 아프리카, 남아메리카까지 그 권역을 넓혔습니다. 전 세계로 뻗어나간 것이지요. 〈대장금〉은 조선시대를 배경으로 하는 사극이라 선정적인 장면이 없고 인간의 선함을 다루고 있어 이란과 같은 이슬람 국가가 수용하는 데에 문제가 없었습니다.

이렇듯 한국의 드라마나 노래가 전 세계적으로 인기를 끌게 되었지만, 한류는 여전히 미국이나 유럽 같은 제1세계 국가들은 뚫지 못하고 있었습니다. 그래서 많은 한국인들은 '한류는 여기까지인가? 이게 마지막인가?' 하는 진단을 내놓기도 했습니다.

빌보드 차트와 유튜브를 장악한 「강남스타일」

「강남스타일」 뮤직비디오 장면
ⓒ 유튜브 채널 "officialpsy"
(@officialpsy)

그러다 진짜 사건이 일어났습니다. 2012년에 느닷없이 가수 싸이의 「강남스타일」이라는 노래가 전 세계적으로 '빵 터졌기' 때문입니다. 이 노래는 싸이의 많은 노래가 그렇듯이 일명 'B급' 수준의 코미디적인 내용을 가진 노래입니다. 그의 전작인 「새」나 「챔피언」 같은 곡의 안무를 보면 매우 우스꽝스러운 춤 동작이 나오는데, 강남스타일에 나오는 말춤도 그 정도로만 생각되었습니다. 싸이에게도 한국인에게도 너무나 익숙한 것이라 그저 재미있을 뿐 별것 아니라고 생각한 것이지요. 그래서 「강남스타일」이 전 세계적인 인기를 끌 것이라고는 상상조차 하지 않았습니다. 그런데 이 노래가 SNS를 통해 전세계로 알려지면서 '말춤 신드롬'을 불러온 것입니다.

싸이가 터지기 이전에도 한국 가요가 서양에서 인기를 끈 경우는 있었습니다. 원더걸스나 소녀시대, 샤이니 같은 한국 아이돌 그룹이 그 예에 속한다고 하겠습니다. 특히 원더걸스는 2009년(10월 셋째 주)에 한국 가수 최초로 빌보드 메인 차트인 '빌보드 핫hot100' 안에 76위로 들어가는 기염을 토하기도 했습니다. 당시에는 이것도 대단한 일이라고 한껏 치켜세웠는데, 3년 후인 2012년에 싸이가 「강남스타일」로 같은 차트에서 7주 연속 2위를 해서 한국인들을 어리둥절하게 만들었지요. 지금은 감흥이 무뎌졌지만 「강남스타일」 뮤직비디오는 유튜브의 각종 새 기록을 세우면서 세계적 이슈가 되었습니다.

최단 기간 최대 조회수를 기록하는가 하면, 유튜브가 셀 수 없는 사상 초유의 조회수로 유튜브 시스템을 바꾸게 했고, 5년간이나 조회수 1위 기록을 유지하는 등 그 기록 행진이 대단했지요. 오랜만에 들어가 보니 2022년 6월 현재 조회수는 45억 회 가까이 되는군요.

어떻든 그때까지만 해도 싸이는 단군 이래로 세계에서 가장 유명한 한국인이었습니다. 싸이가 세운 기록은 너무도 엄청난 것이라 한국인들은 싸이의 대기록이 좀처럼 깨지지 않을 것이라고 생각했습니다. 그런데 8년 후인 2020년, 한국인들의 예상은 즐겁게 와르르 무너지게 됩니다.

BTS! 세계에 「다이너마이트」를 터트리다

CULTURE #8

모두가 기억하는 것처럼 2020년 9월에 방탄소년단BTS이 「다이너마이트」라는 노래로 빌보드 핫100에서 1위를 차지하는, 그야말로 엄청난 기록을 세웁니다. 한국의 대중가요가 처음으로 빌보드 차트에서 1위에 오르는 희유의 사건이 발생한 것입니다. 빌보드 메인 차트에서 1위를 하는 것은 매우 힘든 일인데, 더군다나 비영어권에서 나온 노래가 1위를 차지하는 것은 거의 일어나지 않는 일입니다. 다만 이 노래는 가사가 영어로 되어 있었기 때문에 상대적으로 빌보드에서 선방할 수 있었을 것입니다.

그러다 그해 11월, BTS는 비영어권 언어인 한국어 가사로 된 「Life Goes On」이라는 노래로 한 주에 개별 곡의 인기를 평가하는 '빌보드 핫100'뿐만 아니라 앨범의 인기를 평가하는 '빌보드 200'에서도 동시에 1위를 차지하는 사건이 발생하는데, 그들은 '빌보드 핫100'과 '빌보드 200' 차트를 동시에 석권한 최초의 그룹이 되었습니다. 이 같은 선전과 함께 BTS는 팝계의 최고 권위를 자랑하는 '그래미 어워드Grammy Awards'와 영국의 권위 있는 음악 상인 '브릿 어워드Brit Awards'에서 한국인 가수로서는 최초로 후보에 오르기도 했습니다. 2021년에는 아메리칸 뮤직 어워드American Music Award: AMA에서 대상(올해의 아티스트)을 받는 등 3관왕을 차지했는데, 같은 해 5월에 있었던 빌보드 뮤직 어

「다이너마이트」 뮤직비디오 장면
ⓒ 유튜브 채널 "HYBE LABELS"
(@HYBELABELS)

워드Billboard Music Awards: BBMAs에서도 무려 4개 부문에서 상을 받았습니다.

그 후에도 BTS의 기록 경신은 계속 이어지는데, 그것을 다 적으려면 끝이 없을 것 같아 에서 그치는 게 나을 듯 싶습니다. 굳이 다 나열하지 않아도 이제 BTS라고 하면 세계에서 가장 '핫'한 그룹 중의 하나가 되었으니 더 이야기할 필요가 없겠습니다.

그런데 그 사이에 또 새로운 소식이 들어왔군요. 2022년 데뷔 9년차를 맞은 BTS는 그해 4월 미국 라스베이거스에서 개최한 공연으로 세계를 깜짝 놀라게 한 것입니다. 유흥과 관광의 상징으로 세계인이 모두 잘 아는 그 라스베이거스를 온통 BTS의 보랏빛 물결로 꽉 채웠는데, 세계 3대 분수 쇼라고하는 '벨라지오 분수 쇼'에 BTS 노래까지 나오면서 그야말로 라스베이거스는 'BTS 시티', 'BTS 테마파크'가 되었습니다. 소속사인 하이브는 공연뿐만 아니라 도시 전체를 다양한 볼거리와 먹거리, 체험공간으로 만들어 팬들을 즐겁게 해주었습니다. 얼리전트 스타디움에서 4일간 열린 BTS 공연은 온오프라인에서 무려 62만 명의 팬들과 함께했다고 하더군요. 세계 대중가요사에서 라스베이거스를 이렇게 온전하게 장식한 음악가가 또 있을까요? 대단합니다. BTS만 가지고도 설명을 더 이어갈 수 있지만 다른 분야에서도 한류의 혁혁한 행보가 계속되고 있으니 그것으로 넘어가야겠습니다. BTS 소식은 여기까지입니다.

K-콘텐츠는 종횡무진 대활약 중

2020년 이후의 콘텐츠만 봐도 영화 〈기생충〉과 〈미나리〉의 쾌거, 또 OTT(인터넷으로 각종 영상을 제공하는 TV서비스)에서 큰 인기를 끈 〈킹덤〉, 〈오징어 게임〉, 〈파친코〉 등과 같은 영화와 드라마에서 보여준 활약은 열거하기가 힘들 정도입니다.

그중에서도 2022년 1월, 공개 6년 만에 유튜브 역사상 세계 최초 100억 뷰를 돌파하며 독보적인 조회수 1위에 등극한 「아기상어Baby Shark Dance」의 인기는 생각할수록 놀랍습니다. 뉴스를 보니 100억 뷰는 전 세계 78억 인구가 1회 이상 봐야 달성할 수 있는 수치라고 하네요(2022년 6월 현재 107억 뷰). 「아기상어」는 전 세계 남녀노소 전 세대를 즐겁게 만든 콘텐츠로서 유튜브 신기록뿐만 아니라 다양한 기록을 보유하고 있습니다. 장르와 매체를 넘나드는 빅히트 새 콘텐츠들은 계속해서 나오고 있습니다.

이 가운데에서도 영화의 약진이 두드러집니다. 봉준호 감독의 〈기생충〉은 2020년에 한국 영화 최초로 아카데미상 6개 부문에 후보로 올랐는데 비영어권 영화로는 처음으로 작품상을 받았고 감독상, 각본상, 국제장편영화상을 받아 4관왕이 됩니다. 이 영화는 그 전해인 2019년에는 칸 영화제에서 최고상인 황금종려상을 받았지요. 이렇게 〈기생충〉이 국제 영화제에서 크게 성공하자 이런 대규모적인 국제 실적을 다시 거두기는 힘들 것이라고 생각한 사람이 많았는데, 곧 다음 해인 2021년에 윤여정 배우는 〈미나리〉라는 영화로 아카데미 시상식에서 한국 배우로서 최초로 여우조연상을 수상합니다. 〈미나리〉가 여러 영화제에서 받은 트로피가 근 40개인데, 그중에 윤여정은 20여 개를 차지했으니 그의 활약상을 알 만하겠습니다. 특히 그는 이 영화에서 아주 인상적인 'K-할머니'의 모습을 보여주어 사람들에게 강한 인상을 주었습니다. 국제 무대에서의 활기찬 영화 행진은 계속됩니다. 가장 최근 소식으로 2022년 5월에는 박찬욱 감독이 〈헤어질 결심〉이라는 영화로 칸 영화제에서 감독상을 수상했는데, 같은 영화제에서 송강호 배우는 〈브로커〉로 남우주연상을

여러 나라에서 인기를 끈 K-콘텐츠들 | (왼쪽 위부터) 〈기생충〉, 〈사랑의 불시착〉, 〈오징어 게임〉, 〈이태원 클라쓰〉, 〈파친코〉, 〈헤어질 결심〉

수상합니다. 칸 영화제에서 한국 남자 배우가 남우주연상을 받는 것은 이번이 처음인데, 이로써 한국은 20년에 걸쳐 칸 영화제의 7대 상을 모두 석권한 저력을 지닌 나라가 되었습니다.

더불어 K-콘텐츠는 OTT에서도 맹활약 중입니다. 〈오징어 게임〉이나 〈스위트홈〉, 〈승리호〉, 그리고 애플이 한화로 1000억여 원을 투자한 〈파친코〉 등 OTT용으로 제작된 영화나 드라마뿐만 아니라 〈사랑의 불시착〉이나 〈이태원 클라쓰〉처럼 한국 방송국 채널에서 방송한 콘텐츠 등도 업로드되어 실로 대단한 인기를 끌었습니다. 지금도 많은 OTT 시리즈가 제작 중에 있는데, 며칠

전 뉴스를 보니 OTT 시리즈를 포함한 미개봉 작품이 250편이 넘을 것으로 추정된다고 하더군요. 한국의 드라마와 영화는 언제 또 어떤 일을 낼지 모릅니다. 이 책이 출간되는 사이에 새 소식이 들어올지도 모르겠습니다. 이렇게 보면 한류가 전 세계 대중문화에서 변수가 아니라 상수가 되었다는 느낌이 드는 것을 막을 수 없습니다.

한류의 성공 요인은 무엇일까?

한국인은 앞서 말한 것 외에도 음식이나 화장품, 안면 미용성형 등의 분야에서도 뛰어난 능력을 발휘하고 있는데, 이 분야들은 한국의 연예 문화처럼 아직 전 세계적인 현상으로 발전하지는 못했습니다. 따라서 여기서는 연예 문화 분야의 성공 요인에만 집중했으면 합니다.

연예 계통의 한류가 성공한 요인은 다양한데, 그중에서도 가장 핵심적인 것이 있습니다. '이것'은 가장 기본적인 요인이라서 '이것'이 없으면 다른 설명들이 무색해집니다. 한류가 인기를 끌게 된 데에는 분명히 SNS의 덕이 큽니다. 그러나 SNS만으로는 한류의 성공을 설명할 수 없습니다. 이런 것은 하나의 요인에 불과하지 주된 요인이 될 수는 없습니다. 그렇다면 한류의 핵심적인 성공 요인인 '이것'은 무엇일까요?

자신들이 좋아하고 잘하니 넘쳐흐를 수밖에

한류 성공의 주된 요인은 의외로 간과되는 경우가 많은데, 한류의 성공 요인 가운데 가장 중요한 '이것'은, '한류의 연예 문화를 그 주인공인 한국인들이 가장 먼저 환장하면서 좋아했다'는 것입니다. 좀 더 구체적으로 말하면, 한국인들이 누구보다도 노래와 춤, 그리고 드라마를 열렬하게 좋아했다는 것이지요. 한국인들은 다른 어떤 분야보다 이 분야에 능했습니다. 특히 한국인들의 가무 사랑과 실력은 주변 국가로부터 인정받은 바 있습니다. 한국인들은 현대에 들어와 자연스럽게 자신이 가장 능한 분야에 집중하면서 자신들의 실력을 최고로 끌어올렸습니다. 그 결과가 바로 한류 문화인 것입니다. 자신들이 좋아하는 것을 열심히 하다 보니 그것이 점진적으로 전 세계로 퍼져 현재에 이른 것입니다. 저는 이것을 이른바 '냄비 이론'이라는 것을 빌려 설명해 왔습니다.

제가 말한 냄비 이론은 이런 겁니다. 냄비에 음식물을 넣고 끓일 때 절정에 다다르면 어떤 일이 벌어집니까? 내용물이 넘쳐서 밖으로 흘러넘치지 않습니까? 한류 문화 현상이 바로 이렇다는 겁니다. 한국인들이 노래와 춤이 중심이 된 연예 문화를 좋아해서 환장하자 그 열기가 끓어올라 한반도 바깥으로 전해신 것이라는 말입니다.

한국인들이 (음주)가무를 좋아한다는 것은 일찍이 3세기에 쓰인 중국 역사책인 『삼국지』 「위지 동이전」에도 나옵니다. 이 책은 부여, 고구려, 삼한 사람들의 놀이 문화에 대해 적고 있는데, 특히 한국인들의 가무 애호 정신을 상세하게 적고 있습니다. 당시 한국인들은 일이 끝나면 모여서 노래를 했고 길을 가면서도 노래를 했다고 합니다. 이런 가무 애호 정신이 가장 잘 나타나는 곳은 바로 무당이 하는 굿입니다. 굿은 노래로 시작해서 노래로 끝난다고 할 정도로 의례 전체가 노래(그리고 춤)로 되어 있습니다. 한국인은 이런 굿을 좋아해서 수천 년을 신봉하고 연행해 왔습니다. 그런 흔적은 현대 한국인에게서도 많이 보입니다.

가무를 사랑하는 흥이 많은 사람들

현대 한국인들은 분명 흥이 많은 사람으로 보입니다. 그렇지 않고서야 전국 곳곳에 깔려 있는 노래방의 존재를 설명할 길이 없습니다. 한국인들이 밥과 술을 충분히 먹으면 항상 가는 곳이 노래방입니다. 그래서 차분히 앉아서 토론하는 것은 한국인의 뇌리에는 없는 듯 보이기도 합니다. 노래방이야말로 가장 적절한 한류 체험 존zone이 아닐까 해요. 이곳에서 길길이 뛰면서 노는 한국인들을 봐야 싸이가 이해되고 BTS의 실상을 알 수 있기 때문입니다.

한국인에게는 노래방 문화가 일상화되었지만 외국인들은 이런 문화를 다소 생소하게 느낄 것입니다. 한류 체험을 위해 한국 연예기획사를 방문하는 것도 좋지만 진짜 한류는 노래방처럼 한국인의 일상에서 찾아야 할 것입니다.

2020년 전후로 역병이 만연하면서 노래방 영업이 매우 위축되었지만, 그 전에는 하루에 약 200만 명이나 되는 한국인이 노래방을 찾았습니다. 이는 엄청난 숫자입니다. 한국인은 이렇게 가무를 사랑했고 이 가무 문화는 한국인의 기저 문화를 이루었습니다. 이렇게 두터운 기저 문화가 있었기에 싸이나 BTS 같은 세계 무대를 주름잡은 걸출한 가수들이 나온 것입니다. 만일 이런 문화가 사회에 형성되지 않았다면 세계적인 가수들이 나오기 힘들었을 것입니다.

한국인의 이러한 성향에 대해 다음과 같은 다소 비판적인 견해도 있습니다. 즉, 한국인들은 흥을 발산하고 끼를 표현하는 데에는 전 세계에서 둘째가라면 서러워할 수준이지만 차분히 생각하는 능력은 약하다는 것입니다. 어떤 철학적 문제나 과학적 사물에 대해 깊게 사고하고 파고드는 능력이 부족하다는 것이지요. 그래서 그런지 한국에는 아직 걸출한 인문학자가 없습니다. 특히 많은 사고를 필요로 하는 철학 분야에서 한국인은 세계적으로 권위 있는 인물이 없습니다. 아울러 세계적인 시인이나 소설가, 즉 문호도 없습니다. 또 세계적인 역사학자도 없습니다. 이 같은 인문학자는 인문학이 무르익었다고 말할 수 있을 정도로 발전한 다음에야 나올 수 있는데, 현대 한국인들은 그 대신 흥과 끼를 표현하는 데에 자신들의 능력을 집중한 게 아닌가 하는 생각을 해봅니다. 그러나 이 문제는 시간이 주어지면 충분히 바뀔 수 있는 여지가 있습니다. 왜냐하면 한국인은 수준 높은 인문학적인 저력을 지니고 있기 때문입니다. 한글을 비롯한 세계기록유산이 그 증거가 되겠지요.

'뻔한' 스토리를 감각적으로 만드는 드라마 공화국

한국인은 이렇게 노는 데에 특출한 능력을 발휘했는데, 그들은 자신들의 놀이에 '스토리'를 붙이기 시작했습니다. 한국인이 만든 명품 드라마는 바로 여기에서 탄생하게 됩니다. 한국인이 드라마에 대해 갖는 열정 역시 엄청납니다. 하도 드라마를 많이 제작해 한국은 '드라마 공화국'이라 불릴 정도입니다.

아침 시간에도 일일드라마를 방송하는데 그 내용은 이른바 '막장'인 경우가 많습니다. 출생의 비밀처럼 한국 드라마가 다루는 소재는 뻔한 경우가 많은데도 불구하고 각 장면의 완성도가 높아 사람들은 자신도 모르게 빠져들고 맙니다. 장면마다 나오는 감칠맛 나는 대사나 아름다운 실내외 풍경, 감미로운 배경 음악, 그리고 용모가 수려한 배우들을 보느라 스토리가 다 예측되면서도 드라마를 보는 것입니다.

한국인은 여기서도 사고보다는 감각을 중시하는 경향을 보여줍니다. 스토리의 논리적인 전개보다는 각 상황이나 장면을 어떻게 감각적으로 만들어 시청자를 매료시키느냐에 많은 신경을 쓰는 모습을 보인다는 것입니다. 물론 사람들은 일상생활에 지친 나머지 드라마를 볼 때에는 논리보다 감정을 더 선호할지도 모릅니다. 어떻든 한국인들은 자신들의 출중한 능력에 힘입어 앞으로도 다양한 수작의 드라마를 만들 것으로 기대됩니다.

한류 문화를 체험하는 몇 가지 방법

앞에서 본 한류 문화를 체험하려면 어디로 가야 할까요? 앞서 본 연예 한류의 현장은 방문하기가 매우 힘듭니다. 특히 가수들을 보려면 그들이 공연하는 것을 보러 가야 하는데 공연은 매일하는 것도 아닌 데에다 표를 구한 사람만 갈 수 있으니 볼 기회가 많지 않습니다. 게다가 2020년이나 2021년처럼 전염병 같은 재난이 또 다시 엄습한다면 공연이 취소될 것이니 가수들을 직접 만나는 일은 매우 어려울 수 있습니다. 그런가 하면 드라마나 영화는 완성품만을 볼 수 있을 뿐이지 배우들을 직접 볼 수 있는 기회는 거의 없습니다.

진짜 한류 체험, 콘텐츠 속 한국인의 일상 현장으로

따라서 우리가 한류를 체험하고 싶다면 그와 관계된 지역을 답사하는 것 정도를 할 수 있을 것입니다. 예를 들어 배우나 가수들이 드라마나 영화, 혹은 뮤직비디오를 찍은 장소라든가 그들이 소속되어 있는 기획사에 가서 프로그램에 참여하는 일 등을 할 수 있을 겁니다. 이와 관련해 저는 싸이의 「강남스타일」이 한창 유행할 때 그가 뮤직비디오를 찍은 곳을 찾아다니며 팬들이 노래를 재체험하는 프로그램이 있으면 좋을 것 같다는 생각을 한 적이 있습니다. 예를 들어 「강남스타일」 뮤직비디오에는 싸이가 아파트 안에 있는 놀이터에 누워 있는 장면이 나오는데 이런 곳에 가면 특히 외국 관광객들은 한국의 대표적인 주거 문화인 아파트를 직접 체험할 수 있을 것입니다. 또 잠실의 한강 변에서도 한 장면을 찍었는데 이곳에 가면 한국인들이 한강변에서 어떤 레저 문화를 즐기는지 경험할 수 있겠지요. 한류의 중요 현장이기도 한 서울 강남 투어도 동시에 할 수 있으니 의미가 있을 것 같습니다.

어떻든 지금 말한 것과 같은 한류 체험 프로그램은 한국인에게는 매우 일상적이지만 외국인에게는 대단히 새로운 체험이 될 것입니다. 관광은 일반적으로 명승지를 보는 것이 주류이지만 현지인의 일상생활을 체험하는 것도 매우 훌륭한 관광거리가 될 수 있습니다. 제 개인적인 경험을 말한다면, 해외 관광을 갔을 때 찾아갔던 명승지에 대한 기억은 귀국하면 곧 가물가물해져서 흐려지는데, 현지인의 집을 방문했거나 관광식당이 아닌 현지인만 가는 식당을 갔던 일, 관광지가 아닌 현지인들이 일상적으로 가는 장소에 갔던 일들은 좀처럼 잊히지 않았습니다.

그런가 하면 영화 〈기생충〉에 홀딱 반한 사람도 비슷한 일을 할 수 있지 않을까 합니다. 이 영화에 나온 곳을 직접 방문해 보면 영화를 훨씬 더 진하게 체험할 수 있을 것입니다. 예를 들어 영화에 나오는 대표적인 집은 반지하 집과 부잣집인데, 이 중에서 주인공 가족이 살았던 반지하 집은 한국인에게는 익숙하지만 외국인에게는 생소할 것입니다. 그래서 이 장면이 촬영된 곳

CULTURE #8

을 직접 가보면 좋겠지만 아쉽게도 그들이 살았던 집과 동네는 세트장이었습니다. 경기도 고양에 있는 특수촬영 스튜디오에서 촬영한 것인데, 그곳에 아주 큰 수영장 같은 것이 있어 그 안에 동네를 구현했습니다. 홍수가 나서 집이 물에 잠기는 장면을 찍기 위해 그런 곳을 구했다고 하더군요. 그러나 지금은 집과 동네가 다 없어졌습니다. 영화를 찍은 후 철거한 것이지요. 그러나 〈기생충〉의 광팬이라면 방문해 볼 수 있겠지요. 그런가 하면 이 영화에 나오는 자하문 터널이나 아현동 돼지쌀슈퍼, 노량진에 있는 스카이피자, 성북동 터키 대사관 앞길 등도 가볼 수 있을 것입니다. 이런 곳에 가서 각자의 스마트 기기로 해당 장면을 틀어놓고 감독이 어떤 생각을 갖고 어떻게 찍었는지를 살펴보는 것도 이 세계적인 영화를 피부에 닿게 체험할 수 있는 좋은 방법이 되지 않을까요? 외국인들의 경우에는 '슈퍼'나 동네 피자 가게를 통해 그리 부유하지 않은 한국인들의 일상을 목전에서 목격할 수 있을 것입니다. 세계적인 명화를 찍은 현장을 직접 가본다는 것은 매우 진귀한 체험이 아닐 수 없습니다.

한류스타거리 방문하기, 기획사가 제공하는 프로그램 참여하기

방금 전에 한국 영화를 체험해 봤다면 이번에는 '아이돌' 가수들을 보러 갈 차례입니다. 아이돌 스타를 직접 본다는 것은 여간 정성이 없으면 안 되는 일이라 대체할 수 있는 방법을 찾는 편이 나을 겁니다. 그런데 마침 아이돌 스타들을 간접적으로 만날 수 있는 곳이 있어 주의를 끕니다. 강남에 있는 한류스타거리K*Star Road가 그것입니다.

이곳은 수인분당선의 압구정로데오역 2번 출구에서 약 1킬로미터 가량 이어지는 길입니다. 이 길은 강남구가 2013년부터 만든 것으로, 당시 이곳에는 SM이나 JYP, 큐브엔터테인먼트 같은 한국 최고의 연예기획사들이 포진해 있었습니다. 그래서 이 길을 만든 것이지요. 그러나 2022년 6월 현재 이 회사들의 본사는 모두 이전했기 때문에 이제 이곳을 찾는 일이 무색해졌습니다. 그

방탄소년단 강남돌
ⓒ 최준식

럼에도 불구하고 이곳은 한번 가볼 만합니다. 아직 한류 스타 가수들의 흔적
들이 곳곳에 남아 있고, 주변에 유명 백화점을 비롯해 세계적인 명품 브랜드
가게들이 즐비하기 때문입니다. 명품들은 보는 것만으로도 즐겁습니다. 상품
들의 디자인이 뛰어나기 때문이지요.

지하철역에서 나오면 한류스타거리의 표지판이 있고 건너편에는 아이돌의
인형을 파는 '강남돌하우스GANGNAMDOL HAUS'라는 곳이 있는데, 제가 찾았을
때(2021년 여름)에는 코로나19로 인해 문을 열지 않았습니다. 눈에 들어오는
것은 이 길에 세워져 있는 큰 아이돌 인형들입니다. 이 인형들은 '강남돌'이라
불리는데 언뜻 카우스Kaws의 작품이 연상되기도 하는 인형 17개가 거리에
즐비해 있습니다. 슈퍼주니어, 샤이니, 소녀시대, 방탄소년단 등의 인형이 있

는데, 이들은 나이가 많은 저도 다 아는 그룹이니 인기가 얼마나 많은지 알 만합니다. 물론 한국에는 여기에 있는 인형으로 분한 아이돌 그룹 외에도 다른 그룹이 많습니다. 그런데 이 길에 있는 인형에 끼려면 아마도 국내의 인기로는 안 되었던 모양입니다. 해외에서 인기가 많아야 이 인형 대열에 동참할 수 있는 것 같았습니다. 또 이들 그룹 가운데에는 미스에이처럼 이미 해체된 그룹도 있더군요. 그래서 인형 그 자체보다는 중간중간에 세워 있는 스마트 기기가 더 재미있습니다. 큐알 코드를 활용하면 이 스타 거리와 아이돌 인형을 배경으로 사진을 찍어 각자의 스마트폰으로 전송해 주기 때문입니다. 그렇게 해서 추억을 만들라는 것이겠지요. 이 인형들 외에는 이곳에서 한류 스타의 흔적을 더 이상 찾을 수 없는데, 군이 찾는다면 청담역 바로 옆에 있는 SM타운 앤 스토어SM Town & Store일 겁니다. 이곳은 스타거리에서 한 블럭을 더 가야 만날 수 있는데, 이 기획사 출신의 가수들과 관계된 다양한 물건들을 파는 곳입니다. 브로마이드, 인형, 앨범, 화려한 케이크 등을 팔고 있으니 SM 소속의 가수들을 간접적으로라도 만나고 싶은 사람은 이곳에 가면 좋겠습니다.

한류 기획사에 가면 소속 가수들을 다각도로 느낄 수 있는 프로그램을 만날 수 있습니다. 그중에서도 특히 시선을 끄는 것은 BTS를 배출한 하이브 기획사가 제공하는 음악 뮤지엄입니다. 2021년에 이 기획사는 이름을 '빅히트 엔터테인먼트'에서 '하이브'로 바꾸었는데, 같은 해 용산으로 옮겨가면서 건물이 20층이 넘는 큰 규모로 발전했습니다. 하이브는 건물 규모부터 'K-팝의 새 랜드마크'를 꿈꾸고 있는데, 이곳에서 제공하고 있는 프로그램이 압권입니다. 지하 1·2층에 '하이브 인사이트'라는 이름의 복합문화공간을 만들어 BTS를 중심으로 소속된 가수들의 모습을 팬들에게 자세하게 전하고 있습니다.

하이브 뮤지엄의 묘미는 팬들이 스타들을 단순히 보고 그들의 음악을 듣는 데에 머물게 하지 않고, 비록 간접적이지만 본인들이 직접 가수의 작업을 체험할 수 있게 만들었다는 데에 있습니다. 예를 들어 BTS의 RM이나 슈가 등의 작업실을 볼 수 있는 '스튜디오 360', 대형 스크린을 통해 소속 가수들의 안무 연습 장면을 캠코더 촬영본으로 볼 수 있도록 꾸민 '완벽의 기로', 가수들이 가사에 담은 이야기를 전하는 인터뷰 영상 '단어와 문장' 등 차별화된 프로그램이 준비되어 있습니다.

이런 프로그램들이 두 개 층에 걸쳐 준비되어 있으니 하이브에 직접 가서 보는 게 좋겠습니다. 한류를 진하게 체험할 수 있겠지요? 다만 한 가지 염두에 두어야 할 것은 예약과 비용입니다. 하이브는 프로그램에 자신이 있어서 그런지 철저한 사전예약제에 다소 비싼 입장료(한화 2만 2000원, 미화 20달러)를 받고 있습니다. 그러나 열렬한 한류 팬이라면 이런 수고와 비용을 치르더라도 가볼 만한 가치가 있다고 느낄 것입니다(그런데 안타깝게도 이곳은 2023년 2월 현재 장기 휴관에 들어갔습니다).

CULTURE #8

또, 이렇게 연예의 현장을 가지 않아도 한국인의 신기를 느낄 수 있는 현장이 있어 그 팁을 전합니다. 한국인들이 노는 곳을 가면 되는데, 그중에서 추천하고 싶은 곳은 야구 경기장 같은 스포츠 현장입니다. 이런 경기장에 가보면, 한국의 음악 팬들이 가수들이 공연할 때 '떼창'을 하듯이, 관객들이 하나가 되어 무리로 노는 모습을 발견할 수 있습니다. 한국의 야구팬들은 경기를 보는 것보다 경기장에서 결판지게 노는 맛에 야구장에 가는 것 같다는 느낌마저 받습니다. 또 붉은 악마들이 한국 국가대표 축구팀을 응원하는 모습에서도 한국인의 이런 모습을 발견할 수 있습니다. 이러한 현장에서 여러분은 관광지 몇몇 곳을 가는 것보다 훨씬 더 생생하게 한류에서 보이는 한국인의 신기를 체험할 수 있을 것입니다.

2부

CULTURE

LIFE

NATURE

9장

한국의
전통음악

늘 가까이에 있는 한류의 뿌리

- 한국인은 사실 전통음악을 좋아해
- 상류층(왕실과 사대부)의 음악, 정악
- 기층(서민)의 음악, 민속악
- 20세기에 탄생한 음악, 창작 국악
- 한국 전통음악을 체험할 수 있는 1400년 전통의 그곳

2020년에 한국관광공사가 제작한 외국인 대상 한국 홍보 영상인 〈필 더 리듬 오브 코리아Feel the rhythm of Korea〉가 한국인은 물론 세계인으로부터 큰 관심을 받는 일이 발생했습니다. 특히 〈범 내려온다(Ep.1 서울)〉 영상은 한국의 대표적인 전통 성악 장르인 판소리에다 중독성 있는 현대적 리듬과 코믹한 춤동작을 더한 파격적인 구성으로 주목을 받았습니다. 그런데 노래의 가사(판소리 사설)도 흥미 면에서 압권입니다.

이 영상에 나오는 노래는 판소리 「수궁가」 중 호랑이(범)가 내려오는 대목에서 발췌한 것입니다. 토끼의 간을 구하러 육지로 올라온 자라가 호랑이를 토끼라고 착각하는 장면에서부터 벌어지는 재미있는 사건들을 담고 있습니다. 초반의 하이라이트는, 자라가 호랑이를 발견하자마자 토끼라고 확신하면서 그를 향해 '토兔 선생'이라고 부르려던 찰나 발생합니다. 그는 바다에서 육지까지 힘겹게 오느라 아래턱이 굳고 힘이 빠져서 '토, 토~' 라고 하다가 그만 '호虎 선생'이라 부르고 맙니다. 이에 호랑이는, 동물세계에서 영 인기가 없는 자신에게 존대까지 해가며 '선생'이라 부르다니 누가 나를 찾느냐며 신이 나서 내려옵니다. 이게 바로 「범 내려온다」 부분의 사전 배경입니다. 이런 흥미진진하고도 박장대소할 만한 줄거리가 계속 이어지는 덕분에 범 내려오는 대목은 인기가 아주 많습니다.

한국인은 사실 전통음악을 좋아해

한국인들은 평소에 판소리 같은 국악보다는 대중음악을 훨씬 더 가까이하고 삽니다. 그럼에도 불구하고 국악은 한국인의 일상에 꽤 깊이 침투해 있는 것을 알 수 있습니다. 가장 좋은 예가 지하철에서 환승역을 알릴 때 나오는 음악일 것입니다(창작 국악곡 「얼씨구야」에서 2023년에 「풍년」이라는 곡으로 바뀌었습니다). 그런가 하면 1991년 TV 광고에 나왔던 "제비 몰러 나간다", "우리 것은 소중한 것이여~"라는 박동진 명창의 판소리와 멘트도 대단히 유행했습니다.

또 2015년에 방영한 드라마 〈응답하라 1988〉에 나와서 다시금 크게 회자되었던 "반갑구먼 반가워요"라는 인기 대사는 놀랍게도 국악 장단인 자진모리 리듬으로 되어 있습니다. 이 사실을 아는 사람은 거의 없습니다. 자진모리 장단은 음악적으로 볼 때 매우 어려운 리듬입니다. 그러나 이 리듬에 "반갑구먼 반가워요" 같은 어구를 얹어 말하는 것은 한국인에게는 전혀 어려운 일이 아닙니다. 워낙 익숙하기 때문이지요. 반면에 외국인에게는 흉내 내기조차 어려운 대사입니다.

국악 오디션 시대의 개막

이러한 몇 가지 예를 통해 한국인은 국악과 매우 가깝게 살고 있다는 것을 알 수 있습니다. 그만큼 자신들의 전통음악을 좋아하기 때문에 생긴 일일 것입니다. 이것은 한국의 전통 예술이 전승되는 현황을 보면 더욱 잘 알 수 있습니다. 한국의 전통 예술 가운데 국악만큼 한국인의 일상생활 가까이에서 향유되고 있는 장르는 찾아보기 힘듭니다. 물론 이것은 한국인들이 음악과 춤을 매우 좋아하기 때문에 자연스럽게 생긴 현상으로 보입니다.

한국인이 국악을 좋아한다는 사실을 방증해 주는 사례는 아주 많습니다. 우선 국악이 한국의 TV나 라디오에서 사라진 적이 없다는 사실을 환기하고 싶습니다. 시청률이나 청취율과는 상관없이 공영방송에서는 국악 프로그램이 의무적으로 편성되어 방영되고 있습니다. 한국인의 이 같은 열망은 2001년에 국악방송국의 설립으로 이어져, 누구나 온종일 국악을 라디오와 TV, 유튜브 채널을 통해 감상할 수 있게 되었습니다. 한국인이 전통음악을 좋아하지 않았다면 가능하지 않았을 일이지요.

한 발 더 나아가 2021년에 이슈가 된 방송 프로그램이 있었지요? TV 예능 최초의 퓨전 국악 경연 오디션인 〈조선판스타〉(MBN)와 〈풍류대장〉(JTBC)이 그 주인공입니다. 두 프로그램 모두 4퍼센트 후반에 달하는 놀라운 시청률과 함께, 참가한 국악인이 누린 연예인에 버금가는 인기에서 한국인의 국악 사랑을 다시금 환기할 수 있었습니다.

이처럼 국악은 한국인에게 많은 사랑을 받고 있습니다. 「범 내려온다」와 같은 창작 국악곡은 세계 무대에서도 대단한 성공을 이루었습니다. 안팎의 사정이 이러하다면 국악에 대한 기본적인 정보를 알 필요가 있지 않을까 합니다. 「범 내려온다」 같은 음악을 제대로 이해하고 즐기기 위해서는 근본이 되는 한국의 전통음악을 알아야 할 것입니다.

게다가 폭발적인 인기를 끈 BTS의 멤버 슈가의 「대취타」의 경우처럼, 한류의 중심에 서 있는 아이돌이 한국의 전통음악을 소재로 음악 작업을 하는 일이 적지 않습니다. 따라서 한국의 전통음악을 알면 K-팝 스타들의 음악도 더 깊은 차원에서 이해할 수 있을 것입니다. 그러면 지금부터 한국의 전통음악에 대한 기본적인 정보를 살펴보겠습니다.

상류층(왕실과 사대부)의 음악, 정악

한국의 전통음악은 시기적으로 볼 때 조선시대 때 음악을 말합니다. 그래서 클래식이라 일컬어지는 서양의 고전음악처럼 바로크, 고전주의, 낭만주의 같은 사조가 없습니다. 대신 조선시대 당시의 향유 계층이 누구였느냐에 따라 구분되지요. 한국의 전통음악을 가장 간단한 방법으로 나누면 크게 세 가지,

즉 '정악'과 '민속악', 그리고 '창작 국악'으로 분류할 수 있습니다.

정악은 조선의 상류층 사람들이 향유하고 발전시켜 온 음악을 말합니다. 세부적으로는 왕실이 주체가 되어 궁에서 사용하던 '궁중음악'과 사대부 같은 양반들이 즐기던 '풍류음악'으로 나눌 수 있습니다. 왕실의 궁중음악은 용도에 따라 '제례음악', '잔치음악', 그리고 '행진음악'으로 구분됩니다. 그리고 사대부의 풍류음악은 노래냐 악기 연주냐에 따라 '성악곡'과 '기악곡'으로 나뉩니다. 차례대로 소개해 볼까요?

궁중음악 1: 제례음악, 세종이 아니었더라면

궁중 음악부터 보면 우선 제례음악은 왕실이 행한 각종 제사 때 연주되던 음악입니다. 조선 왕실에서 가장 중시하던 음악이었습니다. 으뜸은 단연 '종묘제례악'입니다. 종묘제례악과 종묘제례에 대해서는 따로 5장(한국인의 조상 숭배 문화)에서 자세히 다뤘습니다만, 궁중음악을 얘기하면서 그냥 지나칠 수 없으니 간략하게 상기해 보겠습니다. 종묘제례악은 조선의 역대 왕과 왕비의 신주를 모신 종묘에서 행하는 종묘제례 때 연주되는 음악입니다. 종묘제례악은 종묘제례와 함께 1995년에 유네스코 인류무형문화유산에 등재되었습니다. 무려 500년 이상을 제사 의례와 더불어 살아 있는 형태로 행해지고 있다는 점에서 세계적으로도 가치를 발하고 있지요.

종묘제례가 한국인의 일반 가정 제사와 구분되는 점은 이렇게 제사를 지내는 내내 음악이 연주된다는 사실입니다. 그런데 종묘제례악은 우리가 일반적으로 생각하는 음악과는 조금 다릅니다. 악기 연주와 노래, 그리고 춤을 모두 포함하는 악가무 일체의 음악이기 때문입니다.

세계유산에 등재될 만큼 독창적인 종묘제례악은 과연 누가 만들었을까요? 놀라지 마세요. 이 책을 처음부터 읽은 분들이라면 아시겠지만 종묘제례악은 다름 아닌 한글을 창제한 세종대왕과 그의 아들인 세조의 협업으로 탄생한 음악입니다. 쉽게 말하면 세종 작곡, 세조 편곡이라고 할 수 있지요. 그러니까 세종이 친히 지은 음악들을 세조가 제례 절차에 맞게끔 편곡해서 1464년부터 공식적인 종묘제례악으로 사용하기 시작한 것입니다. 그것이 지금까지 550여 년간을 이어오고 있으니 종묘제례악은 대단히 유서 깊은 음악이지요.

제례 공간인 종묘 역시 뛰어난 건축학적인 가치를 지니고 있어 1995년에 세계유산으로 등재되었습니다. 같은 곳에 이렇게 두 종류('종묘', '종묘제례 및 종묘제례악')의 세계유산이 공존해 있는 것은 세계적으로도 드문 일입니다. 종묘제례는 종묘에서 매년 5월 첫째 주 일요일에 '종묘대제'라는 국제문화행사로서 봉행되고 있습니다. 현존하는 동북아 왕실의 유일한 제례의식인 종묘제례와 종묘제례악을 종묘라는 특별한 제향 공간에서 관람할 수 있는 매우 좋은 기회이니 꼭 가보길 추천합니다.

궁중음악 2: 잔치음악, 국악의 고전 「수제천」

다음으로 궁중에서 각종 연회 때 행하던 잔치음악으로는 국악의 백미라 불리는 「수제천」을 꼽을 수 있습니다. 국악 곡을 통틀어서 가장 유명한 곡 중 하나입니다. 궁중 식구들의 생일 등 각종 잔치를 비롯한 중요한 행사 때 연주되던 음악이지요. 국악의 고전음악으로서 대단한 품격이 느껴집니다. 저는 이 음악을 들을 때마다 다소 주관적인 표현이지만 흡사 하늘의 음악이 덜컥 지상에 내려온 것 같은 느낌을 받습니다.

해외의 찬사도 만만치 않습니다. 수제천은 1970년에 프랑스 파리에서 열린 제1회 '유네스코 아시아 음악제' 전통음악 분야에서 최우수 곡으로 선정되었는데, 그때 "천상의 소리가 인간 세상에 내려온 것 같다"라는 심사위원들의 평이 있었습니다. 여러분은 「수제천」을 듣고 어떤 느낌을 받을지 궁금합니다. 제목도 기억해 주길 바라며, 꼭 한번 제대로 감상해 보길 추천합니다.

궁중음악 3: 행진음악, BTS의 슈가가 부른 「대취타」

궁중에서 행하던 음악 중에서 마지막으로 볼 것은 왕의 행차나 군대의 행진

「대취타」 뮤직비디오 장면
ⓒ 유튜브 채널 "HYBE LABELS"
(@HYBELABELS)

등에서 연주하던 행진음악입니다. 대표적인 음악은 앞서 잠깐 나왔던 「대취타」입니다. 대취타는 노란색 옷을 입은 군악대가 연주하던 음악으로, 한국의 초등학교 음악 교과서에도 나오고 국악 공연 때도 꽤 자주 등장하는 곡이지만 어쩐지 한국인에게 익숙하지 않은 곡이었습니다. 그런데 2020년에 BTS의 슈가가 같은 제목의 노래를 발표하면서 한국인에게는 물론 세계인에게도 널리 알려졌습니다.

「대취타」는 지휘자 격인 사람이 "명금일하 대취타 하랍신다"라는 우렁찬 구령을 외치는 것으로 포문을 엽니다. 이 구령의 뜻은 '금(징)'을 한 번 치고 대취타를 시작하라'는 신호입니다. 이에 악사들은 알겠다는 뜻으로 "예이"라고 크게 화답한 후 연주를 시작하지요. 이 도입 부분은 슈가가 부른 「대취타」의 도입부에도 그대로 나오는데요, 국립국악원이 1994년도에 녹음한 음원을 활용한 것이라고 합니다.

사대부 음악: 진짜 '가곡'은 선비들의 유행가

이번에는 정악의 또 다른 갈래인 사대부가 향유하던 음악을 살펴보겠습니다. 사대부의 음악은 보통 풍류음악이라 이릅니다. 궁중음악이 그 용도에 따라 제례음악, 잔치음악, 행진음악으로 세분화되었다면 풍류음악은 성악곡과 기악곡으로 구분됩니다.

우선 성악곡에는 정가正歌라 일컫는 '가곡', '가사', '시조' 세 개의 장르가 있습니다. 이 노래들은 방송 프로그램 등 다양한 매체에서 심심치 않게 들을 수 있습니다. 특히 시조는 "태산이 높다 하되"와 같은 선비들이 읊던 시조시에다 선율(멜로디)을 얹어 창(노래)으로 부르던 것이라서 나이가 있는 웬만한 한국인들은 잘 알고 있습니다. 시조시를 노래로 부르면 '시조창'이 되는 것입니다. 주로 반주 없이 부르지만 한두 대의 악기 반주에 맞춰 부르기도 합니다.

가곡, 가사, 시조 가운데 가장 격식이 있는 장르는 가곡입니다. 가곡도 시조와 마찬가지로 시조시를 노랫말로 하고 있지만 가곡은 반주 악기들이 동원되고 전주와 간주가 있는 세련된 형식의 장르라는 점에서 시조와 다르다고 하겠습니다. 그런데 흥미로운 사실은 한국인은 이 가곡이라는 단어를 전혀 다른 엉뚱한 데에서 접하고 있다는 점입니다. 한국인들은 「보리밭」이나 「선구자」, 「그리운 금강산」과 같은 서양식 발성의 노래를 가곡이라 부르고 있습니다. 그런데 그들이 말하는 '가곡'이라는 명칭은 지금 보고 있는 국악의 가곡에서 차용한 것입니다. 따라서 가곡은 원래 조선 사대부들이 듣던 한국의 전통 성악 장르 중 하나라는 사실을 기억해야겠습니다.

가곡은 속도가 매우 느린 노래입니다. 대부분의 노랫말을 길게 늘여서 발음하기 때문에 노랫말을 보지 않으면 무슨 말을 하는 것인지 뜻을 헤아릴 수가 없습니다. 그러나 단아한 자세로 땅바닥에 앉아서 미동도 없이 노래를 부르는 성악가들의 모습과 반주를 담당하는 연주자들의 우직한 모습은 관객을 매료시키기에 충분합니다.

조선의 상류층이 향유하던 음악은 감정을 극도로 절제합니다. 가곡에서도 성악가나 연주자의 표정이나 자세에 개인의 감정이 드러나는 법이 없습니다. 그래서 무대 위 연주자들을 보면 움직임이 거의 없고 무표정 일색입니다. 그들이 무뚝뚝하거나 끼나 실력이 없어서 그런 게 아니라 바로 이런 코드가 있어서라는 점도 꼭 말씀드리고 싶습니다.

한국의 국악공연단이 유럽 공연을 가면 관람객들은 한국의 가곡에 상당한 흥미를 보인다고 합니다. 아마 가곡이 지니고 있는 품격이 서양의 고전음악과 비슷하게 느껴져서 그런 것인지도 모르겠습니다. 가곡은 현대 한국인에게는 다소 낯선 음악이지만 유네스코 인류무형문화유산에는 진즉에 등재되었습니다(2010년). 가곡은 남성이 부르는 남창가곡과 여성이 부르는 여창가곡으로 구분되는데, 40여 곡이 전해지고 있습니다.

기층(서민)의 음악, 민속악

대표적인 민속악으로 성악에서는 판소리를, 기악에서는 시나위를 들 수 있습니다. 판소리는 19세기에 완성을 보는데, 당시 인기는 대단했습니다. 판소리는 한국의 전통 예술 가운데 유일하게 모든 계층의 사람이 좋아한 장르였다고 할 수 있습니다. 왜냐하면 비록 판소리가 백성에게서 시작되었지만 서서히 양반들이 좋아하더니 드디어 왕(고종이나 대원군)까지 애호가가 되었기 때문입니다. 양반이나 왕족들은 판소리 가수들의 후원자를 자처했습니다. 한국의 전통 예술 장르 가운데 판소리처럼 서민부터 임금까지 다 함께 좋아한 장르는 찾기 힘듭니다. 그런 덕에 판소리는 진즉에 유네스코 인류무형문화유산에 등재됐고(2003년) 21세기가 된 지금도 여전히 한국인들로부터 많은 사랑을 받고 있습니다.

대표 성악 장르: 1인 오페라, 판소리

판소리는 매우 독특한 성악 장르입니다. 오직 한 대의 북 반주에 맞추어 가수가 혼자서 그 긴 이야기를 노래하기 때문입니다. 그래서 '1인 오페라one-person opera'라고도 합니다. 판소리에서는 가수를 소리꾼이라 부르는데 소리꾼이 노래에 나오는 모든 배역을 다 소화하기 때문입니다.

예를 들어 「수궁가」를 보면, 소리꾼은 주인공인 토끼부터 자라, 용왕, 호랑이 등 모든 배역을 자기가 다 맡아서 소화해야 합니다. 물론 해설자 역할도

판소리 연행 모습
ⓒ 최준식

LIFE
#9

합니다. 전 곡을 다 부르려면 다섯 시간 이상이 걸리는데, 그 긴 시간을 혼자 노래하는 경우는 다른 나라의 성악에서는 유례를 찾기 쉽지 않을 겁니다.

판소리가 가진 또 하나의 특색은 거친 음색에 있습니다. 특히 서양의 성악이 지닌 음색과 큰 대조를 보입니다. 서양의 성악은 고운 목소리로 노래를 부르는 것에 비해 판소리에서는 허스키한 목소리를 선호합니다. 쉰 목소리를 좋아한다는 것이지요. 한국인들은 아름다운 소리보다는 힘이 있는 거친 소리를 더 높이 쳤습니다.

판소리의 모든 것을 체험할 수 있는 좋은 곳이 있습니다. 전북 고창에 있는 '고창판소리박물관'이 그곳입니다. 이 기관이 고창에 만들어진 것은 그곳이 바로 판소리를 정리한 신재효가 살았던 곳이기 때문입니다. 지금 한국인이 접하고 있는 판소리는 신재효가 19세기 중엽에 정리한 것입니다. 판소리는 원래 12곡이 있었다고 합니다. 그런데 신재효가 그중 여섯 곡을 정리했고 현재는 다섯 곡(춘향가, 심청가, 수궁가, 흥부가, 적벽가)만이 전하고 있습니다.

고창판소리박물관에는 판소리에 대한 모든 것이 전시되어 있기 때문에 판소리에 관심이 많은 사람이라면 반드시 방문해야 하는 곳입니다(박물관 옆에는 신재효의 생가도 복원되어 있습니다). 이 박물관에는 20세기 초에 활약했던 명창들의 전신사진이 전시되어 있어 그들의 실제 모습을 볼 수 있습니다. 그뿐만이 아닙니다. 그들의 육성을 녹음으로 들을 수 있어, 시대와 계층을 넘나들며 활약했던 명창들을 생생하게 체험할 수 있는 매우 인상적인 곳입니다.

대표 기악장르: 즉흥의 진수 시나위와 독주의 꽃 산조

다음으로 살펴봐야 할 민속악은 대표적인 기악곡인 시나위 음악입니다. 시나위 음악은 전라남도 진도 등지에서 굿을 할 때 반주음악으로 쓰던 곡입니다. 피리, 대금, 아쟁 등의 선율에 징과 장구 등의 리듬이 더해지는 즉흥음악입니다.

시나위 음악의 가장 큰 특징은 이 즉흥성에 있다고 할 수 있습니다. 사실 즉흥성은 한국의 민속 예술장르에서 공통으로 보이는 특징인데, 시나위에서는 그 성향이 유독 강하게 나타납니다. 그럴 수밖에 없는 것이 시나위는 악보가 아예 없기 때문입니다. 연주자들이 자신의 '필'대로 자유롭게 연주합니다. 그렇게 해서 어떻게 음악 합주가 되느냐고요? 첫째, 국악은 서양음악이 제일 중시하는 화성이 국악에는 없기 때문에 어떤 악기가 어떤 선율을 연주해도 음악적인 충돌이 없습니다. 둘째, 장구 연주자가 중심을 잡아줍니다. 그가 장단을 틀어버리면 다 같이 그 장단에만 맞추면 되는 겁니다. 물론 장단이 언제 바뀔지는 아무도 모릅니다.

그래서 시나위가 시작되면 악기 연주자들은 손이 가는 대로 연주합니다. 악보가 없으니 자기에게 즉흥적으로 떠오르는 가락을 연주하는 것입니다. 다시 말하지만 장단만 맞추면 됩니다. 그러가다 어떤 순간에는 악기들 간에 같은 가락을 연주하면서 서로 합을 맞추는 경우가 있습니다. 그러나 이렇게 서로 맞추는 시간은 길지 않습니다. 곧 일탈해서 다시 자기 마음대로 연주하게 되니까요. 한국의 전통음악은 시나위처럼 정형화되는 것을 거부하고 자유로

▲ 대금 산조 연주 모습
◀ 가야금 산조 연주 모습
ⓒ 최준식

운 정신을 선호하는 경향이 강합니다. 앞서 소개한 궁중음악 「수제천」은 악보는 있지만 박자가 없어요. 그래서 연주하기 아주 까다로운 음악이지요.

사실 국악 기악곡 가운데 가장 많이 연주되는 것은 시나위가 아니라 산조입니다. 「대금 산조」나 「가야금 산조」처럼 말입니다. 즉흥 음악은 너무도 어렵지 않습니까? 그래서 시나위를 제대로 연주하는 전공자들은 아주 드뭅니다. 그에 반해 산조는 잘 짜인 선율이 있습니다. 가야금이나 거문고 등의 독주 선율과 장구 반주가 어우러지는 매우 단순한 곡이지만 독주곡의 꽃이라 불리며 모든 국악 기악 전공자들의 평생의 숙제이자 필업이기도 합니다.

산조는 민속악을 대표하는 음악이라는 정평이 있습니다. 그런데 산조는 시나위에서 파생되어 나온 것입니다. 시나위에 참여했던 선율 악기들이 자연스럽게 자신들의 가락을 크게 확장해 독주곡으로 파생시킨 것입니다. 그런 의미에서 시나위는 한국 민속악의 뿌리라고 할 수 있습니다. 판소리도 그 기원을 따지면 시나위 굿판으로 회귀되기 때문에 시나위 음악이 한국의 민속 음악에서 차지하는 비중은 아무리 강조해도 지나치지 않을 것입니다. 혹시 국악 공연 목록에 시나위가 있다면 꼭 가보시길 추천합니다.

시나위는 굿 반주음악이라고 했습니다. 굿판에서 무당이 시나위에 맞춰 추던 춤에서 나온 것이 한국 민속춤의 백미라 할 수 있는 살풀이춤입니다. 살풀이춤은 망자의 영혼에 있는 부정적인 기운을 제거하기 위해 추는 춤으로 알려져 있습니다. 살풀이의 '살'은 '일정한 기운'을 뜻하는 말인데, 이것을 푼다는 것은 이 기운을 무력화하는 것을 의미합니다. 시나위와 살풀이춤이 연행되는 장소가 바로 굿판입니다. 이런 굿을 하는 목적은 살풀이를 춤으로써 망자가 저승에 안착해 먼저 간 조상들과 문제없이 합류할 수 있게 하는 것입니다. 살풀이춤에서 무당(혹은 춤꾼)은 망자의 한을 잘 표현해야 하고, 그 한을 푸는 데에 전력을 기울여야 합니다.

한국무용 전공자들이 공연 무대에서 선보이는 살풀이춤은 1930년대에 당대 최고의 무용가였던 한성준이 굿판의 춤을 각색해 짠 것입니다. 살풀이춤은 산조가 그랬듯이 평생 같은 동작을 추어도 부족하다고 할 정도로 어려운 예술이라는 평이 있습니다. 반주 음악인 시나위가 즉흥음악이기 때문에 살풀이춤을 추는 무용수들도 즉흥성을 발휘해야 함은 물론입니다. 그래서 무용계에서는 살풀이춤의 특징을 말할 때 즉흥성이 가장 먼저 거론된답니다.

잘 만들어진 20세기 민속악, 사물놀이

민속악 중에서 세계적으로 가장 많이 알려진 음악은 아마도 '사물놀이'일 것입니다. 사물놀이는 장구, 꽹과리, 북, 징의 네 가지 타악기로만 연주하는 음악입니다. 그 역동성과 변화무쌍한 리듬의 유희 때문에 국내외 사람들은 많은 감동을 받았습니다. 사물놀이에서 가장 중요한 것은 장단과 리듬 분할입니다. 한국 전통음악의 박자는 난해한 것으로 유명합니다. 그 진행에 의외성이 많고 '엇가는' 것이 많습니다. 혀를 내두를 정도로 복잡합니다. 그래서 해외의 음악 전문가들조차 한국의 박자를 흉내 내는 것은 불가능하다고 평가할 정도입니다. 전문적인 교육을 받은 사람도 그 박자를 통달하고 자유롭게 구사하는 것은 대단히 어려운 일이라고 합니다. 물론 한국인에게는 어려운 일이 아니지요.

사물놀이와 관련해 한 가지 첨언할 것은, 사물놀이라는 장르는 엄격히 말하면 전통 민속악이 아니라 20세기에 탄생한 창작 민속악이라는 사실입니다. 1978년에 김덕수를 위시한 연주자들이 그동안 밖에서 서서 행하던 전통 풍물놀이를 실내 공연장에서 앉아서 연주하는 것으로 각색해 첫 선을 보인 장르이기 때문입니다. 그럼에도 불구하고 이렇게 전통음악 범주에 포함시켜도 전혀 어색하지 않은 이유는, 명품 풍물놀이가 지닌 유구한 전통과, 그것을 훼손하지 않은, 타악의 달인이 행한 멋진 각색 덕분이라 하겠습니다.

LIFE
#9

20세기에 탄생한 음악, 창작 국악

사물놀이는 전통에 기반을 둔 새로운 장르라는 점에서 예외로 두고, 20세기에 들어와서 서양음악이 한국에 대거 유입되면서 국악에도 새로운 바람이 불게 됩니다. 서양음악에 영향을 받은 창작 국악이 나타나기 시작한 것입니다. 창작 국악이 본격적으로 시작된 것은 1960년대 이후의 일인데, 수많은 작품이 발표되었음에도 불구하고 일반 한국인에게 알려진 작품은 매우 드뭅니다. 작곡가들은 한국 음악과 서양음악의 조화를 꾀했지만 그 결합이 생소해 한국인으로부터 반향을 얻지 못한 것입니다.

아델이 선 그 무대에 오른 파격의 경기민요
한국의 대중에게 익숙한 창작 국악곡은 앞서 소개한 지하철 환승 음악 같은 것입니다. 한국의 창작 국악곡은 전공자들의 엄청난 노력으로 음악적으로나 다양성 면으로나 비약적인 발전을 이룹니다. 그러다 마침내 세계적인 주목을 받게 되는 사건이 일어나는데, 2017년에 '씽씽밴드'라는 국악 그룹이 한국인 최초로 미국 공영 라디오 방송국인 NPR의 〈타이니 데스크 콘서트Tiny Desk Concert〉라는 프로그램에 출연하게 됩니다. 이 콘서트는 영국의 아델Adele 같은 최고의 가수들만 출연하는 것으로 유명합니다(한국의 BTS도 2021년에 출연했습니다).

씽씽밴드는 한국의 경기민요를 기반으로 하는 창작그룹인데, 록이나 디스코 음악과 민요를 접목시켜 전혀 새로운 음악을 만들었습니다. 씽씽밴드는 현재 해체되었지만 멤버였던 장영규는 같은 개념으로 새로운 밴드를 만들었고, 그것이 바로 그 유명한 「범 내려온다」의 주인공인 '이날치'라는 밴드입니다. 이날치는 원래 20세기를 전후해 활약한 판소리 명창의 이름입니다. 이날치 밴드는 '앰비규어스댄스컴퍼니'라는 무용단과 함께 협업해 「범 내려온다」라는 세계적인 히트작을 탄생시켰습니다. 씽씽밴드의 핵심 멤버이자 보컬을 담당했던 이희문은 실력이 출중한 경기민요 전공자로도 유명합니다. 그 역시 '한국남자', '오방신과'라는 그룹으로 파격의 창작 행보를 이어가고 있습니다.

그런데 여기서 놓쳐서는 안 되는 점이 있습니다. 씽씽밴드의 곡이든 이날치 밴드의 곡이든 이 곡들은 모두 네 박자로 되어 있다는 것입니다. 국악의 장단은 대부분 세 박자로 되어 있습니다. 만일 이들이 전통 그대로 세 박자를 고수했다면 네 박자에 익숙한 세계인의 주목을 받지 못했을 것입니다. 이들은 과감히 세 박자를 버리고 네 박자 음악을 택해 세계인이 쉽게 접근할 수 있도록 했습니다. 이들의 공연을 현장에서 직접 감상하는 것은 쉽지 않은 일이지만 유튜브를 활용하면 그들이 그동안 발표한 다양한 창작 국악곡들을 만날 수 있습니다.

한국 전통음악을 체험할 수 있는 1400년 전통의 그곳

한국인들이 국악을 사랑하기 때문인지 국악을 체험할 수 있는 곳은 전국 각지에 생각보다 많습니다. 대표적인 곳은 말할 것도 없이 서울 서초동에 있는 국립국악원입니다. 국립국악원은 신라시대의 '음성서'라는 기관에 뿌리를 두고 있는 것으로 알려져 있는데, 고려(대악서), 조선(장악원), 일제기(이왕직아악부)를 거쳐 1400년의 전통을 잇고 있습니다. 이러한 전통을 지닌 국립국악원은 현재 세계에서 유일한 국립음악기관이라고 합니다.

듣고 보고 만져보고

이곳에서 먼저 들러야 할 곳은 국악박물관입니다. 이곳은 국내 유일, 세계 유일의 국악 전문 박물관으로서 국악과 관련된 모든 것이 전시되어 있습니다. 국악을 듣고 느낄 수 있을 뿐만 아니라 일상에서 접할 수 없는 국악 연주에 동원되는 크고 작은 모든 악기가 전시되어 있습니다. 그들을 직접 만져보고 소리를 내볼 수 있어서 좋습니다.

특히 궁중 음악의 연주에만 사용되는 편종이나 편경 같은 큰 악기는 이곳이 아니면 실물을 볼 수 있는 곳도, 연주해 볼 수 있는 곳도 없습니다. 수천만 원을 호가하는 데에다 따로 전공자가 있는 것도 아니어서 평상시에는 볼 수 없는 악기이지요. 그중에서도 편경은 세종과 얽힌 이야기가 있지요? 어느 날 세종이 편경 중의 하나가 내는 소리가 이상한 것을 발견하고 고치라고 지시했다는 일화는 아주 유명합니다. 이것은 세종이 절대음감을 가진 사람이라는 것을 보여주는 귀중한 사례입니다. 이곳에서는 악기뿐만 아니라 악보나 관련 서적, 그리고 명인들의 유품들도 접할 수 있어 좋습니다. 그런가 하면 국악의 바탕이 되었던 자연의 소리와 다듬이질 소리 같은 민속의 소리도 감상할 수 있게 전시해 놓아 더할 나위 없이 좋습니다.

토요일마다 만나는 한국 전통음악의 정수

국립국악원이 맡은 기능 중의 하나는 공연입니다. 이곳에서는 국악원 소속 연주단이 공연하는 상설공연과 실력 있는 국악인들이 공연하는 대관공연이 끊임없이 이루어지고 있습니다. 따라서 언제든지 최상의 공연을 관람할 수 있습니다. 모든 국악과 춤이 공연되지만 특히 정악을 제대로 감상할 수 있는 곳은 이곳밖에 없기 때문에 그 가치를 더하고 있습니다.

이곳에서 제공되는 공연 가운데 가장 추천하고 싶은 것은 매주 토요일에 열리는 〈토요명품〉 공연입니다. 이 공연은 국립국악원 단원들이 직접 행하는 것으로, 무대나 실력이나 국내 최고 수준입니다. 매주 프로그램이 다양합니다. 정악과 민속악을 넘나들며 악기 연주, 노래, 춤이 적절한 비율로 구성되어 있어 한국 전통음악의 진수를 골고루 체험할 수 있습니다.

지방에서도 만날 수 있는 국립국악원

한국은 지방마다 독특한 전통음악을 갖고 있습니다. 그 전통을 살리고자 국립국악원에서는 해당 지방의 특색에 맞춘 국악원을 세웠습니다. 현재 국립국악원의 분원처럼 되어 있는 곳은 남원의 '국립민속국악원'과 진도의 '국립남도국악원', 그리고 '국립부산국악원'이 있습니다. 이 가운데 국립민속국악원은 판소리의 고향인 전라도에 소재한 국악원답게 판소리가 중심이 된 전통음악을 선보이고 있습니다. 물론 산조나 민요, 민속춤, 농악 등도 공연하고 있습니다.

그중에서도 우리의 시선을 더 끄는 곳은 국립남도국악원입니다. 이 기관은 진도라는 특정한 지역, 그것도 섬에 있어 독특합니다. 진도는 그 지방만의 고유한 민속 음악을 많이 갖고 있습니다. 시나위 음악 전통을 가장 잘 간직한 고장이기도 하지만 그 외에도 '진도 아리랑', '진도 씻김굿', '진도 북춤', '진도 다시래기 놀이' 등 다른 지역과는 완연히 다른 음악 전통을 다수 갖고 있습니다. 지금 나열한 것들은 국악을 사랑하는 사람들에게는 익숙하고 친근한 음악으로, 전국적으로 많은 인기를 누리고 있습니다. 이런 사정이 인정받아

국립국악원 전경
ⓒ 송혜나

하나의 섬에 불과한 진도에 국립국악원이 들어선 것입니다.

지방에 있는 국악원들은 수도 서울에서 출발할 경우 거리가 멀다는 단점이 있습니다. 특히 진도는 하루에 갔다 오기 힘든 곳이지요.

남산과 창덕궁 주변에도 있어

서울에는 국립국악원 외에도 국악을 체험할 수 있는 곳이 또 있습니다. 남산 한옥마을에 있는 '서울남산국악당'과 창덕궁 맞은편에 있는 '서울돈화문국악당'이 그 주인공입니다. 두 곳은 모두 서울시가 세운 것이지만 경영은 한 민간회사가 맡아서 하고 있습니다. 이 두 국악당의 장점은 교통이 편리하다는 것입니다. 사실 국립국악원은 지하철을 탄 후에 마을버스를 갈아타야 하는 등교통이 썩 좋지 않아요. 한 번 가려면 큰마음을 내야 합니다. 반면에 두 국악당은 버스 정거장이나 지하철역에서 가까워 교통이 매우 편합니다.

이들 국악당에서는 기획공연이나 대관공연 등 항상 공연이 열리고 있어 언제라도 갈 수 있는데, 국립국악원과는 달리 젊은 국악인들의 무대가 많은 편입니다. 돈화문국악당에서는 시민 국악 강좌도 개설되어 있습니다. 공연장이 모두 한옥으로 조성되어 있어 한옥 체험을 할 수 있다는 매력도 있습니다. 실내는 물론 야외 공연장을 갖추고 있는 것도 좋습니다. 공연은 해당 기관의 홈페이지에 항상 공지되어 있으니 수시로 찾아보고 관심이 있는 공연이 있을 때 예약하고 가면 됩니다.

그러나 이렇게 공연장을 찾는 것이 번거로우면 그저 국악방송을 틀어놓으면 됩니다. 하루 종일 다양한 국악 곡들이 흘러나오고 있어 국악 체험을 하기에 좋은 방법이라 하겠습니다.

10장

한국의
전통 회화

그림으로 피어난 사람들의 이야기

- 한국인은 날마다 전통 회화를 품고 살아
- 상류층이 향유한 다양한 분야의 그림
- 기층민이 향유한 민화, 가장 한국적인 그림!
- 전통 회화를 볼 수 있는 곳 1: 국립중앙박물관
- 전통 회화를 볼 수 있는 곳 2: 컬렉터의 열정과 혼이 담긴 곳

한국인들에게 한국의 전통 그림을 생각해 보라고 물으면 떠오르는 것이 별로 없습니다. 굳이 떠오르는 게 있다면 단원 김홍도가 그린 〈씨름〉이나 〈서당〉 같은 풍속화가 아닐까 합니다. 이런 것들은 교과서에 나오니 익숙하기 때문입니다. 물론 울주 반구대의 암각화나 고구려의 고분벽화 같은 것도 있지만 시대가 너무 떨어져 있어 현대 한국과 연결하기가 힘듭니다. 지금 한국에 남아 있는 그림들 가운데에는 조선 중기 이전 것이 별로 없습니다. 그럴 수밖에 없는 것이 그림은 보통 종이나 비단에 그린 것이라 오래 보존하기 힘들고 불에 취약하기 때문입니다. 그래서 살아남아 있기가 힘듭니다.

이런 정황이라 한국인은 자신이 전통 그림과 별 관계가 없다고 생각하면서 살기 쉬운데, 사실은 그렇지 않습니다.

한국인은 날마다 전통 회화를 품고 살아

현대 한국인은 전통 그림과 아주 긴밀한 관계를 맺으며 살고 있습니다. 한국인들은 전통 그림을 지갑 속에 넣고 다니면서 매일 그것을 보고 살고 있기 때문입니다. 이것이 무슨 말일까요? 화폐에 들어가 있는 그림을 말하는 것입니다. 한국의 화폐에는 예상보다 훨씬 많은 전통 그림이 들어가 있습니다. 그런데 사람들은 그 사실을 잘 모릅니다. 더 정확한 실상을 말하면, 한국의 화폐 중에는 전통 그림이 들어가 있지 않은 화폐가 없답니다.

지갑 속 그림 액자

화폐에 얼마나 많은 그림이 들어 있는지 알게 되면 한국인들은 아마 깜짝 놀랄 겁니다. 만화처럼 그린 인물 그림을 말하는 게 아니에요. 우선 1000원권부터 보기로 하지요. 이 화폐의 그림은 언뜻 퇴계의 얼굴만 보이지만 앞면에는 성균관의 명륜당을 그린 그림과 그 위에 매화 그림이 있고 뒷면에는 정선의 〈계상정거도溪上靜居圖〉라는 그림이 있습니다. 〈계상정거도〉는 일반인에게는 잘 알려지지 않은 그림인데, 퇴계가 지은 도산서당과 함께 그 주변의 경치를 그린 것이라 지폐에 넣은 것입니다.

그런가 하면 율곡이 그려져 있는 5000원권은 앞면에는 대나무 그림이 있고 뒷면에는 신사임당의 〈초충도草蟲圖〉가 있습니다. 앞면에 대나무를 넣은 것은 율곡이 태어난 오죽헌 건물을 그렸으니 그에 맞추어 대나무를 그려 넣은 것일 테지요. 〈초충도〉는 풀과 벌레를 그린 그림인데, 여기에는 나비와 수박과 맨드라미가 들어가 있습니다. 이들은 각각 다산多産이나 건강, 부귀 등을 상징하는데, 신사임당의 작품을 여기에 넣은 것은 그가 율곡의 모친이기 때문이겠지요.

다음으로 세종대왕이 그려진 1만 원권에는 앞면에만 전통 그림이 있는데, 왕을 상징하는 〈일월오봉도〉가 바로 그것입니다. 조선의 왕을 상징하는 이 그림은 앞서 1장에서 경복궁 근정전 내부를 볼 때 잠깐 소개한 바 있지요? 경복궁뿐만 아니라 창덕궁(인정전)과 창경궁(명정전), 그리고 덕수궁(중화전) 정전의 임금 자리에서도 〈일월오봉도〉를 볼 수 있습니다. 이 그림은 중국이나 일본에는 없는 조선의 독창적인 궁중회화라는 점에서 주목됩니다. 붉은 해와 흰 달, 그리고 다섯 개의 봉우리를 중심으로 소나무와 폭포, 파도가 그려져 있는데 흰색, 빨강색, 파랑색, 녹색 등의 색채를 사용해, 강렬하고 화려하면서도 품격이 느껴집니다. 궁의 정전 어좌뿐만 아니라 초상화(어진)를 모신 곳에서도 사용했고 행차 시 등에도 사용했던 터라 그 수가 상당할 것인데, 안타깝게도 한국에는 별로 남아있지 않습니다. 아주 가끔 세계의 큰 경매시장에 나와 고가에 낙찰되기도 합니다. 어떻든 〈일월오봉도〉가 1만 원권에 그려져 있는 이유는 임금인 세종이 있기 때문입니다. 드라마나 영화에서 왕이 나오는 장면에 이 그림이 등장하는 것도 같은 이유에서입니다.

다음으로 가장 고액권인 5만 원 지폐에는 그림이 네 개나 있어 자세하게 살펴봐야 합니다. 우선 전면에는 신사임당이 묵으로 포도를 그린 〈묵포도도墨葡萄圖〉와, 〈초충도〉 수병繡屛(자수 병풍) 중 가지 그림이 있습니다. 이 그림

5만 원권 뒷장의
〈월매도〉와 〈풍죽도〉

들은 병풍에 있던 것을 가져온 것입니다. 그리고 뒷면에는 선비의 정신세계를 그린 어몽룡의 〈월매도月梅圖〉와 이정의 〈풍죽도風竹圖〉가 있습니다. 조선 중기에 어몽룡은 매화 그림으로, 이정은 대나무 그림으로 유명했는데, 두 선비 화가가 그린 매화와 대나무는 모두 절개가 있고 어떠한 유혹에도 흔들리지 않는 선비들의 꼿꼿한 정신세계를 표현한 것입니다.

이처럼 한국인이 의식하지 못하고 있는 사이 전통 그림은 그들의 일상생활 속에 깊이 들어와 있는 것을 알 수 있습니다. 그것도 지폐를 액자 삼아 매일 품고 또 보고 있으니 한국의 전통 그림에 대해 배우는 일은 의미가 있지 않을까 합니다.

LIFE
#10

상류층이 향유한 다양한 분야의 그림

한국 전통 그림은 그 수와 종류가 많기 때문에 일목요연하게 이해하기가 쉽지 않습니다. 여기서는 쉽게 이해하기 위해 전통 회화를 분류해서 살펴보기로 합니다. 분류법에는 여러 가지가 있지만 소재를 통해 나누어보는 게 제일 무난할 것 같습니다.

문인화, 글을 써서 완성한 '읽는' 그림
가장 먼저 보고 싶은 것은 선비들이 그린 문인화입니다. 이 그림에서 우리는 서양의 그림과 매우 다른 개념을 발견할 수 있습니다. 중국에서 전래된 개념인데, 여기에 따라 그린 문인화에는 그림만 있는 것이 아닙니다. 문인화에는 시詩와 서書(글씨)와 화畵(그림)가 같이 갑니다. 서양의 그림은 그림만 그리는 것으로 그치지만 동북아시아의 문인화에서는 당시 화가가 그 그림을 그릴 때 지녔던 정신세계가 표현됩니다. 그들은 이것을 시로 표현해 그림에 반영했는데, 이때 시는 당연히 글로 적습니다. 그래서 시, 서, 화가 한 공간에 나타납니다. 그러니까 문인화에는 그림뿐만이 아니라 글씨가 함께 적혀 있는 것이지요.

이러한 그림 가운데 대표적인 것은 추사 김정희가 그린 〈세한도歲寒圖〉입니다. 〈세한도〉는 그림만 보면 단순하기 짝이 없고 어떤 면에서는 기괴해서 이해하기가 힘듭니다. 그런데 추사는 이 그림을 그릴 때 지녔던 소회를 그림 옆에 길게 적어놓았습니다. 그것을 보면 그림이 달리 보입니다. 기괴하게 그린 것도 이유를 알게 됩니다.

이 그림은 추사가 제주도에 유배 가 있을 때 제자 이상적(이름이 이상적입니다)이 책을 보내준 게 고마워서 그에게 선물로 그려준 것입니다. 추사는 제자를 향한 감사의 마음을 그림과 함께 글로 적어놓았습니다. 그림에 나오는 소나무와 잣나무는 자신과 제자를 빗대어 그린 것입니다. 이 장면을 설명하기 위해 추사는 『논어』에 나오는 "겨울이 되어서야 소나무와 잣나무가 뒤늦게 시든다는 것을 알게 된다"라는 구절을 적었습니다. 날씨가 추워지면 다른 나무들은 잎을 떨구며 시드는 것에 비해 소나무와 잣나무는 여전히 푸른 모습이라는 점에서 자신의 처지와 제자의 지조를 각각 두 나무에 빗댄 것입니다.

이 그림은 이렇게 사정을 알아야 이해할 수 있습니다. 문인화는 그림만 보면 화가의 의중을 알기 힘듭니다. 그래서 문인화는 보는 그림이 아니라 '읽는 그림'이라고 표현하기도 합니다. 그림을 그저 보는 게 아니라 읽어내야 한다는 것입니다. 그런데 〈세한도〉에는 작가인 추사 자신만 글을 적은 게 아닙니다. 문인화의 특징 중 하나는 작가뿐만 아니라 해당 작품을 본 사람이 그림에 자신의 소회를 적는 일이 가능하다는 것입니다. 그림 본체에 적을 수도 있고 종이를 덧대 그림에 이어붙일 수도 있습니다. 〈세한도〉에도 추사를 아는 사람들이나 후대 사람들이 계속해서 글을 써서 이어 붙였습니다(위당 정인보 선생도 여기에 글을 올렸습니다). 그 결과 그림은 한 면에 불과하지만 글이 그림보다 훨씬 많은 면을 차지하게 되었습니다. 추사의 글을 포함한 원본 그림 자체는 1미터 정도밖에 안 되지만, 글을 쓴 부분까지 합하면 그림의 전체 길이가 14미터를 훌쩍 넘으니 그 사정을 알 수 있습니다.

문인화란 바로 이런 것입니다. 그림에 글씨가 적혀 있는 것이 당연하고 그걸 읽어야 비로소 그림을 이해할 수 있습니다. 만일 글씨체가 다른 문장들이 적혀 있다면, 그것은 그림을 본 사람들이 한 마디씩 얹은 것이기 때문입니다. 때로는 진지한 글로, 때로는 농담이 담긴 글로 그림이 풍성해지는데, 그런 의미에서 선비들이 그린 문인화는 그림으로 쓴 에세이나 단막 자서전 혹은 진심을 담은 구구절절한 편지라고 할 수 있겠습니다.

조선의 일상과 풍경을 그린 풍속화와 산수화

LIFE
#10

그다음은 사람들이 생활하는 모습을 그린 풍속화입니다. 대표적인 화가는 단원 김홍도와 혜원 신윤복이지요. 단원은 〈씨름〉이나 〈우물가〉, 〈대장간〉 등의 그림을 그려서 당시 서민들의 생활상을 기록했습니다. 혜원은 조선시대 화가 중 매우 특이한 존재라고 할 수 있습니다. 왜냐하면 그는 다른 화가들이 그리기 꺼렸던 남녀 관계, 그중에서도 특히 기녀와 양반이 함께 노는 모습을 많이 그렸기 때문입니다. 이 때문에 그는 당시 많은 비난을 받았지만 우리는 그런 그림을 통해 당시에 양반들이 어떻게 놀았는지 그 적나라한 모습을 알수 있습니다.

다음으로 볼 것은 조선의 화가들이 아주 좋아했던 산수화입니다. 산수화 가운데 가장 유명한 것은 겸재 정선의 〈인왕제색도〉(국보)가 아닐까 합니다. 비 온 후의 인왕산을 그린 것인데 실로 장대한 걸작이 아닐 수 없습니다. 특이한 것은 겸재가 그림에 대한 설명을 어디에도 적어놓지 않았다는 것입니다. 현대에 밝혀진 바에 따르면 〈인왕제색도〉는 소중한 친구의 병환이 깊어 회복

〈인왕제색도〉
ⓒ 국립중앙박물관

이 불가능하다는 것을 직감한 겸재가 그와의 추억이 가득한 인왕산을 그리는 것으로 친구의 회복을 염원한 그림이라고 합니다. 무겁고 육중한 이 그림에 이런 안타깝고 아름다운 사연이 있었습니다.

〈인왕제색도〉 외에도 겸재의 작품으로는 앞에서 본 1000원권 화폐에 담긴 〈계상정거도〉가 있는데, 이 그림도 전형적인 산수화입니다. 이 외에도 〈금강산도〉나 〈관동팔경도〉 같은 겸재의 많은 그림들이 산수화 양식을 따르고 있습니다.

조선이 남긴 세계적인 회화, 초상화

다음은 인물화인데, 대표적인 인물화는 초상화입니다. 아울러 신화나 역사에 나오는 특정 인물이나 그와 연관된 사건을 그린 그림(고사인물화) 등도 인물화라 할 수 있습니다. 초상화 가운데 조선의 궁중 화원이 그린 초상화는 매우 훌륭한 그림으로 세계적으로 정평이 나 있습니다.

인물의 얼굴을 전혀 보정하지 않고 있는 그대로 그릴 뿐만 아니라 지극히 세밀하고 정확하게 묘사하는 점이 높이 평가되었습니다. 예를 들어 인물의 얼굴에 검버섯이 있으면 있는 대로, 또 눈이 사시면 그것도 있는 그대로 그렸습니다. 그것은 겉과 속이 같아야 한다는 성리학적 윤리 의식이 작용했기 때문인 것으로 생각됩니다. 고사 인물화 가운데 한국인에게 익숙한 그림은 〈효자전도〉 같은 것입니다. 이 그림은 지난 역사에 존재했던 효자들의 일화를 그린 것으로, 국민을 교화시키기 위해 정부에서 제작해 유행시킨 것입니다.

꽃과 새, 풀과 벌레를 화폭으로 옮겨 담아

다음은 자연에 있는 것들을 대상으로 그린 그림인데, 그 소재로는 나무, 꽃, 새, 곤충, 짐승, 물고기, 게 등이 포함되어 있습니다. 이 가운데 그림에 꽃과 새가 그려 있으면 '화조도'라 하고 풀과 벌레가 있으면 '초충도'라 부릅니다. 또 '정물화'도 있고 꽃만 그린 '화훼화'도 있으며 털이 있는 짐승을 그린 '영모도'도 있지요. 이런 그림에 나오는 것들은 모두 장수나 건강, 부귀를 상징합니다.

예를 들어, 초충도에 나오는 나비의 한자음인 접蝶은 늙은이를 뜻하는 질耋과 중국어 발음([디에]라고 발음됨)이 같아서 장수를 상징합니다. 앞에서 본 것처럼 5000원권에 있는 〈초충도〉에는 나비와 수박이 같이 그려져 있는데, 이때 수박은 씨가 많아 다산을 상징합니다. 환갑잔치와 같은 중요 행사 때 이런 그림을 그려 주인공에게 바치곤 했지요. 그런가 하면 이런 그림들은 병풍으로 만들어져 주부의 방을 장식하는 데에도 많이 활용되었습니다.

기층민이 향유한 민화, 가장 한국적인 그림!

위에서 본 그림들이 주로 상류층이 향유하던 그림이라면, 기층민基層民이 즐기던 그림도 있습니다. 민화가 그것인데, 민화는 상류층의 그림을 모방해서 그린 그림으로 기층민들의 삶이나 기원 등을 표현한 것입니다. 모방했다고는 하지만 기층민만이 갖고 있는 솔직함과 자유로움, 해학성 등이 표현된 좋은 그림이라 할 수 있지요.

　민화는 크게 종교적인 민화와 비종교적인 민화로 나눌 수 있습니다. 종교적인 민화 가운데 가장 잘 알려진 것은 불화와 무신도입니다. 불화는 절에 가면 만날 수 있는 탱화나 산신도 등을 말하고 무신도는 무당들이 섬기는 신령을 그린 그림을 말합니다. 비종교적인 민화로 오면 많은 종류가 있는 것을 알 수 있는데 그 분류는 상층민의 그림과 비슷합니다. 즉, 산수화, 그리고 식물이나 곤충을 그린 그림, 풍속화, 인물화, 정물화 등이 그것인데 이 그림들 가운데 가장 한국적인 그림으로 〈까치 호랑이〉를 들고 싶습니다. 이 그림은 아주 많이 알려져서 흡사 한국 민화를 대표하는 것 같은 느낌을 받습니다.

까치와 호랑이 민화, 정감 넘치는 좋은 그림

이 그림에서 호랑이는 상서로운 동물이자 산신령의 비서(메신저) 같은 역할을 한다고 하는데, 그래서 그런지 사람들은 이런 그림을 집에 걸어놓으면 나쁜 기운이 들어오는 것을 막을 수 있다고 믿었습니다. 까치는 예로부터 좋은 소식을 가져온다고 여겼으니 그림에 그려 넣은 것이 아닐까 하는데 다른 해석도 있습니다. 호랑이는 관리를 의미하고 까치는 백성들을 의미한다는 것입니다. 그러니까 까치가 호랑이를 향해 무언가 말하고 있는 듯 보이는데 그것은 백성인 까치가 관리인 호랑이에게 정치를 잘하라고 훈계하는 것이라고 하더군요. 해석이야 어떻든 크게 상관없습니다. 이 그림은 그저 보는 사람들에게 편안함과 여유로움을 주었을 테니 말입니다.

　여기서 재미있는 것은 호랑이의 모습입니다. 호랑이는 동물 중에 아주 무서운 동물인데 이 민화에서는 우스꽝스럽기 짝이 없습니다. 분명 호랑이이긴 한데 흡사 고양이처럼 보입니다. 그래서 정감이 넘치고 친근합니다. 호랑이를 이렇게 코믹하게 그리는 민족이 또 있을까 하는 생각이 들 정도로 민화 속 호랑이들은 다정하고 선합니다.

까치 호랑이 민화
ⓒ 최준식

한국의 민중 예술은 해학성이 넘칩니다. 특히 해학성이 잘 반영된 민화의 표현법은 소박하고 유치한 느낌(치졸미)이 든다고 할 수 있습니다. 그러나 기층민들의 마음이 있는 그대로 표현되어 있어 솔직하고 정감이 넘칩니다. 그래서 민화 같은 작품들은 잘 그린 그림이라고 하지는 않지만 '좋은 그림'이라고 합니다.

책거리 민화, 그로테스크한 그들의 책장

민화가 반드시 기층민에 의해서만 소비되었던 것은 아닙니다. 대표적인 민화 중의 하나인 '책거리'는 책장을 그린 그림들입니다. 이 그림에는 책뿐만 아니라 붓이나 벼루, 도자기, 화병 등도 등장하는데 이 그림은 기층민보다 양반들이 선호했습니다. 당시에 격조 있는 신분으로 떠받들어지려면 집안에 책이 많이 있어야 했는데, 그렇게 하려면 비용이 많이 듭니다. 책 살 돈이 없을 때 이런 그림을 대신 가져다놓는 것입니다. 이런 그림은 병풍으로 된 것이 많은데

책거리 민화
ⓒ 송혜나

이것으로 사랑방을 장식하면 방의 품위가 한결 높아질 것이 틀림없습니다.

　그런데 책거리 그림들 중에는 아주 재미있는 요소가 있는 것들이 있습니다. 그림의 기법이 매우 자유분방하다 못해 그로테스크해서 재미있다고 한 것입니다. 특히 어떤 책거리를 보면, 책장의 선반은 다 없어지고 책만 둥둥 떠다니고 있습니다. 흡사 '초현실주의'적인 그림을 보는 것 같은 착각마저 듭니다. 그래서 일본의 어떤 학자는 이런 책거리 그림을 두고 「불가사의한 조선 민화」라는 글을 쓰기도 했습니다.

부자, 장수, 그리고 그림으로 쓴 의미심장한 문자들
이런 민화보다 더 많이 통용됐던 민화는 부귀와 장수를 기원하는 그림이라 할 수 있습니다. 부귀와 장수를 기원하는 민화는 앞에서 본 것처럼 사대부들도 갖고 있었지만, 기층민들도 그들의 수준에 맞는 그림을 만들어서 향유했습니다. 특히 화조도는 가정의 평화와 융성을 가져다준다고 믿어 기층민들이 선호하던 그림이었는데, 이런 그림들은 안방의 벽이나 벽장, 다락문 등에 붙여졌습니다.

그런데 민화 중에서도 크게 시선을 끄는 민화가 있습니다. '문자도文字圖'라는 그림인데 유교에서 가장 강조하는 덕목인 '효제충신 예의염치孝悌忠信 禮義廉恥'라는 문장의 글씨들을 그림으로 그린 것입니다. 이것은 조선 정부가 기층민에게 유교적인 덕목을 가르치기 위해 만든 그림으로 생각됩니다. 이 문자도와 관계해서 주목할 만한 것은 이 그림이 조선에서만 유행했다는 사실입니다. 중국은 유교의 종주국임에도 불구하고 이 같은 도덕적인 내용을 가진 문자보다는 사람의 장수나 부귀를 표현하는 문자도가 훨씬 인기가 많았다고 하더군요. 이런 작은 예에서 우리는 조선의 위정자들이 그들의 나라를 유교적으로 훌륭한 국가를 만들기 위해 얼마나 많이 노력했는지 알 수 있습니다.

LIFE
#10

전통 회화를 볼 수 있는 곳 1: 국립중앙박물관

먼저 사대부들이 즐기던 그림에 대해 말해보면, 이 그림들을 볼 수 있는 곳은 그다지 많지 않습니다. 그것은 이 그림들이 많이 남아 있지도 않고 또 워낙 고가여서 이런 그림들을 전시하는 곳이 없기 때문입니다. 예를 들어 겸재의 〈인왕제색도〉 같은 작품은 수백억 원을 호가하는데 이런 그림을 평범한 개인이 소장하는 것은 어렵습니다. 국가나 재벌급 총수가 운영하는 미술관 정도에서나 이런 그림을 소장할 수 있을 것입니다. 따라서 전통 회화를 전시하는 곳은 극히 한정될 수밖에 없습니다.

서화관에서 보는 작품과 영상

그 가운데 국립중앙박물관은 전통 회화를 감상할 수 있는 최적의 장소라고 할 수 있습니다. 왜냐하면 상설전시실에는 '서화관' 같은 별도의 공간이 있고 상시 개방되어 있기 때문입니다. 이 박물관이 소장한 그림 가운데에는 단원의 『풍속도첩』이나 김명국의 〈달마도〉, 변상벽의 〈묘작도〉(고양이와 참새 그림) 등이 유명하지요. 그런데 이 그림들은 보존 문제 때문에 항상 전시되지는 않고 특별 전시를 할 때만 볼 수 있습니다. 그래서 박물관이 소장하고 있는 그림들이라 할지라도 그것을 실제로 보는 일은 쉽지 않습니다. 그런데 다행히도 박물관이 소장한 주요 그림들을 간접적으로 볼 수 있는 방법이 있습니다. 서화관에서는 주요 그림들을 영상으로 소개하고 있는데, 그림이 완성되어 가는 모습을 컴퓨터 그래픽으로 재현하고 있어 감상의 재미를 더하고 있습니다. 그래서 어떤 면에서는 그림을 실제로 보는 것보다 더 생생하게 감상할 수 있는 장점이 있습니다. 한국인은 영상을 감각적으로 정말 잘 만든다는 생각이 듭니다.

그런가 하면 초상화 제작 과정을 단계별 영상으로 보여주고 있는 것도 이채롭습니다. 또 좋은 영상이 있는데, 그것은 그림 그리는 기법에 관한 영상입니다. 이 영상에는 전문가가 출연해 산수화를 그릴 때 산과 바위, 나무 등을 그리는 전통적인 화법이나 그 외 다른 기법을 실제로 보여주고 있습니다. 전통 회화들이 어떻게 그려지는지를 이처럼 영상으로 자세하게 보여주는 곳은 이곳 말고는 찾기 힘들 겁니다. 그런 면에서 국립중앙박물관의 이 공간이 매우 소중하다고 하겠습니다.

불교회화실의 경이로운 초초대형 불화

그런데 서화관에서 절대 놓치면 안 되는 것이 또 있습니다. 이것은 국립중앙박물관이 아니면 볼 수 없기 때문에 꼭 들러야 합니다. 이 작품을 보려면 '불교회화실'로 가야 하는데, 이곳에도 좋은 그림이 많이 있습니다만 그중에서

국립중앙박물관에 전시된 상주 용흥사 괘불의 모습
ⓒ 송혜나

도 꼭 봐야 할 것은 조선시대에 법당 밖에서 야외 불교의식을 거행할 때 걸던 초대형 불화인 괘불掛佛입니다. 국립중앙박물관 측은 아예 이런 불화를 전시하려고 2개 층이 뚫린 독립된 공간을 따로 마련해 놓았습니다. 여기에 전시하는 괘불은 보통 높이가 10미터 이상이기 때문에 여타 박물관에서는 이런 공간을 만들기 어렵습니다. 게다가 괘불에는 국보나 보물, 혹은 그와 유사한 급들이 많습니다. 그래서 국립중앙박물관에서는 특별히 높이가 12미터, 폭이 6미터가 되는 이 공간을 만든 것입니다.

괘불은 보통 6개월에 한 번씩 교체해서 전시하는데, 바로 옆에 마련된 작은 화면으로 괘불이 원래 있던 절을 떠나 불교전시실에 설치되는 과정과 작품에 대한 설명 등을 영상으로 제공하고 있습니다. 전시가 끝나서 괘불 자리가 비면 전시했던 괘불 몇 점을 미디어아트로 만들어놓은 영상을 같은 자리에서 상영합니다. 괘불을 원래 소장처인 절로 돌려보내고 새 괘불로 교체하는 사이에 빈 공간으로 남겨진 아쉬움을 달래기 위해 초대형 미디어아트 전시를 기획한 것이지요. 꼭 가보십시오. 괘불은 직접 가서 맨눈으로 실물을 봐야 합니다. 그 규모와 정밀함 그리고 화려함이 선사하는 아름다움과 감동은 직접 보지 않고서는 논할 수 없습니다.

개인의 기증 작품들

국립중앙박물관의 소장 그림과 관계해서 마지막으로 언급하고 싶은 것은 기증 회화 작품입니다. 박물관은 2020년에 손창근 씨로부터 유명한 작품들을 기증받았습니다. 그중에 유명한 국보이자 앞서 문인화의 대표작으로 소개한 추사 김정희의 〈세한도〉가 포함됩니다. 많은 사연을 간직한 이 불세출의 대형 문인화는 기증 당시 특별전을 열어 짧은 기간 동안 전시했는데, 실제로 보려면 나중에 다시 전시될 때를 기다려야 할 것입니다.

2021년에는 삼성 총수였던 고 이건희 회장이 자신과 삼성이 소장하던 수많은 국내외 미술품을 국내 여러 박물관에 나누어 기증했는데, 국립중앙박물관에도 대규모로 기증되었습니다. 그 가운데 전통 회화에서 가장 유명한 것은 아마 앞서 본 겸재 정선의 〈인왕제색도〉일 겁니다. 박물관에 온 이후 특별전으로 몇 날 전시되기도 했는데, 앞으로 자주 볼 수 있기를 기대해 봅니다.

고 이건희 회장이 기증한 일명 '이건희 컬렉션'은 기증 직후부터 특별전으로 열렸는데, 예매표는 매진 행렬의 연속이었고 현장 발권은 입장을 보장할 수 없기에 기회를 잡기가 쉽지는 않았습니다. 경복궁 옆 송현동 부지에 가칭 '이건희 미술관'이 완공되면 그땐 그가 소장했던 더 많은 전통 회화 작품들을 조금 더 편하게 볼 수 있지 않을까 기대합니다.

전통 회화를 볼 수 있는 곳 2: 컬렉터의 열정과 혼이 담긴 곳

국립중앙박물관 외에도 전통 회화를 많이 소장한 곳으로는 간송미술관, 리움미술관, 아모레퍼시픽미술관 등을 들 수 있습니다. 가장 한국적인 회화인 민화를 따로 관람할 수 있는 미술관도 있습니다.

LIFE #10

간송미술관, 리움미술관, 아모레퍼시픽미술관

간송 전형필 선생이 세운 이 '간송미술관'에 관해서는 워낙 많이 알려져 있어서 소개가 필요 없을 것입니다. 이곳은 도자기 등 다양한 유물을 소장하고 있는데 그림도 많은 수가 있습니다. 정선, 심사정, 김홍도, 신윤복 등 조선 최고의 화가들이 그린 그림을 소장하고 있는데, 그중에서 가장 유명한 것은 혜원 신윤복이 그린 풍속화가 아닐까 합니다. 그런데 이곳은 상시 전시를 하지는 않습니다. 일 년에 두 번씩 정기 전시회를 여니 관심이 있다면 그때를 놓치지 않고 가야 할 것입니다.

또 한남동에 있는 한국 최대 사립미술관인 삼성 '리움미술관'도 훌륭한 그림들을 많이 갖고 있는데, 2021년에 이 미술관에 큰 변동이 있었습니다. 우선 리움의 그림 가운데 최고는 단연 정선의 〈인왕제색도〉인데, 이 그림은 방

리움미술관 내부
ⓒ 송혜나

금 봤듯이 같은 해에 국가에 기증되었기 때문에 더 이상 리움미술관에서는 볼 수 없게 되었다는 사실입니다. 대작 가운데 하나가 빠진 것입니다. 그리고 2년여 동안의 긴 휴관을 마치고 로고까지 바꾸며 대대적으로 리모델링을 한 새로운 모습으로 재개관했다는 사실도 주목할 만한 큰 변화입니다. 그러면서 상설관을 운영하는 중인데, 김홍도의 역작인 〈군선도〉(국보)를 비롯해 정선, 김정희 등의 작품을 고미술 상설관에서 만나볼 수 있습니다. 1000원권에 있는 겸재의 〈계상정거도〉도 이 미술관이 소장하고 있습니다. 그런데 리움미술관은 전통 회화를 보기 위해서가 아니더라도 꼭 한번 가보기를 추천합니다. 미술관 건물, 입구 바닥, 간판 등도 작품인 데에다 국내외 유명한 작가들의 다양한 작품이 넓은 공간을 채우고 있습니다. 계단 같은 곳에 설치된 미술품 등 곳곳에서 나타나는 작품들 덕분에 관람의 묘미를 만끽할 수 있는 곳입니다.

용산에 있는 '아모레퍼시픽미술관'도 총수 일가가 대를 이어 모은, 5000여 점에 달하는 실로 다양한 장르의 작품들을 소장하고 있습니다. 아모레퍼시

아모레퍼시픽미술관 전시실 풍경
ⓒ 최준식

픽의 서경배 회장은 미국의 한 잡지가 선정한 세계 200대 컬렉터 명단에 이름을 올리기도 했습니다. 이 미술관은 특히 지난 2018년에 아모레퍼시픽 용산 신사옥 안으로 들어가 재개관하면서 사립미술관계의 지각을 흔들어놓고 있다는 평가를 받고 있습니다. 다만 상설 전시가 없고 연 4회 정도의 기획 전시를 개최하고 있습니다. 전통 회화가 나오는 전시가 열리면 반드시 가봐야 할 미술관입니다. 특히 귀하디귀한 고려 불화인 〈수월관음도〉와 최고 수준을 자랑하는 조선의 대형 병풍들이 나온다면 기꺼이 시간을 내야 할 것입니다.

열정 민화! 민화만 모아놓은 미술관들

다음으로 우리가 볼 것은 민화를 관람할 수 있는 곳입니다. 다행히 민화는 이 그림을 전문으로 하는 미술관이 있어 언제든지 접할 수 있습니다. 서울에서 가장 오래된 민화 미술관은 말할 것도 없이 '가회 민화박물관'입니다. 2002년에 문을 연 이 미술관은 한국 민화 연구에서 원로의 자리를 지키고 있는 윤열수 씨가 운영하고 있습니다. 이곳은 서울 북촌에 있기 때문에 접근하기가 아주 쉽습니다. 소장품에는 민화와 부적, 무신도 등이 있는데, 민화가 700여 점이고 부적이 800여 점이라고 하니 부적도 꽤 많은 것을 알 수 있습니다.

이곳과 멀리 떨어지지 않은 같은 북촌 지역에는 또 다른 민화 미술관이 있습니다. 2020년에 문을 연 '갤러리 조선민화'입니다. 이 미술관 건물은 원래 지역민들에게 사랑받는 옛날식 대중목욕탕 건물이었습니다. 목욕탕이 노쇠해 문을 닫은 후 안경 마니아들에게 유명한 '젠틀몬스터'가 몇 년 동안 내부를 개조해 매장으로 쓰다가 철수하고, 지금은 이렇게 미술관으로 만들어 사용하고 있습니다. 당시 욕조로 쓰이던 것을 살려서 비디오 설치물을 만든 것이 이채롭습니다. 화면에는 물속에서 잉어가 헤엄치고 모습이나 해와 달, 산과 토끼가 등장하는데 이들은 모두 민화의 한 장면입니다.

미술관을 세운 이세영 씨는 원래 디자인 전공자로 수십 년을 현장에서 일한 분입니다. 그를 만났을 때 그는 저의 일행에게 민화를 끝도 없이 칭송했습니다. 디자인을 전공한 그에 따르면 한국의 문화유산 중 가장 창의적인 것은 한글과 민화랍니다. 그중에서도 민화는 특히 창의력으로 빚어낸 조형 세계이고 그 수준이 한글과 같다고 하니, 그가 민화를 얼마나 높게 치고 있는지 알수 있습니다. 이곳에서 가장 인상적으로 보았던 것은 문자도인데, 매우 다양한 문자도가 전시되고 있습니다. 미술관에 가면 덤으로 3층에서 북촌 전체를 조망하는 재미도 쏠쏠합니다.

민화와 관계해서 반드시 거론해야 할 박물관이 하나 더 있습니다. 영월에 있는 '조선민화박물관'인데, 이곳은 민화박물관으로는 한국 최초로 건립되었다고 합니다(2000년). 이곳은 민화의 매력에 빠진 오석환이라는 분이 세웠는데 그는 국내에서 가장 많은 민화를 소장하고 있다고 알려져 있습니다. 박물관은 소장하고 있는 5000여 점의 민화 가운데 250점을 돌아가면서 전시하고 있습니다.

그런데 이 박물관에는 아주 특이한 전시가 있더군요. 성인만 입장할 수 있는 춘화 전시실이 그것입니다. 오석환 선생은 춘화에 관심이 많았던지 한국과 일본, 중국의 춘화를 오랫동안 수집했다고 합니다. 조선에는 춘화가 없는 것으로 알고 있는데, 그가 어떻게 그 춘화들을 수집했는지 궁금합니다. 또 이 분은 강진에 '한국민화뮤지엄'이라는 민화 전문 미술관을 강진군과 협의해서 세우는 저력을 발휘합니다. 그 박물관은 국내에서 가장 큰 민화박물관이라고 합니다.

한국 문화를 진정으로 체험하기 위해서는 이들 박물관에 꼭 한 번은 방문해야 할 터인데, 문제는 서울에서 너무 멀다는 것입니다. 그래서 저도 아직 이 박물관들을 방문하지 못했습니다. 가볼 곳이 정말 많지요?

LIFE
#10

11장

한국의 그릇

700년간 보유해 온 하이테크

- 도기와 자기는 다르다
- 가장 아름답고 실용적인 그릇, 청자
- 현대 미술이라 칭송받는 가장 한국적인 그릇, 분청자
- 조선의 마음을 닮은 그릇, 백자
- 도자기를 더 깊이 체험하고 싶다면

한국은 한때 전 세계 도자기 문화를 선도하는 국가였습니다. 특히 고려 때가 그랬지요. 그런데 그때 만들어진 최고 수준의 고려청자는 한국인들에게 너무 익숙한 나머지 청자가 얼마나 대단한 도자기인지 잘 모르는 것 같습니다.

여기서 중요한 사실은 고려가 청자를 만들어 쓰고 있을 당시 전 세계에 청자 같은 자기를 생산할 수 있는 국가는 고려와 중국 단 두 나라밖에 없었다는 사실입니다. 좀 더 자세히 말하면, 한국은 세계에서 중국과 더불어 무려 700년간이나 (도)자기 제작 기술을 보유하고 있던 유이唯二한 나라였습니다. 고려가 청자 제작 기술을 보유한 10세기부터 일본이 자기 제조 기술을 터득한 17세기(1616년)까지 그 유이한 제작 기술을 가지고 있던 기간이 700년이었다는 말입니다. 실로 놀라운 일이 아닐 수 없습니다. 그런데 사람들은 이 위상을 잘 모릅니다. 제발 놀라야 하는데 그러지를 않아요.

당시에 자기를 만드는 기술은 가장 앞선 최고의 하이테크로, 고려와 중국을 제외하고 이 기술을 가진 나라가 없었던 것입니다. 지금은 유럽의 그릇들이 최상품으로 취급받고 있습니다만, 유럽은 18세기 초까지 자기를 만들지 못했습니다. 만들고 싶었지만 기술이 없어서 중국에서 수입해서 썼습니다. 특히 청화백자(백자에 청색 코발트 안료로 장식한 도자기)에 매료됐는데, 유럽의 귀족과 왕실은 청화백자 중심의 중국 스타일인 '시누아즈리chinoiserie'에 열광했습니다. 수입한 청화백자에 자신들이 좋아하는 황금색 장식을 덧입혀 화려하게 리폼해서 사용하기도 했고, 실내 인테리어나 가구, 의상 등에 청화백자 문양을 응용하기도 했습니다. 일본 역시 자기를 만들지 못했습니다. 그러다가 임진왜란 때 조선 도공들을 포로로 붙잡아 가서 그에 의해 기술이 전수되면서부터 자기를 만들기 시작한 것입니다.

이처럼 한국은 유구한 도자기 전통을 갖고 있습니다. 한국 문화에 관심 있는 사람이라면 이 주제에 대해 기본적인 지식을 가져야 할 것입니다. 자기는 인류의 실용품인 동시에 예술품이기 때문에 대단히 중요한 물건이라 하겠습니다. 또한 자기는 삶의 현장 어느 곳, 어느 시대를 막론하고 발견되는 것으로, 전 계층의 구성원이 사용하던 것이었답니다.

도기와 자기는 다르다

앞서 저는 '도자기'라는 단어를 그냥 사용했지만, 사실 이것은 '도기'와 '자기'를 아울러 부르는 단어입니다. 도기와 자기는 같은 그릇이지만 구분해서 써야 하는데 그러면 도기와 자기가 어떻게 다른지 구체적으로 볼까요?

우리는 주변에서 많은 도자기를 만나는데, 일상에서 가장 많이 만나는 것은 자기보다는 도기입니다. 도기는 우리들의 일상생활 속에 만연해 있습니다. 예를 들어 장을 담글 때 쓰는 항아리 역시 도기이고 일상에서 매일 접하는 변기나 세면기, 타일 등도 모두 도기입니다. 그것은 도기를 만드는 과정이 자기보다 덜 까다롭기 때문에 생긴 일일 것입니다. 그런데 그릇은 많은 경우 자기입니다. 자기는 최고급 그릇으로, 청자나 백자가 여기에 속합니다.

흙은 고령토요, 굽는 온도는 높아야 자기

도기와 자기, 이 두 그릇은 어떤 점이 서로 다른 것일까요? 가장 큰 차이는 흙과 굽는 온도가 다르다는 것입니다. 흙을 먼저 볼까요? 도기는 붉은색의 진흙을 쓰는 반면 자기는 돌가루인 하얀 색의 '자토磁土'를 씁니다. 이 자토 가운데 가장 좋은 흙을 '고령토高嶺土'라고 하는데, 중국에서는 고령의 중국 발음인 '카올린'이라 불립니다. 도기를 만드는 진흙은 주위에서 흔하게 발견되는 것에 비해 고령토는 쉽게 발견되지 않습니다. 유럽이나 일본에서 자기를 만들지 못했던 첫 번째 이유는 바로 이 흙을 발견하지 못했기 때문이었습니다. 일본 도공이 이 흙을 발견할 수 있었던 것은 앞서 말한 것처럼 포로로 끌려간 조선 도공 덕이었습니다. 이 도공의 이름이 이삼평이라는 것은 꽤 알려진 사실입니다.

다음은 굽는 온도인데, 도기는 자기보다 불에 약합니다. 도기는 보통 1200

도 미만에서 굽는데 자기는 1200~1300도에서 구워야 합니다. 자기처럼 높은 온도에서 구우면 흙의 강도가 강해지고 무게가 가벼워집니다. 가벼운 데다가 단단하니 실용적인 면이 뛰어나게 됩니다. 여기에 고려청자처럼 아름다운 유약의 색이 가해지고 뛰어난 그림이 상감 기법 등으로 표현되면 세계 최고의 그릇이 되는 것입니다. 그래서 고려청자를 독보적인 그릇이라고 하는 것이고, 또 그런 그릇을 만든 나라였으니 한국(고려)은 한때 '도자기의 종주국'이었다고 하는 것입니다.

그런데 이런 최고급의 자기들은 바로 우리들 곁에 있습니다. 이 그릇들을 보기 위해 멀리 갈 필요가 없습니다. 바로 국립중앙박물관에 상설로 전시되어 있기 때문입니다. 이곳은 아무 때나 갈 수 있으니 더할 나위 없이 좋습니다. 그곳에는 세계적인 명품이 항상 여러분을 기다리고 있습니다. 이곳에 가면 가장 먼저 나오는 것이 '청자실'인데, 이 방은 곧 '분청자실'로 이어지며 '조선백자실'로 끝이 납니다. 우리도 이 순서대로 가볼까요? 자기의 역사를 연한국의 그릇들을 소개합니다.

가장 아름답고 실용적인 그릇, 청자

사람들은 청자의 '청'이 '블루blue'를 뜻하는 것이라고 착각할 수 있는데, 사실이는 '그린green'을 뜻합니다. 청자의 색이 파란 게 아니라 초록이라는 것이지요. 따라서 청자보다는 '녹자綠瓷'라고 하는 게 맞을지 모릅니다. 많은 청자가 초록빛을 띠고 있기 때문에 이렇게 말할 수 있는 것입니다.

청자를 어렵게 정의할 수도 있지만 아주 간단하게 표현하면 다음과 같습니다. 즉, '자토 혹은 돌가루 흙으로 그릇을 만든 뒤 그 위에 청자 유약을 입혀 구운 그릇'이라는 것이지요. 그리고 그 위에 청자 특유의 아름다운 그림이나 문양을 그렸습니다. 청자를 만드는 기법은 물론 중국으로부터 전해진 것입니다. 그런데 고려인들은 중국보다 더 나은 자기를 만들었습니다. 그래서 중국의 송宋에서는 귀족들이 이 고려청자를 꼭 갖고 싶은 물품 중의 하나로 꼽았다고 합니다.

중국청자를 능가한 고려청자! 상감과 비색

고려청자는 중국의 그것보다 두 가지 면에서 앞섭니다. 먼저 '상감 기법'입니다. 이것은 그릇 겉면에 원하는 문양을 파고 그 안에 백토나 자토를 넣는 방법입니다. 그렇게 해서 구우면 이 두 흙이 각각 흰색과 검은색으로 바뀌어 아름다운 무늬를 만들어냅니다. 이렇게 해서 만든 청자 가운데 대표적인 것이 국보인 '운학문(구름과 학이 그려진) 매병'입니다. 이 매병에 그려져 있는 구름과 학은 그림으로 그린 것이 아닙니다. 그 모양을 일일이 판 다음에 다른 색 흙을 채워 넣어 만든 것입니다. 이 같은 상감 기법은 중국에서 비롯된 것이지만 고려에서 처음으로 도자기에 응용했다고 합니다. 중국에서는 도자기에 상감 기법을 쓰는 일이 노력이 많이 들고 번거로워서 기피했다고 합니다. 그런데 고려에서는 기꺼이 그 수고스러운 일을 청자에 구현했습니다. 그것도 이렇게 그림을 그려낸 듯 완벽하게 말입니다.

고려청자가 중국 것보다 앞서는 두 번째 면은 유약의 색입니다. 청자에는 초록빛을 띠는 비색翡色의 유약이 입혀졌는데, 이것은 물론 중국에서 발명된 것입니다. 그런데 중국청자는 고려청자보다 색이 진하고 유약이 조금 불투명하게 보입니다. 그에 비해 고려 것은 색이 은은하면서도 밝고 명랑합니다. 전문가들의 표현에 따르면 중국청자는 녹색 빛이 두드러지게 나타나는 것에 비해 고려 것은 회색이 은은하게 감돌아 담담하다고 합니다. 그런데 안타깝게도 이 색을 만드는 법이 전승되지 않았습니다. 이 때문에 아직도 고려청자의 비색을 제대로 재현하지 못하고 있습니다.

이 신이한 비색을 내는 최고의 청자가 국립중앙박물관에 있습니다. 참외 모양을 한 아담한 병이 그것입니다(국보). 이 청자는 12세기 초반에 생존했던 고려 왕(인종)의 무덤에서 나온 것입니다. 왕실 것이라 최고의 청자 중 하나라

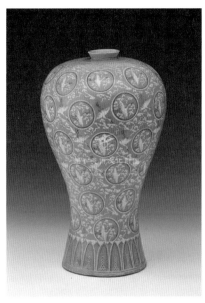

청자 상감 운학문 매병
ⓒ 간송미술관

청자 참외모양 병
ⓒ 국립중앙박물관

할 수 있지요. 이 그릇의 비색이 얼마나 뛰어난지 알려면 다른 청자와 비교해
야 합니다. 이 청자만 보면 그 비색의 뛰어난 면을 잘 알아차리지 못할 수도
있습니다. 그런데 다른 그릇, 특히 중국청자와 비교해 보면 그 차이가 확연히
드러날 것입니다.

우리는 이 청자를 유리막을 사이에 두고 만나야 하는데, 그 오묘한 빛깔과
예쁜 외모에 매료되어 머리가 유리에 닿는 것을 모를 수도 있습니다.

어찌 이렇게 귀엽고 귀한 모습일 수가

이 청자와 더불어 꼭 보아야 하는 청자는 국보 향로(투각 칠보문 뚜껑 향로)입
니다. 이 향로는 전 세계에서 가장 뛰어난 귀한 자기 중의 하나라 할 수 있습
니다. 인기도 많아서 외부로 출장도 자주 갑니다. 키가 15센티미터밖에 안 되
는데 그 안에 구현된 아름다움은 극을 달립니다. 가히 최고입니다. 특히 음각

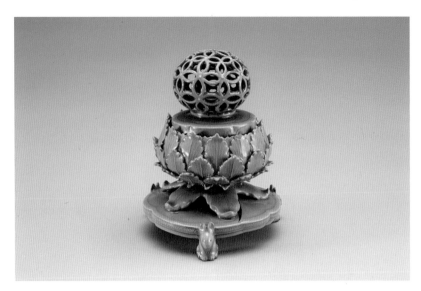

청자 투각 칠보무늬 향로
ⓒ 국립중앙박물관

이나 양각, 투각, 상감 등 다양한 기법이 동시에 동원되어 시선을 끕니다. 그런 다양한 기법들을 이 작은 그릇에 전부 구현했다는 게 대단합니다. 이 청자가 갖고 있는 중요한 감상의 포인트는 중에 놓치면 안 되는 게 있습니다. 바로 향로를 받치고 있는 세 마리의 토끼입니다. 얼마나 귀여운지 말로 표현하기가 힘들 지경입니다. 귀를 쫑긋 세운 모습이라든가 향로를 떠받치기 위해 등을 적절하게 굽혀 대주고 있는 것, 그리고 상감 기법으로 표현한 작고 검은 눈은 다정하면서도 애잔하다는 느낌을 줍니다.

　국립중앙박물관의 청자실에는 이 향로 말고도 국보나 보물 혹은 그 같은 수준의 청자들이 많이 전시되어 있으니 충분한 시간을 가지고 가서 천천히 둘러보면 좋겠습니다. 특히 많은 청자를 360도로 볼 수 있도록 전시해 놓았으니 다양한 세계 최고 수준의 청자들을 자세히 살펴보면서 비색과 상감, 그리고 그것을 빚은 장인들과 깊이 소통해 보면 좋겠습니다. 여러분은 어떤 청자를 마음에 담아올지 궁금합니다.

현대 미술이라 칭송받는 가장 한국적인 그릇, 분청자

청자실 옆에는 '분청자실'이 바로 붙어 있습니다. 역사적으로 볼 때 청자 다음으로 등장한 것이 분청자이기 때문에 이 두 방의 배치를 이렇게 한 것입니다. 분청자는 청자나 백자보다는 잘 알려져 있지 않지만 한국 도자사에서 중요한 위치를 차지하고 있습니다. 분청자의 특징은 뭐니 뭐니 해도 이 그릇이 가장 한국적인 미를 간직하고 있다는 데에 있을 것입니다. 청자를 보다가 분청자를 보면 너무나 투박하고 정제되지 않은 것처럼 보여 당황할 수도 있습니다. 그러나 전문가들은 분청자를 두고 자유분방하고 구수하며 익살스러우면서도 천진한 모습이 너무나 한국적이라고 표현합니다.

갑자기 나타났다가 사라진 분청자, 150년의 여정

분청자가 이렇게 된 데에는 나름의 원인이 있습니다. 이 그릇은 조선 초(15세기경)에 나타나서 약 150년간 쓰이다가 사라진 그릇입니다. 그러니까 청자를 쓰던 시기와 백자를 쓰던 시기 사이에 나타난 그릇이라는 것이지요.

고려가 망하고 조선이 들어섰을 때 중국에서는 도자기의 트렌드가 바뀌어 서서히 백자가 유행하고 있었습니다. 그래서 조선도 자연스럽게 백자를 수용하기 시작했는데, 아직 제대로 된 백자를 만들 만한 기술이 전수되지 않았던 모양입니다. 그러나 사람들은 유행에 따라 백자를 갖고 싶어 했습니다. 도공들이 이러한 요구에 부응해 만든 것이 이 분청자라 할 수 있습니다. 고려 말에서 조선 초 사이에는 전국적으로 많은 '요'(그릇 굽는 가마)가 있었는데, 이렇게 요가 많았던 것은 수요가 많았기 때문일 것입니다.

도공들은 이 요에서 청자 만들던 기술로 그릇을 찍어냈는데, 높은 수준의 기술을 가지지 못한 도공들은 청자처럼 정제된 그릇이 아니라 정형화되지 않은 그릇을 만들어냅니다. 틀에 얽매이지 않는 자유로운 그릇을 만든 것입니다. 이렇게 해서 나온 그릇을 '막청자'라고 부르기도 하는데, 분청자는 여기에 하얀색을 입힌 것입니다. 분청자의 '분粉'은 '(하얀) 가루를 발랐다'는 뜻입니다. 그래서 전문가들은 분청자는 평범한 도공들이 백자의 맛을 내려고 몸부림치며 만든 그릇이라는 평을 내놓기도 했습니다.

분청자를 만들 때 도공들은 기존의 틀에 구애받지 않고 자유롭게 표현하려고 노력했습니다. 그래서 병 모양도 마음대로 만들었고, 그 위에 그림이나 문양들도 매우 자유롭게 그려넣었습니다. 도공들이 자신의 감정에 솔직하게 그릇을 만든 덕분에, 앞에서 말한 것처럼 이 분청자에서 한국적인 미가 많이 발견될 수 있었을 것입니다. 그래서 어떤 도자기 전문연구가는 가장 한국적인 미를 찾는 사람이라면 다른 어떤 예술 장르보다 분청자를 보아야 한다고 주장하기도 했습니다.

보고 싶은 분청자는 대부분 일본에

그런 생각을 갖고 이 방에 있는 분청자들을 보기로 하는데, 솔직히 말하면 이 방에서는 최고의 분청자를 발견하기가 쉽지 않습니다. 청자나 백자의 경우에는 최고의 작품들이 포진해 있는데 분청자는 그렇지 않다는 것이지요. 왜 이런 일이 벌어졌을까요? 그것은 한국인들이 진즉에 이 그릇의 진가를 알지 못했기에 별 관심을 두지 않은 데에 근본적인 원인이 있지 않을까 합니다. 그들은 좋은 분청자를 보호하고 수집하는 데에 노력을 기울이지 않았고, 그 결과 좋은 분청자가 한국 땅에서 대거 사라진 게 아닌가 합니다.

불행인지 다행인지, 분청자의 진가를 가장 먼저 알아본 사람은 일본인이었습니다. 그래서 그들은 좋은 분청자를 구입해 일본으로 가져갔습니다. 그 결과 최고의 분청자들은 일본에서 소장하고 있습니다. 조선 분청자의 진수를 보려면 일본 오사카에 있는 '오사카 시립 동양도자미술관'으로 가야 합니다. 이 미술관에는 (고려 및) 조선의 도자기가 1000점 이상 소장되어 있는데 여기에 아주 훌륭한 분청자들이 다수 포함되어 있습니다. 이 가운데에는 재일동포(이병창 씨)가 기증한 300여 점도 포함되어 있는데, 그는 소장품들을 고국인

한국에 기증하고 싶었지만 당시 한국 박물관의 수준이 낮다고 판단해 이 미
술관에 기증했다는 설이 있습니다. 만일 사실이라면 참으로 아쉬운 일이 아
닐 수 없습니다. 오사카에 간다면 긴 시간을 잡고 반드시 들러야 할 곳입니
다. 미술관 주변에 근대 건물들도 즐비해서 가는 길에 그것을 보는 재미도 큽
니다.

모양부터 문양까지, 프랑스인이 쏙 반한 분청자

오사카의 미술관에 있는 조선의 분청자를 보다가 국립중앙박물관의 분청자
실에 있는 그릇들을 보면 오사카의 것보다는 수준이 조금 아래인 것 같은 인
상을 받습니다. 그러나 이 중에도 훌륭한 작품이 하나 있으니, 그것 하나만
보고 다음 방인 백자실로 갑시다. 이 그릇은 국보로, 병 모양은 납작하게 되
어 있고 물고기가 그려져 있습니다. 얼핏 보면 영 품질이 안 좋은 물건처럼
보이는데 나름의 공력이 들어간 그릇입니다. 우선 병 모양부터 자유분방하기

분청사기 조화기하문 편병, 앞면(왼쪽)과 뒷면(오른쪽)
ⓒ 최준식

짝이 없습니다. 더 재미있는 것은 그릇 위에 그려져 있는 물고기 그림과 그 외의 문양입니다. 이 그림들은 도공이 정교하게 계획을 세우고 그린 것이 아니라 마음 내키는 대로 단번에 그린 것 같습니다. 특히 병의 둘레에 그린 이중 선이나 옆면을 나누고 있는 직선들이 더욱 그렇습니다. 또 그 위에 그린 파초 문양도 그 표현이 자유롭기 짝이 없습니다.

이 분청자의 압권은 물고기 그림입니다. 서서 위로 입을 벌리고 있는 물고기의 모습이 아주 생동감이 있어 보입니다. 지느러미도 힘이 들어가 있어 보기 좋습니다. 이 분청자에는 재미있는 뒷이야기가 있습니다. 1960년에 이 분청자가 프랑스 파리에서 전시된 적이 있는데, 한국 유학생들은 보고도 별 반응을 보이지 않았다고 합니다. 그런데 외려 프랑스인들이 이 그릇에 대해 격찬하면서 큰 관심을 나타냈다고 합니다. 한국 유학생들이 아무 관심도 없었던 것은 충분히 이해할 만합니다. 그때까지만 해도 한국인들은 분청자에 아무 관심이 없었기 때문입니다. 그러면 프랑스인들은 왜 격찬을 했을까요? 프랑스인이 보기에 이 분청자에 그려져 있는 물고기의 입과 지느러미 같은 것이 프랑스 화가 앙리 마티스가 그린 그림과 비슷한 점이 있다고 하더군요. 실제로 마티스의 〈춤La Danse〉 같은 작품을 보면 그러한 면이 있는 것 같습니다.

또 소개하고 싶은 분청자가 있습니다. 이것은 분청자 위에 추상화 같은 것이 그려져 있는 분청자입니다. 그런데 이 그림이 보통이 아닙니다. 언뜻 보면 유치한 것 같지만 전체적으로 보면 저명한 현대화가가 그린 추상화 같습니다. 선 하나하나는 치졸하게 보이지만 전체의 구도나 구성이 정말 뛰어납니다. 저는 몇 년 전에 인사동의 한 전시장에서 분청자 특별전을 할 때 이 분청자를 딱 한 번 직접 봤습니다. 사진으로만 봐왔던 유명한 분청자였기에 이것만 한 30분은 본 것 같은데, 나가려다가 다시 돌아와 '한 번 더 봐야 돼' 하며 보고 또 봤습니다. 실물은 역시 대단했습니다. 안타깝게도 이 분청자는 개인 소장이라 박물관에서는 좀처럼 볼 수 없습니다.

조선의 마음을 닮은 그릇, 백자

잘 알려진 것처럼 백자는 조선조에 유행한 그릇입니다. 물론 그 시초는 중국입니다. 중국은 당시 원이 망하고 명이 들어서면서 성리학이 지배 이념이 됩니다. 성리학은 인간의 욕심을 줄이고 내면에 간직하고 있는 착한 인仁의 마음을 길러야 한다고 가르쳤습니다. 따라서 인간에게는 인의 마음을 기르는 것이 중요하지, 좋은 집이나 좋은 옷, 화려한 기물을 소유하는 것 등은 중요한 일이 되지 못했습니다. 백자는 바로 이러한 마음을 표현한 그릇이라고 보면 됩니다.

화려한 고려청자와는 다른 소박한 조선의 백자

따라서 백자는 외면의 색깔은 은은한 백색으로 하고 그 위에 담백한 문양을 그리는 식으로 마감하는 경우가 많았습니다. 이것은 고려청자와 아주 다른 모습입니다. 청자는 매병에서 보았던 것처럼 풍만한 볼륨과 화려하고 정교한 문양이 외면을 감쌉니다. 백자에서는 이런 모습이 눈에 잘 띄지 않는데, 백자 중에도 조선백자가 이런 경향이 강합니다. 조선은 매우 소박하고 수수한 백자를 선호했지요. 그중에서도 '달항아리'라는 이름으로 불리는 그릇은 이러한 정신을 대표한다고 할 수 있습니다. 이 백자에 대해서는 곧 설명할 텐데, 이 그릇은 동북아시아 삼국 가운데 한국에서만 발견되는 아주 한국적인 그릇입니다. 아니 동북아 삼국뿐만 아니라 전 세계적으로도 볼 수 없는 매우 독특한 그릇입니다.

백자를 알기 위해서는 청자와 비교하는 것이 좋습니다. 단, 비교하기 전에 이 두 그릇에 대해 오해가 있는 것 같아 그것부터 보아야 하겠습니다. 가장 많이 오해하는 것은 청자의 아름다움에 취한 나머지 백자가 청자보다 못한 그릇이라고 생각하는 것입니다. 하지만 그것은 사실이 아닙니다. 특히 기술적인 면에서 백자는 청자보다 앞섭니다. 백자는 청자보다 흙도 더 좋은 것을 사용했고 유약도 더 깨끗한 것을 사용했습니다. 특히 유약이 그러한데, 청자를 보면 칠해 있는 유약이 다 갈라져서 흡사 그릇에 금이 간 것처럼 보입니다. 백자에는 이 같은 균열이 보이지 않는데, 이것은 유약이 발전했기 때문입니다. 그래서 백자가 훨씬 더 매끈하게 보이는 것입니다.

달항아리, 달항아리, 달항아리!

국립중앙박물관의 백자실에는 많은 종류의 백자가 있습니다. 파란 안료로 그림을 그린 청화백자, 그리고 갈색(산화철) 안료로 그림을 그린 철화백자 등 여러 종류의 백자가 있는데, 이 방의 주인공은 '달항아리'니 그것부터 보기로 합니다. 방 입구에 들어가자마자 보이는 곳에 360도로 관람하게끔 전시되어 있으니 과연 그 주인공이 맞습니다.

이 항아리는 '백자 대호大壺'라는 공식 이름을 갖고 있는데, 조선백자의 최고봉이라 할 수 있습니다. 그릇에 '항아리'라는 이름을 붙이려면 그릇의 높이가 40센티미터 이상 되어야 합니다. 이렇게 큰 그릇은 만들기가 쉽지 않다고 하더군요. 참고로 달항아리의 제작법을 말하면, 두 개의 그릇을 따로 만들어서 마주 보게 붙여서 만든 것입니다. 그래서 만들기 어렵다고 하는 것입니다.

달항아리의 첫 번째 특징은, 그릇에 아무 문양이 없고 바탕색은 백색이라는 것입니다. 물론 중국인들은 '이게 어떻게 백색이냐, 아이보리나 크림색, 연회색이 아니냐'라고 반문하지만 한국인에게는 백색입니다. 어찌 됐든 달항아리를 보면 아무 그림도 없으니까 만들기 쉽다고 생각할 수 있는데 사실은 이렇게 아무것도 그리지 않고 마감하는 것이 더 힘든 일입니다. 아무것도 없이 단색과 형태로만 승부를 보기 때문입니다. 디자인적으로 볼 때 달항아리는 매우 단순한데요, 디자인에서는 가장 단순한 것이 가장 어렵다고 말합니다. 그릇을 이렇게 단순하게 만들었다는 것은 그만큼 디자인에 자신이 있다는 것을 뜻합니다.

사실 달항아리가 갖고 있는 가장 큰 특징은 다음에 나옵니다. 이 특징이야

백자 달항아리
ⓒ 국립중앙박물관

말로 달항아리를 달항아리답게 만드는 것인데, 그것은 바로 그 비대칭적인 형태입니다. 보통의 그릇은 좌우가 대칭으로 되어 있는데, 이 백자는 그렇게 되어 있지 않습니다. 한국의 전통 예술품들을 보면 대칭적인 것보다는 비대칭적인 것이 많습니다. 이것을 두고 '비균제적asymmetrical'이라는 표현을 쓰기도 하는데, 이것은 한국인들의 자유분방한 성향이 발현된 것으로 보입니다. 달항아리를 보면 조금 삐뚤게 만들어져 있어 틈이나 여유가 보입니다. 그래서 푸근하고 여유가 있어 친근하게 느껴집니다. 이런 성향 때문에 국립중앙박물관장을 역임했던 최순우 선생이 달항아리를 두고 '부잣집 맏며느리' 같다고 표현한 것이 아닌가 하는 생각을 해봅니다.

달항아리를 한국의 대표 브랜드로?

박물관의 백자실에 가서 사람들에게 가장 좋은 그릇을 골라보라고 하면 한국인들은 대부분 달항아리를 꼽습니다. 그런데 외국인들은 달항아리를 생소하게 느낍니다. 특히 완벽미를 추구하는 중국인 같은 사람들은 대부분 달항아리를 좋아하지 않습니다. 외국인들이 달항아리의 진가를 아는 데에는 시간이 필요한 것 같습니다. 그런데 2015년경 프랑스의 유명한 문명비평가인 기 소르망Guy Sorman은 달항아리와 관련해 놀라운 평을 남겼습니다. 그는 달항아리를 두고 "어떤 문명에서도 찾아볼 수 없는 한국만의 미적·기술적 결정체"라고 이야기하면서 한국인들은 왜 미적으로 〈모나리자〉에 버금가는 달항아리를 한국의 대표적인 브랜드 이미지로 삼지 않느냐고 의문을 나타내기도 했습니다. 이것으로 보아 이제 외국인들도 달항아리의 아름다움에 눈을 뜨기 시작한 것 같습니다.

기막히게 흐르는 파격미와 해학미! 넥타이를 맨 병

이 방에서 관람객의 시선을 끄는 백자가 더 있습니다. 우선 사진에서 보는 바와 같이 좌우가 대칭인 아주 미끈한 백자 병이 있습니다. 병의 표면에 아무 장식이 없는 아주 단순한 그릇이지요. 단아한 게 참 좋습니다. 그런데 조선 도공들은 이런 백자들을 그대로 놓아두지 않았어요. 이 백자 옆에 있는 보물, '철화 끈 무늬 병'처럼 말입니다. 이 백자 병이 시선을 끄는 진짜 주인공인데 볼수록 참으로 압권입니다.

이 백자는 일명 '넥타이 병'이라고도 불리는데, 그 이유는 표면에 그려져 있는 끈 때문입니다. 마치 넥타이를 맨 것 같아 보인다는 의미에서 붙여진 별명이지요. 그런데 이런 넥타이는 세상에 없을뿐더러 있다고 한들 이렇게 '기똥차게' 매놓는 경우는 없을 겁니다. 한국 전통 예술의 특징 가운데에는 파격미나 해학미 같은 세상에 없는 독특한 미 개념이 있는데 이 두 가지 특징이 다 구현된 병이 바로 이 넥타이 병입니다. 조선 도공들은 좌우가 완벽하게 대칭인 병 모양에서 어딘지 모를 답답함을 느꼈던 걸까요? 여기에다가 아주 파격적이고 코믹한 선을 그려 넣었으니 말입니다. 이 선은 도공이 직접 그린 것 같은데, 대충 그려서 그 필치가 유치한 것 같지만 전체적 분위기는 아주 좋습

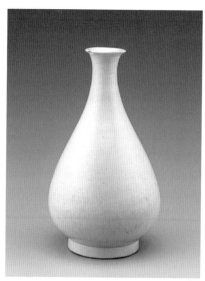

백자 병
ⓒ 국립중앙박물관

철화 끈 무늬 병
ⓒ 국립중앙박물관

니다. 무엇보다도 살아 있어요. 끊이지 않고 이어진 선은 활기찬 기운이 넘칩
니다. 이 방에도 국보 및 보물급 백자들이 많습니다. 천천히 둘러보면 좋겠습
니다. 이렇게 해서 국립중앙박물관 도자기 투어를 마칩니다.

도자기를 더 깊이 체험하고 싶다면

국립중앙박물관에서 명품 감상을 하고 나서 도자기에 관해서 좀 더 생생한
정보를 보기를 원한다면 방문해야 할 곳이 있습니다. 바로 '경기도자박물관'
이라는 곳으로, 중부고속도로 곤지암 나들목을 나오면 바로 만날 수 있습니
다. 경기도 광주는 조선조 때 왕실 도자기를 만들던 관요官窯가 있었기 때문
에 이곳에 도자박물관을 세웠을 겁니다.

도자기에 대해 총체적으로 알고 싶다면 경기도자박물관으로

경기도자박물관에는 고려청자와 조선백자는 물론이고 근현대의 도자기들이 모두 전시되어 있어 도자기에 대해 많은 것을 알 수 있게 해줍니다. 예를 들어 백자의 제작 과정을 실물과 함께 단계별로 소개해 주고 있는데, 이 설명을 통해 유익한 정보를 얻을 수 있어 좋습니다.

이 코너에서 특히 인상적인 것은 각 단계의 전과 후를 비교해서 보여주는 것입니다. 예를 들어 유약을 바른 단계와 그것을 굽고 난 다음의 단계를 비교해서 보여주는데, 이렇게 굽고 나면 백자의 크기가 많이 줄어들더군요. 저는 도자기를 직접 빚어보지 않아서 도자기를 굽고 난 다음에 부피가 이 정도로 줄어든다는 사실을 이 박물관에 와서 처음 알았습니다. 이런 생생한 체험은 도자기를 다루고 있는 다른 박물관에서는 접하기 어려운 것입니다. 또 요를 재현해 놓은 모습도 상당히 인상적이었습니다. 따라서 도자기를 총체적으로 알고 싶은 사람은 이 박물관을 반드시 방문해야 할 것 같습니다.

그런가 하면 이 지역의 특성을 살려 조선시대의 관요에 대한 정보를 다량으로 제공하는 것도 인상 깊었습니다. 저는 이곳에서 관요의 지도를 보고 이 지역에 관요가 이렇게 많은 줄 처음 알았습니다. 300개가 넘는 곳에 관요가 설치되어 있었는데, 그것을 모두 지도에 표기해 두었더군요. 더 인상적이었던 것은 각 관요에서 나온 그릇 파편들을 모아놓은 방이었습니다. 이 파편들은 실제로 그곳에서 발굴된 것을 모아놓은 것이라 그 생생함을 지금도 잊을 수 없습니다. 게다가 이 박물관에는 전시동만 있는 게 아닙니다. 신청하면 그릇을 직접 만들 수 있는 프로그램도 준비되어 있고 각종 그릇을 파는 상점도 있는데, 이 상점에서 다양한 그릇들을 보는 것도 상당히 좋은 구경거리입니다. 또한 주변에 공원이 조성되어 있어 장작 가마도 볼 수 있으며, 전통 정원도 있어 다양하게 전통문화를 즐길 수 있는 만족스러운 답사가 될 것입니다.

여주도자세상, 주변 명승지와 엮으면 금상첨화

그런가 하면 이 박물관에서 가까운 거리에 있는 '여주도자세상'도 구경할 만합니다. 이곳은 전통 도자가 아니라 현대 작가들의 작품을 주로 다루고 있는데, 많은 작가들이 놀랄 정도로 새롭고 다양한 작품들을 선보이고 있습니다. 이 작품들을 보면 아직도 도자 전통이 살아 있다는 느낌을 받습니다. 또 이런 물건들을 파는 상점이 있는데 이곳을 구경하는 재미도 큽니다. 앞에서 본 경기도자박물관을 보고 시간이 남았다면 반드시 이곳을 방문하면 좋겠습니다. 참고로 여주도자세상처럼 새로운 양식을 추구하는 도자기를 전시하는 공간이 또 있습니다. 서울 인사동에 있는 것으로, 한국공예디자인진흥원이 운영하는 '공예정원'이라는 갤러리인데 찾기는 어렵지 않습니다. 여기에도 산뜻한 현대 도자기들이 많이 전시되어 있습니다. 이 갤러리가 좋은 것은 무엇보다 접근성입니다. 서울 중심부에 있으니 마음만 내면 쉽게 갈 수 있다는 장점이 있습니다(제가 너무 서울 위주로만 이야기하지요?).

그런데 여주를 떠나기 전에 들러야 할 곳이 더 있습니다. 이곳에는 답사해야 할 명승지가 많습니다. 한글을 다룬 7장에서 소개했던 세계유산 세종대왕릉(영릉)이나 고종의 비였던 불운의 명성황후의 생가가 바로 이곳에 있습니다.

만일 시간이 없다면 신륵사만 들러도 좋겠습니다. 신륵사도 앞서 소개했지요? 이 절은 CNN 선정 한국의 명소에도 들어가 있는데, 국보나 보물을 다수 갖고 있는 매우 유서 깊은 사찰입니다. 그러나 이 절이 명승지가 된 데에는 유물 말고도 다른 이유가 있습니다. 절이 바로 강가에 있기 때문입니다. 남한강가에 있는 산기슭에 절을 지어서, 절에서 바라보는 풍경이 말로 표현할 수 없을 만큼 압권입니다. 이 때문에 한국의 명소로 선정된 것 같습니다. 강도 유려하지만 강 건너 벌판도 시원시원합니다. 정자에 앉아 강을 바라보십시오. 시간 가는 줄 모릅니다. 여주도자세상이 있는 곳의 답사는 이렇게 신륵사에서 마치는 것으로 계획을 짜보면 어떨까요? 금상첨화일 것입니다. 일정이 조용히 차분하게 마무리되는 것 같아 참으로 좋습니다.

12장

한국의
복식

21세기 거리에 가득 찬 새로운 한복 물결

- 느닷없이 불기 시작한 한복 입기 열풍
- 지금은 한복 시대! 한복에 대해 제대로 알아야 할 때
- 현대 한국인이 생각하는 남성 한복
- 현대 한국인이 생각하는 여성 한복
- 실용적인 생활한복이 등장하다
- 명망 있는 전통 한복 전시관을 찾아서

한국의 의식주 문화 가운데 전통적인 것이 가장 적게 남아 있는 것은 아마도 한복일 것입니다. 이 가운데 음식은 그래도 밥과 국, 김치, 장 등 전통적인 것이 꽤 남아 있고 건축도 한옥에 사는 사람들이 적지 않게 있습니다. 그러나 한복은 일찌감치 사라지기 시작해 급기야 명절에만 입는 민속복이 되었습니다. 그러나 그마저도 사라져 이제는 명절에도 한복을 입지 않는 사람들이 많아졌습니다. 그래서 한국인은 평생 한복을 한두 번 정도만 입는 상황에 이르렀지요.

예를 들어 결혼을 앞두고 기념 앨범용 사진을 찍을 때나 결혼식에서 피로연 등을 할 때 한복을 입는 경우가 그것입니다. 이때 왜 굳이 한복을 입고 사진을 찍고 잔치에 참여하는지는 잘 알 수 없습니다. 그리고 제가 알 수 없는 사안이 하나 더 있습니다. 결혼식 당일에 양가 모친들이 한복을 입는 이유도 알 수 없습니다. 양가 부친은 양복을 입는데 모친들만큼은 한복을 입는 이유를 알 수 없다는 것입니다. 아마 전통은 잘 바뀌지 않는 것이기 때문일 것으로 보이는데, 어쨌든 이 잔칫날이 지나면 한복은 다시 장롱으로 들어가 언제 다시 나올지 모릅니다. 이 정도로 한국인들은 한복을 외면하고 살았습니다.

LIFE
#12

느닷없이 불기 시작한 한복 입기 열풍

그런 한국인들이지만 한복이 아름다운 옷일 뿐 아니라 보존해야 할 귀중한 문화유산이라는 사실은 잘 알고 있었던 것 같습니다. 1996년에는 한복이 문화관광부(오늘날의 문화체육관광부)가 선정한 '한국의 문화 상징 베스트 10' 가운데 하나로 꼽히기도 했지요. 10개 중에 하나로 꼽혔으니 한복이 차지하는 위치는 대단합니다. 그러나 이것은 한국인들이 머리로만 생각하는 것이고, 실제의 삶에서 한복은 철저히 외면당했습니다. 그런데 한참 시간이 지나 2010년대가 되면서 갑자기 큰 변화가 일기 시작했습니다. 갑자기 한복 입기 열풍이 불기 시작한 것입니다.

한땐 한복 입고 경복궁에 가면 사진 모델이었는데……

이 열풍은 외국인들 사이에서 먼저 일어났습니다. 이것은 한류 드라마 때문에 일어난 현상인데, 외국인들에게는 사극에 배우들이 입고 나오는 한복이 신기하고 예쁘게 보였던 모양입니다. 그래서 그들은 고궁과 같은 곳에서 한국 배우처럼 한복을 입고 사진을 찍고 싶은 마음을 갖게 됩니다. 2020년 초반부에는 한국 드라마 〈킹덤〉 덕에 난데없이 한국의 갓이 외국인들의 비상한 관심을 끌기도 했습니다. 이런 현상에서 우리는 한국 드라마가 한복 입기 열풍에 큰 역할을 한 것을 알 수 있습니다. 이런 외국인들의 바람에 부응해 한복 대여점이 생겨났고, 그 결과 외국인들이 한복을 입고 고궁이나 한옥마을을 누비고 다녔습니다. 그에 비해 정작 한국인들은 사극에 익숙했던 나머지 사극을 보아도 배우들을 따라 한복 입을 생각을 하지 않았습니다. 그러다 한복을 입고 다니는 외국인들을 목격하게 되었고, 이에 자극을 받은 한국인들 사이에서도 한복을 입어보고자 하는 분위기가 일어났습니다. 이러한 추세가 서서히 번지면서 2010년대 중반에 한복 입기 열풍이 분 것입니다.

저도 한복을 좋아해서, 외부 강연을 할 때 종종 한복을 입기도 하지요. 제 사무실이 경복궁 옆에 있는지라 2010년대 초 어느 해에는 제자들과 구정 날 한복을 입고 경복궁 나들이를 간 적이 있습니다. 주변에 한복 대여점도 전혀 없던 때였는데, 한복, 그것도 장롱에서 꺼낸 전통 한복을 꺼내 입은 우리 일행이 얼마나 생경하게 보였던지 우리는 수많은 국내외 관광객들의 사진 모델이 되어주었습니다. 캐릭터 인형이 된 느낌이었지요. 어떤 중국인은 우리와 찍은 사진을 자신의 웨이보(중국 SNS)에 올렸는데, 그게 수십 만 명이 클릭한 유명 게시물이 되어 제 중국인 제자의 검색망에까지 들어와 그 소식을 알게 되었던 기억이 납니다.

화려한 귀족의 격조를 만끽하며 활발한 SNS 활동을

사정이 이러했던 한국인들이 갑자기 한복 입는 것을 좋아하게 된 이유는 먼저 한복에서 찾아야 합니다. 엄밀히 말해 이들이 입는 한복은 예복에 속한다고 할 수 있습니다. 일상복이 아니라는 것인데, 예복은 성장盛裝이라 아주 화려합니다. 이러한 한복을 입으면 일상복을 입었을 때와 전혀 다른 격조를 느낄 수 있습니다. 한복은 특히 젊은이들 사이에서 인기를 끌었는데, 그 이유는 그들이 예복으로서의 한복을 입었다고 느끼기 때문이라고 할 수 있습니다. 그들은 보통의 일상에서는 이런 예복의 격조를 느낄 만한 기회가 없습니다. 그런데 한복을 입어보니 평상의 옷을 입었을 때와는 다르게 품격이 한껏 상승되는 느낌을 받았던 것 같습니다.

한복 입기가 유행하게 된 그다음 요인으로는 SNS의 영향을 꼽지 않을 수 없습니다. 2010년대에 젊은이들 사이에는 저마다 예쁜 사진을 찍어 자신의 SNS 계정에 사진을 올리는 것이 하나의 유행처럼 되어 있었습니다. 그런데 이렇게 한복을 입고 찍은 사진은 이 추세에 딱 들어맞았습니다. 한복을 입고 고궁에서 사진을 찍으면 흡사 자신이 배우가 된 것 같기도 하고 혹은 옛날 귀족이 된 같은 느낌을 받았을 것이기 때문입니다. 그래서 그런 사진을 SNS에 올려놓은 것입니다. 그런가 하면 2010년대 중반에는 젊은이들이 해외여행을 가서 그 지역의 명소에서 한복 입고 찍은 사진을 SNS에 올리는 것을 자신만의 버킷리스트에 올리는 일이 유행하기도 했습니다. 이런 추세도 한복 입기가 유행하는 데에 일조했지요.

그런데 이런 것들이 2020년대에 들어서면서 코로나19 사태 때문에 일시 정지되었습니다. 그래서 2년여 동안 한복 대여점들도 대부분 개점휴업 상태가 되어버렸습니다. 거리에서 한복 물결을 볼 수 없었지요. 그런데 사회적 거리두기가 완화된 지 시간이 꽤 지난 지금(2022년 6월), 경복궁 앞은 다시 한복의 물결로 가득합니다. 전성기의 모습을 거의 회복했습니다. 제 사무실이 있던 건물의 3개 층이 모두 한복 대여점인데, 그들은 다행히 위기를 잘 버텨주었고 지금은 관광객들로 문전성시를 이룹니다. 보기만 해도 반갑고 기분이 좋습니다. 한복을 굳이 입지 않아도 한복을 입은 사람들과 같은 장소를 거니는 것만으로도 즐겁습니다. 왕의 한복, 사또가 입던 한복, 기생이 쓰던 모자 같은 소품 등 다양한 한복을 입은 다양한 국적의 사람들과 마주치는 것만으로도 그 자체가 훌륭한 관광입니다. 아직 경험하지 못했다면 이왕이면 한복을 입고 궁 주변을 가보면 어떨까요?

지금은 한복 시대! 한복에 대해 제대로 알아야 할 때

이 시대의 새로운 한복 물결을 이렇게 직간접적으로 진하게 경험했다면, 이번 기회에 한복이 어떤 옷인가에 대해서 알아두는 게 좋겠다는 생각입니다. 특히 2021년에는 중국에 '만물의 중국 기원설'의 병이 도져 한복마저 자기 옷이라고 생떼를 쓰는 형국이니 더더욱 한국인들은 한복이 어떤 옷인지 알고 있는 게 좋겠습니다.

　　한복은 완전히 한국적인 요소만 있는 옷이 아닙니다. 그렇다고 중국인들이 주장하는 것과 같은 중국 옷은 결코 아닙니다. 한복을 이런 식으로 조망하기보다는 '여러 외국 문화적 요소가 섞여 현재의 한복을 이루고 있다'고 보는 게 더 진실에 가까울 것입니다. 그러면 그 실상을 알아보도록 하겠습니다.

한복은 언제, 어떻게 형성되었을까?

여러분이 지금 입고 있는 한복의 정체는 무엇일까요? 제가 던진 이 질문은 일반적인 것이지만 좋은 질문은 아닌 것 같습니다. 왜냐하면 한복은 한국의 역사와 함께 계속 변화해 왔으므로, 한복을 한 문장으로 정의하는 일은 매우 어렵기 때문입니다. 일례로 고구려 고분 벽화에 나온 한복은 지금 한국인들이 입는 한복과 아주 다른 옷으로 보입니다. 이렇게 이 두 부류의 옷이 다르다면 어떤 것이 진정한 한복이라고 할 수 있겠습니까? 이 같은 혼선을 방지하기 위해 우리는 질문을 바꾸어야 합니다. 그러니까 '한복은 어떻게 정의할 수 있는가?'가 아니라, '지금 우리가 입는 한복은 언제, 어떻게 형성되었는가?'라는 질문으로 바꾸어야 합니다. 질문이 이렇게 바뀌면 구체적으로 답하는 일이 가능해집니다.

결론부터 말한다면, 한국인이 현재 입는 한복은 19세기 말에 형성된 것이라고 할 수 있습니다. 물론 19세기 말의 한복도 이전 것을 계승한 것이기는 하지만, 지금의 모습은 그때 형성되었다는 것이지요. 이것을 여성 옷을 가지고 설명해 볼까요? 여성 옷에서 저고리에 치마를 입는 것은 이전부터 있던 형태입니다. 그러나 시대에 따라 저고리의 길이가 달라지는데, 현재 한복의 모습은 대략적으로 볼 때 19세기 말의 것과 가장 많이 닮았습니다.

이러한 경향은 남자 옷으로 오면 더 두드러집니다. 남자 한복도 바지저고리는 이전부터 있던 형태입니다. 그러다 19세기 말이 되면서 변화가 생기기 시작합니다. 먼저 마고자가 등장합니다. 마고자는 요즘에는 잘 안 입지만 이전에는 양복의 재킷처럼 저고리 위에 많이들 입었습니다. 이 옷은 그 기원이 한국이 아니라 중국입니다. 전해오는 바에 따르면 이 옷은, 대원군이 청나라에 붙잡혀 갔다가 돌아올 때(1887년) 입은 청나라의 남성복이라고 합니다. 그런가 하면, 지금은 잘 안 입지만 조끼 역시 그 기원이 한국이 아닙니다. 이 옷은 양복에서 들어온 것이지요. 이런 설명을 들어보면 우리가 생각하는 한복이 19세기 말이나 20세기 초에 형성된 것이라는 주장이 이해됩니다.

그런데 2020년대에 들어와 중국인들은 느닷없이 한복이 중국옷이라고 우겨대기 시작했습니다. 그들의 주장이 아주 틀린 것은 아닙니다. 조선의 관복은 명의 것을 가져왔으니 중국옷이라고 해도 무방합니다. 그러나 한복의 일상복은 중국 것과 아예 계통을 달리합니다. 완전히 다른 옷이라는 것이지요. 이 사실을 알리려면 한복이 지니고 있는 가장 기본적인 형태를 알아야 합니다. 이 형태는 수천 년을 내려오면서 그다지 변하지 않고 전승되었습니다.

한국은 투피스, 중국은 원피스! 서로 많이 다른 옷
한복의 기본은 저고리와 바지(혹은 치마)를 투피스 차림새로 입는 것입니다.

한복의 상유하고 양식

이것을 '상유하고上襦下袴' 양식이라고 부르기도 합니다. 상유하고란 '위에는 저고리, 밑에는 바지'라는 뜻이지요. 이것이 가장 기본적인 양식이고 여기에 포袍, 즉 두루마기 등을 입으면 옷이 완성됩니다. 바지는 북방 유목 민족들이 공유하던 옷으로, 말을 타는 것처럼 일상적인 활동을 할 때 편한 옷입니다.

이런 옷을 보고 싶으면 고구려 고분 벽화(무용총)에 있는 '기마 사냥' 그림을 참고하면 됩니다. 그림에 나오는 사람들이 저고리와 바지를 입고 있습니다. 그런데 그림에 등장하는 저고리의 소매를 보면 현재의 한복처럼 품이 넓지 않고 좁게 되어 있는 것을 알 수 있습니다. 그리고 저고리는 엉덩이까지 덮을 정도로 길기 때문에 허리띠를 매고 있습니다. 이것 역시 지금 한복과는 다른 모습입니다. 그러나 저고리와 바지라는 기본 양식은 같습니다.

이에 비해 중국 전통 옷의 기본 양식은 이와 다릅니다. 중국옷의 가장 기본적인 형태는 '상유하상上襦下裳', 즉 위에 저고리를 입고 밑에 치마를 입는 것입니다. 밑에 바지를 입지 않고 치마를 입는 것이 독특합니다. 이때 주의해야 할 것은 중국옷은 저고리와 치마가 따로 떨어지는 투피스 형태가 아니라 이두 요소가 붙어 있는 원피스 형태라는 것입니다. 그런가 하면 중국옷은 아랫부분이 넓게 재단된 모습이 시선을 끕니다. 그러다가 중국은 기원전 4세기 중엽 주변의 유목 기마민족으로부터 바지를 받아들여 그 이후에는 바지도 입게 됩니다.

중국옷의 발전상은 우리의 주제가 아니니 더 이상 다루지 않겠지만, 조선 말기가 되면 한복과 중국옷은 같은 점이 별로 보이지 않는 다른 옷이 됩니다. 한복의 경우에 달라진 모습을 보면, 저고리 길이가 짧아져 남녀가 모두 허리띠를 두르지 않는다는 것을 들 수 있겠습니다. 우리가 육안으로 확인할 수 있는 고구려 한복과 비교해 보면 이 점이 가장 두드러진 차이점이라 하겠습니다. 그 뒤로 한복에는 상의, 즉 저고리를 띠로 묶는 경우는 발견되지 않습니다.

현대 한국인이 생각하는 남성 한복

고구려 시대의 옷은 말할 것도 없고 고려 시대의 한복도 보면 지금 것과 많이 다릅니다. 그런데 우리에게 중요한 것은 '지금 한국인이 전승해 온 한복'입니다. 이제 이 한복에 대해 살펴보겠습니다. 앞에서 이미 설명한 부분도 있지만 좀 더 세세하게 보겠습니다.

LIFE #12

19세기 말에 나타난 새로운 패션 1: 조끼

앞에서 말했듯이 현대 한국인이 생각하는 한복은 19세기 말과 20세기 초에 형성된 것입니다. 그런데 이때 한복에 큰 변화가 생기게 됩니다. 우선 남자 한복부터 보면, 이때 일어난 가장 큰 변화는 조끼와 마고자의 등장입니다. 당시 한국 남성들은 왜 조끼를 받아들였을까요? 아마도 조끼가 한복의 약점을 보완해 주었기 때문일 겁니다. 한복이 옷으로서 갖는 단점 중의 하나는 주머니가 없다는 것입니다. 그런데 양복을 보니 주머니를 가진 조끼라는 것이 있

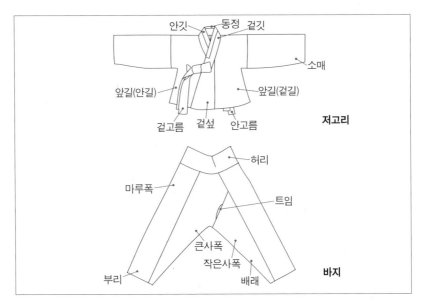

안깃　동정　겉깃

소매

앞길(안길)　앞길(겉길)

겉고름　겉섶　안고름

저고리

허리

마루폭

트임

큰사폭

작은사폭

부리

배래

바지

남성 복식의 기본 차림(저고리와 바지)

었습니다. 그래서 한국 남성들은 조끼를 한복 위에 입기 시작했습니다. 이것은 문화의 수용이라는 점에서 좋은 변화라 할 수 있는데, 문제는 조끼와 한복이 잘 어울리지 않는다는 점이었습니다. 서로 다른 양식의 옷이 디자인적으로 충돌하고 있어 잘 어울리지 않았던 것입니다.

　그래서 그랬는지 한동안 조끼를 입던 한국 남성들은 요즘에 와서 이 조끼를 탈락시키는 상황에 이르게 됩니다. 그 대신 그 자리에 배자褙子를 입기 시작했는데, 이것은 한복의 원형을 찾은 것이라 할 수 있습니다. 배자는 전통 한복에 포함된 것이었는데 조끼의 등장과 함께 뒷전으로 밀렸다가 다시 돌아온 것입니다. 그런데 여기서도 문제가 발생합니다. 이 배자를 입은 모습이 미적으로 그리 아름답게 보이지 않는다는 것입니다. 이런 모습은 명절에 TV에 나온 연예인들의 한복에서 많이 발견되는데, 원래 배자는 실내복이라 외부에서 노출되어서는 안 됩니다. 그 위에 반드시 마고자나 두루마기를 갖추어 입어야 합니다. 이런 기본적인 법도가 지켜지지 않아 이상하게 보이는 것인데 요즘 남성 한복은 디자인에 대해 좀 더 생각해야 할 것입니다.

19세기 말에 나타난 새로운 패션 2: 마고자의 안착

다음은 마고자에 관한 이야기입니다. 이 옷은 '덧저고리'라고도 불렸는데 원래 만주 같은 추운 지방에서 보온을 위해 입던 옷입니다. 1970년대만 해도 남성이 두루마기 없이 이 마고자만 입고 다니는 모습을 길에서 쉽게 발견할 수 있었습니다. 그런데 앞에서 말한 것처럼 지금은 이 옷이 한복이 아니라는 이유로 잘 입지 않습니다.

그러나 이것은 너무 한편에서 생각한 것이라 할 수 있습니다. 왜냐하면 마고자는 외국서 들어온 옷임에도 불구하고 성공적으로 한복의 체계 안으로 들어왔기 때문입니다. 한국식으로 변형됐다는 것이지요. 그 변형된 예를 보면, 저고리에 맞게 옷의 길이가 짧아졌다든가, 목둘레를 저고리의 깃이 보일 수 있게 V자형으로 만들었다든가, 소매의 라인을 저고리에 맞게 곡선으로 바꾸었다든가 하는 것을 들 수 있습니다. 이런 변화를 거친 끝에 마고자는 외출복의 지위를 얻기에 이릅니다. 원래 남자 한복의 정장은 반드시 두루마기를 입어야 완성되었습니다. 그런데 두루마기를 입고 다니면 옷자락이 긴 탓에 아무래도 불편합니다. 마고자가 들어온 이후에는 두루마기 대신 이 옷만 입어도 외출이 가능하게 되어 남성들의 외출복이 간편해졌습니다. 그런 면에서 이 옷은 훌륭한 역할을 한 것인데, 그것을 인정한다면 굳이 이 옷을 퇴출시킬 필요는 없습니다. 앞으로 이 문제에 대한 논의가 더 필요할 것 같습니다.

러닝셔츠와 팬티가 들어오면서 사라진 속옷들

이렇게 바깥옷을 입고 저고리 내부에는 속적삼이라는 속옷을 입었습니다. 이것은 쉽게 말해 내의를 말하는 것인데, 이 옷은 1920년대에 서양의 이른바 '난닝구'(러닝셔츠running shirts)가 소개되면서 지금은 더 이상 입지 않습니다. 한편, 속적삼과 거의 같은 이름을 가진 적삼이라는 옷이 있는데 적삼은 서민들이 홑옷으로 저고리처럼 입는 옷을 말합니다. 서민들은 이런 옷을 입고 일을 했는데 지금은 아주 제한적인 경우를 제외하고 적삼을 입지 않습니다. 탈춤이나 농악처럼 민속놀이를 할 때나 입을 뿐 평상시에는 적삼을 가까이하지 않습니다.

그런가 하면 아랫도리에 입는 '속고이'라는 내복이 있었는데, 이것 역시 서양식의 '팬티'가 소개되면서 자연스럽게 사라졌습니다. 또, 바지를 입을 때 아랫목을 매는 '대님'이 있었는데 매는 방법이 다소 어렵고 번거로워 지금은 잘 사용되지 않습니다. 이것이 간략하게 본 현대 남자 한복의 모습입니다.

현대 한국인이 생각하는 여성 한복

이제 여성 한복을 보겠습니다. 여성 한복의 기본은 저고리, 치마, 버선(그리고 신발)인데, 이 중에 저고리가 여성 한복에서 차지하는 상징성이 크다고 할 수 있습니다. 저고리 길이가 짧아 긴 치마와 조화를 이루는 모습이나, 혹은 고름 맨 모습 등이 여성 한복의 대표적인 이미지로 박혀 있지요. 그런가 하면 소매 밑 라인(배래)이 부드러운 곡선으로 되어 있는 것도 한복의 상징처럼 인식되어 있는데, 원래부터 이런 모습은 아니었습니다. 소매 라인이 이렇게 바뀐 것은 1950~1960년대에 일어난 극히 최근의 현상입니다. 요즈음은 다시 직선으로 바뀌고 있는데, 이것은 날씬하게 보이기 위해 생겨난 변화라고 합니다.

저고리: 고름과 깃과 동정의 하모니

저고리에서 가장 한국적인 부분은 '고름'과 '깃'과 '동정'이라 할 수 있습니다. 고름은 상의를 고정하기 위해 만들어진 것인데, 다른 나라의 옷에서는 발견되지 않는 아주 고유한 요소입니다. 이 고름 매는 모습에 따라 한복의 맵시가 결정되기 때문에 고름이 지니는 상징성은 매우 크다고 하겠습니다.

그리고 '옷깃만 스쳐도 인연이다'라는 말이 있을 정도로 깃은 한국인에게

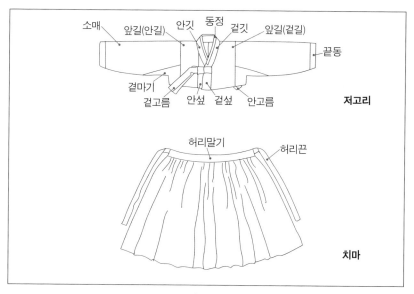

소매　앞길(안길)　안깃　동정　겉깃　앞길(겉길)

끝동

곁마기

겉고름　안섶　겉섶　안고름

저고리

허리말기　허리끈

치마

여성 복식의 기본 차림(저고리와 치마)

LIFE
#12

친숙합니다. 이 깃이 직선으로 되어 V자 모습이 되면 '직령'이라 하고 U자 형
태로 굽으면 '곡령'이라고 부릅니다. 한복은 대체로 직령이 많은데 전통 관복
은 곡령인 경우가 많습니다.

　이 깃 위에 덧붙는 게 동정입니다. 한복에서는 이 동정이 흰색의 천으로
되어 있기 때문에 눈에 잘 띕니다. 그럼으로써 옷이 아름답고 산뜻하게 보이
고 얼굴도 돋보이게 됩니다. 동정 같은 작은 장치가 그러한 효과를 가져오니
놀랍습니다. 저고리는 이렇게 고름, 깃, 그리고 동정이 어우러져 여성 한복의
상징이 되고 있습니다.

길이를 달리하며 유행을 선도하던 저고리

다음은 저고리인데, 이 옷을 말할 때 항상 거론되는 것은 그 길이입니다. 시
대에 따라 저고리의 길이가 달라졌기 때문이지요. 우선 17세기에는 길이가
60~80센티미터 정도였다고 하니 지금보다 훨씬 길었다는 것을 알 수 있습니

다. 그러던 것이 계속 짧아져 1900년대가 되면 20센티미터 정도로 아주 짧아집니다. 그러다 1930~1940년대에는 다시 길어졌다가 지금은 다시 짧아졌는데, 현재는 18세기의 저고리 길이를 갖고 있다고 합니다. 이처럼 저고리는 유행에 따라 길이가 달라졌습니다.

특히 저고리 길이를 짧게 하는 이유는 상체를 작게 보이게 하고 하체를 길게 보이게 함으로써 신체 비율을 미적으로 좋게 만들기 위함입니다. 쉽게 말해서 '섹시미'를 돋보이게 하기 위한 것이라고 할 수 있습니다. 이전에는 저고리 안에 속저고리를 입었지만 지금은 서양식 내의를 입으니 남성 한복에서와 마찬가지로 속저고리가 모두 사라지고 말았습니다.

치마: 단순한 구조로 변화가 적은 편

다음은 치마인데 여성 옷 가운데 가장 변화가 적었던 것이 이 치마입니다. 그 모습도 단순해서 몸체와 띠허리, 끈이 전부입니다. 그리고 저고리의 길이에 따라 가슴으로 올라갔다가 허리로 내려오는 정도의 변화밖에 없었습니다.

치마 안에 입는 내의는 다리속곳, 속속곳, 바지 등 여러 가지가 있었는데, 이는 양반이나 왕실의 옷에나 해당되는 것이고 일반 여성들은 속치마나 바지(혹은 고쟁이) 정도만 입었습니다.

왕실 여성들이 입는 치마는 이보다 훨씬 복잡하게 구성되어 있는데 그중에서도 시선을 끄는 것은 '스란膝襴치마'라는 것입니다. 스란은 밑 부분에 금박을 박아 우아하게 만든 치마입니다. 지금 한복 대여점에서 빌려주는 치마에는 모두 이 금박이 있는데, 이것은 치마를 예복처럼 보이게 하려고 넣은 것입니다.

그러다 20세기 중엽이 되면서 통치마라는 것이 나와 활동복으로 인기를 끌게 됩니다. 치마가 이음새 없이 통처럼 생겨서 그렇게 부른 것인데, 전통 치마는 쫙 펼쳐 띠허리를 달아 뒤로 여미는 데 비해 이 통치마는 여미는 것 없이 그냥 입으면 됩니다. 서양 치마가 기본적으로 절개 없이 이 통치마 양식으로 되어 있으니, 그것을 생각하면 통치마가 어떤 것인지 알 수 있을 것입니다.

실용적인 생활한복이 등장하다

한복 전통에서 가장 괄목할 만한 변화 중의 하나는 1990년대에 이르러 일어나기 시작한 생활한복의 등장이라 할 수 있습니다. 생활한복은 현대 한국인들이 일상생활에서 편하게 입을 수 있는 실용적인 한복을 말합니다. 전통 한복은 현대식 생활에는 적합하지 않은 면이 있으므로 기존의 한복을 조금 고쳐 움직이기 편한 옷으로 만든 것입니다. 가령 온종일 회사 사무실에 앉아 있거나 운전을 해야 하는 현대 생활에 전통 한복은 불편한 면이 있습니다. 그래서 나온 게 생활한복입니다.

편리함의 대명사, 생활한복

편리함을 강조한 이 옷은 깃이나 동정을 편한 형태로 만든다거나 고름이나 대님을 단추나 매듭, 지퍼 등으로 바꾼 것이 그 특징입니다. 그런가 하면 치마 길이를 조절하고 허리를 서양의 스커트 형식으로 바꿔 허리선이 드러나게 하는 경우도 생겨났습니다. 남자들의 경우는 저고리를 앞이 터진 볼레로 형태로 만들거나, 앞에서 언급했던 마고자는 양복의 재킷 형태로 만드는 등 편의성에 따른 다양한 변화는 일일이 다 열거하기 힘들 정도입니다. 또, 천연섬유를 사용하는가 하면 자연의 톤을 살린 친환경적인 염색을 지향해 많은 인기를 끈 생활한복도 있었습니다.

한복대여점 한복들에 대한 작은 유감

생활한복이 등장한 이후에 앞서 본 한복 입기 열풍이 불었는데, 대여점에 즐비한 한복의 정체성에 대해서 적지 않은 비판이 있었습니다. 특히 전문가들 사이에서는 이 대여점 한복도 한복으로 보아야 할지에 대해 강한 의문이 일었습니다. 가장 많이 지적됐던 문제는 여성 한복의 경우 허리 뒤에 리본을 매는 것이었습니다. 이러한 장식은 어느 시대 한복에도 보이지 않는 것입니

한복 대여점에 진열된 여성 한복들(왼쪽)과 허리끈이 보이는 여성 한복(오른쪽)
ⓒ 최준식

다. 옷의 귀여움을 강조하기 위해 한복 생산 업체들이 서양식 드레스를 본
떠 임의로 만들어 넣은 것 같습니다. 전문가들 사이에서 이것을 놓고 한복의
변형으로 인정해야 하는지에 대해 논쟁이 붙은 것입니다. 물론 리본 달린 한
복을 대여해 입는 사람들은 별 거부감이 없습니다. 최근 여성의 서양식 코트
패션을 보면 허리끈을 코트를 여미는 용도로만이 아니라 뒤로 모아서 장식
리본처럼 묶고 다니기도 하는데, 이런 사례도 한복 리본을 자연스럽게 여기
는 데 어느 정도 역할을 하는 것 같습니다.

사실 사정이 더 심각한 것은 남성 한복입니다. 남성들은 겉옷으로 배자나
철릭(저고리와 하의를 붙여놓은 옷)만 입고 돌아다니는데, 그 디자인 수준이 솔직
하게 말하면 눈을 뜨고 못 볼 지경입니다. 여성 한복은 그래도 한복의 모습
을 지니고 있는데 남성 한복은 옷 자체로 보았을 때는 수준이 너무 떨어진다
는 데에 문제의 심각성이 있습니다. 한국의 젊은이들이 이 옷의 문제점을 잘

1~3층이 한복 대여점인 건물(왼쪽)과 건물 앞 한복 입은 사람들(오른쪽)
ⓒ 최준식

모르는 것도 문제지만 한복을 전혀 모르는 외국인이 이런 한복 때문에 한복
에 대해 그릇된 이미지를 갖지 않을까 걱정됩니다.

명망 있는 전통 한복 전시관을 찾아서

그렇다면 전통 한복의 묘미를 간직한 진짜 전통 한복을 볼 수 있는 기관이
있을까요? 국내에서 전통 한복을 가장 많이, 그리고 전문적으로 전시하고 있
는 곳은 말할 것도 없이 단국대학교 안에 있는 '석주선 기념박물관'입니다. 이
박물관에는 한국복식사의 선구자였던 석주선 선생이 평생 수집한 전통 복식
과 민속 유물 3000여 점이 보관되어 있습니다. 선생은 자신이 평생 모은 유
물을 단국대학교에 기증했고, 이 대학에서 그를 기리는 박물관을 만든 것입
니다.

독보적인 석주선 기념박물관
이곳은 가장 빼어난 한복을 다 모아놓은 것 같은 인상을 줄 정도로 좋은 옷

들이 많습니다. 조선시대의 혼례복과 일상복, 사대부들이 입던 제복이나 관복 등이 전시되어 있는데, 특히 어린이들의 한복이 많이 전시되어 있어 눈길을 끕니다. 그런가 하면 여자 저고리와 치마를 시대별로 전시해 여성 옷이 어떻게 변천되었는가를 보여주고 있는 점도 흥미롭습니다. 이 박물관에서 특이한 것은 2001년에 발굴된 것으로, 350년 전에 죽은 어린 소년이 입고 있던 옷을 복원해 전시하고 있다는 것입니다. 이곳은 전통 한복에 관해 관심 있는 사람이라면 꼭 들러야 하는 곳이지만, 문제는 이 박물관이 서울에서 1시간 정도 떨어진 죽전에 있다는 것입니다. 따라서 이 박물관을 방문하는 것은 관광 코스보다는 전문가 코스로 보아야 할 것입니다.

2021년에 문을 연 경북 상주의 한복진흥원

그다음으로 한복을 전체적으로 볼 수 있는 곳으로는 한국공예디자인문화진흥원에 소속된 '한복진흥원'을 들 수 있습니다. 이곳은 비교적 최근인 2021년 4월에 개원한 곳이라 아직 잘 알려지지 않았습니다. 경상북도 상주에 있는데, 이 지역이 명주明紬가 유명한 곳이라서 명주, 즉 비단을 홍보하는 데에 중점을 두고 '한복진흥원'을 만들었더군요. 이 기관의 슬로건을 보면, 한복의 시작을 명주라고 간주하고 비단에 중점을 두면서 한복을 조명하고 있는 것이 재미있었습니다. 이 기관은 명주테마파크 안에 있는데, 이곳도 재미있습니다. 이곳에서는 누에부터 시작해서 비단옷이 만들어지기까지의 전 과정을 상세하게 보여주고 있는데, 이 과정을 이렇게 상세하게 설명해 주는 곳은 이곳이 유일하지 않을까 합니다. 따라서 비단에 관심이 많은 사람은 꼭 들러야 할 곳 같습니다. 그런데 역시 문제는 서울에서 너무 멀다는 것입니다.

국립민속박물관에는 모든 전통 한복이!

그렇지만 한복을 체험할 수 있는 곳은 서울에도 있습니다. 우선 가야 할 곳은 국립민속박물관입니다. 이곳을 가야 할 이유 중의 하나는 이곳에 가야 정식으로 된 정통 한복을 만날 수 있기 때문입니다. 다시 말해 전통에 충실한 한복을 볼 수 있다는 것이지요. 이곳에는 따로 복식 전시실이 있는 것은 아니지만 중요한 한복은 모두 전시되어 있습니다. 예를 들어 한국인의 일생을 설명하고 있는 방에 가면 어린이의 색동옷부터 혼례 옷, 관복, 환갑잔치 때 입는 곳, 심지어 수의까지 다양한 옷을 만날 수 있습니다.

가장 인상적인 옷은 여름에 입는 모시 저고리 치마와 겨울에 입는 누비저 고리 등인데, 이렇게 훌륭한 옷은 이곳이 아니면 쉽게 볼 수 없습니다. 그리 고 이 박물관이 좋은 것은 접근성이 매우 뛰어나다는 데에 있습니다. 서울 시내 중심부에 있으니 아무 때나 갈 수 있어 좋습니다. 경복궁과 연결되어 있 어 더욱 좋습니다.

광장시장 한복문화체험관에 가면

사실 고궁 근처에는 한 집 걸러 한 집 정도로 한복대여점이 많은 관계로 관 광객들이 한복을 체험할 수 있는 기회는 얼마든지 있습니다. 그러나 앞서 보 았듯이 이 한복들은 전통에 준수해서 만들어진 게 아니므로 이 옷을 통해서 한복을 이해하면 안 됩니다. 그런데 한복대여점이 갖고 있는 이 같은 약점을 넘어설 수 있는 나름대로 좋은 기관이 있습니다. 바로 '광장시장 한복문화체 험관' 같은 곳을 예로 들 수 있겠습니다.

이곳은 광장시장 안에 있으니 접근성이 아주 뛰어납니다. 이곳에 가보면 한복 종류도 매우 다양한 데다가 많은 종류의 민속공예품을 팔고 있는 것을 알 수 있습니다. 그리고 용상이나 꽃담 등 다양한 포토존을 만들어놓아서 기념이 될 만한 사진을 찍을 수 있습니다. 이곳에 가면 굳이 고궁이나 한옥 마을에 가지 않더라도 한복과 함께 좋은 추억을 만들 수 있을 겁니다.

13장

한국의
음식 문화

서서히 부상하는 또 하나의 한류, 한식

- 한식이 어떤 음식이냐고 물어본다면
- 간략하게 보는 한식의 역사, 무슨 일이 있었나?
- 세계인이 주목하는 현대 음식과 거리 음식 열전

한국은 문화대국인 중국과 일본 사이에 끼어 있어 그 문화가 안타깝게도 '패싱'당하기 일쑤였습니다. 이것은 음식 분야도 마찬가지였지요. 중화요리나 일식은 주지하다시피 진즉에 세계적인 음식이 되어 오래전부터 세계인의 각광을 받았지만 한식은 안타깝게도 그 사이에서 별 관심을 받지 못했습니다. 최근까지도 한식은 김치, 불고기, 갈비, 비빔밥 정도만 알려져 있었습니다. 그외의 많은 훌륭한 음식들은 안타깝지만 인지도가 낮았습니다. 게다가 한식은 염도가 높은 국물 음식이 많고 마늘 냄새가 강하다는 등의 이유로 중화요리나 일식과 같은 세계적인 음식이 되기는 어렵다는 평을 받기도 했습니다.

그러나 21세기가 되어 한국이 경제적으로 대국이 되고 특히 '한류'라는 이름으로 한국 문화가 세계적인 인기를 끌면서 한식에 대한 평가가 이전과는 사뭇 달라졌습니다. 한식의 진가가 서서히 알려지기 시작한 것입니다. 한식은 어느덧 중화요리나 일식의 반열에 올라 있습니다. 아니 어떤 면에서는 우뚝합니다.

한식이 어떤 음식이냐고 물어본다면

떠오르는 한식 열풍의 뚜렷한 예가 고추장입니다. 한국인들은 어느 민족보다 고추를 사랑해 고추로 장(고추장)을 만들어 먹었습니다. 이렇게 고추장은 한국에만 있는 장이라 한국인조차 이것이 세계적인 음식이 될 것이라고는 예상하지 못했습니다. 그러나 현재 고추장은 세계인의 큰 주목을 받고 있습니다. 매운 소스로 가장 인기 있는 태국의 스리라차 소스의 자리를 넘보고 있다는 이야기가 있을 정도이지요.

해외 현지 마켓으로 간 고추장, 김치
고추장의 인기가 어느 정도일까요? 미국의 경우를 보면 슈퍼마켓에서는 '미국 기업'이 만든 다양한 고추장들이 많이 팔리고 있습니다. 가장 한국적인 식품인 고추장을 한국 기업이 아닌 미국 기업이 만들어 팔고 있다니 격세지감을 느낍니다.

그런가 하면 한국인이 만든 매운 파우더가 세계적인 인기를 끌고 있습니다. '김치 시즈닝'이라는 식품을 들어보셨나요? '김치 시즈닝'은 2021년도 전반기에 아마존에서 파우더계의 절대 강자인 일본의 '시치미七味'를 제치고 칠리 파우더 부문 판매량 1위에 올랐습니다.

그 외에도 한류 드라마나 영화의 영향으로 인기를 얻었던 한국 음식도 꽤 있습니다. 예를 들어 영화 〈기생충〉에 나온 '짜파구리'는 말할 것도 없고 드라마 〈별에서 온 그대〉에 소개된 치맥, 〈사랑의 불시착〉에 나온 국수, 〈이태원 클라쓰〉에 소개된 순두부찌개 등이 세계인의 주목을 끌었습니다. 이렇게 세계적인 주목을 받고 있는 한식은 팝, 드라마, 영화 등과 더불어 앞으로 또 하나의 한류를 형성할 가능성이 큽니다.

그렇다면 우리는 한식이 과연 어떤 음식인지에 대해 기본적인 지식을 갖고 있을 필요가 있을 것입니다. 이때 가장 먼저 나올 수 있는 질문은 아마도 한식은 도대체 어떤 음식인지, 그 정의에 관한 것이지 않을까요? 그런데 한국인들은 한식에 너무 익숙한 나머지 한식을 어떻게 정의해야 하는지 잘 모르는 경우가 많습니다.

밥! 밥! 밥! 밥이 있어야 완성되는 한 끼

한식에는 수많은 종류의 요리가 있지만 가장 간단하게 정의한다면 '한식은 밥이다'라고 할 수 있습니다. 이때 밥은 '쌀밥cooked rice'이 아니라 '식사meal'를 뜻합니다. '밥 먹으러 가자!' 혹은 '밥 한번 먹자!'라는 말을 많이 하지 않습니까? 그러니까 밥은 쌀을 말하는 것이 아니라 '한 끼의 식사'를 의미한다는 것입니다.

한국인들은 왜 한 끼 식사를 '밥'이라 부를까요? 그것은 한식은 기본적으로 밥을 먹기 위해 차려지는 음식이기 때문입니다. 바로 여기서 한식의 모든

한식 한 상

특징이 파생됩니다. 이러한 사정은 밥상을 보면 금세 알 수 있습니다. 상 위에는 밥과 함께 국과 몇 가지 반찬이 놓이는데, 국과 반찬들은 모두 밥을 먹기 위해 차려놓은 것입니다. 밥 없이 국과 반찬만 먹는 경우는 없습니다. 이렇게 한식에서 밥은 언제나 중앙의 위치에 있습니다.

LIFE
#13

밥은 돈을 내고 사 먹어야 하지만 반찬은 공짜!

한식의 그다음 특징은 반찬을 한꺼번에 다 차려놓고 여러 사람이 함께 공유해서 먹는다는 것에 있습니다. 밥과 국은 각 개인의 것이 있지만 반찬은 식사에 참여한 사람들이 같이 나누어 먹습니다. 이것은 개인의 음식이 철저하게 구분되어 있는 양식이나 일식과 대조를 이루지요.

　이러한 특징과 관련해 외국인들이 한식당에 가면 놀라는 일이 있습니다. 손님이 요구하면 밑반찬을 공짜로 계속해서 제공하는 것 말입니다. 외국인이 보기에 반찬은 하나의 요리입니다. 그런데 이를 추가로 주문할 때 돈을 받지 않으니 이상한 것입니다. 한식에서는 어떻게 이런 일이 가능할까요?

한국인들의 뇌리에 반찬은 별도의 요리가 아니라 밥에 부속된 것으로 각인되어 있기 때문입니다. 그래서 밥이 있는 한 반찬은 무료로 계속 제공되어야 합니다. 그러나 밥은 주식이기 때문에 밥 한 공기(그릇)를 더 주문하려면 반드시 돈을 내야 합니다. 가격 면에서 보면 반찬이 밥 한 공기보다 훨씬 비싼데도 말이지요. 반찬에 가격을 매기지 못하는 것은 밥을 중시하는 한국인들의 이러한 독특한 식습관 때문입니다.

한국인의 국(물) 사랑과 숟가락

이번에는 한식의 도구를 살펴볼까요? 한식에는 반드시 수저, 즉 숟가락과 젓가락이 동반됩니다. 그중에서도 숟가락이 특히 중요한데요, 그 이유는 밥과 국을 먹을 때 숟가락이 반드시 필요하기 때문입니다. 이것은 젓가락을 중시해서 숟가락을 잘 쓰지 않는 일식이나 중화요리와는 대조를 이룹니다.

수저 문화와 관련한 한식의 또 다른 특징은 밥과 더불어 국이 대단히 중요시된다는 것입니다. 한국인처럼 국(그리고 찌개)을 좋아하는 민족도 없을 듯합니다. 설렁탕이나 김치찌개처럼 한국인들이 애호하는 음식들을 보면 그들이 얼마나 국물이 있는 음식을 좋아하는지 알 수 있습니다. 이런 국물 음식을 먹기 위해서는 숟가락이 꼭 필요합니다.

한국인은 발효음식의 달인

한식의 그다음 특징은 발효음식이 많다는 것입니다. 이는 한식에 장문화가 매우 발달했다는 사실 하나만 보아도 알 수 있습니다. 한식에서는 특히 국을 끓일 때 간을 맞추기 위해 쓰는 간장이나 된장, 그리고 고추장과 같은 장이 매우 발달했습니다. 물론 반찬에도 발효음식이 많습니다. 그중에 대표적인 것은 말할 것도 없이 김치입니다.

고추장이 나온 것도 한국인들이 발효식품을 좋아한 결과일 것입니다. 한식을 수준 높은 음식으로 평가하는 사람들이 주목하는 것도 한식에 발효식품이 다양하다는 사실 때문입니다.

발효식품은 영양과 건강 면에서 아주 뛰어난 효능을 갖고 있습니다. 특히 건강 유지에 도움이 되는 유산균을 많이 만들어냅니다. 유산균은 장에 나쁜 균이 번식하지 못하게 하고 좋은 균이 자랄 수 있게 해주어 내장을 깨끗하게 만들어줍니다. 그뿐만 아니라 발효식품은 우리 몸을 유지하는 데에 없어서는 안 될 효소를 많이 만들어내지요.

발효식품의 장점은 더 있습니다. 식품을 발효시키면 오랜 기간 동안 저장할 수 있을 뿐만 아니라 초기의 신선도를 더 오래 지속할 수 있습니다. 그 좋은 예가 김치입니다. 김치가 신선한 상태로 오래 지속되는 것은 소금과 양념으로 배추를 발효시켰기 때문입니다. 또한 발효식품은 이미 소화가 진행된 음식이라 사람이 섭취해 소화하기에도 편합니다. 일례로 우유를 못 먹는 사람도 우유를 발효시킨 요구르트는 먹을 수 있지요.

8 : 2의 이상적인 건강 식단

한식의 마지막 특징으로 한식은 건강식이라는 사실을 들고 싶습니다. 건강식은 채소와 고기의 비율이 대체로 8 : 2라고 합니다. 한식(한국인이 집에서 먹는 가정식)이 바로 그렇습니다.

한식에 채소가 많은 것은 한 끼가 차려진 밥상을 보면 금세 알 수 있습니다. 반찬 대부분이 채소로 되어 있기 때문입니다. 주 반찬인 김치 말고도 나물이 많은 것이 그 사실을 방증해 줍니다. 나물은 한국식 샐러드라 할 수 있습니다. 2022년 현재, 소식에 따르면 한국의 나물이 해외에서도 크게 조명되고 있다고 합니다. 나물은 모두 채소로 만드는데, 생으로도 무치지만 주로 살짝 데치거나 삶은 후에 물기를 꼭 짜서 만들지요. 상에 오른 나물 반찬을 보면 양이 적어 보이지만 들어간 채소의 양은 엄청납니다. 그래서 한식은 매우 뛰어난 건강식이라 할 수 있는 것입니다.

여기에 약간의 고기가 차려집니다. 이때에도 한식은 많은 경우에 육류보다는 생선을 선호합니다. 생선이 육류보다 건강에 더 좋다는 것은 따로 언급할 필요가 없겠지요? 그런가 하면 한국인들은 고기 종류를 먹을 때에도 항상 많은 양의 채소와 같이 먹습니다. 삼겹살의 경우를 보면 쌈에 고기를 얹고 파, 마늘 등을 잔뜩 넣어 싸 먹지 않습니까? 이렇게 육류와 채소의 비율을 맞추어 먹는 것이 한국인들이 고기를 즐기는 전형적인 예라 할 수 있습니다.

간략하게 보는 한식의 역사, 무슨 일이 있었나?

현대 한국인들이 먹고 있는 한식을 보다 깊이 이해하려면 한식의 역사를 알아야 할 것입니다. 오늘날의 한식이 형성되는 데에는 몇 번의 전환점이 있었으니 그것을 중심으로 보겠습니다. 가장 먼저 살필 것은 몽골 지배기입니다. 그 이전에 대해서는 기록이 없어 잘 알지 못하기 때문에 이 시기부터 보는 것입니다.

몽골 지배기: 고기와 소주의 유입

고려는 13세기 초반부터 14세기 중후반까지 몽골의 간접적인 지배를 받으면서 원으로부터 많은 영향을 받았습니다. 음식도 예외가 아니었지요. 이때 받은 영향 중 가장 중요한 것은 한식에서 육식 전통이 시작되고 소주라는 새로운 술을 받아들였다는 사실입니다. 한국인들은 몽골 지배기 이전에는 고기 먹는 법을 잘 알지 못했습니다. 몽골인들은 유목민이었기에 고기를 많이 섭취했는데, 그 음식 전통이 고려에 전달된 것이지요. 그렇다고 한국인들이 그 후에 고기를 많이 먹었다는 것은 아닙니다. 고기는 워낙 고가의 음식이라 서민들은 특수한 경우가 아니면 먹을 수 없었습니다.

한국인들의 육류 소비가 보편화된 것은 경제적으로 부유해진 1970~1980년대 이후의 일이었습니다. 육류 중에서도 한국인들의 삼겹살 사랑은 대단했습니다. 이 음식 전통이 계속 발전해 지금은 삼겹살이 대표적인 한식이 되었지요. 삼겹살 이외에도 한식을 대표하는 음식 가운데에는 불고기나 갈비 같은 고기 요리가 많습니다.

사실 한국 음식 가운데 대표적인 주자가 고기 음식이 된 것은 매우 이상한 일입니다. 고기를 별로 소비하지 않았던 한국인들이 이렇게 훌륭한 고기 요리를 만들었기 때문에 이상하다는 것입니다. 어떻게 이런 일이 가능했을까요? 그것은 아마도 한식에는 장 문화가 발달했기 때문일 것입니다. 한국식 고기 요리가 가진 특징 중의 하나는 고기를 맛있는 양념(장)에 하루 정도 재운 다음에 구워서 먹는다는 것입니다. 그렇게 되면 양념이 고기 안에 배어 다른 나라의 고기 요리에서는 잘 발견할 수 없는 깊은 맛이 납니다.

그런가 하면 한국인들의 뛰어난 양념(장) 전통은 다시 한번 닭고기 요리에서 그 진가를 발휘합니다. 한국인이 창시한 양념통닭은 세계 어디에도 없는 특유의 닭요리입니다. 여기서도 한식에서 양념장이 얼마나 중요한 자리를 차지하고 있는지 알 수 있습니다.

다음은 소주에 대해 보겠습니다. 현대 한국인들이 일반적으로 제일 좋아하는 술은 말할 것도 없이 소주입니다. 한국 소주(참이슬, 처음처럼)는 증류주 가운데 전 세계에서 가장 많이 팔리는 술로 정평이 나 있습니다. 이 소주가 바로 몽골이 고려를 지배할 때 한국에 처음으로 유입된 것입니다. 당시에 몽골군들이 주둔하고 있던 안동, 제주 지역 등에서는 소주 제조법이 민간에 전승되었는데, 그 후로 한국인은 소주를 빚어서 마셨습니다.

그 이전에는 한국인들이 증류주 만드는 방법을 몰랐기 때문에 발효주만 마실 수 있었지요. 여기서 발효주란 탁주(막걸리)나 청주를 말하는데, 한국인들은 이들보다 도수가 훨씬 높은 소주를 경험하면서 소주의 매력에 흠뻑 빠졌습니다. 그러나 소주는 증류를 할 때 비용이 많이 발생하기 때문에 상위 계층에 있는 사람들만 마실 수 있었습니다. 서민들은 대부분 탁주를 마셨지요. 어떻든 현대 한국인들이 소주를 즐기는 것은 이때 받아들인 몽골의 음주 전통의 영향이 크다고 하겠습니다(술에 대해서는 바로 다음 장에서 자세하게 다루니 상세한 설명은 잠시 미루기로 합니다).

임진왜란 이후: 한국인의 단짝, 고추와 배추김치

한식의 그다음 전환점은 임진왜란이 끝난 후, 17세기에 고추가 일본으로부터 수입된 사건을 통해 맞이합니다. 이 이후에 한식은 엄청난 변화를 겪습니다. 고추가 한국 밥상을 뒤덮기 때문입니다. 실제로 현대 한국인의 밥상을 보면 반 이상의 반찬에 고추(가루)가 들어간 것을 알 수 있습니다. 김치나 고추장은 말할 것도 없고 각종 볶음(제육볶음 등)이나 무침(더덕무침 등)류의 음식에도 고추가 들어갑니다.

고추가 들어오면서 한식을 대표한다고 할 수 있는 배추김치나 고추장이 생긴 것은 그만큼 한국인들이 고추를 좋아했기 때문일 것입니다. 특히 고추장과 같은 특정한 장을 새로이 만들어내는 것은 매우 어려운 일인데, 한국인의 고추 사랑이 이 같은 일을 가능하게 했습니다.

여기서 주목해야 할 음식은 김치입니다. 김치는 아예 한국을 상징하는 이미지로 자리 잡을 정도로 유명한 음식이 되었습니다. 2013년에는 '김치와 김장 문화'라는 명칭으로 한국의 김치가 유네스코 인류무형유산에 등재되기도 했습니다. 그런데 이 불세출의 음식이 지닌 역사가 100여 년밖에 안 되었다고 한다면 많은 사람들이 놀랄 것입니다. 김치 중에서도 가장 유명한 배추김치는 100여 년 전에 중국(청)에서 배추가 들어온 다음에야 만들어졌으니 상당히 새로운 음식이라 할 수 있습니다.

김치는 채소(배추 등)를 원래의 신선한 상태로 꽤 오랫동안 먹을 수 있다는 것이 그 특징 중의 하나인데, 이것은 김치의 저장성이 뛰어난 덕분일 것입니다. 김치의 저장성이 뛰어난 것은, 물론 김치를 지하에 묻어놓고 먹었기 때문에 가능했지만 고추와 소금의 역할도 큽니다. 고추와 소금이 배추를 발효시켰기 때문에 오랜 기간 저장할 수 있는 것이지요. 또한 김치는 뛰어난 영양도

배추김치를 담그는 모습

갖고 있습니다. 특히 비타민 C를 많이 함유하고 있어 비타민이 부족한 겨울
에 좋은 식품으로 꼽힙니다.

　김치에는 많은 양념이 들어가기 때문에 영양이 풍부한 완전식품처럼 보입
니다. 따라서 김치를 다른 음식과 섞으면 새롭고 맛있는 음식으로 재탄생하
게 됩니다. 예를 들어 밥맛이 없을 때 밥에 김치만 넣고 볶아도 아주 맛있는
음식이 되고, 빈대떡을 만들 때 반죽에 김치만 넣어서 구워도 훌륭한 전이

됩니다.

　김치는 종류도 많습니다. 수백 종류가 있지요. 이러한 김치의 거의 모든 것을 체험하려면 서울 인사동에 있는 '뮤지엄 김치간'을 가면 됩니다. 이곳은 식품전문회사(풀무원)가 만들었는데 그 역사가 수십 년이 됩니다. '뮤지엄 김치간'은 CNN 선정 세계 11대 음식 박물관 중의 하나라고 하지요.

팬과 가스레인지의 유입: 한식의 상징 불고기의 탄생

한식이 겪은 그다음의 큰 변화는 프라이팬(불판)과 가스레인지의 유입입니다. 음식을 만들 때에는 그 재료도 중요하지만 조리 도구도 그 못지않게 중요합니다. 한식은 이 두 가지 도구가 유입되면서 파천황破天荒적인 변모를 겪습니다. 오늘날 한식의 대표 주자처럼 되어 있는 음식 가운데 상당수가 바로 이 도구들 덕에 가능해졌기 때문입니다.

　두말할 것도 없이 불고기나 갈비 등은 이 두 도구가 없으면 만들 수 없는 음식입니다. 또 돼지갈비니 닭갈비니 하는 음식도 사정은 마찬가지입니다. 그런가 하면 한국의 전(빈대떡) 문화 역시 모두 이 두 도구 덕에 가능하게 된 것입니다. 파전은 특히 세계 10대 팬케이크의 반열에 오르기도 했는데 이 음식 역시 불판이 아니면 나올 수 없는 음식이라는 것은 너무나도 자명한 사실입니다. 심지어 우리가 손쉽게 해 먹는 '계란후라이'도 가스레인지 위에 불판을 놓고 만드는 요리이니 더 이상 할 말이 없겠습니다.

세계인이 주목하는 현대 음식과 거리 음식 열전

이런 과정을 거쳐 발전한 한국 음식은 20세기 중반이 되면서 많은 별식을 만들어냈습니다. 그리고 이 음식들은 거리에서도 많이 팔리게 됩니다. 이때 한국인의 식단에 생긴 가장 큰 변화 중의 하나는 라면의 탄생이 아닌가 합니다.

국민 1인당 소비량 세계 1등, 라면

문득 젊은 세대 가수인 악동뮤지션이 부른 「라면인건가」라는 노래가 생각납니다. 라면은 1960년대 초반에 한국에 소개된 매우 새로운 음식입니다. 당시 한국은 몹시 가난한 나라라 쌀이 부족했습니다. 그런데 미국으로부터 원조를 받은 덕분에 밀가루는 많이 보유하고 있었지요. 한국 정부는 이 많은 밀가루를 소비하고자 밀가루로 만드는 분식 요리를 장려했습니다. 그러한 노력의 하나로 나온 결과가 바로 일본으로부터 라면이라는 새로운 음식을 받아들인 것입니다.

당시 삼양식품이라는 회사에서 라면을 처음으로 출시했는데, 국수를 꺼리던 한국인들은 별 관심을 두지 않았습니다. 국물도 닭고기로 만든 어중간한 맛이라 한국인들의 입맛을 잡지는 못했습니다. 그래서 판매가 부진했습니다. 그런데 타개책으로 라면수프에 고추를 넣어서 맵게 만들자, 그때부터 라면이 인기를 끌기 시작했습니다. 매운맛을 좋아하는 한국인들의 입맛에 부합되기 시작한 것입니다. 그 후에 서서히 라면 소비량이 늘어 현재는 세계에서 국민 1인당 라면을 제일 많이 먹는 국가의 순위를 다투고 있습니다.

이런 과정에서 많은 명품 라면이 만들어졌는데 그중에서 '신라면'의 지위는 독보적이라 하겠습니다. 오랫동안 판매 1위의 자리를 지키고 있으니 말입니다. 흥미로운 것은 신라면은 수프에 고추를 많이 넣어 국물을 아주 맵게 만들었다는 사실입니다. 한국인의 매운맛 사랑이 다시 일을 낸 것이지요. 또 해외에서는 없어서 못 판다는 '불닭볶음면'은 어떤가요? 이 라면도 매운맛으로 승부를 본 것인데, 고추를 사랑하는 한국인이 또 명품 라면을 만들어낸 것이라 하겠습니다.

한식에서 라면의 위치는 독특합니다. 별식別食으로 시작한 것이 이후 상식常食이 되었기 때문입니다. 이것은 한국인이 라면을 한 끼 식사로 간주하고 있다는 것을 의미합니다. 별식이 상식이 되는 경우는 그다지 자주 일어나는 일이 아닙니다. 한국인이 떡볶이를 매우 사랑하지만 떡볶이가 한 끼의 식사

라면

를 대신하지는 못하지요. 이와는 달리 라면은 밥의 자리를 꿰차서 훌륭한 한 끼의 식사가 된 것입니다. 그래서 그런지 한국인들은 해외여행을 갈 때면 고추장과 라면을 챙기는 경우가 많습니다. 현지 음식에 적응하지 못할 때를 생각해 한 끼를 대비하는 것이지요. 이렇듯 라면은 수입 식품이었지만 이제는 완전히 한국 음식이 되었습니다.

특별한 날 먹던 맛있는 한국 짜장면

외국에서 들어와 완전히 한국화된 음식 가운데 짜장면을 빼놓을 수 없을 것입니다. 짜장면은 문화체육관광부에서 2006년에 제정한 100대 한국 문화 상징 가운데 유일하게 들어간 외래 음식입니다. 한국인들이 워낙 짜장면을 좋아하기에 가능했던 일입니다.

짜장면은 인천에 있는 차이나타운에서 팔던 중국 국수(작장면)가 변화된 것인데, 언제 지금과 같은 형태로 바뀌었는지는 확실하게 알지 못합니다. 한국의 짜장면이 중국의 작장면炸醬麵과 가장 다른 점은 소스에 있습니다. 중국 것은 기름에 튀긴 된장을 소스로 쓰는 반면 한국 것은 돼지고기와 채소, 그리고 춘장(중국식 된장)을 볶아서 만든 것입니다. 그리고 한국 것은 캐러멜 색

짜장면박물관의 외관과 실내
ⓒ 송혜나

소를 넣어 까맣게 만들었고 여기에 단맛을 보탰습니다. 그 결과 중국의 작장면과는 매우 다른 새로운 국수가 나왔습니다. 한국인들은 짜장의 단맛을 특히 좋아했던 것 같습니다.

짜장면과 관련해서 특이한 점은 또 있습니다. 그것은 지금처럼 배달 음식이 풍부해지기 전까지 가정에 배달되는 음식에는 중화요리, 그중에서도 짜장면이 거의 유일했다는 사실입니다. 그래서 한국인들이 짜장면을 더 많이 찾은 것일 테지요.

짜장면에 대해서 자세하게 알고 싶다면 반드시 가봐야 할 곳이 있습니다. 인천 차이나타운에 있는 '짜장면박물관'입니다. 이 박물관은 한국 최초의 중국 음식점인 '공화춘'의 건물을 그대로 사용하고 있습니다. 이곳을 방문한 사람들은 결코 실망하지 않습니다. 한국인 모두에게는 짜장면과 연관된 추억들이 있기 때문이지요.

옆구리가 터져도 맛있는 김밥

한국에는 다른 나라와 마찬가지로 길거리 음식도 많이 발달했습니다. 그 대표적인 것이 김밥, 떡볶이, 순대, 어묵, 빈대떡 등입니다. 우선 김밥을 보면, 이

김밥

음식은 예전에는 소풍갈 때나 먹을 수 있는 별식이었습니다. 그런데 지금은 라면처럼 일상의 음식이 되었습니다. 이제는 김밥으로도 한 끼를 때우는 한국인이 많아졌습니다. 게다가 그 가짓수를 다 셀 수 없을 만큼 다양한 김밥과 수많은 김밥집이 생겨났고 체인점도 많이 생겼습니다. 바야흐로 한국은 김밥의 나라가 된 느낌마저 받습니다. 2000년도 말 기준으로 김밥 전문 체인점이 4만 5000여 개나 되었다고 하니 그 인기를 알 만하겠습니다.

김밥의 기원에 대한 설은 분분합니다만 일본의 스시도 유력한 설 가운데 하나입니다. 그런데 일본 것은 한국 것과 많이 다릅니다. 일본 김밥은 대체로 한 가지 재료만 넣고 만든 날씬한 그것을 간장에 살짝 찍어 먹습니다. 그에 비해 한국 김밥은 취향에 따라 간이 되어 있는 다양한 재료를 넣어 두툼하게 길쭉한 모양으로 돌돌 말아 만듭니다. 그래서 옆구리가 터지기 일쑤이고 김밥마다 맛도 모양도 천차만별입니다. 바로 이 점이 한국 김밥의 특징이라 하겠습니다.

영원한 소울푸드, 떡볶이

김밥과 더불어 한국인의 영원한 간식처럼 인식된 음식이 있습니다. 그것은 바로 떡볶이입니다. 여기서 우리는 한국인의 남다른 쌀 사랑 정신을 읽을 수

떡볶이

있습니다. 한국인들은 쌀을 좋아한 나머지 다양한 떡을 만들어냈고, 더 나아가서 또 다른 차원의 요리인 떡볶이를 만들어냈습니다.

떡볶이에도 여러 종류가 있습니다. 가장 먼저 나온 것은 '기름간장 떡볶이'입니다. 이 떡볶이는 서울 통인시장에 가면 지금도 맛볼 수 있습니다(이 음식에 대해서는 다른 장에서 서촌에 대해 다룰 때 소개할 예정입니다). 그런데 현대 한국인들이 가장 많이 먹는 떡볶이는 기름간장 떡볶이가 아니라 붉은 떡볶이입니다. 소스가 붉어서 이렇게 부르는 것인데, 이것은 고추(고추장, 고춧가루)를 주재료로 삼았기 때문입니다. 여기서 우리는 다시 한번 한국인의 고추 사랑을 느낄 수 있습니다. 한국인은 고추를 유독 좋아해서 어느 음식이든 고추를 넣어야 음식이 완성된다는 생각을 가진 듯합니다. 그런데 떡볶이는 맵기만 한 것이 아닙니다. 매콤하면서도 달콤한 맛이 나는 것이 떡볶이가 지닌 큰 매력이 아닐까요?

그리고 '김떡순' 씨와 '라튀떡' 씨!

그다음으로 많이 먹는 거리 음식은 순대나 어묵일 것입니다. 그런데 이들은 아직 외국인의 레이더에는 잡히지 않은 모양입니다. 순대나 어묵이 맛있다고 강하게 의견을 표방한 외국인을 찾아보기 힘들기 때문이지요.

LIFE
#13

다양한 길거리 음식

그렇지만 비슷한 유에 속하는 빈대떡은 외국인들에게 진즉부터 많은 인기를 끌고 있습니다. 빈대떡과 관련해서는 서울 광장시장이 가장 많이 거론됩니다. 그러나 한국의 전통 시장 가운데 빈대떡을 팔지 않는 곳은 없습니다. 전국 어느 곳이든 시장을 가면 빈대떡을 먹으며 한국의 전 문화를 다양하게 체험할 수 있습니다.

한국인들은 위에서 본 라면, 김밥, 떡볶이, 순대 등의 별식을 가지고 환상적인 한 상 차림의 조합을 만들었습니다. 김밥과 떡볶이와 순대를 엮어 누군가의 이름인 양 '김떡순'이라 부르는데 전국에 '김떡순'이라는 상호의 분식집도 참 많습니다. 튀김을 조합한 '라튀떡' 메뉴도 있는데 어떻든 라면과 떡볶이는 별식의 최강자임에 틀림없습니다. 저는 이들 조합에서 한국인의 거리 음식이 완성되는 느낌을 받습니다.

14장

한국의
전통 술

한국인의 남다른 술 사랑

- 한국 술의 간추린 역사, 막걸리부터 소주까지
- 효심으로 집에서 빚은 술, 가양주의 출현
- 전통 술을 폭넓게 체험할 수 있는 곳을 찾아

한국의 회사원들은 저녁에 회식할 때 가장 좋아하는 음식으로 '삼겹살에 소주 한잔'을 든다는 이야기가 있습니다. 또 한국 드라마나 영화를 좋아하는 외국인들이 많이 하는 질문이 있습니다. '한국인들이 식당에서 음식을 먹을 때 항상 녹색 병에 든 물을 마시는데 그게 무엇이냐'는 것입니다. 한국인들은 그게 소주병이라는 것을 금세 압니다. 한국인은 워낙 소주를 즐겨 마시기 때문에 그런 의문을 가지지 않지만 한국인들의 이런 모습이 생소한 외국인들은 그게 무엇인지 궁금했을 겁니다.

한국인들이 소주를 얼마나 많이 마시는지는 통계 자료에도 나옵니다. 영국의 주류 전문 매체인 ≪드링크스 인터내셔널Drinks International≫에 따르면 2021년을 기점으로 지난 20년 동안 가장 많이 팔린 증류주는 '진로'(참이슬)라고 합니다. 이와 더불어 전 세계 판매량에서 3, 4위를 기록하는 '처음처럼'까지 포함하면 한국인의 소주 소비량은 엄청납니다. 그러면 한국인은 소주를 언제부터 마셨을까요? 또 소주는 한국인이 아주 좋아하는 술인 막걸리와는 어떤 관계가 있을까요? 그런가 하면 최근 수십 년 사이에 나타난 다양한 술, 즉 문배주나 안동소주, 백세주 같은 명주들은 정체가 무엇일까요? 술과 관계해서 이렇게 많은 질문이 쏟아집니다. 이 질문에 대한 답을 찾으면서 이번에는 한국의 전통 술 문화에 대해 살펴보았으면 합니다.

LIFE #14

한국 술의 간추린 역사, 막걸리부터 소주까지

한국의 전통 술을 크게 나누면 발효주인 막걸리와 청주(약주), 그리고 증류주인 소주로 나눌 수 있습니다. 그래서 지금도 한국인들은 막걸리와 소주를 가장 많이 마시고 있습니다. 원래 한국인들은 고래로 같은 뿌리를 갖고 있는 막걸리와 청주를 마셔왔습니다. 그러다 원(몽골)이 고려를 지배하던 고려 말에 소주가 소개되면서 소주를 마시기 시작한 것인데 그렇게 보면 소주도 역사가 상당히 오래되었다고 할 수 있습니다.

발효주만 마셨던 한국인: 서민은 막걸리, 양반은 청주

한국인들이 소주가 소개되기 전까지 막걸리와 청주를 마셨던 이유는 증류하는 방법을 몰랐기 때문입니다. 그래서 막걸리나 청주 같은 발효주만 마신 것이지요. 막걸리와 청주는 제조법이 같은데, 독자들의 이해를 돕기 위해 제조법을 아주 간단하게 보면 다음과 같습니다. 찐 쌀에 누룩을 넣고 물을 적당량 넣은 다음 발효시키면 막걸리가 됩니다. 이렇게 발효를 한 번만 한 것을 '단양주單釀酒'라고 하는데, 이게 바로 막걸리이지요. 그러나 청주는 이것과 조금 다릅니다. 청주는 이렇게 발효시키고 한 번 더 발효시키기 때문입니다.

이렇게 두 번 발효하는 이유는 술을 더 맑게 만들고 알코올 도수를 높이기 위함이지요. 발효를 한 번만 하면 알코올 도수는 6~8도 정도가 되는데, 여기에 다시 쌀과 누룩을 더해 두 번째 발효를 시키면 알코올 도수가 12~16도까지 올라갑니다. 이 상태의 술이 청주이지요. 그다음에 세 번째로 발효시키면 알코올 도수가 조금 더 올라가기는 하는데, 아무리 그렇게 해도 20도 이상 올라가는 것은 힘들다고 합니다. 이유는 알코올을 만들어내는 효모균이 알코올 도수가 높으면 활동을 하지 못하기 때문이라고 하더군요. 우리 주위에서 가장 흔하게 발견할 수 있는 청주로는 '청하'나 '백화수복'이 있는데 이술의 도수는 모두 10도 초반입니다.

이렇게 보면 청주는 막걸리보다 고급술인 것을 알 수 있는데, 그 때문에 과거에 한국의 서민들은 막걸리를, 돈이 있는 양반은 청주를 마셨습니다.

증류주(소주)를 처음 맛본 한국인

이러하던 한국인의 음주 풍속이 달라진 것은 원이 고려를 지배한 다음부터였습니다. 원으로부터 술을 증류하는 법을 배운 것입니다. 술을 증류하면 알코올 도수가 40도 이상이 되어 매우 센 술을 마실 수 있게 됩니다. 이렇게 만든 소주를 마셔본 한국인들은 이 술에 빠져버립니다. 발효주만 마시다 증류주를 접하면 신세계가 펼쳐지기 때문입니다. 이 말이 무엇을 뜻하는지는 술을 즐겨 마시는 사람들은 곧 알아들을 겁니다. 증류주를 마실 때의 화끈함을 잊을 수 없는 것입니다. 어떻든 이렇게 해서 소주 전통이 한국인들의 음주 문화 전통 안으로 들어왔는데 그 흔적은 지금도 찾아볼 수 있습니다.

일상으로 마시는 소주는 희석식 소주

그런데 현대 한국인들은 증류주로서의 소주가 존재한다는 것을 잘 알지 못했던 것 같습니다. 그들이 일상에서 접했던 소주는 주정酒精에 물을 타서 만든 희석식 소주였습니다. 이런 소주 가운데 가장 유명한 소주가 바로 '진로'이지요.

그런데 이 소주는 쌀 같은 곡식을 발효시켜 그것을 증류해서 만든 순수한 증류주가 아니었습니다. 이 희석식 소주는 동남아 등지에서 사탕수수나 타피오카 같은 재료를 가지고 발효시켜 그것을 증류해서 만든 것인데, 이때 행하는 증류는 한 번에 여러 번을 동시에 할 수 있는 '연속식 증류기'에서 한다고 합니다. 이 같은 증류법을 사용하면 원재료의 맛과 향은 사라지고 알코올 도수가 90도 안팎인 매우 센 술이 되기 때문에 여기에 다량의 물(그리고 약간의 화학제품)을 넣어 희석하는 것입니다. 이렇게 술을 만들면 맛과 향은 찾기 힘들지만 저가로 대량 양산할 수 있기 때문에 대중적인 술을 만들 수 있는 것이지요.

LIFE
#14

그렇게 해서 나온 술이 앞에서 말한 '진로'였는데, 처음에는 알코올 도수가 30도나 되어 상당히 높았던 것을 알 수 있습니다. 그러나 한국인들은 이 술이 향이 없으면서 독하기만 하고 쓴맛이 나 그다지 좋아하지 않았습니다. 그보다는 비록 텁텁하지만 나름의 향과 맛을 지닌 막걸리를 선호했습니다. 그러던 차에 정부에서 쌀이 부족해 그 소비를 줄이려고 쌀로 술을 만드는 것을 일절 금지했습니다. 이것이 1965년에 시행된 '순곡주 제조 금지령'입니다.

그러자 막걸리는 다른 곡물을 이용해서 만들 수밖에 없었고, 그 결과 막걸리의 질이 급격히 떨어지게 됩니다. 당시는 미국으로부터 밀가루를 원조 받고 있는 상황이라 밀가루로도 막걸리를 만들기 시작했는데 이게 한국인들의 입맛에 맞지 않았습니다. 여기에다가 양조업자들이 발효 과정을 가속화하겠다고 막걸리에 카바이드 같은 광물을 넣는 경우도 있어 이래저래 막걸리의 질은 자꾸 떨어져 갔습니다. 상황이 이렇게 되자 사람들은 어쩔 수 없이 소주를 마시기 시작했는데, 그 추세에 발맞추어 업체에서는 소주의 알코올 도수를 25도로 내리고 맛과 향의 질을 높이기 위해 많은 노력을 했습니다.

효심으로 집에서 빚은 술, 가양주의 출현

한국인들은 이렇게 해서 희석식 소주를 마시기 시작했고 그 맛에 길들여져 있었는데, 언제부터인가 안동소주 같은 매우 센 소주가 등장하는 것을 목격합니다. 그리고 이 술은 증류주라는 말을 듣게 되는데, 알코올 도수가 매우 세서 한국인들은 이 술의 존재에 대해 처음에는 의아해했습니다. 이 소주도 종래에 마시던 희석식 소주처럼 '소주'라는 이름으로 불리는데 이 두 소주가 너무도 달랐기 때문이지요. 그런데 사실 이것은 바로 다양한 민속주의 출현을 알리는 신호였습니다. 그때까지 거의 소멸했던 지방 명주들이 서서히 다시 나타나기 시작한 것입니다.

왜 안동인가? 안동소주의 비밀을 찾아서

이 시점에서 우리는 왜 안동에서 소주가 나왔는가에 대한 의문이 생깁니다. 지금까지의 설은 이 지방이 원의 군대와 관계된다는 것입니다. 소주는 안동을 비롯해 개성, 제주도에서 산출되었는데 이 세 곳은 모두 원군이 주둔했던 지역이라고 합니다. 원군의 병참기지가 있었다고 하는데, 특히 안동이나 제주도에 원군이 있었던 이유는 일본을 정벌하기 위해 이곳에 기지를 만든 것이라고 합니다. 그 덕에 그 지역에 소주 만드는 전통이 뿌리를 내려 지금까지 면면히 계승되어 왔다는 것이지요.

소주는 원래 아랍 지방에서 생겨나서 몽골로 전해진 것이라고 합니다. 이 아랍 지방에서는 더운 기후 때문에 발효가 너무 진행되어 술이 식초처럼 시어지거나 쉽게 부패하기 때문에 증류주 만드는 기술이 발명되었다는 것입니다. 또 혹자는 아랍은 향수 만드는 기술이 발달되어 있었기 때문에 여기서 증류된 알코올을 얻는 것이 가능했을 것이라고 추측하기도 합니다. 이렇게 소주가 아랍 지방에서 들어왔기 때문에 이름에도 흔적이 남았는데, 예를 들어 개성에서는 소주를 '아락주'라고 불렀던 것이 그것입니다. 아랍어로 증류주를 '아락arak, عرق'이라고 불렀다고 하니 이 두 이름 사이에는 연관성이 분명히 있어 보입니다. 일설에는 이 아랍의 증류주 제조법이 십자군 전쟁 때 유럽에도 전파되어 위스키로 발전했다고도 합니다.

가양주와 지역 술의 등장

한국에는 지역마다 나름의 고유한 술이 있었습니다. 이런 술 가운데 특히 '가양주家釀酒'가 유명한데, 이것은 제사 전통과 관계됩니다. 조선은 잘 알려진 것처럼 전형적인 유교 사회입니다. 유교적인 사회에서는 조상 제사가 그 무엇보다 중요한 의례였습니다. 이 제사에서 가장 중요한 음식은 술입니다. 조상들에게 음식도 바치지만 술을 세 번 올리는 일은 무엇보다 중요했지요. 따라서 당시의 한국인들은 가장 좋은 술을 빚어서 조상들에게 올림으로써 자신들의 효심을 보여주려 했습니다. 그 결과로 나온 것이 가양주입니다. 앞에서 본 안동소주도 가양주의 일종이었을 것입니다. 안동소주가 부잣집을 중심으로 계승되었다는 사실이 안동소주가 가양주였을 것이라는 심증을 굳게 해줍니다. 이러한 가양주 중에 일반에게 가장 많이 알려진 술은 '경주법주'일 겁니다. 이 술은 경주의 최부잣집에서 만들던 술입니다. 제사 지낼 때 쓰려고 빚은 것인데, 그것이 상품화되어 지금은 누구나 마시게 된 것입니다.

그래도 한국인은 소주와 막걸리

이 같은 가양주 전통이 없어진 것은 일제 때부터입니다. 일제가 술에 세금을 붙이고 모든 주류를 약주나 탁주, 소주로 획일화시키면서 가양주가 사라진 것입니다. 그 뒤에 사람들은 일제에 의해 만들어진 대단위 양조장에서 제조된 술만을 소비하게 됩니다.

해방 뒤의 상황은 앞에서 말한 대로입니다. 쌀 소비 억제를 위해 지방에 있는 민속주나 가양주의 제조를 일절 금지했기 때문에 한국인들은 억지로 희석식 소주를 마시고 있었는데, 1990년대에 들어서면서 색다른 광경을 맞이하게 됩니다. 다양한 지방주들을 처음으로 만나게 된 것이지요. 이것은 1986년의 아시안 게임과 1988년의 올림픽을 맞이해서, 정부가 지방의 민속주를 살린다는 의미로 각 도에 그 지방에 전래되었던 술의 제조를 허용하면서 일어난 일입니다. 이때 '민속주 기능 보유자' 제도가 처음으로 시행되었습니다.

거기다 1990년대에 한국 경제가 발전하면서 정부가 쌀로 막걸리 만드는 것을 허용하자 막걸리의 질이 점차로 예전 수준을 되찾기 시작했습니다. 그 뒤에 꾸준히 주류에 대한 규제가 완화되면서 지금처럼 매우 다양한 술들이 등장하기 시작했습니다. 그 결과 지금은 실로 다양한 술이 제공되고 있지요. 물론 그래도 한국인들이 가장 많이 찾는 술은 막걸리와 소주입니다.

전통 술을 폭넓게 체험할 수 있는 곳을 찾아

지금 전국 지도를 보면 전통 술을 만들고 팔며 동시에 만드는 법을 가르쳐주는 곳이 넘치는 것을 알 수 있습니다. 자기네만의 고유한 술을 갖고 있는 곳은 모두 이 같은 일을 하고 있다고 보면 될 겁니다. 그러니 그런 곳이 얼마나 많겠습니까? 따라서 이 지면에서 그것들을 다 소개할 수는 없고, 이 가운데 좋은 예가 될 만한 것들을 골라 소개해 보려고 합니다. 그 외에도 자신이 특별히 관심을 갖고 있는 술이 있다면 그 술을 만드는 곳을 개별적으로 찾아가면 되겠습니다.

온오프라인에서 풍부하게 만나는 '전통주갤러리'

이런 곳 가운데 가장 먼저 추천하고 싶은 곳은 '전통주갤러리'라는 곳입니다. 이곳은 전통주의 가치를 널리 알리고자 농림축산식품부와 한국농수산식품유통공사가 같이 설립한 기관입니다. 이곳은 원래 서울 강남역 근처에 있었는데 현재(2023년)는 서울 북촌으로 옮겼습니다. 정부 기관에서 만들어서 그런지 전국에 있는 전통 명주들을 공평하게 소개하고 있다는 느낌을 받습니다.

이 기관의 홈페이지는 '더술닷컴'(thesool.com)이라는 웹사이트 안에 포함되어 있는데, 이 웹사이트 역시 앞에서 본 정부 기관이 만든 것입니다. 전통주갤러리를 방문하기 전에 이 사이트를 충분히 파악하고 가는 게 좋습니다. 그래야 오프라인 공간에 갔을 때 정확한 정보를 얻을 수 있습니다.

'더술닷컴' 사이트를 보면 전통 명주를 이보다 더 자세하고 풍부하게 소개해주는 사이트는 없다는 느낌을 받습니다. 이 사이트에서 취할 수 있는 가장 좋은 정보는 '찾아가는 양조장'이라는 코너에 나온 전국의 명주 양조장에 대한 정보와, '우리술 찾기' 코너에 나온 전통 명주에 대한 것입니다. 전국에 있는 수십 군데의 양조장을 사진으로 소개하고 있으니 여기서 관심 있는 양조장을 찾아 개인적으로 방문하면 됩니다. 그리고 '우리술 찾기' 코너에는 실로 다양한 명주들이 소개되어 있습니다. 이 코너에서는 우선 탁주, 약주(청주), 과실주, 증류주, 리큐르/기타주류로 분류를 해놓고 약 700개의 술을 각 코너에서 소개하고 있습니다. 그 면면을 보면 종류가 다양해 한국인이 만든 명주가 모두 나열되어 있다는 느낌이 듭니다. 개중에는 시중에서 쉽게 볼 수 있는 술도 있지만 그보다는 생전 처음 보는 술이 더 많은 것 같습니다.

이런 술들을 직접 보고 싶으면 전통주갤러리를 방문하면 됩니다. 이 갤러리는 최고의 전통주를 전시하고 있을 뿐만 아니라 그런 술을 판매도 하고 있어 더 방문하고 싶은 생각을 갖게 합니다. 또 전통주와 관련된 컨설팅도 해

LIFE
#14

준다고 하니 전통주와 관련해 사업을 하고 싶은 사람은 참조하면 좋겠습니다.

저는 이 기관이 강남에 있을 때 방문했는데, 그때(2021년 6월 말)는 마침 '한국 술 도서 기획전'을 하고 있어 전통주를 다룬 여러 책을 접할 수 있어 좋았습니다. 이러한 기획을 할 수 있는 것은 이 기관이 공공의 성격을 띠고 있기 때문일 것입니다. 개인이 세운 사적인 기관에서는 이런 기획은 엄두도 못 낼 터인데, 여기는 공적인 기관이라 수익과 관계없이 이런 일을 할 수 있는 모양입니다.

몇 개의 주목되는 기관들

다음으로 소개하고 싶은 곳은 '막걸리학교'인데, 이곳은 아마 서울에서 가장 역사가 있는 막걸리 제조 강습 기관일 것입니다. 이 기관에 대한 자세한 정보는 '막걸리학교' 홈페이지(soolschool.modoo.at)에서 찾아볼 수 있습니다. 이 기관은 이름에 학교를 내세운 데서 알 수 있듯이 막걸리 만드는 법을 가르치는 것을 기본 사업으로 하고 있습니다. 이 학교를 세운 허시명 씨는 학교의 교육 이념에 대해 '한국 술을 총체적으로 이해해 한국 문화를 선양하고 건전한 술 문화를 전파할 수 있는 유능한 사회인을 양성하는 것'이라고 매우 거창한 포부를 밝히고 있습니다. 이곳에서는 이 외에도 다양한 막걸리를 소개하고 주요 양조장을 답사할 뿐만 아니라 막걸리로 사업하려는 사람들을 교육하는 일도 하고 있습니다.

이와 비슷한 기관으로 '우리술 문화원 향음'(suul.org)이나 '한국가양주연구소'(suldoc.com), '한국전통주연구소'(www.ktwine.or.kr)나 전주에 있는 '전주전통술박물관'(urisul.net) 등 여러 곳이 있으니 독자들이 점검해 보고 관심이 생기는 곳을 방문하면 되겠습니다.

이런 곳도 있지만 자기 나름의 확실한 특색을 갖고 있는 소규모 양조장도 빠르게 늘고 있습니다. 이것은 2016년에 '주세법'이 개정되어 '하우스 막걸리' 양조가 허용되면서 생긴 현상인데, 이런 곳은 체계적으로 소개되어 있지 않아 개별적으로 찾아서 가야 할 것 같습니다.

이상이 서울에서 체험할 수 있는 막걸리 그리고 전통주 체험 공간인데, 지방에는 이보다 훨씬 많은 체험관이 있습니다. 명주 전통을 갖고 있는 지역은 반드시 양조장 및 명주 체험관이 있습니다. 예를 들어 안동소주의 본고장에는 '명인 안동소주 양조장'이 있습니다. 그런가 하면 한국에서 가장 오래된 음식 조리서라 할 수 있는 『음식디미방』을 쓴 장계향(안동 장씨)의 고향인 경상북도 영양에는 '음식디미방 전통주 체험관'이 있습니다. 이런 곳들은 전국에 널려 있으니 자신의 취향대로 방문하면 되겠습니다.

〈1박 2일〉도 방문한 '산사원'

이 같은 체험관 중에 제가 가장 인상 깊게 보았던 한 곳을 소개하려 합니다. 이곳은 '배상면주가'에서 운영하는 양조장으로, '산사원'이라는 이름으로 불리는 곳입니다. 소재지는 경기도 포천인데 차가 막히지 않으면 서울에서 한 시간이면 갈 수 있는 곳이라 접근성도 나쁘지 않습니다. 이곳을 강력하게 추천하는 이유는 이곳에서 전통주뿐만 아니라 전통문화까지 많은 것을 볼 수 있기 때문입니다. 이곳에서 가장 먼저 볼 것은 한국에서 최초(1996년)로 세워졌다고 하는 술박물관입니다.

이곳에는 술 만드는 도구뿐만 아니라 관련 고서적, 옛날 술 상표 등 술과 연관된 많은 자료들이 전시되어 있습니다. 이런 박물관은 자료 수집과 유지에 비용이 많이 들기 때문에 개인은 잘 운영하지 않는 법인데, 이 회사는 여기에 과감하게 투자했습니다. 이 옆에는 '누룩왕'이라 불렸던 고 배상면 선생이 모은 자료와 그와 관련된 물품들을 전시하는 공간이 있습니다.

배상면 선생이 만든 술 가운데 가장 많이 알려진 술은 '백세주'입니다. 이 배상면주가라는 회사는 배상면 선생의 자녀 삼남매 중 막내인 배영호 씨가 운영하고 있으며 대표적인 술로 '산사춘'을 꼽을 수 있습니다. 그는 동양 최고의 술문화 기업을 지향한다고 자신의 포부를 밝히고 있는데, 이 공간에서 우

산사원 세월랑
ⓒ 최준식

리는 그의 순수한 열정을 읽을 수 있습니다.

이곳에서 그다음으로 보아야 할 곳은 '세월랑'이라는 이름의, 술독들을 모아놓은 곳입니다. 어른 키만 한 술독이 수십 개 나열되어 있어 장관을 이루는데, 이 술독 안에서는 소주가 숙성되고 있습니다. 여기에는 이렇게 술과 관계된 것만 있는 것이 아니고 한옥과 연못도 눈에 뜁니다. 이 가운데 특히 한옥 건물들은 소쇄원이나 병산서원, 창덕궁에 있는 것을 모방해 만든 것으로, 상당히 잘 만든 한옥입니다. 또 고택의 쌀 창고를 옮겨 지은 것도 있어 참으로 볼 것이 많은 공간입니다. 그래서 이 한 곳만 방문해도 아주 훌륭한 답사가 되는데 이곳은 양조장이니만큼 술도 시음할 수 있어 재미를 더합니다.

전주에 가면 막걸리 골목이 있다는데

이처럼 우리에게는 전통주와 관련해서 방문할 곳이 많습니다. 이 장을 마치기 전에 매우 특이한 곳을 하나만 더 소개해 보겠습니다. 한국의 전통적인 음주 문화를 체험할 수 있는 곳으로, 전주에 있는 '막걸리 골목'이 그것입니다. 전주에는 아주 특이하게 막걸리를 파는 동네가 있는데, 가장 유명한 곳은 삼천동에 있는 막걸리 골목입니다. 이곳에서는 막걸리 값만 내면 안주는 무료로 제공되는 믿을 수 없는 서비스를 받을 수 있습니다. 안주도 한두 개만 나오고 마는 게 아니라 상 전체를 뒤덮을 정도로 많이 나옵니다. 이것은 과거 조선조의 음주 문화 전통을 이어받은 것이라 할 수 있겠습니다. 물론 조선시대에는 안주가 이 골목의 가게처럼 많이 나오지는 않았습니다. 그러나 술을 시키면 기본 안주는 무료로 제공되는 관습은 그대로 이어졌습니다. 이곳에서 제공되는 안주를 보면, 양이 많아 2층으로 쌓아놓을 정도니 놀랍습니다. 그런데 가격을 보면 꽤 저렴해서 그 가격에 어떻게 이 많은 안주가 제공되는지 놀라게 됩니다. 전국에서 이렇게 안주 인심이 좋은 곳으로는 이곳만한 곳이 없으니 막걸리 애호가는 한 번쯤 가봐야 할 것입니다.

LIFE
#14

15장

한국의 건축과 주거 문화

중국 가옥과 판연히 다른 형태인 한옥

- 한옥은 어떤 집인가? 온돌과 마루가 있는 집
- 주목받는 한국의 바닥 난방: 획기적인 온돌 난방법
- 한옥의 특별한 아름다움, 한지와 창호의 매력
- 다양한 한옥 체험 공간

현대 한국인들은 한국의 전통적인 '의식주' 문화 가운데 음식을 제외하고 나머지 복식과 거주문화는 완전히 서양식으로 바꾸었습니다. 현대 한국인들이 서양 옷을 입고 서양 집에 사는 데서 그것을 알 수 있습니다. 그러다 한국의 경제 사정이 좋아지자 한국인들은 자신들의 전통적인 건축에 관심을 두기 시작했습니다. 20세기 말부터 한국인들이 한옥의 매력을 되찾기 시작한 것입니다. 그전까지 한국인들은 현대화된 양옥이나 아파트에서 사는 것을 훨씬 더 선호했습니다. 그러다가 한국인들은 뒤늦게 한옥이 매우 격조 있는 집이며 친환경적이고 미적으로 아름다운 건축이라는 사실을 새삼스레 깨닫게 되었습니다. 한옥, 즉 이른바 기와집은 건설하고 유지하는 데에 비용이 많이 드는, 대단히 고급 건축이라 할 수 있습니다. 경제 사정이 좋지 않을 때는 한옥에 큰 관심을 가지지 못한 한국인들이 자신들의 경제적 여력이 한옥을 감당할 수 있는 정도가 되자 한옥을 찾기 시작한 것입니다.

한옥은 어떤 집인가? 온돌과 마루가 있는 집

이러한 정황은 서울의 북촌에서 가장 잘 알 수 있습니다. 북촌이 한국 제일의 한옥 밀집 지역이라는 것은 잘 알려진 사실입니다. 지금은 이 지역이 '핫스팟'이 되어 엄청난 부촌이 되었지만 1980년대까지만 해도 이곳의 한옥에 살던 사람들은 어서 집을 팔고 그곳을 탈출하고 싶어 했습니다. 왜냐하면 당시 살던 한옥은 여름엔 덥고 겨울엔 추운 데다가 주차는 안 되는 등 불편한 것이 한둘이 아니었기 때문입니다. 그러다 한옥의 가치에 눈을 뜬 한국인들이 이곳의 한옥을 구매해 개량하면서 한옥의 가치가 서서히 알려지게 됩니다.

그 후 이러한 풍조는 이웃 동네인 서촌으로도 이어졌고 전국적으로도 큰 반향을 일으킵니다. 그 결과 전주 한옥마을 같은 것도 생겨났고, 지방 곳곳에 한옥마을이 만들어졌습니다. 그리고 과거에는 극히 드물었던 한옥으로 된 여관 혹은 호텔이 우후죽순처럼 생겨나 전국적으로 성업하고 있습니다.

LIFE
#15

이전에 한옥 호텔 같은 것은 한국인의 뇌리에 존재하지 않았는데 이제 한옥 호텔은 최고의 '아이템'이 되었습니다. 그 결과 지금은 한옥에 살거나 머무는 것이 매우 고급문화처럼 여겨지게 되었는데, 여기에 한옥을 찬양하는 외국인들이 자생적으로 생겨나 한옥의 품격을 한층 더 높여주었습니다.

초가집도 있지만 한옥은 역시 기와집

이처럼 한국인들은 한옥을 접하거나 체험할 수 있는 기회가 많아졌습니다. 따라서 한옥에 대한 기본적인 정보는 알고 있어야 할 것입니다. 그런데 한국인들이 한옥을 말할 때는 으레 기와집만을 말합니다. 그러나 객관적으로 생각해 보면 전통 사회에서 기와집에 살았던 사람은 얼마 되지 않았고 대부분은 초가에 살았습니다. 따라서 한국인의 전통적인 건축 문화라고 하면 '초가'도 포함시켜야 합니다.

그런데 지금 한국인들은 과거의 주거 전통을 되살리려 할 때 기와집을 짓지 초가를 짓지는 않습니다. 초가는 짚으로 지붕을 만들어야 하는 등 현대와는 맞지 않는 면이 있어 우리의 논의에서 제외하려고 합니다. 이런 집은 민속촌 같은 데에서 간접적으로 체험하면 됩니다. 따라서 이 장에서 말하는 한옥은 '기와집'을 뜻합니다.

한옥이 중국 가옥이라고?

우선 한옥의 양식에 관한 것입니다. 모든 집은 양식을 갖고 있습니다. 그러면 한옥은 어떤 양식을 취했을까요? 한마디로 말해 한옥은 양식적으로 볼 때 중국 가옥과 유사합니다. 이런 말을 하면 깜짝 놀라는 한국인이 많습니다. '우리 한옥'은 한국 고유의 집인 줄 알았는데 중국 가옥이라고 하니 놀라는 것입니다.

그러나 '양식적으로 볼 때' 한옥은 중국으로부터 수입된 집입니다. 이것은 일본도 마찬가지입니다. 그들의 집도 기본적인 양식, 즉 겉모습은 중국 것입니다. 기본적인 구조, 즉 지붕과 기둥, 그리고 그 사이에 있는 중간 구조(결구結構)가 중국의 양식을 따르고 있기 때문입니다. 그래서 동북아시아의 건축에 대해 잘 모르는 외국인은 중국의 전통 건축과 한국의 그것을 구분하지 못합니다. 그들의 눈에는 이 두 건축물이 같은 것으로 보이기 때문입니다. 이 때문인지 중국인들이 한국에서 관광할 때 경복궁 등지에 가면 건물은 주의 깊게 보지 않습니다. 중국 것과 다르지 않다고 생각하기 때문이지요.

한옥은 중국 가옥이 아니다. 온돌과 마루가 있으니까!

그런데 이것은 겉만 보고 하는 소리입니다. 한옥은 외양은 중국적인 모습을 하고 있지만 안으로 들어가면 완전히 다른 집이 됩니다. 그러니까 내용이 다릅니다. 여기에서 한옥의 특장점이 나타납니다. 한옥은 기와집이든 초가든 기본적으로 온돌방과 마루로 되어 있습니다. 중국과 일본에는 이런 집이 없습니다. 아니, 세계 어디에도 이런 집은 없습니다. 집 안을 온돌과 마루로 만드는 것은 한옥의 독창적인 특징입니다. 중국 가옥과 구분되는 가옥을 구성하는 특징이 바로 이 온돌과 마루인 것입니다.

사실 이 두 요소의 조합은 있을 수 없는 것입니다. 두 요소가 상극적인 요소를 갖기 때문이지요. 집에 온돌을 깔면 난방을 하기 위해 불을 때야 합니다. 그런데 마루는 나무로 되어 있습니다. 나무가 불에 취약하다는 것은 세상이 다 압니다. 그래서 이 두 요소는 좀처럼 같이 쓰지 않습니다. 자칫하면 아궁이에서 나오는 불이 마루를 태울 수 있기 때문입니다. 그런데 한국에서는 이 불과 나무를 융합해 절묘한 조화를 만들어냈습니다.

한옥에서 나무와 불이라는 두 요소를 같이 쓰는 게 왜 환상적인 조합이라는 것일까요? 그것은 한옥이 한국의 계절에 맞게 지어졌기 때문입니다. 한국의 겨울은 대단히 춥습니다. 이 계절에는 사람들이 온돌방에서 생활합니다. 그런가 하면 여름은 습하고 덥습니다. 이때 한국인들은 시원한 마루에서 생활합니다. 이러한 생활법이 매우 단순하게 들리지만 비슷한 기후를 가진 일

온돌과 마루(전주 한옥마을)
ⓒ 송혜나

본이나 중국에서는 난방법이 한국과 달라 겨울에 춥게 지냅니다. 한옥의 온돌 난방법 같은 것이 없기 때문입니다. 온돌이 이렇게 유명해졌기 때문에 한옥 하면 온돌부터 떠올리게 되었습니다. 따라서 여기에서 온돌에 대해 조금 더 자세하게 보고 가면 좋겠습니다.

주목받는 한국의 바닥 난방: 획기적인 온돌 난방법

온돌 난방법은 추운 지방에서 주로 이용하는 난방법인데, 그 기원은 대체로 만주 지방으로 잡습니다. 그런데 그들이 쓰던 난방법은 한국인이 쓰던 것과 조금 다릅니다. 그들은 방 전체를 데우는 것이 아니라 잠자는 바닥만 데우는 방법을 썼습니다. 초기에 한국인들이 받아들인 것은 이 같은 난방법입니다. 그러다 서서히 방 전체를 데우는 식으로 발전했는데, 일반 서민들까지 이러한 난방법을 받아들인 것은 17세기 말이 되어서야 가능했습니다. 이런 일이 생긴 것은 16~17세기에 한반도 일대가 소빙하기에 들어갔기 때문이라고 합니다. 기온이 떨어지니 난방법에 변화가 생긴 것입니다. 이렇게 보면 방 전체를 데우는 현대 한국의 난방법은 매우 늦게 형성된 것임을 알 수 있습니다.

한옥 특유의 구운 돌 난방법

그런데 만주에서 발생한 난방법과 한국의 온돌은 서로 다른 점이 있습니다. 한국 온돌의 특장점은 돌을 구워서 그 열로 바닥을 데운다는 것입니다. 다시 말해 구들장을 깔고 그것을 불로 가열해서 난방하는 것인데 이러한 난방법을 가진 민족은 아마 없을 것입니다. 여기서 말하는 구들은 말 그대로 구운 돌을 뜻합니다. 그런데 이 온돌 난방법은 얼핏 보면 별것 아닌 것 같지만 사실은 복잡한 난방법입니다. 이 난방법에서 가장 중요한 것은 방 전체 바닥을 어떻게 골고루 따뜻하게 만드느냐는 것입니다. 그렇게 하기 위해서는 구들장의 두께를 가려서 깐다거나 뜨거운 연기가 가는 길인 고래를 과학적으로 조성해야 하는데 이 일이 대단히 까다롭습니다. 그래서 이 온돌 공사를 잘못하면 아랫목처럼 특정한 부분만 뜨겁고 방에는 찬 공기가 가득한 경우가 생깁니다.

그러나 공사가 잘 되면 방 전체를 따뜻하게 할 뿐만 아니라 손과 발을 비롯한 몸을 따뜻하게 해 건강에 매우 좋습니다. 특히 신발을 벗을 수 있기 때문에 발의 건강에 아주 좋습니다. 우리의 발은 외부 생활을 할 때 하루 종일 신발에 의해 압박받는데, 한옥에서는 자연스럽게 신발을 벗으니 발이 자유롭게 됩니다. 그래서 건강에 좋다는 것입니다.

LIFE
#15

난방과 요리를 동시에 하는 획기적인 난방법

온돌 난방법은 장점이 많습니다. 먼저 구들을 한 번 데우는 데에는 시간이 꽤 걸리지만 한 번 데우면 2~3일 동안 그 열기가 갑니다. 그동안은 다시 불

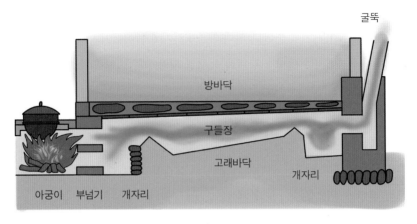

굴뚝

방바닥

구들장

고래바닥

아궁이 부넘기 개자리   개자리

온돌의 구조

을 때지 않아도 되니 땔감의 손실이 적습니다. 그래서 경제적이라 할 수 있는데 경제적인 이점은 또 있습니다. 세계의 다른 난방법들은 난방만 하는 경우가 많지만 온돌은 난방과 요리를 같이 합니다. 아궁이에서 불을 피워서 구들장을 데우면서 동시에 밥을 하는 등의 요리를 하는 것입니다. 한국인들은 이런 게 익숙해서 그 장점을 잘 모르는데 이것은 획기적인 것이라 할 수 있습니다. 이것은 부엌과 방을 붙여놓았기 때문에 가능한 것인데 여기서도 불과 나무가 조화를 잘 이룬 모습을 발견할 수 있습니다. 자칫 잘못하면 아궁이의 불이 가옥의 나무에 붙을 수 있기 때문에 일반적으로는 이 같은 식의 난방을 하지 않습니다. 그런데 온돌은 이 점을 잘 극복하고 나무와 불을 한 공간으로 끌어들였으니 대단하다고 할 수 있습니다.

여기서 온돌 난방법을 조금 자세하게 보는 이유는 현대 한국인들이 전통건축을 다 버리고(?) 서양식 집에서 살고 있지만 이 온돌 난방법 하나만은 버리지 않았기 때문입니다. 그런데 정확히 말하면 현대 한국인이 수용한 것은 '바닥 난방법'이지 온돌 난방법은 아닙니다. 온돌 난방법이라면 아궁이와 구들, 굴뚝이 있어야 하는데 요새 이런 난방법을 고집하는 사람은 없습니다. 한

(왼쪽부터) 아궁이의 모습, 땔감 넣기, 땔감의 타오름
ⓒ 최준식

국인들이 도시에 살고, 그중에서도 아파트 같은 서양식 집에 사니 전통적인 난방법을 고수할 수 없습니다. 그러나 그러면서도 그들은 바닥 난방법은 버리지 않았습니다. 이유는 간단합니다. 이 난방법이 너무 좋기 때문입니다. 그 때문인지 이 바닥 난방법은 외국에서도 많은 인기를 끌고 있다고 합니다.

한옥의 특별한 아름다움, 한지와 창호의 매력

한옥은 온돌 말고도 여러 특징을 갖고 있습니다. 우선 한옥은 친환경적인 소재를 써서 집을 만든다는 것입니다. 이것은 산업화되지 않은 전근대 사회에서는 당연한 일일 수 있는데, 한옥은 유독 자연에서 나오는 것들을 많이 사용합니다. 흙, 돌, 나무, 종이 등이 그것으로, 이 가운데에서도 한옥은 특이하게 흙을 많이 씁니다.

물론 한옥의 기본 골조는 나무로 만듭니다. 기둥을 세우고 그 위에 '보'나 '도리' 같은 것으로 골격을 세우는데 이것들은 모두 나무로 만듭니다. 이것은 동북아시아의 다른 나라에서도 마찬가지인데, 한옥은 여기에 더해서 유독 흙

LIFE
#15

을 많이 사용합니다. 바닥이나 벽, 지붕에 모두 흙이 들어가기 때문에 그렇습니다. 흙이 사용되는 내력은 다음과 같습니다. 구들을 깔고 그 위에 흙을 덮는가 하면 나무로 뼈대를 만든 벽에도 흙을 바르며 지붕에도 기와 밑에 흙을 깝니다. 이때 흙으로는 황토를 쓰는데, 황토는 아토피 같은 병을 고치는 효능이 있다는 설이 있을 정도로 좋은 흙이라는 평판이 있습니다.

멀티 플레이어 한지, 한지의 놀라운 효능과 역할

그런가 하면 한옥에는 종이도 많이 활용되었습니다. 종이, 즉 한지는 우선 누구나 아는 것처럼 창호窓戸에 발랐지요. 한옥 하면 한지 바른 문짝이 생각날 정도로 한지의 이미지가 강합니다. 그러나 한자의 용도는 이것으로 끝이 아닙니다.

원래 한옥의 방바닥에는 한지를 깔았습니다. 장판용으로 방바닥에 한지를 몇 겹으로 깔아 붙이고 그 위에 콩기름을 먹여서 방수를 꾀했습니다. 한지는 바닥에만 바르는 게 아닙니다. 천장에도 한지를 발랐고 서까래 사이에도 한지를 발랐습니다. 이렇게 보면 한옥 방의 내부는 온통 한지로 장식되어 있는 것을 알 수 있습니다. 과거에 한국인들은 왜 이렇게 한지를 많이 사용했을까요? 그것은 한지라는 소재가 훌륭하기 때문일 것입니다. 과연 한지의 어떤 점이 그렇다는 것일까요?

한지는 나무껍질로 만들었으니 자연적인 소재라 할 수 있습니다. 따라서 인간의 건강에 좋을 수밖에 없습니다. 또 한지는 창호에 붙였을 경우 적절한 조명 효과를 가져옵니다. 빛이 아무리 강해도 한지를 통과하면 은은해지면서 인간이 수용할 수 있을 정도로 조도가 낮아집니다. 한지는 어떤 빛도 차단하지 않을 뿐만 아니라 끌어들이지도 않습니다. 들어오는 빛을 가장 자연스러운 상태로 바꾸어 친인간적인 빛으로 바꾸어줄 뿐입니다. 따라서 한옥 창호가 있으면 커튼이나 블라인드 같은 부가물이 필요 없습니다.

그런가 하면 한지는 자연스럽게 환기할 수 있는 기능도 갖고 있습니다. 한지는 현미경으로 확대해서 보면 구멍이 많이 있는 것을 볼 수 있는데, 바로 그 구멍으로 공기가 순환됩니다. 그래서 한지는 '살아 있는 종이'라는 별칭을 갖고 있기도 합니다. 그 때문에 한지로 된 창호는 굳이 열지 않아도 자동으로 환기가 됩니다. 같은 기능 덕분에 한지는 방 안의 습도를 조절하는 기능도 갖고 있다고 합니다. 방 안의 습도가 높으면 한지가 그 습기를 머금고, 습도가 낮으면 자신이 지닌 습기를 방출하는 식으로 말입니다.

물론 한지가 장점만 있는 것은 아닙니다. 약점도 더러 있습니다. 가령 물에 약해 쉽게 훼손되기 때문에 정기적으로 창호의 한지를 갈아주어야 한다는 것이 약점입니다. 그뿐만이 아닙니다. 방음 효과가 떨어지는 것, 또 추위를 유리창처럼 막지 못한다는 것 등이 한지의 약점으로 꼽힙니다. 그러나 이런 문제는 유리창과 적절히 섞어가면서 쓰면 쉽게 풀릴 수 있을 것으로 보입니다. 여하튼 한지는 한옥에서 여러 일을 수행하는 멀티 플레이어적인 요소임에 틀림없습니다.

한옥의 개방성, 창호를 걸쇠에 걸면

한옥의 특징을 더 들라고 한다면 저는 개방성을 들고 싶습니다. 한옥에는 대부분 마루가 있습니다. 그런데 이 마루는 인간이 만든 건축물이지만 기둥 정도만 있을 뿐 자연과의 접촉을 막는 장치가 별로 없습니다. 마루에 앉아 있으면 앞뒤가 다 터져 있기 때문에 흡사 자연 안에 있는 느낌마저 듭니다. 그리고 한옥은 창호가 많은 집으로 유명합니다. 창호가 많으니 이것들을 모두 열어놓으면 매우 개방적이 됩니다.

게다가 한옥에는 이 문들을 들어 올려 걸어놓는 '걸쇠'라는 장치가 있습니다. 문을 들어 이 걸쇠에 걸어놓으면 한 면 혹은 사방이 뻥 뚫려 자연이 한옥 안으로 들어와 자연과 하나 됨을 느낍니다. 집과 자연을 가르는 방해물이 다 사라져 그런 느낌을 갖는 것입니다.

한옥의 개방적인 면은 담에서도 발견됩니다. 한옥은 담이 높지 않기 때문

LIFE
#15

창덕궁 낙선재
ⓒ 국가문화유산포털

강릉 선교장 활래정 마루
ⓒ 최준식

입니다. 한옥 담의 높이는 보통 안에서는 밖이 보이지만 밖에서는 안이 잘 보이지 않는 정도로 맞춥니다. 이처럼 한옥은 자연과의 소통뿐만 아니라 이웃과의 소통도 중요시합니다. 이 같은 한옥의 특징을 염두에 두고 한옥을 직접 체험하려면 어디로 가면 좋을까요?

다양한 한옥 체험 공간

한옥은 우리가 생각한 것보다 주위에 많이 있습니다. 주위에 서양식 집만 있는 것 같은데 실제로 찾아보면 한옥이 꽤 많아, 체험하러 갈 곳이 많습니다. 그런데 여기서 잠깐, 지금 남한에 있는 한옥 가운데 가장 훌륭한 한옥은 무엇일까요? 한옥을 체험하려 할 때 우선 가장 좋은 한옥을 체험하는 것이 상책이기 때문에 이 질문을 해봅니다. 그런데 이것은 매우 간단한 질문인데도 외려 답이 잘 안 나옵니다. 질문이 너무 간단해서 그런 것 아닐까 싶습니다.

한옥의 아름다움은 궁궐에서 찾아야

한국인들은 전통 건축 가운데 가장 아름다운 건물로 앞서 3장에서 불교 사찰을 다루면서 소개했던 부석사의 무량수전을 꼽는 경우가 꽤 있습니다. 물론 무량수전도 아름다운 건물임이 틀림없지만 가장 아름다운 건물이 될 수는 없습니다. 가장 아름다운 건물은 그 사회의 최고 계층이 돈을 많이 들여 지은 집이어야 합니다. 그런데 그런 집이 서울에 있지 않습니까? 이런 조건을 충족시키는 집은 궁궐 건물입니다. 어느 나라건 왕실에서 만든 것이 최고의 것이기 때문입니다. 그다음이 양반이 만든 것이겠지요. 이것은 당연한 일입니다.

그러면 조선 왕실에서 가장 심혈을 기울여 만든 건축은 어떤 것일까요? 답은 경복궁의 근정전입니다. 이 집은 궁궐의 다른 어떤 건물보다도 비용과 노력을 많이 들여서 만든 건물입니다. 규모에서나 미학적인 면에서나 이 건물을 능가할 수 있는 전통 건물은 없습니다. 이것을 증명할 수 있는 예가 많지만 그 가운데 하나만 들어보지요. 이 책의 첫 장에서도 소개한 내용입니다만 그것을 상기하며 보충 설명을 해보겠습니다.

한옥의 아름다움을 말할 때 유려한 처마 라인을 드는 경우가 많습니다. 이 선은 살짝 휘어 있어 어디서 보든지 아름다운 자태가 나옵니다. 근정전은 이 처마 라인이 가장 아름다운 건물입니다. 이렇게 유려한 처마 라인이 나올 수 있는 것은 처마의 끝인 귀퉁이가 앞으로 크게 돌출했기 때문입니다. 다시 말해 지붕의 네 귀퉁이가 제비 꼬리처럼 위로 늘씬하게 뻗었기 때문이라는 것이지요. 그런데 이렇게 만들려면 이 부분에는 긴 서까래를 이중으로 설치해야 하는 등 그 구조를 만드는 데에 비용이 많이 들어갑니다. 일반 서민들의 집은 돈을 많이 들이지 않기 때문에 이런 구조를 만들 수 없습니다. 무량수전의 경우는 어떨까요? 이 건물은 한층 멋을 내느라 처마를 밖으로 많이 뺐습니다. 그런데 긴 서까래를 쓰지 않아 튼튼한 구조를 만들 수 없었습니다. 이 건물을 이대로 그냥 놓아두면 처마가 무너질 수 있습니다. 힘을 받지 못하기 때문입니다. 그래서 처마 끝에 지지대를 받쳐 놓았습니다. 그게 없으면 지붕이 무너져버릴 수 있기 때문입니다. 이것은 처마를 버틸 만한 구조를 만들 비용이 없었기 때문에 생긴 현상입니다. 그런데 이런 지지대를 쓰는 순간 그 건물의 미는 하락하게 됩니다. 격조가 떨어진다는 것이지요. 따라서 이렇게 보면 무량수전 건물은 미학이나 격조의 면에서 근정전에 비교가 되지 않습니다.

어떻든 가장 좋은 한옥은 궁궐에 있으니 궁궐에 갈 기회가 있으면 그런 시각에서 보면 좋겠습니다. 경복궁에 있는 건물 중에서는 경회루, 사정전 등이 좋으며, 창덕궁에서는 정전인 인정전은 말할 것도 없고 희정당이나 대조전 등이 모두 좋은 건물이라 할 수 있습니다.

그런데 이런 건물 말고 매우 아름다우면서 조선의 풍미를 잘 보여주는 건물이 있는데, 이 건물은 의외로 잘 알려지지 않아 신기합니다. 이것은 덕수궁에 있는 '석어당昔御堂'이라는 건물입니다. 저는 덕수궁에 가면 꼭 석어당이 잘 보이는 곳에 오랫동안 앉아 있습니다. 이 건물은 1900년대에 조선이 망하기 직전에 세운 것으로 조선의 풍미가 제대로 구현된 건물입니다. 겸허하면서 다정한 조선의 인본주의를 실현한 건물입니다. 게다가 2층 한옥이라 더 귀한 건물인데 궁궐에 있는 민가 풍의 건물로는 최고로 보입니다.

양반 집을 체험하려면 여기로! 남산골 한옥마을

그다음으로는 사대부가를 볼 차례인데 이 건물들을 확실하게 볼 수 있는 장소가 있습니다. 바로 남산골 한옥마을인데, 여기에는 서울에 있었던 사대부가, 즉 양반집 다섯 채를 옮겨다 지었습니다(한 채는 복제품). 이 건물들은 서울에서 아마 가장 격조 있는 한옥일 터인데, 이와 비슷한 곳은 운현궁 정도가 있을 뿐입니다. 이곳에 가면 한옥의 정수를 느낄 수 있어 아주 좋습니다. 특히 문이나 창문이 많아 아주 개방적인 한옥의 모습이 시선을 끕니다. 또 정돈된 모습에서 우리는 과거 사대부들의 품격을 느낄 수 있습니다. 이곳에 가면 앞에서 언급한 한옥의 특징들을 하나하나 되뇌면서 그 특징들이 어떻게 구현됐는지를 보면 좋겠다는 생각입니다.

그런데 이곳에는 크게 아쉬운 것이 있습니다. 유적은 원래의 위치를 벗어나면 그 가치가 많이 감해지는 법입니다. 그래서 유적은 원래의 위치를 고수해야 합니다. 여기 있는 한옥들은 건물 자체로서는 최상이지만 제자리에 있지 않아 그 가치를 제대로 발휘하지 못하고 있습니다.

이 같은 상황을 조금 유식한 말로 표현하면, 텍스트text는 있는데 콘텍스트context(역사·문화·지리적 배경)가 없어 텍스트가 제대로 살아나지 못했다고 할 수 있습니다. 건물이라는 텍스트는 참으로 좋은데 그 건물이 원래 있던 곳의 콘텍스트(마을)가 없어 이 건물이 살아나지 못하는 것입니다.

LIFE #15

세계유산 양동마을, 콘텍스트와 텍스트의 공존

그런데 이 콘텍스트와 텍스트가 동시에 존재하는 곳이 있습니다. 바로 한국의 역사마을로서 2010년에 유네스코 세계유산으로 지정된 '하회마을'과 '양동

양동마을 전경

마을'이 그것입니다. 이 두 마을에는 최고급의 한옥(텍스트)이 원래의 위치(콘
텍스트)에 있으니 한옥을 감상하기에는 더 이상 좋은 곳이 없을 것입니다. 그
곳에 가면 한옥만 감상하는 것이 아니라 이 한옥들이 그 동네에 사는 사람
들의 생각에 맞추어 어떻게 유기적으로 구성되어 있는가를 살펴보아야 합니
다. 그러면 한국의 전통 마을에서 주거 문화가 어떻게 이루어졌는지 확실하
게 알 수 있습니다.

　그런데 이곳은 서울에서 너무 멀리 떨어져 있습니다. 그게 약점이라 할 수
있는데 이 마을보다는 못하지만 그래도 한옥과 마을을 같이 경험할 수 있는
곳이 있습니다. 서울 근교에 있는 민속촌이 그곳인데, 이곳에 있는 한옥들은
대부분 새로 지은 것이지만 전통적인 방식으로 지었기 때문에 볼 만합니다.
특히 서울에서는 볼 수 없는 초가들이 있어 교육적으로도 좋습니다. 게다가
나름대로 마을을 형성해 놓아서 옛 정취를 어느 정도는 체험할 수 있습니다.

북촌이나 서촌으로 고고!

이 장에서 마지막으로 언급하고 싶은 것은 온돌 체험과 관계된 것입니다. 서울에서 온돌을 직접 체험할 수 있는 곳은 찾기 힘들지만, 마침 온돌이 전시된 곳이 있어 소개하려 합니다. 북촌에 가면 '한옥지원센터'라는 곳이 있는데, 그곳은 한옥 자체로도 좋은 건물을 갖고 있습니다. 그런데 방 하나에 온돌을 재현해 놓아 우리의 시선을 끕니다. 젊은 세대나 외국인들은 방바닥 밑에 펼쳐지는 온돌을 실제로 본 기회가 없을 텐데 이곳은 직접 볼 수 있어 좋습니다. 서촌에도 온돌을 재현해 놓은 곳이 있습니다. '상촌재'라는 건물로, 이 집은 종로구청에서 완전히 새로 지은 것입니다. 여기에도 온돌이 있으니 서촌 갈 기회가 있으면 들러보면 좋겠습니다.

이 외에도 북촌이나 서촌에는 한옥을 경험해 볼 수 있는 곳이 많습니다. '북촌문화센터'도 있고 '백인제 가옥', '배렴 가옥'이나 '이상범 가옥' 등도 있습니다. 만일 온돌에서 자고 생활하는 것을 직접 체험하고 싶다면 한옥 게스트하우스를 가면 되겠습니다. 북촌이나 서촌에는 수십 개에 달하는 한옥 게스트하우스가 있는데, 고급 호텔급에 해당하는 것부터 여관급에 해당하는 것까지 아주 다양한 한옥들이 있으니 본인이 원하는 곳을 찾아서 숙박하면 되겠습니다.

LIFE
#15

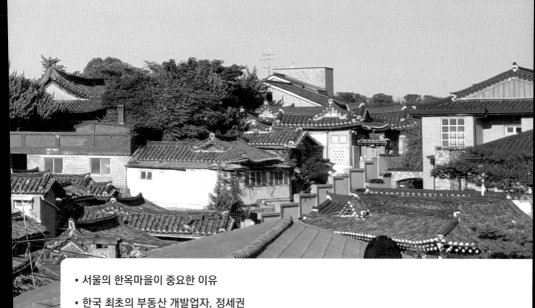

16장

한국의
전통 마을

진짜 한옥마을 속으로

- 서울의 한옥마을이 중요한 이유
- 한국 최초의 부동산 개발업자, 정세권
- 권문세가들이 살던 곳, 북촌을 돌아보며
- 다양한 사람의 흔적이 있는 곳, 지금 서촌에 가면
- 지금 제일 핫한 작은 한옥마을, 익선동

전국에는 많은 한옥마을이 있습니다. 서울, 전주, 공주 등에 한옥마을이 있는데 그중 가장 유명한 것은 말할 것도 없이 서울과 전주에 있는 것입니다. 그런데 규모로 따지면 서울의 한옥마을은 다른 한옥마을에 상대가 되지 않습니다. 규모뿐만이 아니라 전통 면에서도 서울의 마을은 그 연원이 깊습니다. 먼저 규모를 보면, 서울의 한옥마을에는 북촌과 서촌, 그리고 익선동까지 합해 약 2000채의 한옥이 있습니다(북촌이 약 1400채, 서촌이 약 600채, 익선동이 약 100채). 이 규모는 두 번째로 큰 규모를 자랑하는 전주의 한옥마을을 훨씬 웃돕니다. 전주의 마을에는 700여 채의 한옥이 있다고 하니 그렇게 말할 수 있습니다.

그런데 한옥마을의 사정을 잘 모르는 사람은 이 마을에 있는 집들이 매우 오래전에 세워졌을 것으로 생각하기 쉽습니다. 그러나 이것은 사실과 거리가 멉니다. 가령 공주의 한옥마을은 극히 최근에 건설되었고 다른 도시에 있는 한옥마을들도 사정은 그다지 다르지 않습니다. 이것은 전주 한옥마을도 마찬가지입니다. 이곳에도 전통 한옥보다는 새로 지은 한옥이 훨씬 더 많습니다. 물론 '학인당' 같은 전주 한옥마을의 중심 건물은 지어진 지 오래됐습니다. 그러나 일제기 등을 거치면서 많은 변화를 겪어 초기의 모습과는 많이 달라졌습니다. 이런 면에서 볼 때 연원이나 역사적인 면에서 서울의 한옥마을이 우위를 차지하고 있다고 하는 것입니다. 그러나 이것은 상대적으로 그렇다는 것이고, 서울의 한옥도 역사로 치면 그다지 자랑할 것이 없습니다. 대부분의 한옥이 1930년대 이후에 생겼기 때문인데, 이에 대해서는 뒤에서 자세히 볼 예정입니다.

LIFE
#16

전주 한옥마을의 경우는 다른 한옥마을과 조금 다릅니다. 한옥이 그 주된 관광의 대상이 아니라 외려 주변에 있는 유적이 더 좋은 관광거리를 제공하고 있기 때문입니다. 잘 알려진 것처럼 한옥마을에 있는 경기전이나 사고史庫, 그리고 교동성당, 전주향교나 오목대 등은 유서 깊은 유적지입니다. 특히 경기전은 전주에만 있는 유적이라 그 가치가 아주 높습니다. 그래서 이런 유적 덕에 전주 한옥마을은 그 가치가 많이 현양顯揚되었습니다.

서울의 한옥마을이 중요한 이유

대체로 이런 이유로 이번 장에서는 서울의 한옥마을에 집중해서 보려고 합니다. 먼저 북촌을 비롯한 한옥마을을 한마디로 정리하면 무엇이라고 할 수 있을까요? '북촌은 한국에 있는 한옥마을 가운데 규모가 가장 큰 마을이다'가 그것입니다. 그 규모에 대해서는 앞에서 이미 밝혔습니다. 북촌의 규모는 한국의 어떤 한옥마을도 따라올 수 없지만 그다음 사실이 더 중요합니다. 북촌에 대한 오해가 있어 그것부터 바로잡고자 합니다.

북촌에는 사대부가가 한 채만 있다고?

사람들은 북촌이 전통적인 한옥마을이라고 하면 여기에 전통 한옥이 많이 있을 것으로 생각합니다. 그런데 북촌을 말할 때 항상 나오는 설명이 있지요? 이곳에는 조선조 때 대궐에 근무하던 양반, 그중에서도 고관대작들이 살았다는 것이 그것입니다. 그런데 정작 북촌에 가면 작은 한옥밖에 없습니다. 이럴 때 우리는 '아니, 귀족들이 이렇게 작은 집에 살았다고?' 하는 의문을 가져야 할 것입니다. 북촌에 있는 한옥들은 신분이 높은 사대부가 살았다고 하기에는 너무 소규모인데, 이렇게 된 데에는 그럴 만한 사정이 있습니다. 이 점을 이해해야 북촌을 정확하게 아는 것이 됩니다.

지금 북촌에 있는 집 가운데 조선 말에 양반이 실제로 살았던 한옥은 놀랍게도 딱 한 채밖에 없습니다. '윤보선 고택'이 바로 그것이지요. 그 외에는 모두 1930년대 이후에 지은 한옥입니다. 예외가 있다면 백인제 가옥인데, 이 집은 양반이 살던 집이 아니라 친일파였던 한상룡이 살던 곳이니 양반 가옥에 포함시킬 수 없습니다. 지금 북촌의 모습은 19세기 말의 모습과는 너무도 다릅니다. 당시에는 이렇게 작은 집이 많지 않았기 때문입니다. 만일 당시의

윤보선 고택
ⓒ 최준식

모습을 상상하고 싶다면 이 전체 마을이 윤보선 고택 같은 규모가 큰 한옥으로 뒤덮여 있었다고 생각하면 됩니다(물론 하인들의 집은 제외합니다). 지금처럼 중소형의 한옥이 아니라 대형 한옥이 이 지역의 대표 한옥이었다는 것을 상상해 보라는 것입니다. 멀리 갈 것도 없이 당장에 윤보선 고택 바로 옆, 지금 헌법재판소가 있는 자리에는 유명한 개화파였던 박규수의 저택이 있었습니다. 또 정독도서관도 김옥균이나 서재필의 집 등을 압류해 헐고 지었다니 이들의 집이 얼마나 컸었는지 알 수 있습니다.

한국 최초의 부동산 개발업자, 정세권

그러면 이곳에는 왜 이렇게 작은 집들이 들어선 것일까요? 여기에 큰 진실이

LIFE
#16

숨어 있습니다. 이에 대한 이야기는 이제는 많이 알려져 있지만 10년 전만 해도 일반인들은 잘 알지 못했습니다. 한국 문화나 한국 건축을 전공한 사람들만 아는 사실이었죠. 단도직입적으로 말해, 익선동을 비롯해 북촌, 서촌의 한옥들은 모두 한 사람, 즉 정세권이라는 분에 의해 건설되었습니다. 이곳뿐만 아니라 창신동, 휘경동, 왕십리, 충정로 등에도 한옥이 많이 있었는데 이 집들도 모두 정세권이 지었습니다. 조금 과장되게 말하면 지금 서울에 남아 있는 한옥은 대부분 정세권이 지었다고 할 수 있을 정도입니다. 그래서 그에게는 '건축왕'이라는 별명이 주어지기도 했습니다.

북촌과 서촌의 종합개발자

정세권은 아직도 그가 한 일에 비해 잘 알려지지 않았는데, 이 분이야말로 애국자라 할 수 있습니다. 이 분은 한국 최초의 '디벨로퍼developer'라 불리는데, 요샛말로 하면 '부동산 개발업자'라 할 수 있습니다. 이런 업자가 만든 회사가 무슨 일을 하는 회사입니까? 잘 알려진 대로 이 회사는 땅을 사서 거기에 집을 지어 사람들에게 파는 일을 합니다. 그런데 정세권은 장사꾼이 아니었습니다. 그가 북촌에 한옥을 짓기 시작한 것은 일본인들의 북촌 진입을 막기 위함이었습니다. 당시 서울(경성)에 산업이 발달하면서 일본인들이 서울로 몰려들었고, 지방에 있는 주민들 역시 서울로 올라왔습니다. 그러니 살 곳이 부족해졌지요. 이때 청계천 이남을 차지하고 있던 일본인들은 살 곳을 찾아 청계천 이북으로 진출하려고 했습니다. 정세권은 이 같은 일본인들의 진출을 막고 집이 부족한 한국인들에게 가격이 저렴한 주택을 공급하기 위해 한옥 건설 사업을 시작했습니다. 이것이 그가 한옥 건설 사업을 한 동기입니다. 그런데 당시 서울로 몰려든 한국인들은 재정 상태가 그리 좋지 않았습니다. 지방에서 온 사람들이 돈이 많을 리가 없지 않겠습니까? 그래서 정세권은 이들의 처지를 고려해 북촌이나 서촌 등에 중소형의 한옥을 지었습니다. 그는 이 일을 위해 당시 북촌에 있었던 대형 한옥들을 사서 부수고 그 대지를 여

정세권

러 필지로 나누어 작은 한옥을 지었습니다. 이런 과정을 거치면서 작은 한옥이 많이 생겨난 것인데, 그 결과 북촌에 있었던 사대부들의 거대한 저택은 사라지고 맙니다.

혁명적인 건축가

정세권이 대단한 분이라는 것은, 이렇게 해서 한옥을 분양하면서 그 대금을 할부로도 받았다는 데에서도 알 수 있습니다. 돈을 한 번에 내는 것이 아니라 여러 번에 걸쳐 내게 한 것입니다. 이것은 당시 이곳으로 이주하는 사람들이 돈이 넉넉하지 않았기 때문에 그들의 사정을 참작한 조치였습니다. 그런데 이러한 일은 장사하는 사람은 절대로 하지 않는 짓입니다. 이것을 현대에 빗대어 말하면, 건설 회사에서 아파트를 지어 파는데 대금을 할부로 받는 것과 같다고 할 수 있습니다. 돈이 급한 회사들은 외려 돈을 먼저 받으면 받지 이렇게 후지급의 할부제로 하지 않습니다. 이것은 당연한 일입니다. 정세권은 이 외에도 민족 운동을 하는 여러 단체에 참가해 재정적인 면에서 많은 도움을 주었는데, 그 이야기는 우리의 주제와 직결되는 것이 아니니 지나치기로 합니다.

그는 이곳에 한옥을 지으면서 새로운 실험을 했습니다. 그가 보기에 전통 가옥은 불편한 점이 너무 많았습니다. 우선 겨울에 너무 춥습니다. 그런가 하면 부엌이나 변소 등이 밖에 있어 일상생활하는 데에 불편했습니다. 그래서 그는 집을 ㅁ자 형태로 지음으로써 추위도 막고 부엌이나 변소를 집 안으로 들어오게 했습니다. 특히 부엌을 집 안으로 들이니까 주부들의 수고가 많이 덜어졌습니다. 이것은 전기와 수도를 집안으로 끌어들였기 때문에 가능한 것이었죠. 그 외에도 많은 변혁을 꾀했는데, 예를 들면 지하 공간이나 지붕 밑 공간을 활용하는 것이나, 대청에 유리문을 달아 추위를 경감하는 등의 변화가 가장 눈에 띕니다. 이 때문에 그는 당시에 한옥 파괴자라는 비판도 받았는데 지금은 모두들 그의 사례를 따르니 그가 얼마나 선구자였는지 알 수 있습니다. 이 정도의 지식을 미리 갖추고 이제부터 이곳으로 답사를 떠납시다. 그런데 북촌이든 서촌이든 꼼꼼하게 보려면 네 시간 이상이 걸립니다. 지역이 넓고 유적이 많기 때문입니다. 따라서 여기서 그것을 다 볼 수는 없고 꼭 방문해야 하는 곳을 골라 한 시간 이내의 코스를 다녀볼까 합니다.

권문세가들이 살던 곳, 북촌을 돌아보며

북촌은 창덕궁부터 경복궁 사이에 있는 매우 넓은 지역을 이룹니다. 지역이 너무 광활하기 때문에 우리는 이 지역 중 가장 핵심적인 데에만 집중하려고 합니다. 우리의 답사는 서울지하철 3호선 안국역 1번 출입구에서 시작합니다. 이곳에서 조금만 올라가면 윤보선 가옥이 나옵니다. 이름이 이렇게 지어진 것은 윤보선 전 대통령이 이 집에서 살았기 때문인데 지금은 그의 장남이 살고 있습니다. 이 집은 들어갈 수 없기 때문에 상세하게 설명할 필요를 느끼지 못합니다. 건물은 앞에 놓고 설명해야 이해가 되지, 그 건물이 없는 상태에서는 아무리 설명해도 와닿지 않습니다. 따라서 여기서는 아주 기본적인 정보만 살펴보기로 하겠습니다.

북촌의 유일한 사대부가, 윤보선 고택

이 집은 1870년대 민씨 성을 가진 어느 대감이 지었다고 하는데, 1910년대에 윤보선의 부친이 매입해 현재에 이르고 있습니다. 대지가 1400평에 건평이 250평이니 얼마나 큰 집인지 알 수 있습니다. 이 집은 크게 볼 때 안채, 산정

채, 안사랑채 등 3동의 건물로 구성되어 있고 연못 정원이 있습니다. 저는 몇 번 이 집 안을 구경한 적이 있습니다. 그중 한 번은 어떤 단체의 부탁을 받고 산정채에서 국악 공연을 한 적이 있는데, 그때 이 집을 두루 돌아다녀 볼 시간을 가질 수 있었던 덕분에 이 집의 구조를 조금 압니다. 이 산정채는 윤 대통령이 영국 유학하고 돌아와서 10여 년 동안 머물렀던 건물인데, 안채나 사랑채와 상당히 떨어져 있어 별채처럼 되어 있습니다. 우리는 당시 공연할 때 옷을 갈아입기 위해 이 건물을 잠깐 사용했는데, 이 방에 윤보선 대통령이 살았다고 하니 감회가 남달랐던 기억이 있습니다.

이 집에 있는 건물에 대해 설명하는 것은 별 의미가 없으니 이 집에서 느꼈던 감정만 이야기하고 지나갈까 합니다. 지금도 잊을 수 없는 기억은 이 집 안에 있을 때 제가 서울 시내 중심부에 있다는 사실을 까맣게 잊었다는 것입니다. 나무와 잔디가 있고 아름다운 연못 정원이 있어 그때 저는 제가 도심이 아니라 자연 한가운데에 있다는 느낌을 강하게 받았습니다. 그래서 이런 집에 사는 사람은 바람을 쐬기 위해 교외로 나가는 일 등은 하지 않아도 될 것 같았습니다.

북촌의 대표적인 근대 한옥, 백인제 가옥

다음은 백인제 가옥입니다. 이 집은 윤보선 가옥에서 걸어서 5분도 안 걸립니다. 지름길로 가면 이렇게 가깝습니다. 이 집이 우리에게 귀중한 것은 아무 때나 가서 볼 수 있는 한옥 저택이기 때문입니다. 북촌에 한옥이 많기는 하지만 실제로 볼 수 있는 곳은 식당이나 카페뿐입니다. 그런데 이 집은 서울시에서 매입했기 때문에 누구나 아무 때나 자유롭게 볼 수 있어 좋습니다. 이 집이 '백인제 가옥'이라 불리는 것은 마지막 소유주가 그였기 때문인데, 원래는 일제기에 친일파로 이름을 날렸던 한상룡이라는 사람이 1913년에 지은 집입니다. 대지가 약 2480제곱미터(약 750평)에 건평이 약 364제곱미터(110평)이니 상당히 큰 집인데, 이런 집은 보통 근대 한옥이라고 불립니다. 이렇게 부르

▲ 가회동 백인제 가옥(별당채 가는 길)
ⓒ 국가문화유산포털

◀ 백인제 가옥 내부(왼쪽),
백인제 가옥에서 본 북촌 전경(오른쪽)
ⓒ 최준식

는 이유는 이 집의 양식이나 구조가 한옥 양식이지만 서양식과 일본식이 섞여 있기 때문입니다. 예를 들어 사랑채 앞에 담을 친 것은 서양식 건축의 영향을 받은 것 같고, 사랑채의 세 면을 유리창으로 막은 것은 일본식의 영향으로 보입니다. 이 사랑채는 영화 〈암살〉을 찍은 곳으로도 유명하지요? 사랑채 옆에는 2층짜리 건물이 있는데, 이것 역시 일본 영향을 받은 건물로 보입니다. 더 뒤로 가면 별당이 보이는데 그곳 마루에서 보이는 북촌 풍경은 아주 좋습니다. 한옥의 지붕들이 보이고 북촌 전경이 다 보여 참으로 보기 좋습니다. 그다음 갈 곳은 안채인데 안채의 마루는 사랑채의 마루보다 더 큽니다. 그래서 안주인의 격조가 느껴집니다. 그런가 하면 앞마당도 넓고 마루에서 뒤뜰도 잘 보여 답답함이 전혀 없습니다. 이 때문에 이 건물을 지을 때 안주인을 매우 배려했다는 느낌을 받습니다. 또 바깥에서 안채로 들어오는 문이 2중으로 되어 있는 것도 매우 이채롭습니다. 여기에는 부속실까지 있어 마치 한 채의 집 같은 인상을 줍니다. 다시 한번 안주인의 위력이 느껴집니다. 이 문 바로 앞에는 일제강점기에 파놓은 방공호가 있어 재미를 더합니다.

메인스트리트, 북촌 한옥길의 언저리에서

그다음 갈 곳은 '북촌의 메인스트리트'라 할 수 있는 '북촌 한옥길'입니다. 이 곳은 백인제 가옥에서 걸어서 약 5분 정도 가면 나옵니다. 가는 길에 북촌을 가장 잘 볼 수 있는 지점이 있는데, 이곳은 지리를 설명하기 어려워 그냥 지나치려고 합니다. 참고로 말하면 이곳은 이전에 '북촌 4경'으로 불리던 곳인데, 사람들에게 이곳을 안내하면 모두들 여기서 보이는 경치에 감탄하곤 했습니다. 이 한옥길에 와보면 이 길이 북촌의 메인스트리트라 불릴 만하다는 것을 알 수 있습니다. 특히 위편에서 바라보면 남산을 비롯해 서울 시내가 한눈에 들어와 시원한 경치가 펼쳐지는 것을 목격할 수 있습니다. 이 길의 중간에는 옆으로 샛길이 있는데 그곳에는 〈비정상회담〉이라는 TV 프로그램에 출연해 인기를 끌었던 미국인 마크 테토가 사는 집이 있습니다. 한옥에 반한 나머지 아예 집을 구매해서 사는 것입니다. 그의 집은 들어갈 수는 없지만 TV에 워낙 소개가 많이 되어 동영상을 쉽게 찾아볼 수 있습니다.

그런데 이렇게 서양인이 북촌 한옥에 들어와 사는 것은 테토가 처음이 아닙니다. 1980년대 후반에 영국인 데이비드 킬번이라는 분이 테토의 집이 있는 골목에 소재한 한옥에서 살기 시작했지요. 1980년대니까 그는 꽤 오래전에 북촌에 들어온 것입니다. 당시는 한국인들도 한옥의 진가를 모를 때인데 외국인이 이렇게 이른 시기에 한옥에 살았다니 그의 혜안이 놀랍습니다. 이 집은 고故 김기덕 감독이 〈빈집〉이라는 영화를 찍은 곳이기도 합니다. 킬번은 처음 이 집을 봤을 때 한눈에 반해 "초콜릿 사듯 순식간에 샀다"라고 술회

▲ 북촌 한옥마을 길
ⓒ S h y numis(CC BY-SA)

◀ 한옥마을 길을 아래에서 위로 올려다본 풍경
ⓒ 최준식

했습니다. 그는 북촌이 망가지는 모습을 보고 매우 분개하고, 그것을 고치기 위해 고군분투한 것으로도 유명합니다. 그는 북촌이 투기 지역으로 전락하고 잘못된 한옥들이 들어서는 것을 매우 안타깝게 생각했습니다.

한국의 골목 문화! 한옥 마을의 골목길을 다니며

이곳에 오면 꼭 생각해야 하는 것이 한국 전통 마을의 골목 문화입니다. 한국 마을에는 서양처럼 광장이라는 큰 공간이 없습니다. 대신 수많은 골목으로 집들이 이어져 있습니다. 골목에는 좁은 것도 있고 조금 넓은 것도 있습니다. 이 골목길을 다니다 보면 신기한 일을 많이 겪습니다. 더 이상 길이 없을 것 같은데 골목이 계속 이어져서 그렇습니다. 그런데 또 그렇게 골목 안으로 들어가다 보면 길이 갑자기 끊깁니다. 그곳에 사는 한국인들은 저녁이 되면 모두 골목으로 나와 이웃과 담소를 나누면서 시간을 보냅니다(물론 겨울은 제외입니다). 그래서 이 골목은 통행로에 불과한 것이 아니라 생활공간이 되는 것입니다. 이 공간을 통해 마을은 하나의 큰 공동체가 되는 것이죠. 물론 이것은 과거의 일이지만 말입니다.

조선의 권문세가들이 살던 북촌은 이렇게 간단하게만 보아도 한 시간이 훌쩍 넘습니다. 우리는 그곳에서 다시 지하철역으로 가야 하는데, 가는 길에 시간이 허락하면 가회동성당에 들르면 좋습니다. 이 성당 안에 아주 잘 지은 한옥이 있기 때문입니다. 성당 측은 북촌 답사를 마친 사람들이 이 한옥에서 쉴 수 있게 배려를 해주었습니다. 지친 몸을 한옥의 마루에 앉아서 쉴 수 있게 말입니다. 여기서 쉬면서 그날 답사를 정리하면 좋겠습니다.

또 성당과 같은 라인에는 2021년 11월에 문을 연 '오설록 티하우스 북촌점'이 있는데, 이곳도 훌륭한 휴식 공간이자 마무리 답사지로 추천합니다. 이곳은 1970년대의 큰 3층 양옥집을 골조를 잘 살려 리모델링해서 만든 공간입니다. 꼭 한 번 들어가보시길 추천합니다. 층마다 분위기가 다른 카페가 마련되어 있어 장소 선택의 폭도 넓은데, 무엇보다도 건물 각 층에서 바라보는 북촌 조망이 훌륭합니다. 화장실에도 꼭 가보세요. 동그란 프레임의 창을 뚫어놓아 북촌의 한옥 지붕들이 예쁘게 들어온답니다.

LIFE
#16

다양한 사람의 흔적이 있는 곳, 지금 서촌에 가면

경복궁부터 인왕산 기슭까지에는 또 유명한 전통 마을이 있습니다. 경복궁의 서쪽에 있다고 해서 서촌이라고 명명한 곳이 그곳입니다. 이곳에도 한옥이 수백 채가 있는데, 이곳의 특징은 서양식 집들과 섞여 있다는 것입니다. 이곳은 한옥 보존 계획이 북촌보다 늦게 시행되어 많은 한옥이 유실되고 그 자리에 서양식 집들이 들어섰습니다. 그래서 경광은 북촌보다 덜 아름답게 보일 수 있지만 그 대신 주민들이 살고 있어 활기가 넘칩니다. 이곳은 밤이 되면 캄캄한 마을로 바뀌는 북촌과 대조를 이룹니다.

서촌에 살았던 사람들의 흔적을 따라 서촌으로 고고!

서촌은 캘수록 많은 매력이 발견됩니다. 특히 그곳에 살았던 사람들이 그렇습니다. 다양하기 그지없기 때문입니다. 우선 세종이 서촌에서 태어났으니 초기에는 왕족이 살았던 것을 알 수 있습니다. 그러다 곧 사대부들이 들어와 살았습니다. 많은 사대부들이 살았지만 우리가 아는 분으로는 김상헌이나 정선, 이항복 같은 분이 있습니다. 그런가 하면 조선 말에는 중인들이 들어와 활발한 문학 활동을 했습니다. 20세기가 되자 이번에는 이완용이나 윤덕영 같은 친일파가 들어왔고, 비슷한 시기에 이상이나 이상범 같은 예술인들이 들어와 터전을 잡았습니다. 시인 윤동주도 이곳에 잠깐 산 적이 있지요. 그러다 지금은 서울에서 유명한 마을이 되어 누구나 살 수 있는 곳이 되었습니다.

서촌도 일일이 다 보려면 서너 시간이 걸립니다. 그래서 이번에도 북촌처럼 주요 유적을 중심으로 한 시간 내외의 답사를 꾀해보려 합니다. 사직단 쪽에서 들어가기로 하는데 가장 먼저 갈 곳은 '홍건익 가옥'입니다. 이 집은 최근에 개수改修를 마치고 공개됐는데, 서촌에서 이런 규모의 한옥은 이 집이 유일합니다. 크기가 중간 정도의 규모인데, 이 집은 대중에 공개되어 있어 좋

▲ 누하동 이상범 가옥
ⓒ 국가문화유산포털

◀ 이상범 가옥 내 화실
ⓒ 국가문화유산포털

습니다. 서촌에는 직접 들어가서 살펴볼 수 있는 한옥이 그다지 많지 않습니다. 그런 의미에서 이 집은 꼭 들어가보는 것이 좋겠다는 생각입니다.

그다음 갈 곳은 '이상범 가옥'입니다. 이상범은 조선의 화풍을 이은 거의 마지막 화가로서 근현대 한국 미술을 주름잡았던 분입니다. 이 집이 좋은 것은 이곳이 그가 직접 살고, 그림을 그리던 곳이기 때문입니다. 이 집은 한옥 가정집의 전형적인 모습을 보여주고 있어 더 좋습니다. 게다가 이 집은 언제든지 들어갈 수 있어 더욱 더 좋습니다. 특히 그가 그림을 그리던 방이 그대로 보존되어 있어 그 생생함이 그대로 묻어나옵니다. 서울 어디를 가도 이상범 같은 거장이 그림을 그리던 화실이 이처럼 그대로 보존되어 있는 곳은 찾기 어렵습니다.

통인시장에는 원조 떡볶이가 있다?

그다음 갈 곳은 서울에서 가장 오래된 서점이었다는 '대오서점'을 지나면 만나는 '통인시장'입니다. 통인시장은 종로5가에 있는 광장시장과 더불어 서울 소재의 전통 시장으로 이름이 높습니다. 이 시장은 1941년에 생겨 지금까지 계속되고 있는데, 이 시장이 좋은 것은 서촌 사람들의 체취를 느낄 수 있기 때문입니다. 북촌의 경우에는 주민들이 많이 살지 않아 생동감이 떨어지는데 이 시장에는 수십 년 동안 장사를 한 점포들이 꽤 있어 유구한 역사를 느낄 수 있습니다. 이들이 바로 서촌의 역사인 것이지요.

그중에서 대표적인 점포를 꼽으라면 말할 것도 없이 떡볶이집을 골라야 합니다. 광장시장이 빈대떡으로 유명하다면 이곳은 떡볶이로 유명합니다. 이곳에서 파는 떡볶이는 기름떡볶이라고 하는데 원조 떡볶이로 이름이 높습니다. 이 떡볶이는, 떡을 간장으로 간을 하고 여기에 고춧가루나 대파 같은 다른 식재료를 넣은 다음 기름에 볶아 만듭니다. 이 떡볶이가 한국에서 가장 먼저 생겨난 떡볶이인데 매운 국물맛을 좋아하는 한국인은 곧 변형을 가합니다. 즉, 기름에 볶는 과정을 생략하고 고춧가루 등으로 매운 양념장을 만들어 거기에 떡과 여러 재료를 넣어 끓인 매운 국물 떡볶이를 만든 것입니다. 지금 한국인들이 제일 많이 먹을 뿐만 아니라 전 세계로 퍼져나간 떡볶이도 바로 이것입니다.

그 뒤 등장한 다양한 떡볶이는 모두 이 떡볶이를 기본으로 해서 만든 것입니다. 그런 의미에서 통인시장의 떡볶이는 역사적 의미가 크다고 하겠습니다. 한국인이 가장 좋아하는 간식 가운데 하나이자 세계적으로 인기가 있는 떡볶이가 처음으로 시작된 곳이니 말입니다. 이 시장에서 제일 오래된 떡볶이집이 1956년에 문을 열었다고 하니, 가히 원조 중의 원조라 할 수 있겠습니다. 더 재미있는 것은, 이 집 다음으로 역사가 오래된 떡볶이집에 2014년에 당시 미국 국무장관이었던 존 케리가 방문해 떡볶이를 시식했다는 것입니다. 그때 주한 미국대사가 성 킴이라는 한국계 미국인이었는데, 그가 케리를 이 집으로 안내했다고 하더군요. 성 킴은 자신이 어렸을 때 이곳에서 먹었던 떡 볶이 맛이 생각나 케리를 이곳까지 데려온 것입니다. 그런데 케리가 이 음식 을 맛있게 먹었을지 어떨지는 잘 모르겠습니다.

미술관이 된 일본식 양옥, 박노수 가옥

그렇게 원조 떡볶이를 체험하고 다음으로 향할 곳은 '박노수 미술관'입니다. 이 미술관 근처에는 그 유명한 벽수산장이 있었지만 지금은 옛날 영화 속에 서 배경으로만 잠깐 볼 수 있을 뿐, 흔적조차 없어진 집입니다. 이 건물은 윤 덕영이라는 대표적인 친일파가 지은 건물로 프랑스풍으로 지었다고 합니다. 건평이 800평이었다고 하니, 얼마나 큰 건물이었는지 알 수 있습니다(대지는 2만 평이 조금 안 된다고 하니 이 저택이 대단히 넓다는 것을 알 수 있습니다). 그러나 이 건물은 1960년대에 화재를 겪고 회생 불가능이 되었다가 1970년대 초반 에 허물어지면서 완전히 사라지게 됩니다. 사실 앞에서 통인시장을 말할 때 거론하지 않았지만, 통인시장은 원래 이완용의 집터 일부분이었습니다. 이완 용이 살았던 집으로 추정되는 건물이 지금도 그곳에 있습니다. 이완용의 집 도 대지가 3000평에 달했다고 하니 이 서촌은 일제기에 친일파의 온상이었 던 모양입니다.

이런 이야기를 뒤로하고 박노수 가옥으로 향해 봅시다. 이 건물은 현재 박노수 미술관으로 활용되고 있습니다. 이 건물 역시 윤덕영과 관계되는데, 1938년에 그가 자신의 딸을 위해 지어준 집이기 때문입니다. 그것을 박노수 화백이 1970년대에 사들여 그 집에서 살다가 종로구청에 기증한 것입니다. 그 때 박 화백이 자신의 그림도 같이 기증했기 때문에 그것으로 전시관을 꾸민 것입니다. 이 집은 양식으로 보면 일본식으로 개조된 양옥이라 할 수 있는데 겉모습은 베란다 등에서 알 수 있는 것처럼 일본 분위기가 많이 납니다. 박

LIFE
#16

화백은 현대 한국미술계에 뚜렷한 족적을 남긴 분입니다. 그는 대학에서 정규 미술 교육을 받은 첫 세대로 일컬어지는데, 그 인연으로 모교인 서울대학교 미술대학에서 퇴임할 때까지 교수로 있었습니다. 그러면서 그는 전통 회화의 달인인 이상범에게도 배웠습니다. 그래서 박노수에 대해서는 이상범의 제자답게 '전통을 계승하면서도 그것을 새롭게 해석한 화가'라고 평가하곤 합니다. 특히 동양적인 산에 대한 감각을 살리면서 강렬하고 신선한 색채를 구현했다는 평이 있습니다.

서촌의 화룡점정, 수성동 계곡

마지막으로 향할 곳은 수성동 계곡입니다. 박노수 미술관에서 계곡 쪽으로 가다 보면 윤동주가 잠깐 살았던 하숙집 터가 나오는데 지금은 완전히 바뀌어서 아무 흔적도 발견할 수 없습니다. 이 계곡에는 원래 아파트(전체 동수는 아홉 동)가 있었는데 그때에는 이렇게 멋진 계곡이 있는지 전혀 몰랐습니다. 그 후에 저는 아파트가 완전히 철거되기 직전에 가보았는데 그때에도 여기가 어떻게 변할 줄 전혀 예상하지 못했습니다. 그러다 2010년대 초에 가서 보니 이처럼 아름다운 계곡이 복원되어 있어 깜짝 놀랐던 기억이 납니다. 그리고 예부터 있었던 '기린교'가 복원되어 돌 계곡과 더불어 매우 아름다웠습니다. 이 기린교는 정선이 그린 그림에도 정확히 그려져 있어 이곳이 매우 유서가 깊었던 곳이었음을 알 수 있게 해줍니다. 이 계곡은 비가 많이 오면 계곡 사이로 세찬 소리를 내며 흐르기 때문에 이름을 수성水聲, 즉 '물의 소리'로 지었다는 이야기가 전해집니다. 이곳에 있으면 우리가 서울의 시내 중심부에 있다는 사실을 잊어버릴 정도이지요. 여기까지 보면 서촌의 주요 유적은 다 본 셈입니다. 여기서 걸어서 지하철역으로 갈 수도 있지만 보통은 피곤해서 이 계곡이 종점인 마을버스를 타고 역으로 향하게 됩니다.

수성동 계곡의 기린교
ⓒ 오모군(CC BY)

지금 제일 핫한 작은 한옥마을, 익선동

익선동은 북촌이나 서촌에 비해 작은 동네입니다. 한옥이 약 100채밖에 되지 않으니 말입니다. 그래서 익선동 자체를 보는 데에는 그다지 시간이 많이 걸리지 않습니다. 골목길 몇 개만 다니면 되기 때문입니다. 그러나 정세권이 한옥 짓기 운동을 여기서 시작했으니 의미가 깊은 동네라 할 수 있지요. 이곳은 원래 재개발이 예정되었던 곳이라 한옥이 모두 헐릴 운명에 있었습니다. 대신 이곳에 멋진 주상복합 건물이 들어설 예정이었지요. 그런데 여러 이익 단체들의 이해관계가 엇갈려 계획을 실행하지 못하다가 한옥 보호 지구로 설정되면서 지금처럼 한옥이 보존된 것입니다. 천우신조라 아니할 수 없겠습니다.

LIFE
#16

2020년의 익선동 거리
ⓒ S h y numis(CC BY-SA)

왕의 후손들이 살던 곳

이 지역에는 원래 '누동궁'이라는 궁이 있었는데 철종의 형이 살았기 때문에 '궁'이라는 이름이 붙은 것입니다. 사실 철종도 이곳에서 태어나서(1831년) 14세까지 살다가 강화도로 이주했습니다. 이 구역은 왕손들이 계속 소유하고 있었는데, 정세권이 이것을 사서 한옥 단지를 만든 것입니다. 그는 20평에서 50평까지의 한옥을 지었는데 중소형 한옥이 제일 많았습니다. 정세권이 설립한 건축회사인 '건양사'도 바로 이 지역에 있었습니다. 이곳에서 한옥 짓기를 시작했으니 여기에 회사가 있는 것은 당연하겠지요.

전통문화와 관련해 이 지역에 대해서는 사실 그다지 할 말이 없습니다. 한옥은 있지만 지금은 거의 대규모 상업·위락 단지처럼 되어 있기 때문입니다. 원래 살던 사람들은 대부분 이주했고 대신 온통 서양식 음식점이나 카페, 액세서리 가게 등이 들어와 있습니다. 저는 이런 가게들이 들어오기 전부터 이 지역을 다녀서 잘 아는데, 그때(2010년대 초)에는 주민들도 살고 있어서 진짜 마을 같았습니다. 그러나 지금은 온갖 젊은이들이 모여 들어와 한옥에서 먹고 마시기만 하니 어떤 역사성도 느끼지 못합니다. 예를 들어 이곳에는 일제기에 뛰어난 명창이었던 박녹주 선생이 살았던 집이 남아 있는데, 그런 유서 깊은 곳도 식당으로 쓰고 있으니 마치 과거를 다 잊은 동네 같습니다.

게다가 이런 가게들의 명멸이 너무 심해 한 달 만에 가도 새로운 가게가 생긴 것을 목격하는 등 정신이 없습니다. 최근에 갔을 때 또 바뀐 모습을 목격하고 자료를 업데이트하는 일을 그만두어야 하나 생각하기도 했습니다. 그러나 말은 이렇게 해도 여전히 이 골목길을 걷는 일은 매우 즐거운 체험입니다. 활기차고 생동감이 넘쳐흘러서 그렇습니다. 게다가 한국에서 제일 핫한 고기 골목이 있어서 저녁때 밖에서 고기를 구워 먹는 즐거운 경험을 할 수 있습니다. 또 비록 음식점이나 카페로 변했지만 한옥에 들어가서 한옥 내부를 보면서 체험하는 것도 추천하고 싶습니다. 이곳이 아니면 할 수 없는 색다른 체험이기 때문입니다.

LIFE
#16

17장

한국의 고도,
천년 수도 경주

벽 없는 박물관, 도시 전체가 세계유산

- 먼 나라 신라와 현대 한국인
- 현대 한국 불교문화의 뿌리, 신라
- 석굴암과 불국사는 왜 세계유산이 되었을까?
- 남산은 경주다! 경주의 성지 남산
- 신라 고분이 품은 미스터리와 최고의 유물들
- 경주를 떠나며, 그러나 쉽게 떠날 수 없는 경주

미국 CNN 방송의 보도에 따르면 내셔널지오그래픽은 '2020년에 인류를 강타한 코로나19가 퇴치된 후 가볼 만한 세계 최고의 여행지 25곳'을 선정했는데, 그중에 경주가 포함되었습니다. 한국 관광지로는 경주가 유일합니다. 내셔널지오그래픽은 코로나19 사태로 여행하기 어려운 현실을 감안해 "지금은 꿈만, 가는 것은 나중에Dream Now, Go Later"라는 슬로건을 내걸며 25개의 추천 여행지를 '모험', '역사문화', '자연', '가족', '지속가능성' 등 다섯 가지 범주로 나누어 선정했는데, 한국의 경주가 '역사문화' 범주에 이름을 올렸습니다. 내셔널지오그래픽은 경주를 '벽이 없는 박물관'이라고 소개했지요.

경주가 세계 최고의 여행지 25곳 목록에 선정된 것은 어쩌면 당연한 것인지도 모릅니다. 경주와 그 근처에는 선사시대 유적(암각화)을 비롯해서 독특한 형태의 고분, 헤아릴 수 없이 많은 불교 유적과 유물, 신라 금관을 비롯한 금제 제품 등 시대와 종교를 불문한 다양한 유적과 유물이 있기 때문입니다. 경주에 가면 선사시대부터 근현대까지의 역사와 그에 얽힌 유적을 볼 수 있으니 경주는 분명히 내셔널지오그래픽의 세계 역사문화 여행지 톱top25에 들 만큼 훌륭한 관광자원임이 틀림없습니다.

사실 경주는 애당초 2000년에 도시 전체가 '경주역사유적지구Gyeongju Historic Areas'라는 이름으로 유네스코 세계유산에 등재되었습니다. 유적이 너무도 많으니까 그런 것인데, 다섯 개의 지역으로 나뉘어 올라 있습니다.

그런데 등재된 목록을 보면 뭔가 허전하지 않나요? 그 유명한 석굴암과 불국사가 빠져 있으니 말입니다. 불국사와 석굴암은 한 개 항목으로 묶어 유네스코에 따로 등재되어 있습니다(석굴암·불국사, 1995년). 이 두 곳은 워낙 빼어난 주요 유적이라 따로 등재된 것일 테지요. 또한 경주에는 양동마을과 하회마을(정식 명칭은 '한국의 역사마을: 하회와 양동', 2010년), 옥산서원('한국의 서원' 아홉 곳 중 한 곳, 2019년)도 별도의 세계유산으로 등재되어 있습니다. 경주는 그야말로 전체가 세계유산 그 자체라 하겠습니다.

이번 장에서는 이들 유적 가운데 신라 문화를 대표할 만한 유적을 선정해

경주역사유적지구 열람표

남산지구	온갖 불상이 즐비한 야외 불교 미술관
월성지구	신라의 1000년 궁궐 터
대릉원지구	왕릉 등의 고분군이 있는 곳
황룡사지구	웅장한 최고의 절, 황룡사가 있던 터
산성지구	왕경 방어 시설의 핵심

자세하게 보려고 합니다. 그러려면 신라라는 나라가 어떤 나라인지, 현대 한국과 어떤 관계에 있는지를 살피는 것부터 시작해야겠습니다.

먼 나라 신라와 현대 한국인

경주가 1000년 동안 신라의 수도였다는 사실은 잘 알려진 대로입니다. 그런데 신라는 망한 지 1000년이 넘었습니다. 그래서 사람들은 신라가 현대 한국인과는 별 관계가 없는, 그저 사극에나 나오는 먼 과거에 있던 한 왕조에 불과하다고 생각하기 쉽습니다. 그런데 그것은 사실이 아닙니다. 신라가 망한 후 1000년 동안 많은 변화가 있었지만 현대 한국 문화의 기본적인 틀은 신라 시대 때 만들어졌다고 보아야 하기 때문입니다. 그런 의미에서 한국인은 신라를 좀 더 자세히 알아야 하는데, 신라의 문화는 경주에 집약되어 있으니 경주 여기저기에 남아 있는 유적에 대해 아는 일은 매우 필요한 작업이라 하겠습니다.

문화적 통일을 이룬 신라! 한국 문화의 원형을 만들어

한국사 전체에서 신라의 의미를 찾는다면, 신라가 백제와 고구려를 멸하고 이룩한 정치적인 통일에서 찾는 것이 아니라 이때 형성된 문화적인 통일에서 찾아야 할 것입니다. 신라는 고대 삼국(고구려, 백제, 신라)의 문화를 융합해 한국 문화의 원형을 만들어냈습니다. 신라가 가장 많은 영향을 받았던 문화는 백제 문화입니다. 그런데 백제는 고구려에서 파생된 국가이기 때문에 그 근본에는 고구려 문화가 있었습니다. 따라서 신라가 백제 문화를 융합했다는 것은 자동적으로 (백제 문화에 포함되어 있던) 고구려 문화 또한 받아들였다는 의미가 됩니다. 이렇게 섞인 삼국의 문화가 꽃핀 것이 바로 통일신라기였습니다. 석굴암이나 석가탑 같은 신라 최고의 유물이 바로 이 시기에 만들어졌다는 사실을 통해서도 삼국의 문화가 융합해 만개한 정황을 알 수 있습니다. 이렇게 형성된 신라 문화는 그대로 고려와 조선으로 이어졌고 그것은 현대 한국으로 전승되었습니다.

성씨와 행정구역에 스며 있는 신라 문화

그렇게 현대 한국으로 계승된 문화 가운데 대표적인 몇몇을 들어볼까요? 우선 한국어를 들 수 있습니다. 신라어는 현대 한국어의 뿌리라고 하는데, 이것은 신라가 삼국을 통일했으니 당연한 결과라 하겠습니다. 반면에 현대 일본어의 뿌리는 고구려어(그리고 백제어)라고 하는데요, 이것은 일본으로 건너간 백제인에 의해 백제어가 일본에 전파됐기 때문일 것입니다.

이런 사안보다 더 두드러지게 보이는 신라의 영향은 현대 한국인의 성씨에서 발견됩니다. 현대 한국인의 성씨 가운데 가장 흔한 성은 아시다시피 '김'씨입니다. 이것은 신라의 왕족이 대부분 김씨였다는 것과 관련이 있을 테지요. 그뿐만 아니라 김씨 다음으로 흔한 박·최·정과 같은 성씨들도 모두 신라에서 비롯되었다는 것을 잊어서는 안 됩니다. 만일 삼국 통일이 신라가 아니라 백제에 의해서 이루어졌다면 현대 한국인에게 김·박·최·정 같은 성씨는 흔하기는커녕 아예 존재하지도 않았을 것입니다. 백제가 삼국을 통일했다면 백제의 대성大姓인 '사택'이나 '부여' 같은 성씨가 제일 많았을 텐데, 현대 한국에 이런 백제의 성씨는 없지 않습니까?

그런가 하면 현대 한국의 행정 구역인 도나 군, 면 등의 기본적인 형태도 신라시대 때 정해졌다는 것을 알아야 합니다. 물론 지금의 행정 체계는 조선

LIFE
#17

초에 확정된 것이지만, 그 시발始發은 신라에 있습니다.

현대 한국 불교문화의 뿌리, 신라

신라 문화가 현대 한국에 가장 많은 족적을 남긴 영역은 불교 분야일 것입니다. 한국의 불교문화는 신라 대에 만들어져 지금까지 이어져 왔는데 놀라운 것은 그 이후에 만들어진 불교 유적은 신라 것을 능가하는 유적이 거의 없다는 것입니다.

불교 유적 가운데 가장 중요한 것을 꼽으라고 한다면 주저함 없이 불상, 탑, 종을 고를 것입니다. 그런데 한국 최고의 불상과 탑, 종은 모두 (통일)신라기에 만들어졌습니다. 이 시기 가운데에도 경덕왕(재위 742~765) 대에 최고의 불교 유물들이 만들어졌습니다. 곧 보게 될 최고의 불교 유물은 모두 경덕왕 대에 만들어졌거나 경덕왕 대에 시작해서 그다음 왕인 혜공왕 대에 완성을 본 것입니다. 그런데 다음 왕인 혜공왕 대에 완성되었다고는 하나 실제로는 경덕왕 대에 모든 설계가 끝난 것이니 경덕왕 대에 만들어진 것이나 다름없습니다.

석굴암 본존불: 한국 최고의 불상, '동양무비'

불상부터 보면, 지금까지 있어 온 불상 가운데 최고의 불상은 말할 것도 없이 석굴암의 본존불이라 할 수 있습니다. 현재 한국에는 과거에 만들어진 불상이 수없이 많이 남아 있지만 예술적으로 이 불상을 능가할 수 있는 불상은 없다고 해도 과언이 아닐 것입니다.

석굴암을 처음으로 조사한 일본의 어느 학자가 이 불상을 두고 '동양무비無比', 즉 동양에서는 견줄 만한 것이 없다고 한 것은 그 사정을 잘 말해줍니다. 불상으로서 동양에서 견줄 만한 것이 없다는 것은 세계 최고라는 뜻이 되니 이 불상의 수준이 얼마나 높은지 알 수 있습니다. 한국에서도 이 불상이 나온 뒤로 수없이 많은 불상이 만들어졌지만 이 불상은 '스탠더드 버전'을 대표하고 있습니다. 이것은 이 불상이 기준이 되는 불상이라는 뜻인데, 최근에 조계사에 들인 불상도 디자인은 이 석굴암의 불상을 따르고 있습니다. 석굴암의 불상이 만들어진 지 1300여 년이 지났지만 여전히 그 불상의 모습을 따르고 있는 것입니다.

석가탑: 한국 최고의 석탑, 단순미로 최고미를

그런가 하면 탑 중에 최고는 무엇일까요? 말할 것도 없이 석가탑입니다. 이것 역시 경덕왕 대인 8세기 중반에 만들어졌습니다. 한국의 석탑은 석가탑에서 절정을 이루었고 그 이후에는 이 탑을 능가하는 탑을 만들지 못합니다. 석가탑이 워낙 뛰어난 탑이기 때문에 다른 탑이 넘어설 수 없었던 것입니다.

석가탑은 어떠한 장식도 없이 돌의 크기만 가지고 절묘한 비례를 이루어 최고의 미를 달성했습니다. 극도의 단순함으로 최고의 미를 표현한 것인데, 이것은 디자이너들이 가장 바라는 것 중 하나입니다. 디자인계에서는 최소의 것을 가지고 최고를 표현하는 것을 높이 평가합니다. 그 견해를 받아들인다면 한국의 석탑은 바로 석가탑에서 그것을 실현했다고 할 수 있습니다. 사정이 이러하니 그 뒤에는 이 탑을 능가할 수 있는 탑이 나올 수 없었던 것입니다.

에밀레종: 한국 최고의 범종, 1300년 현역 종

마지막으로, 한국의 범종 가운데 최고의 것이 에밀레종(성덕대왕 신종)이라는 사실을 부인할 사람은 아마 없을 것입니다. 그런데 사람들은 이 종의 확실한 진가를 잘 모르는 것 같습니다. 물론 최고의 진가는 아름다운 소리에 있지만, 그 전에 알아야 할 사실이 있습니다. 그것은 약 1300년 전에 만들어진 동종이 아직도 소리를 내고 있다는 것입니다. 이것은 당시 신라의 주조 기술이 얼마나 뛰어난가를 보여줍니다. 이렇게 큰 종은 주조하기도 힘들지만 종을

LIFE
#17

설치한 이후에는 계속해서 강한 힘으로 쳐대기 때문에 금이 가면서 망가지기 쉽습니다. 그런데 이 종은 오랫동안 상하지 않고 소리를 냈으니 대단한 것입니다.

다음으로 볼 것은 이 종과 관계된 소리의 비밀입니다. 에밀레종은 사람이 만든 종 가운데 가장 아름다운 소리를 낸다는 평이 있을 정도로 그 소리가 아름다우며 웅장합니다. 특히 여운이 길어 소리가 멀리까지 갑니다. 이런 것이 가능할 수 있는 것은 소리에서 '맥놀이 현상'을 만들어냈기 때문입니다. 맥놀이 현상이란 파동이 다른 두 소리를 만들어 서로 간섭을 일으키는 것을 말합니다. 그러면 소리가 더 멀리 갈 수 있다고 합니다. 한국 종소리를 들어보면 '웅웅웅' 하면서 끊어질 듯 이어지는데, 이것은 맥놀이 현상 때문에 일어나는 것입니다. 이것은 종의 상하 부분과 배 부분의 두께를 달리하면 나오는 현상이라고 합니다. 에밀레종은 이 소리를 구현한 것이지요.

석굴암과 불국사는 왜 세계유산이 되었을까?

이처럼 최고의 불교 유물은 신라 대에 모두 만들어집니다. 이번에는 이런 유물이 즐비한 세계유산인 석굴암과 불국사로 가보지요. 석굴암은 신비롭기 짝이 없는 건축물이라 석굴암과 관련된 모든 것을 설명하려면 별도의 단행본으로도 부족할 지경입니다. 그렇지만 석굴암을 한마디로 표현하면 무엇이라 할 수 있을까요?

세계 유일 인조 석굴, 석굴암의 비밀

석굴암을 가장 간단하게 정의한다면 전 세계에서 유일한 인조 석굴이라 할 수 있습니다. 정확히 말하면 석굴이 아니라 '석실石室'이라고 해야 할 것입니다. 돌을 가지고 굴을 만든 것이 아니라 방을 만들었기 때문입니다. 신라인들은 왜 이런 굴을 만들었을까요?

이것은 인도와 중국의 불교 전통을 이은 것이라 할 수 있습니다. 인도는 더운 기후이기 때문에 효과적인 수행을 위해 돌산에 굴을 파서 수행처를 만들었습니다. 그중 제일 유명한 것이 '아잔타석굴' 등입니다. 같은 일이 중국에서도 벌어졌습니다. 중국서 유명한 석굴은 '용문석굴'이나 '돈황석굴'과 같은 것입니다. 이를 알고 있던 신라의 불교도들은 자신들도 석굴을 만들고 싶어 했습니다.

그런데 한국은 돌이 대부분 화강암이라 여기에 구멍을 뚫는다는 것은 매우 힘든 일이었습니다. 이러한 현실을 타개하고자 신라인들은 인공으로 굴을 만들었고 그 결과가 석굴암인 것입니다. 그런데 이렇게 인공으로 돌을 써서 굴을 만드는 것은 어려운 일이라 다른 나라에서는 유례를 찾기 힘듭니다.

석굴암 건설에서 가장 힘든 것은 순전히 돌만 사용해서 돔을 만드는 일이었습니다. 돌을 쌓아서 천장을 동그랗게 만드는 것은 지금도 힘든 일입니다. 특히 어려운 일은 천장 한가운데에 마개돌을 놓는 일입니다. 그런데 당시 작업 중에 그만 그 돌을 떨어트려 돌이 깨지고 말았습니다. 재미있는 것은 지금도 그 깨진 돌이 그대로 있다는 사실입니다.

돔 위에는 자연석을 쌓았고 그 위는 흙으로 덮었습니다. 이것은 습기를 제거하기 위한 장치인데, 그러다 보니 무게가 너무 많이 나갔습니다. 이 무게를 지탱하기 위해 돔 천장 마개돌 주위에는 쐐기돌 같은 것을 30개 정도 박아 놓았습니다. 이렇게 해야 돌들이 서로 힘을 받아 무너지지 않기 때문입니다.

석굴암의 치밀한 기하학적인 구도 역시 많은 주목을 받았는데, 가장 중요한 것은 이 공간이 예불을 위한 것이라는 사실입니다. 따라서 모든 구조는 키가 160센티미터 정도인 사람이 예배실에 서서 불상을 바라보면 광배의 중앙에 불상의 머리가 오게 설계되어 있습니다. 돔이 있는 방 가운데에는 붓다가 있고 바로 그 뒤에는 관세음보살이 있습니다. 그리고 그 양옆으로 10대 제자와 유명한 보살들이 둘러싸고 있습니다. 불교에서 가장 중요한 사람과 신명들이 이 방 안에 다 있는 것입니다.

LIFE
#17

석굴암에서 예불 드리는 모습

또 방 입구에는 불교를 수호하는 사천왕이나 절을 지키는 금강역사가 있고, 가장 바깥쪽 방에는 여덟 명의 신령들이 불교를 엄호하고 있습니다. 사람은 이 가운데에 서서 붓다를 경배합니다. 인간이 불교 신앙의 중심이 되어 모든 것의 중앙에서 붓다에게 경배를 올리는 것입니다. 사정이 이러하니 이 구조물 안에서 인간이 얼마나 중요하게 여겨지고 있는가를 알 수 있습니다.

석굴암의 조각들이 예술적으로 얼마나 가치 있는가는 너무도 잘 알려진 사실이라 상세하게 언급하지는 않았습니다만, 특히 돔이 있는 방에 부조로 조각되어 있는 인물상과 보살상은 세계적인 수준이라 하겠습니다. 그 가운데에서도 붓다 바로 뒤에 있는 관음보살상은 예술성이 가장 뛰어난 작품입니다. 종교적으로 가장 승화된 모습과 불교적인 깨달음의 경지를 조각으로 여실히 보여주고 있기 때문입니다.

불국사에서는 돌만 보자!

다음으로 볼 것은 불국사인데, 사람들은 의외로 이 절의 감상 포인트를 잘 모릅니다. 단순하게 말해서 이 절에서는 돌만 보면 됩니다. 다시 말해 돌로 만든 것만 보면 된다는 것입니다. 그러니까 건물은 그다지 볼 필요 없다는 것이지요. 절 안에 있는 건물은 대부분 1970년대에 만들어진 아주 최근 것입니다(단, 대웅전은 18세기에 세워진 보물임). 따라서 역사성이나 기술력이 많이 떨어지는데 그 때문에 그다지 주의 깊게 볼 필요가 없습니다. 그에 비해 건물의 기단 돌과 돌로 만든 탑은 모두 신라 대의 것입니다. 이 돌 구조물들은 신라가 최고의 기술과 예술 삼아으로 만든 것이라 주의해서 보아야 합니다.

돌 구조물 가운데 가장 먼저 보이는 것은 건물 기단 부분과 절로 들어가는 입구에 세운 계단입니다. 건물 기단에서는 신라 문화의 품격을 느낄 수 있는데, 그 기술력과 예술적인 감각에 말을 잃게 됩니다. 기단에 설치한 짧은 계단의 옆 부분 장식을 말하는 것입니다. 대웅전의 경우 단단한 화강암을 2중으로 팠는데, 꼭짓점을 마치 버섯코처럼 살짝 올려놓기까지 했습니다. 사람들이 쳐다보지도 않는 구석이지만 이 섬세한 기술과 유려한 선은 직접 가서 봐야 합니다.

다음으로 절로 오르는 계단을 보면, 특히 대웅전 마당으로 들어가는 청운교와 백운교 계단이 아름답습니다. 이 계단은 부처님 나라Buddha land로 인도하는 마지막 단계라서 아주 장엄하게 꾸몄습니다. 보통 계단은 건물의 부속물이기 때문에 그다지 장식하지 않는데, 이 계단은 아주 아름답게 설계했습니다. 그래서 국보로 지정되는 등 하나의 건축물 수준으로까지 승격됐습니다. 불국사 안에 있는 대웅전 같은 건물의 수준으로 올라갔다는 것이지요.

그만큼 중요하다는 것입니다. 게다가 청운교와 백운교의 연결 부분 아래에 설치한 아치는 어떤 지진도 견뎌낼 수 있게끔 과학적으로 설계했습니다. 사실 불국사 앞마당에 있는 당간지주나 물을 담아놓는 석조도 디자인이 훌륭한데 여기서는 설명을 생략하겠습니다. 그 조각 수준이 상급인데 불국사에 가면 꼭 꼼꼼히 살펴보시기 바랍니다. 이 가운데 석조는 보물로 지정되어 있고 현재 불국사 박물관에 전시되어 있습니다.

석가탑과 다보탑의 모순적인 공존, 신묘한 조화

불국사의 백미는 누가 뭐라고 해도 대웅전 마당에 있는 두 탑입니다. 불국사가 세계유산으로 등재될 수 있었던 것은 이 두 탑의 공이 큽니다. 두 탑을 감상하는 핵심은, 너무도 다르게 조형된 두 개의 조형물이 한 공간에 배치됐다는 것을 파악하는 것입니다. 건축 개념이 그저 다른 게 아니라 아예 상반되는 두 탑을 같은 공간에 놓은 것은 대단히 파격적이고 실험적입니다. 앞에서 잠깐 언급했지만 석가탑은 단순함의 극치를 표현하고 있는 데 비해 다보탑은 화려함의 극치를 보여주고 있습니다. 조금 더 전문적으로 말하면, 석가탑과 다보탑은 각각 '힘과 부드러움', '규범과 개성', '고전과 낭만'을 표현하고 있다고 할 수 있습니다. 그런데 이렇게 다른 두 탑을 한 공간에 배치했는데 서로 밀쳐내지 않고 조화를 이루고 있으니 신묘하다는 것입니다. 이러한 구도 감각은 디자인의 최고 고수가 아니면 할 수 없는 일입니다. 다른 절들을 보면, 대웅전 앞마당에 똑같이 생긴 탑 두 개를 배치하는 경우가 많습니다. 이렇게 하는 것이 안전하기 때문이지요.

불국사에는 이런 돌로 된 것뿐만 아니라 다른 보물들도 많습니다. 그중에서도 '비로자나불좌상'과 '아미타여래좌상'은 통일신라기에 만든 금동불상이라 하니, 만들어진 지 1000년이 훨씬 넘는 대단한 작품입니다. 그래서 둘 다국보로 지정되어 있는데, 솔직히 말해 불상 모습은 다 비슷비슷해서 전문가가 아니면 이 불상들의 특징을 알아내기가 쉽지 않습니다. 따라서 이런 불상

경주 불국사 석가탑
ⓒ 국가문화유산포털

경주 불국사 다보탑
ⓒ 국가문화유산포털

은 불교 미술을 전공한 사람에게 의미 있는 유물이 아닐까 합니다.

남산은 경주다! 경주의 성지 남산

다음으로 가볼 곳은 남산입니다. 경주 사람들은 "남산을 가지 않았으면 경주에 다녀왔다고 하지 마라"라고 할 정도로 남산은 경주에서 중요한 지역입니다. 남산은 통째로 유네스코 세계유산('남산지구')에 등재되어 있는데, 그것은 남산 골짜기마다 불교 유물이 넘쳐나기 때문입니다. 그래서 남산은 야외박물관이라 불리기도 합니다. 공식적으로는 남산에 있는 30여 점의 유물이 유네스코에 등재되어 있습니다. 현재 남산에서 발견된 절터는 약 150곳이나 된다고 하는데 발견되지 않은 것까지 합치면 이것의 세 배가 된다고 하더군요. 사정이 이러하니 남산에 얼마나 절이 많았는지 알 수 있습니다.

유물이 천지에 널린 야외 박물관

절이 이렇게 많았으니 유물이 많은 것은 당연합니다. 현재 남아 있는 탑과 불상이 460점이 넘는다고 합니다. 이들은 산 전체에 분산되어 있는데, 불상은 많은 경우 귀족적이거나 세련된 것과는 거리가 멉니다. 사정이 이렇게 된 것은 아마도 왕경(경주)에서 극히 세련된 불교문화를 누리던 상층 계급에 낄 수 없는 기층민들이 자기들의 수준에 맞는 불상(그리고 탑)을 만들다 보니 이런 민속풍의 불상이 생기지 않았나 하고 생각해 봅니다. 그러나 개중에는 수준 높은 고전적인 풍의 불상이 있기는 합니다. 이런 여러 종류의 불상이 남산 전역에 퍼져 있어 이곳에 있는 불상들을 다 보려면 며칠이 걸릴지 모릅니다. 가령 국보로 지정되어 있는 칠불암의 마애불상을 보려면 그곳 한 곳만을 목표로 해서 가야 합니다. 다른 유물들과 많이 떨어져 있어 따로 가야 하는 것인데 그러다 보니 이곳만 다녀오는 데에도 반나절 이상이 걸립니다.

그래서 남산을 처음 가는 사람들에게는 이 칠불암 코스가 아니라 다른 코스를 추천합니다. 추천 코스는 보통 삼릉계곡이라 불리는데, 유물들이 많이 몰려 있기 때문에 시간을 적게 들이고도 많은 불상을 볼 수 있어 좋습니다. 경주 시내에서 이곳으로 가다 보면 남산 기슭에서 포석정이나 배동 삼존석불을 지나게 되는데 시간이 된다면 배동 삼존석불은 꼭 보았으면 좋겠습니다. 가운데에 있는 불상에서 신라의 미소를 볼 수 있기 때문입니다.

삼릉계곡, 남산의 초보 코스를 따라

이곳을 지나면 곧 삼릉계곡을 만날 수 있습니다. 이름이 삼릉계곡인 것은 이곳에 신라 왕의 무덤 3기가 있기 때문입니다. 제가 다니던 1990년대에는 주차장도 제대로 정비되어 있지 않았고 한적했는데 지금은 사람들이 많이 찾아와 상당히 붐빕니다. 계곡의 입구에 들어서면 능 근처에 소나무 숲이 있는데

경주 삼릉계곡 마애석가여래좌상
ⓒ 최준식

이것도 일품이라 주의 깊게 보시기 바랍니다.

그렇게 계속 올라가면 약 일곱 개의 불상을 만날 수 있는데 이 가운데 특이한 것은 '선각육존불線刻六尊佛'입니다. 바위 위에 그냥 선으로 6명의 불보살을 그려놓은 것으로, 신라 대에 만들어진 그림은 거의 없는데 이것도 그림의 일종이니 아주 귀한 것임에 틀림없습니다.

삼릉 코스 중에 장관은 가장 위에 있는 '마애석가여래좌상'입니다. 이 불상은 흡사 바위에서 막 나오는 모습을 하고 있습니다. 그래서 상체는 다 나왔는데 하체는 아직 암석 안에 있는 것처럼 조각되어 있지요. 그곳에서 아래를 내려다보면 넓은 벌판이 보이고 경부고속도로도 보입니다. 그래서 부처님이 사바세계에 살고 있는 중생들을 굽어보는 듯한 느낌을 받습니다.

여기까지 오면 힘이 듭니다. 그래도 우리는 조금만 더 올라가기로 합니다. 경주 시내를 모두 볼 수 있는 공터가 나오기 때문입니다. 한번은 일본인들을 이곳에 안내했더니 경주 시내를 보자마자 "나라奈良다"라고 외치는 것을 본

적이 있습니다. 경주 시내가 일본 나라 시와 닮은 것처럼 보인다는 것인데, 이것은 충분히 있을 수 있는 일입니다. 한반도 사람들이 일본에 가서 나라라는 도시를 세웠으니 말입니다.

여기까지 오면 삼릉계곡은 다 본 셈인데 이곳에서 다시 왔던 길로 내려갈 수도 있고 다른 길로 갈 수도 있습니다. 다른 길로 간다면, 가장 많이 가는 길은 용장골 코스입니다. 이 코스에는 유물이 많지는 않지만 주목할 만한 것들이 있어 그 길로 가보겠습니다.

험하지만 지극히 매력적인 용장골 코스

용장골 코스 중 특히 바위 위에 세워진 삼층석탑은 장관을 연출하는데, 남산을 소개할 때 많이 나오는 것이기도 합니다. 이 탑은 특이하게 기단을 이 남산 전체로 삼았기 때문에 따로 기단을 만들지 않았습니다. 그런데 그렇게 되면 탑의 규모가 산 전체가 되는 것이니 대단히 특이하고도 거대한 탑이라 할 수 있습니다.

또 이 탑에서 조금만 아래로 내려가면 '삼륜대좌불'을 만날 수 있는데 이 불상은 아주 독특한 모양을 하고 있습니다. 이 불상의 좌대는 햄버거를 세 개 겹쳐놓은 것 같이 생겼습니다. 이 같은 원형 좌대는 거의 발견되지 않는데 3층으로 되어 있는 것은 더 드뭅니다. 이곳에 용장사라는 절이 있었다고 전해지는데 이 절은 김시습과도 관계가 된다고 하지요. 그는 15세기에 이 절에 머무르면서 최초의 한문 소설인 『금오신화』를 썼다고 합니다.

여기까지 보면 이 골짜기 유물은 거의 다 본 것인데, 여기서부터 큰길까지 가는 데에 시간이 꽤 걸립니다. 또 지루합니다. 그래서 남산길은 쉽지가 않습니다. 초행자들에게는 이 길이 힘들기 때문에 추천하고 싶지는 않습니다. 또 밧줄을 타고 내려와야 하는 등 험난한 데도 있으니 추천하기가 꺼려집니다.

이렇게 산을 내려오면 다른 곳을 더 보러 가기에는 어정쩡한 시간이 될 수도 있는데, 힘이 남아 있으면 국립경주박물관 답사를 권하고 싶습니다. 이곳

용장사지 삼층석탑
ⓒ 최준식

은 경주에 오면 꼭 가야 하는 곳이기 때문입니다. 이곳에 가면 서울에서는 만날 수 없는 많은 최고급의 유물들을 볼 수 있습니다. 그중에 가장 대표적인 것은 야외에 있는 에밀레종일 겁니다. 비록 소리는 듣지 못해도 세계 최고의 종을 직접 목도할 수 있다는 것은 가슴 설레는 일이지요. 서울에 있는 국립중앙박물관 다음으로 큰 국립박물관이 이 박물관이기 때문에 실내에는 좋은 유물들이 많은데, 이에 대한 설명은 생략하기로 합니다.

LIFE #17

신라 고분이 품은 미스터리와 최고의 유물들

다음으로 볼 것은 신라의 고분이 모여 있는 대릉원입니다. 이곳 역시 남산과 마찬가지로 세계유산에 등재되어 있습니다('대릉원지구'). 저는 '대릉원지구'의 고분 가운데 개인적으로 '노동리고군분'(금령총 등)과 '노서리고분군'(금관총, 서봉총 등), 이 두 고분을 좋아합니다. 이곳은 그냥 노천에 개방되어 있어 옛 모습을 훨씬 많이 간직하고 있기 때문입니다. 대릉원('황남리고분군')처럼 공원을 만든답시고 길을 내고 인위적으로 꾸미지 않아 좋습니다.

무덤의 주인도 모르고 구조도 어디에도 없던 것

경주에 있는 고분은 크게 볼 때 평지에 있는 것과 구릉에 있는 것, 두 종류가 있습니다. 유네스코에 등재된 것은 평지 고분으로, 대릉원을 중심으로 동서 약 1킬로미터, 남북 약 1.5킬로미터 지역 안에 밀집되어 있습니다. 대릉원이라는 이름은 미추왕(최초의 김씨 성을 가진 왕)을 대릉大陵에 장사지냈다고 해서 거기서 따온 것입니다. 대릉원공원 안에는 규모가 가장 큰 황남대총을 비롯해 천마총, 미추왕릉 등 크고 작은 20여 기의 무덤이 있습니다. 그런데 안타깝게도 주인을 아는 무덤은 없습니다. 대릉원 중에서 개방되어 있는 천마총도 무덤 안에서 천마도가 발견되어 이름을 그렇게 지은 것이지 주인은 알지 못합니다. 미추왕릉도 추정일 뿐이고 정확한 것은 아닙니다.

대릉원 고분들과 관련해 가장 미스터리한 것은 고분의 구조입니다. 이 구조를 보통 '적석목곽분'(돌무지덧널무덤)이라고 하는데 이런 고분 구조는 이곳에서만 발견됩니다. 한반도의 다른 지역에는 없는 아주 독특한 고분인 것이지요. 그 구조를 간단하게 보면, 우선 나무로 큰 방을 만들고 여기에 시신과 유물을 배치합니다. 그래서 '목곽木槨'이라고 한 것입니다. 그리고 그 위에는 돌을 쌓습니다. 즉, '적석積石'을 하고 그 위를 흙으로 마감해서 둥그렇게 만들었습니다.

이런 구조는 도굴당하지 않습니다. 도굴은 보통 남의 눈을 피해 밤에 몰래 하는 것인데 도굴꾼들이 하룻밤 사이에 이 많은 흙과 돌을 처리하는 것은 불가능하기 때문입니다. 이 고분은 도굴이 원천적으로 불가능합니다. 그런데 도굴은 그렇게 피했지만 더 큰 문제는 이 무덤 양식이 어디서 전래했는지 잘

경주 대릉원 전경

모른다는 것입니다. 이와 유사한 양식은 북방의 시베리아와 흑해 주변에서만 발견되고 다른 곳에서는 발견되지 않는다고 하니 그 기원을 알 수 없습니다. 그러나 가능한 설명이 있다면, 그것은 김씨 성을 가진 신라 왕족들은 이러한 적석목곽분 양식을 사용했던 북방 유목민족 출신이라는 것입니다. 그러니까 이 같은 무덤 양식을 가진 민족이 신라에 와서 지배계급이 된 것이라는 말이 지요. 김씨 왕의 시조가 흉노족이라는 설이 있는데, 이 설이 맞는다면 이 무덤의 유래도 어느 정도는 설명될 수 있을 것입니다.

LIFE
#17

고분이 남긴 숱한 유물들, 그중 최고는 금관

신라 고분들 안에서 발견된 유물을 안 볼 수가 없겠지요? 특히 금으로 세공된 유물을 중심으로 보았으면 합니다. 신라 왕의 성이 대부분 김씨였던 것도 이것과 관련이 있을 것입니다. 김金은 바로 금 아닙니까? 신라는 금의 왕국으로 불릴 정도로 뛰어난 금세공 기술을 갖고 있었습니다. 그중에서 가장 많은 주목을 받는 것은 말할 것도 없이 금관입니다.

신라 금관도 신라 고분처럼 미스터리한 유물입니다. 그 양식의 유래가 불분명하기 때문입니다. 이렇게도 아름답고 섬세한 금관이 5, 6세기경 갑자기 나타났다가 7세기에 완전히 사라져버렸습니다. 그래서 그 출몰하는 모습이 앞에서 본 적석목곽분과 미스터리한 면에서 동일하다고 한 것입니다. 한반도에 전혀 없던 양식이 갑자기 나타났다가 얼마 안 있어 사라져버렸습니다. 그러니 기이한 일이 아닐 수 없습니다.

금관의 모습을 보면, 금관의 앞부분에 출出 자처럼 생긴 나무 모양의 장식이 서 있고 그 옆에는 사슴뿔 모양의 장식이 있습니다. 그리고 여기에다 새 날개 모양의 장식을 덧붙이기도 합니다. 일부 학자들에 따르면 이러한 모양은 시베리아 무당들이 쓰는 관과 모습이 비슷하다고 합니다. 따라서 이 금관을 사용한 신라의 초기 왕들은 샤머니즘과 관계가 있을 것이라고 주장하는데 아직은 설이 분분합니다.

어떻든 금관들은 모두 이 대릉원지구에서 나왔습니다. 가장 먼저 발견된 것이 1921년에 금관총에서 나온 것입니다. 경주의 한 시민이 집터를 파다가 이 금관을 우연히 발견했는데, 그 인연으로 무덤 이름이 금관총이 된 것입니다. 금관총은 노서리고분군 안에 있습니다.

이 외에도 황남대총과 천마총처럼 정식으로 발굴한 고분에서도 금관이 나왔습니다. 특히 왕과 왕비의 무덤으로 두 개의 봉분이 있는 황남대총에서 출토된 금관은 세계에서 가장 아름다운 왕관으로 꼽힙니다. 왕이 아닌 왕비의 것이라 더욱 주목됩니다. 이 최고의 유물은 서울 국립중앙박물관 상설관에 전시되어 있어 언제든지 공짜로 볼 수 있는데, 박물관에 몇 개 없는 단독 방에 있습니다. 외국 대통령 같은 국빈의 필수 방문 코스이기도 합니다.

고분들에서는 금관 외에도 허리띠, 귀걸이, 팔찌, 목걸이, 반지 등 금으로

▲ 황남대총 북분 금관의 세부 모습
ⓒ 국가문화유산포털

◀ 황남대총 북분 금관의 전체 모습
ⓒ 국가문화유산포털

세공된 것들이 무더기로 나왔습니다. 그런가 하면 유리그릇이나 사람 얼굴이 상감된 옥, 화려한 보검도 발견되었습니다. 대부분은 국립경주박물관에 전시되어 있으니 언제든지 가서 볼 수 있습니다. 이런 유물들은 고구려나 백제가 아닌 신라에서 주로 발견되었는데 이를 통해 신라가 실크로드를 통해 서역과 끊임없이 교통하고 있었다는 사실을 알 수 있습니다. 이 외에도 중요하고 재밌는 유물들이 무척 많습니다. 모두 박물관에 전시되어 있으니 꼭 가보시기 바랍니다.

경주를 떠나며, 그러나 쉽게 떠날 수 없는 경주

LIFE
#17

지금까지 우리는 유네스코에 등재된 세계유산을 중심으로 경주를 다녔지만 이밖에도 경주에는 볼 것이 아주 많습니다. 일례로 경주에서 포항 쪽으로 가다 보면 또 다른 유네스코 세계유산인 양동마을이 있습니다. 하회마을과 더불어 세계유산이 된 한국의 대표적인 전통 마을이지요.

경주 외곽에도 볼거리가 쌓여 있어

양동마을 근처에는 흥덕왕릉이 있는데, 이 능은 신라 왕릉 가운데 주변의 소나무가 가장 아름다운 능으로 이름이 높습니다. 앞서 언급한 삼릉의 소나무 숲도 유명하지만 경주에서 진짜 소나무를 보고 싶은 사람이라면 반드시 가야 할 곳이지요. 그래서 이곳에 가면 항상 사진 찍는 사람들이 넘쳐납니다.

양동마을 근처에는 세계유산이 또 있었지요? 뛰어난 성리학자였던 이언적 (1491~1553)을 모신 옥산서원이 그것입니다. 이언적은 그의 조상이 일찍이 양동마을에 터전을 잡았기 때문에 이 마을에서 태어나고 살았습니다. 그래서 양동마을 안에는 그와 관계된 건물이 있는데, 옥산서원 근처에 있는 그의 별장인 '독락당'도 우리의 시선을 끕니다. 이 건물은 냇가에 있어 그 풍류가 보통이 아닙니다. 또 그 옆에는 이언적이 젊었을 때 공부했다는 '정혜사'라는 절이 있었는데 지금은 터만 남아 있습니다. 터 안에 13층 석탑이 있는데 이 탑도 국보로 매우 특이한 모습을 갖고 있습니다. 그래서 한국 석탑에 관심 있는 사람은 반드시 들러야 할 곳입니다.

또 감은사지가 있는 감포로 가면 물론 2기의 석탑도 감상해야겠지만, 최근에 개방된 양남 주상절리 지대가 있어 발길을 멈추게 합니다. 이곳은 2012년 천연기념물로 지정되면서 사람들이 방문하기 시작했습니다. 양남 주상절리는 제주 것과는 달리 부채꼴로 되어 있거나 수평 방향으로 되어 있어 주목받았는데, 이런 주상절리가 해변에 1킬로미터 남짓 있으니 장관입니다. 주로 제주도에서만 볼 수 있던 주상절리를 경주에서 볼 수 있으니 매우 신기한 느낌을 받습니다.

경주 시내에 산재한 볼거리들

경주 시내에도 볼 것이 많습니다. 우선 2020년을 전후로 발굴이 한창인 쪽샘 지구가 눈에 뜁니다. 이곳은 대릉원공원 바로 옆에 있는데 대릉원보다는 작은 고분들이 주류를 이루고 있습니다. 수십 기의 고분이 있으며, 그중 하나인 44호 고분을 발굴해 내부를 볼 수 있게 만들었습니다. 이것이 바로 '쪽샘유적 발굴관'으로, 이곳을 방문하면 이 지역의 고분에 대해 좋은 정보를 얻을 수 있습니다.

그런가 하면 2018년에 복원된 월정교도 방문해 볼 만합니다. 이 다리는 월성과 남산을 연결하는 역할을 했는데 그 모습이 극히 화려합니다. 다리에 그치는 것 아니라 아예 하나의 건축물이 되었는데, 다리 하나를 이렇게 만든 것을 보면 통일신라의 문화가 얼마나 수준 높고 화려했는지 알 수 있습니다. 특히 야경을 보면 황홀할 지경입니다. 그런가 하면 교촌마을도 좋겠습니다. 그곳에는 경주에서 가장 유명한 가문인 최부잣집이 있고 그 가문에서 만드는 법주가 있어 의미 있는 전통문화 체험을 할 수 있습니다. 또 여기에는 '요석궁'이라는 한정식집이 있는데 음식도 음식이지만 한옥과 전통 정원이 잘 가꾸어져 있어 보기 좋습니다.

이런 전통적인 흔적 말고 신식 감각을 느끼고 싶다면 최근에 떠오른 황리단길을 가도 좋겠지요. 경주는 이렇게 쓰다 보면 한이 없습니다. 경주의 모든 것을 제대로 보려면 시간이 얼마나 걸릴지 모를 지경입니다. 그래서 저는 진즉에 경주만 따로 다룬 단행본을 낸 바 있습니다.

LIFE
#17

3부

CULTURE

L I F E

NATURE

18장

한국의
풍수

산과 강이 흐르는 명당, 서울

- 풍수론이란? 명당이란?
- 유사과학적인 생기론과 동기감응론
- 배산임수! 양택풍수는 사람에게 좋은 이론
- 천하의 명당 서울! 산과 강이 두 겹으로 공존하는 곳
- 내사산 탐방 가이드! 한 곳은 꼭 가봐야

다양한 전통문화 가운데 아마 풍수론처럼 큰 논쟁거리가 되는 것도 많지 않을 것입니다. 과학 교육을 받았다는 사람들은 풍수론을 미신이라고 하면서 배척합니다. 그런데 그들이 비판하는 풍수론은 묘지 풍수입니다. 조상의 묫자리를 명당에 써서 복을 받겠다는 것 말입니다. 이 묘지 풍수는 분명 미신적인 면이 있지만 한국에는 아직도 이런 세계관을 가진 사람들이 꽤 있습니다. 특히 정치계를 풍미했던 유력 정치인들은 선거에서 이기기 위해 조상의 묘를 이장하는 경우가 적지 않았습니다. 이런 예에서 알 수 있듯이 풍수론은 아직 한국인들에게 매력적인 이론으로 보이는 것 같습니다. 아직도 '청와대 터가 풍수적으로 좋지 않다'느니 하는 이야기가 있는가 하면 현 윤석열 대통령이 유력한 대권 후보 시절이던 2021년에 그의 조상 묘에 위해가 가해지는 일이 벌어지기도 했습니다. 게다가 시정에는 풍수론을 가르치는 교습소도 여럿 있고 풍수론에 입각해서 인테리어를 하는 사람들도 많은 것을 보면 현대 한국인에게 풍수론은 여전히 유효한 이론처럼 보입니다. 따라서 풍수론을 이해하는 일은 현대 한국인이 지닌 세계관을 파악하는 데에 도움이 될 것입니다.

풍수론을 알아야 하는 이유는 다른 데에도 있습니다. 한국의 수도인 서울이 조선 사람들이 지닌 풍수론에 따라 건설된 도시이기 때문입니다. 따라서 한국에서 가장 중요한 도시인 서울(한양이었던 강북 서울)을 심층적으로 이해하려면 풍수론을 반드시 알아야 합니다. 그래야 서울을 둘러싼 인문지리적인 요소들을 이해할 수 있습니다. 예를 들어 서울은 다른 나라의 수도와 달리 산으로 둘러싸인 지역에 건설됐는데, 만일 풍수론을 알지 못하면 왜 서울이 이렇게 건설됐는지 전혀 이해할 수 없게 됩니다.

풍수론이란? 명당이란?

NATURE
#18

이 시점에서 우리가 가장 먼저 해야 할 일은 풍수론을 올바르게 이해하는 일입니다. 풍수론은 두 종류의 터를 고르기 위해 만들어진 이론이라고 할 수 있습니다. 여기서 말하는 두 종류의 터는 묘지 터와 사람 사는 집터를 말합니다. 이것을 풍수론에서는 각각 '음택풍수'와 '양택풍수'라고 합니다. 그런데 현대에도 활용할 수 있는 것은 양택풍수 이론입니다. 음택풍수는 곧 자세하게 밝히겠지만 유사과학적인 요소가 많고 인간의 이기적인 의도가 깔려 있기 때문에 관심 대상에서 제외합니다.

형세풍수론은 받아들이기 힘들어

풍수론에 대한 글을 보면 하나같이 어렵게 되어 있는데, 여기서는 가능한 한 간단하게 살펴보려고 합니다. 풍수론이 복잡하다고 하지만 크게 보면 '이기理氣풍수론'과 '형세形勢풍수론'으로 나눌 수 있습니다. 이 두 이론 가운데에 형세 풍수론이 더 일찍 나타났다고 하는데, 이 이론은 땅의 모양새를 보고 풍수의 길흉 조건을 따지는 법이라 할 수 있습니다. 어렵게 들리지만 내용은 외려 쉽습니다. 우리의 일상에서 많이 듣던 내용이기 때문입니다. 예를 들어 시골에 가면 노인들이 '우리 동네는 지형이 배처럼 생겼기 때문에 우물을 파지 않았다'고 말하는 경우가 있습니다. 또 '우리 동네는 닭이 알을 품은 모습을 띠고 있어 명당이다', 혹은 '우리 동네는 뒷산이 붓처럼 생겨(이른바 문필봉) 공부 잘하는 사람이 많이 태어난다' 등처럼 말하는 경우가 있는데 이 사례들은 모두 형세풍수론을 말하는 것입니다. 자연, 그중에서도 특히 산이 어떤 모습을 하고 있는가에 따라 그 안에 살고 있는 사람들이 영향을 받는다는 것이지요.

그렇지만 이런 이야기는 상식적으로 받아들이기 힘든 것이라 여기서는 모두 제외합니다. 매우 주관적일 뿐만 아니라 주술적이라 문학적 상상력의 발산 정도로 이해하면 모를까, 이것을 객관적인 사실로 이해하면 안 되겠습니다. 그렇지 않습니까? 동네 지형이 배처럼 생겼다고 우물을 파서 구멍을 뚫는 행위를 하지 않겠다는 것은 너무도 비과학적으로 들리지 않나요?

따라서 결국 우리에게 남은 풍수론은 오행론과 기론氣論의 입장에서 만들어진 양택풍수론인데, 이것은 참고할 만한 것이 많은 이론입니다. 양택풍수론은 아주 간단하게 말해서 각 방위에 있어야 할 요소들이 적절하게 배치되었는가를 보고 길흉을 판단하는 이론이라고 할 수 있습니다. 그런데 이 풍수론에 따라 결정되는 이른바 명당자리는 분명히 사람이 살기에 편할 뿐만 아니라 보기에도 아주 아름다운 곳입니다. 이 때문에 현대에도 여전히 유효한 이론이라 우리에게 유용한 정보를 줄 수 있을 것입니다.

풍수론의 기본은 장풍득수, 바람과 물의 이론

풍수론은 잘 알려진 것처럼 중국에서 만들어져 한국으로 수입된 것인데, 정작 중국에서는 그다지 실천되지 않았던 반면 한국에서는 굉장한 인기를 끌었습니다. 예를 들어 한국의 경우에는 과거 조선조에서 궁궐터를 잡을 때 풍수론에 의거해 일을 수행했는데 중국의 경우에는 같은 일을 할 때 풍수론이 그다지 중요한 역할을 하지 않았습니다.

　풍수론에서 가장 중요한 원리는 '장풍득수藏風得水'라고 할 수 있습니다. 이 원리는 '바람을 갈무리(저장)하고 물을 얻는 것'을 의미하는데, 풍수론에 따라 명당을 잡을 때 여러 요소가 작용하지만 결국 가장 중요한 것은 바람과 물이라는 것입니다. 그래서 이름도 풍수, '즉 바람과 물 이론' 아닙니까? 사람이 사는 데에 공기(바람)와 물이 중요하다는 것은 누구나 아는 일입니다. 공기가 잘 순환되고 찬 공기와 더운 공기, 건조한 공기와 습한 공기가 제대로 조절되는 곳을 좋은 땅이라 할 수 있습니다. 또 물은 사람이 사는 데에 필수적이니 중요한 요소가 되는 것은 당연한 일입니다.

　이런 중요한 조건을 조절하는 것이 바로 산과 강입니다. 산은 공기의 흐름을 결정하고 공기의 온도를 조절할 수 있는 능력이 있기 때문에 일정한 지형에서 산의 위치는 대단히 중요합니다. 그런가 하면 강은 다 아는 바와 같이 사람에게 물을 제공하고 물자의 운송을 편하게 해주니 이러한 기능을 하는 강을 옆에 두고 도시를 만들어야 합니다. 그런데 이렇게 산과 강이 제 임무

NATURE
#18

를 다하면서 두 요소가 잘 어울리는 곳이 그렇게 흔하지 않습니다. 풍수론은 그 흔하지 않은 땅을 골라내는 일을 하는데, 그렇게 해서 찾은 땅이 바로 명당입니다. 이렇게 찾은 명당은 당연히 사람이 살기에 편리하고 적합한 곳이겠지요?

유사과학적인 생기론과 동기감응론

그런데 풍수론은 이처럼 외양만 따지는 이론이 아닙니다. 풍수론자들은 이렇게 고른 땅에는 생기生氣, 즉 살아 있는 기운이 있다고 믿었습니다. 여기서 풍수론은 다시 유사과학 쪽으로 흘러가는 것 같습니다. 그것은 풍수론이 자연을 살아 있는 것으로 보았기 때문입니다. 자연을 죽어 있는 것이 아니라 살아 있는 기운이 흐르고 있는 무언가로 본 것이지요. 이것이 이른바 생기론입니다.

자연은 살아 있다는 생기론, 그곳에 집과 무덤을?

생기론은 원래 인체를 말할 때 활용하는 이론입니다. 한의학에 따르면 우리 몸에는 '기'라는 (생명의) 기운이 경락을 따라 흐르고 있습니다. 경락은 기가 흐르는 길이지요. 그리고 우리 몸에는 14개에 달하는 기의 길, 즉 경락이 있다고 합니다. 한의학이 진단하는 질병은 이 경락이 막혀 기의 흐름이 원활하지 않을 때 생기는 것입니다. 질병을 치료하기 위해 한의사들은 경락에 침을 놓고 뜸을 뜨는데, 이때 중요한 것은 아무 곳에나 이 시술을 하는 것이 아니라 혈 자리에만 한다는 점입니다. 혈 자리란 기운이 모이는 곳이기 때문에 경락에서 가장 중요한 지점이라 할 수 있습니다. 그곳을 침이나 뜸으로 자극해서 기가 원활하게 흐르게 하면 질병이 낫는 것입니다. 이 혈 자리를 잘 이해하기 위해 경락을 기찻길에 비유하고 혈 자리를 역에 비유하기도 합니다. 한의학에 따르면 우리의 몸에 이러한 혈 자리가 360개가 있다고 합니다.

풍수론은 이 생기론을 자연에 그대로 적용했습니다. 자연에는 산이나 강의 형세에 따라 생기가 흐르는데 명당은 다름 아니라 이 기운이 많이 모이는 곳입니다. 그래서 이 명당자리에 집을 짓거나 무덤을 쓰면 그곳에 있는 기운을 자신의 것으로 만들어 복을 받을 수 있다는 것이 풍수론의 핵심입니다. 그런가 하면 이 이론을 좀 더 정교하게 설명하기 위해 음양오행론을 활용하기도 합니다. 예를 들어 어떤 터는 남쪽에 있어 남쪽의 상징인 불의 기운이 성하다는 식으로 해석을 내리는 것이 그것이지요. 그런데 아까도 말했듯 이런 식의 해석은 유사과학적인 것으로 보입니다.

뼈에서 뼈로 전한다는 동기감응론, 뼈대 있는 집안?

특히 음택풍수는 비과학적인 면이 매우 강합니다. 주술적인 해석이 심하기 때문입니다. 음택풍수, 즉 무덤을 명당자리에 쓰는 이유는 다음과 같은 원리에 따른 것입니다. 명당인 곳은 자연의 좋은 기운이 갈무리되어 있습니다. 그런 곳에 조상의 묘를 쓰면 그 좋은 기운이 자손에게로 옮겨와 자손들이 복을 받을 수 있다는 것이 풍수론의 주장입니다. 그런데 이런 일이 대체 어떻게 가능하다는 것일까요?

풍수론에 따르면 조상과 자손은 같은 기운, 즉 '동기同氣'를 갖고 있어 서로 감응할 수 있기 때문에 기운을 주고받는 게 가능합니다. 여기서 중요한 것은 어떻게 감응할 수 있느냐는 것인데, 그 일이 가능한 것은 조상의 뼈가 무덤 안에 있기 때문입니다. 그러니까 조상과 자손은 뼈를 통해 감응할 수 있기 때문에 조상의 뼈가 무덤에서 좋은 기운을 받으면 그 기운이 자손들의 뼈로 전송된다는 것입니다. 다시 말해 조상의 뼈가 일종의 안테나 역할을 하는 것이지요. 한국인이 종종 하는 '우리 집은 뼈대 있는 집안'이라는 말도 여기서 나온 겁니다.

그런데 이런 식의 이야기를 들어보면 풍수 이론은 문제가 많다는 것을 알 수 있습니다. 풍수론이 유사과학적인 이론이라는 것은 알고 있지만 너무나 비과학적으로 들리기 때문입니다. 가장 문제가 되는 것은 조상들의 뼈와 자손들의 뼈가 서로 연결되어 있어 기운이 전달된다는 주장입니다. 이것은 전혀 근거가 없는 설입니다. 단지 사람들이 자신들이 소망하는 것을 투사해 자연에 뒤집어씌운 것에 불과하다고 할 수 있습니다. 자연에 뿌리박은 식물도 살아 있을 때나 자연으로부터 어떤 기운을 받을 수 있는 것이지, 죽으면 그저 무정물無情物에 불과하게 되어 자연의 기운과는 아무 관계가 없지 않습니까? 이런 관점에서 보면 죽은 조상의 뼈 역시 무정물에 불과합니다. 그러니 죽은 조상의 기와 살아 있는 자손의 기가 서로 감응한다는 것은 있을 수 없는 일로 보입니다.

배산임수! 양택풍수는 사람에게 좋은 이론

이처럼 묘지 풍수는 거의 미신에 가깝지만, 반면에 인간의 주거지를 고르는 양택풍수는 인간에게 이로운 이론이라고 할 수 있습니다. 왜냐하면 비록 이 이론이 유사과학적인 생각에 기반을 두고 있다 하더라도 이를 통해 고른 주거 터는 인간이 살기에 매우 훌륭한 자리이기 때문입니다. 쉽게 말해 이 이론에 입각해서 고른 땅은 실용적이고 아름답기 때문에, 그곳에 사는 사람들은 계속해서 발전할 수 있고 그런 자리는 더 융성할 수 있다는 것입니다. 여러분들은 아마 서울을 생각하면 이 설명을 쉽게 이해할 수 있을 겁니다. 풍수론에 따라 입지가 선정된 서울은 수도가 된 지 600년이 넘었는데도 여전히 융성하고 있지 않습니까?

주거 명당, 사방에 산이 있고 앞에는 강이 있는 곳

양택풍수의 핵심을 가장 단순하게 말한다면 배산임수背山臨水, 즉 산을 등지고 물에 접해 있는 곳에 주거 터를 마련하는 것입니다. 이렇게 하면 산들에 의해 좋은 기운이 저장되어 좋다고 하는데, 그 외에도 실용적인 면에서 유리한 점이 있습니다. 북쪽에 산을 두고 있기 때문에 서울 같은 경우에는 북쪽의 찬바람을 막을 수 있고 유사시에는 북쪽으로부터 침략하는 적군을 어느 정도 방어할 수 있습니다. 또 남쪽에는 강이 있어야 하는데, 강이 가까이 있으면 우선 생명을 유지하는 데에 가장 중요한 물을 문제없이 공급받을 수 있어 좋습니다.

그뿐만 아니라 봉건 시대 때는 국가를 경영하는 데 가장 중요한 조세를 손쉽게 운반할 수 있으니 이롭습니다. 당시는 육로가 발달하지 않아 각 지방으로부터 오는 조세는 강이나 바다를 이용해서 운반하는 경우가 많았습니다. 따라서 수도에 닿아 있는 강은 필수불가결한 요소였지요. 또 강은 어류 자원이 풍부해 인간의 영양 섭취에도 큰 도움이 되었습니다. 그런가 하면 강은 관광하거나 쉴 수 있는 휴식처가 되어 사람들에게 많은 위안거리를 제공했습니다. 이처럼 강이 지닌 이로움은 말로 다 할 수가 없습니다.

배산임수론을 좀 더 구체적으로 보면, 이 이론은 산이 뒤에 있고 강이 앞에 있는 것만으로 끝나는 것이 아닙니다. 산이 뒤에만 있으면 기운이 갈무리되지 않습니다. 뒤에 있는 산의 양옆에도 산이 있어야 기운이 그 내부에 모이게 됩니다. 동쪽과 서쪽에 산이 있어서 막아주어야 배산임수 지형에서 만들어진 기운이 흩어지지 않기 때문입니다. 그리고 남쪽에도 산이 있어 모인 기운이 새는 것을 막아주어야 합니다. 그러나 남쪽 산은 배산임수 지역을 완전히 막는 것이 아니라, 이 거주처가 바깥세상과 소통할 때 남쪽으로 나가야 하니 어느 정도는 뚫려 있어야 합니다. 게다가 남쪽에는 강이 있으니 이 지역이 강과 연결되려면 남쪽은 기운이 열려 있어야 합니다.

이런 생각에 따라 옛 풍수가들은 명당은 네 개의 산으로 둘러싸여야 한다고 주장했습니다. 그런데 재미있는 것은 그 산의 이름을 정할 때 상징적인 동물을 가져다 이용했다는 점입니다. 북현무, 남주작, 좌청룡, 우백호가 바로 그것입니다. 여기서 현무란 뱀과 일체가 된 거북이를 말하는데, 주작과 청룡, 백호와 함께 상상의 동물이라 할 수 있습니다. 이 네 가지 동물은 하늘의 사방을 지키는 신으로 숭앙되어 왔는데 이들은 인간의 상상 세계와 실제의 세계에서 최고의 동물로 간주되던 존재였습니다.

명당이란 이렇게 네 개의 산으로 둘러싸인 곳을 말합니다. 그리고 옛 서울을 보면 이 이론에 상당히 부합되는 것을 알 수 있습니다. 옛 서울의 중심은 경복궁인데, 이 자리가 풍수론에 따라 천하의 명당으로 꼽힌 곳이라 이 궁을 중심으로 각 산의 면모에 대해 보기로 합니다.

천하의 명당 서울! 산과 강이 두 겹으로 공존하는 곳

경복궁의 입장에서 볼 때 북현무에 해당하는 산은 백악산(혹은 북악산)입니다. 청와대 바로 뒤에 있는 산으로, 이것이 경복궁의 주산主山입니다. 풍수론에서는 이 주산이 가장 중요하다고 할 수 있습니다. 주산 앞에 있는 명당은 이 주산의 영향을 가장 많이 받기 때문입니다. 그리고 좌청룡은 낙산이고 우백호는 인왕산입니다. 남주작은 둘로 볼 수 있는데, 남산과 관악산이 그것이지요. 남주작이 둘인 이유는 곧 알게 됩니다. 지금 거론한 백악산과 낙산, 인왕산, 남산은 보통 '내사산內四山'이라 부릅니다. 이 산들은 명당을 일차적으로 감싸고 있습니다. 그런데 풍수론에서 말하는 좋은 땅에는 내사산만 있어서는 안 됩니다.

서울의 산은 두 겹, 외사산도 있어

내사산이 품고 있는 명당이 진짜 명당이 되려면 그 내사산을 감싸는 산이 한 겹 더 있어야 합니다. 이것을 보통 '외사산外四山'이라고 합니다. 풍수론자들은 내사산 한 겹으로는 안심하지 못한 것 같습니다. 그러니까 명당을 보호하기 위해 내사산 하나로는 충분하지 않은 것으로 생각한 것이지요. 그러면서 또 내사산이 진정한 내사산이 되려면 그 근본이 있어야 한다고 생각한 것 같습니다. 그래야 부자 관계 같은 관계가 성립되어 내사산을 보호할 수 있다

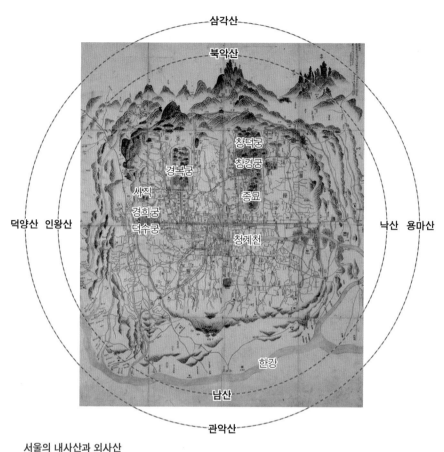

삼각산

북악산

청덕궁
경복궁   창경궁
사직   종묘
경희궁
덕양산 인왕산 덕수궁   낙산 용마산
                청계천

                한강

          남산
        관악산

서울의 내사산과 외사산
ⓒ 호암미술관(〈한양도성도〉, 표기는 필자)

는 것이지요. 그래서 주산 뒤에는 주산을 보호하는 산이 있어야 하는데, 이 것을 특히 '조산祖山', 그러니까 '할아버지 산'이라고 불렀습니다.

그러면 주산인 백악산을 보호하는 조산은 어떤 산일까요? 삼각산(백운대, 만경봉, 인수봉을 함께 일컫는 말)입니다. 삼각산은 북한산 일원에서 제일 높은 세 봉우리를 통칭하는 명칭입니다. 그런데 공교롭게 이 세 봉우리가 한데 모여 있어 삼각산이라고 하는 것이지요. 다른 산의 사정은 어떨까요? 좌청룡인 낙산을 보호하는 산은 아차산(혹은 용마산)이고 우백호인 인왕산을 보호하는 산은 덕양산인데, 남산의 경우는 관악산이 그 역할을 하고 있습니다. 이렇게 내사산을 보호하는 네 산을 일컬어 외사산이라고 하지요.

그런데 앞에서 남주작은 남산과 관악산 둘이 될 수 있다고 했습니다. 왜 그런 말이 나왔을까요? 그것은 내사산만 두고 보면 남산이 남주작의 역할을 하지만 외사산의 구도에서 보면 관악산이 남주작의 역할을 하기 때문입니다. 즉, 외사산의 경우에는 관악산이 남주작에 해당하는데, 그렇게 되면 남산은 안산案山, 즉 책상과 같은 산이 된다고 합니다. 이때 남산은 북현무인 백악산 (그리고 삼각산)과 남주작인 관악산 사이에서 이 두 산을 연결하는 역할을 한다고 보면 되겠습니다. 그런가 하면 북현무를 주인 역할을 하는 산으로 상정하고 남주작은 손님 역할을 하는 산으로 보는 경우가 있는데 그럴 경우 안산, 즉 남산은 책상이 되어 그 둘 사이를 연결시켜 준다고 합니다.

서울 풍수론에 문제가 없는 것은 아니지만

그런데 이 같은 서울 풍수의 면모를 살피고 나면 몇 가지 의문이 드는 것을 피할 수 없습니다. 우선 드는 의문은 내사산은 그런 대로 이해가 되지만 외사산은 억지로 꿰어 맞춘 느낌을 받는다는 것입니다. 특히 우백호에 해당하는 덕양산이 그렇습니다. 이 산은 경기도 행주산성 옆에 있는데, 높이가 125미터밖에 안 됩니다. 같은 외사산으로 높이가 800미터가 넘는 삼각산에 비해 너무 낮습니다. 이 산이 보호한다는 인왕산은 높이가 300미터가 넘는데 어떻게 높이가 100여 미터밖에 안 되는 덕양산이 인왕산을 보호할 수 있다는 것인지 의문이 듭니다. 게다가 인왕산과 너무 멀리 떨어져 있습니다.

그런가 하면 아차산이나 관악산도 내사산에서 너무 멀리 떨어져 있습니다. 이렇게 멀리 떨어져 있으면서 어떻게 내사산을 보호 혹은 보강할 수 있다고 하는지 잘 모르겠습니다. 그에 비해 북현무인 백악산을 보호하는 삼각산은 세가 너무 강한 것 같습니다. 사람들은 보통 삼각산을 북한산이라고 부르는데 이것은 정확한 용어가 아닙니다. 이 일대는 '북한산 국립공원'으로 지정되어 있는데 이 공원에는 41개의 봉우리가 포함되어 있습니다. 삼각산은 앞에서 말한 것처럼 이 41개의 봉우리 가운데 가장 높은 세 봉우리를 지칭하는 것입니다. 그런데 이 제일 높은 세 산이 백악산 뒤에 펼쳐져 있으니 세가 너무 강하다고 한 것입니다. 이것은 남산 정상에 가서 바라보면 그 사정을 잘 알 수 있습니다.

내사산이라고 해서 문제가 없는 것은 아닙니다. 내사산 풍수에서 가장 문제가 된 산은 낙산이었습니다. 낙산은 높이가 약 120미터밖에 안 되는 낮은 산입니다. 그래서 당시 사람들은 이곳의 기운이 다른 산에 비해 많이 달린다고 생각했습니다. 이것을 만회하기 위해 조선 정부는 많은 노력을 기울였습니다. 예를 들어 낙산과 함께 동쪽을 지키고 있는 동대문에 동그랗게 생긴 옹성을 만들어 무게감을 실어준 것 등이 그것입니다. 사대문 가운데 동대문처럼 옹성이 있는 문은 없습니다. 당시 사람들은 동대문의 옹성이 좌청룡인 낙산의 세를 보충할 것이라고 생각한 모양입니다. 이러한 시도는 또 있습니다. 동대문의 이름은 다른 문처럼 세 글자가 아니라 네 글자인 '흥인지문'으로 되어 있습니다. 이처럼 동대문의 이름을 네 글자로 한 것은 한 글자라도 더 넣어 문의 기운을 더 강하게 만들기 위한 묘책이었고 합니다. 현대 한국인이 보기에는 이런 시도들이 모두 주술적으로 들리지만 조선의 위정자들에게는 퍽 중요한 것이었습니다. 그래서 그들 나름대로 자신들의 세계관에 따라 대책을 세운 것이지요.

그런가 하면 백악산과 인왕산 사이가 너무 벌어져서 북서쪽의 찬 기운 혹은 부정한 기운이 도시 안으로 들어올 수 있다는 것도 문제로 지적되었습니다. 이 같은 여러 문제들이 제기되었지만 상대적으로 볼 때 서울만큼 풍수론을 충실히 따른 지역은 더 이상 찾기 힘들 것 같습니다. 풍수론에서 제시하는 것은 이상적인 사례라서 이 조건을 모두 충족하는 그런 지역은 현실적으로 없다고 보아야 할 것입니다. 특히 내사산은 말할 것도 없고 외사산까지 완벽하게 갖춘 지역은 지상에 없다고 보는 게 맞지 않을까요?

NATURE
#18

서울을 지켜주는 내수와 외수

서울의 풍수론은 아직 끝나지 않았습니다. 서울은 풍수론적으로 훌륭한 요소를 하나 더 갖고 있습니다. 배산임수할 때 '임수'의 조건을 충족시켜 주는 한강이 그것입니다. 앞에서 잠깐 언급했지만 한강의 풍수론적인 역할은 나쁜 기운이 도성 안으로 들어가는 것을 막아주는 것입니다. 그런데 그런 기운을 강이 어떻게 막는지에 대해 별다른 설명이 없습니다. 아니, 나쁜 기운이 무엇을 말하는지에 대해서도 구체적으로 설명하지 않습니다. 풍수론자들은 그저 강이 나쁜 기운을 막아준다는 말만 되풀이할 뿐입니다.

한강이라는 강이 수도에 살고 있는 서울 시민에게 가져다주는 의미와 이점은 말로 다 하기 힘들 것입니다. 과거에는 한강이 운송의 편리함을 제공한다는 점에서 큰 역할을 했지만 현대에는 그런 기능이 필요 없게 되었습니다. 그보다 지금 한강은 자연을 즐길 수 있고 휴식과 운동을 할 수 있는 공간으로 서울 시민의 사랑을 독차지하고 있습니다. 큰 강을 지척에 두고 있어 시민들이 언제라도 자연을 맘껏 즐길 수 있습니다. 이렇게 큰 강이 있고 그곳에서 자연을 즐길 수 있는 수도는 전 세계에 많지 않을 것입니다. 그러나 한강과 그 주변을 제대로 개발했는지에 대해서는 이견이 많은 것 같습니다.

끝으로 한강과 관련해 참고로 한 가지만 더 언급했으면 합니다. 풍수론에서는 임수의 수를 '내수內水'와 '외수外水'로 구분합니다. 서울을 예로 들어 설명해 보면, 외수가 한강이라면 내수는 청계천이 됩니다. 내수의 기능은 도성안의 오물과, 도시 내부에 생긴 좋지 않은 기운을 실어 외수로 나르는 것이라고 합니다. 그럼으로써 도시를 정화한다고 하는데, 이전에 청계천은 분명히 그런 기능을 한 것으로 보입니다. 그러나 지금은 하수도 시설이 잘 되어 있어더 이상 그런 역할을 맡을 필요가 없게 되었습니다.

흔히들 서울은 전 세계의 수도 가운데 산과 강을 동시에 즐길 수 있는 유일한 도시라고 말합니다. 이 말이 사실인지 아닌지는 확실한 검증이 필요하겠지만 산이 이렇게 수도에 가깝게 있는, 아니 수도 안에 포함되어 있는 나라는 그 유례를 찾기 힘들 것입니다. 그래서 외국인들은 지하철(그리고 시내버스)을 타고 산에 가는 서울 사람들을 매우 신기하게 쳐다봅니다. 북한산 국립공원은 도심에서 그리 떨어져 있지 않은데도 그 안으로 들어가면 10분도 채 안 되어서 깊은 산중에 있다는 느낌을 받습니다. 한편 남산처럼 시내 한가운데에 있는 산도 있습니다. 이런 산은 정말로 아무 때나 갈 수 있는데, 그 안에 들어가면 흡사 설악산 같은 큰 산 안에 들어와 있다는 느낌을 받는 곳도 있습니다. 그러다 물이 그리우면 다시 지하철이나 버스를 타고 한강으로 바로 가서 강가에서 쉬거나 산책할 수 있고 다양한 수상 스포츠를 즐길 수도 있습니다.

서울을 방문했던 외국인들에게 서울의 '명소(일명 랜드마크)'를 꼽아보라고 하면 남산 위에 있는 남산타워(N서울타워)를 드는 경우가 많다고 합니다. 밤에 이 타워에 조명이 들어오면 확실히 멋있게 보입니다. 그런데 이 타워가 장엄하게 보이는 이유는 평지가 아니라 산, 그것도 정상에 세워져 있기 때문입니다. 남산타워는 남산을 기단 삼아 그 높이만큼을 거저먹고 들어갑니다. 그런 남산의 위세 덕분에 이 타워가 장엄하게 보이는 것입니다.

그런데 남산처럼 작지 않은 산이 시내 도심에 있게 된 것은 풍수론 덕분이라는 사실을 잊어서는 안 됩니다. 풍수론에 따라 도시를 건설했기 때문에 남산이 서울 한가운데에 있을 수 있었고, 그 위에 세운 타워가 장엄하게 보이는 것입니다. 다시 강조하지만 서울은 풍수론에 따라 건설된 덕에 산과 강이 공존하는 아름다운 도시로 손꼽힌다는 사실을 잊지 말아야 할 것입니다. 물론 이 설명은 서울 강북에만 해당하는 것인데 서울 강북을 생각할 때마다 아쉬운 것은 이 지역을 제대로 보존했다면 지금보다 훨씬 더 아름다운 곳이 되었을 것이라는 점입니다.

내사산 탐방 가이드! 한 곳은 꼭 가봐야

저는 지금부터 내사산을 올라가 보려고 합니다. 이 네 개의 산 가운데 근접

성이 가장 뛰어난 산은 남산일 것입니다. 지하철이나 버스로 쉽게 갈 수 있을 뿐만 아니라 버스를 타면 정상까지도 차로 갈 수 있기 때문입니다. 남산이 다른 내사산보다 좋은 것은 무엇보다 다양한 산길이 있다는 것입니다.

남산 정상에 오르면 서울 풍수가 한눈에

남산에는 남북순환로처럼 아스팔트로 된 넓은 길도 있지만 한 사람만 다닐 수 있는 숲길도 참 많습니다. 남북순환로는 원래 1970년대 중반에 소방도로를 생각하고 만든 것인데 지금은 사람만 다닐 수 있는 아주 훌륭한 산책길이 되었습니다. 그 길 가운데 특정한 곳에 가면 심산유곡深山幽谷에 들어와 있는 느낌을 받을 정도로 진한 숲의 향이 나기도 합니다.

남산을 오르는 길은 많이 있는데 대중교통을 이용한다면 지하철 3호선 동대입구역에서 내리는 것이 가장 편합니다. 그런데 여기서부터 걸어가면 장충단공원을 가로질러야 해서 정상까지 시간이 꽤 걸립니다. 또 계단이 많아 힘든데, 만일 이 길을 택한다면 한양도성 성곽길로 가는 게 좋겠습니다. 산길을 가면서 자연을 즐길 수 있고 성곽을 따라서 역사의 흔적도 볼 수 있어 좋습니다. 성곽길을 가다 보면 서울 동부를 관망할 수 있는 전망대가 나옵니다. 이곳에서는 국립극장이나 응봉산공원 정자도 보이고 한강도 훤하게 보입니다. 그뿐만 아니라 세계에서 다섯 번째로 높은 건물인 잠실에 있는 롯데월드타워와 함께, 남한산 등 서울 동쪽에 있는 것들은 거의 다 볼 수 있습니다. 게다가 이곳 주위에는 수풀이 우거져 있어서 깊은 산속에 있는 느낌을 받아 아주 좋습니다.

이렇게 남산 성곽길을 걸으면서 애국가에 나오는 이른바 '남산 위에 저 소나무'를 찾아서 감상하면 좋겠습니다. 남산에는 군데군데 아주 좋은 소나무 숲들이 포진해 있으니 잘 찾아보아야 합니다. 그러나 만일 이렇게 걷는 것이 힘들다고 생각되면 아까 그 동대입구역에서 버스를 타고 정상 바로 밑에 있는 주차장으로 단번에 올라갈 수 있습니다. 그것도 귀찮으면 명동 입구에서

남산 정상에서 바라본 풍경
© 최준식

케이블카를 타면 남산타워 아래로 바로 갈 수 있는데, 문제는 요금이 꽤 비싸다는 것입니다. 케이블카를 타는 시간은 3~4분밖에 안 되는데 편도 요금이 만 원이나 되니 말입니다.

어떻든 이렇게 정상에 올라가면 남산타워가 코앞에 보이는데, 그보다 먼저 봐야 할 것은 팔각정입니다. 이 자리에는 원래 남산 산신을 제사 지내던 국사당이 있었습니다. 일제가 이 사당을 강제로 인왕산으로 옮기면서 이곳에는 이처럼 정자가 들어선 것이지요. 또 정자 옆에는 타워와 전망대, 남산타워플라자 등이 있는데 이에 대한 설명은 생략하기로 합니다. 아무튼 전망대에서 보는 경치도 일품이고 한강 쪽으로 보이는 야경도 매우 좋습니다. 직접 가서 취향대로 마음껏 즐기면 되겠습니다.

정상에 올라와서 우리의 주제와 관련해 중점적으로 보아야 할 것은 서울 풍수의 실제 모습입니다. 앞에서는 이론만 언급했지만 이번에는 직접 눈으로 보자는 것입니다. 서울 풍수를 가장 잘 확인할 수 있는 곳이 바로 이 남산

NATURE
#18

정상입니다. 여기서 보면 백악산과 북한산 일원, 인왕산, 낙산, 아차산, 관악산이 모두 잘 보이기 때문입니다. 서울 풍수에 참여한 모든 산을 이렇게 한꺼번에 볼 수 있는 곳은 이곳밖에 없는데 게다가 정면으로 보이기 때문에 풍수 공부를 제대로 할 수 있어 더더욱 좋습니다.

서울 풍수를 가장 잘 볼 수 있는 곳은 팔각정 옆에 있는 봉수대입니다. 이곳은 평소에 잠겨 있어 들어갈 수는 없습니다(원래는 개방되어 있었는데 악동들이 하도 페인트로 낙서를 해서 닫아버렸지요). 그러나 그 옆에 마련돼 있는 전망대에서도 잘 보입니다. 전망대에서 보면 모든 산들이 아주 잘 보이는데 유독 낙산을 찾기가 힘들 수 있습니다. 서울의 지리를 잘 모르는 사람은 특히나 낙산을 찾아내기 힘들 것입니다. 남산에서 보는 낙산은 숲이 약간 우거진 작은 동산처럼 보이기 때문입니다. 그래서 앞에서 이야기한 서울 풍수의 약점, 즉 좌청룡이 매우 약하다는 것을 직접 눈으로 확인할 수 있지요.

그런가 하면 이곳에서는 경복궁이 왜 백악산을 주산으로 해서 건설됐는지도 확인할 수 있습니다. 조선이 건국될 때 경복궁의 주산을 놓고 다양한 견해가 있었다는 것은 잘 알려진 사실입니다. 정도전은 지금처럼 백악산을 주산으로 하자고 했고, 무학대사는 인왕산을, 하륜은 안산(연세대학교 뒷산)을 주산으로 삼자고 주장했다고 합니다. 그런데 정도전의 안이 채택되어 지금처럼 된 것이지요. 실제로 남산 정상 전망대에서 직접 보면 정도전의 안이 그래도 가장 풍수론을 잘 살리고 있다는 것을 확인할 수 있습니다. 좌청룡, 우백호, 남주작, 조산(삼각산) 등이 상대적으로 선명하게 결정되기 때문입니다. 무학이나 하륜의 안은 이 점이 제대로 갖추어지지 않아 흠결이 있는 것으로 지적되었습니다. 일례로 인왕산을 주산으로 하면 우선 조산이 없는 것이 큰 문제가 됩니다. 인왕산 뒤에는 아무 산도 없으니 뒤가 너무 횅해집니다. 이렇게 무학이나 하륜의 안은 결격 사유가 있어 보이는데 세세한 것은 지나가기로 합니다.

정상에서 이렇게 서울 풍수를 확인하고 팔각정 옆으로 난 계단 길을 따라

끝까지 내려오면 안중근기념관 옆에 한양도성 유적전시관이 야외에 마련되어 있는 것을 발견할 수 있습니다. 여기에는 성벽의 흔적이나 일제 때 세운 조선 신궁 터 등이 정비되어 있어 역사적인 볼거리가 쏠쏠합니다.

인왕산, 정상에 오르기는 힘들어도 올라가면 대만족

이제 우백호인 인왕산으로 갑니다. 이 산은 서울 시내에 있어 접근하기가 아주 쉬운 곳인데, 제가 이 산을 처음으로 간 것은 2000년 이후의 일이었습니다. 남산을 제가 어릴 때인 1960년대부터 뻔질나게 다녔던 것에 비하면 이 산은 너무나 늦게 간 것이지요. 그런데 여기에는 그럴 수밖에 없는 이유가 있습니다. 이 산은 1968년 1월에 무장한 북한 공비共匪들이 청와대를 습격한 일명 '김신조 사건' 이후에 접근이 금지되었기 때문입니다. 이것은 백악산도 마찬가지였지요. 인왕산은 그 후 25년 동안 입산이 금지되었는데, 1993년 문민정부가 열리면서 개방되었습니다. 그런데 이 산이 개방된 이후로도 인왕산은 오를 수 없는 산이라는 이미지가 강해 등반하려는 생각을 그다지 갖지 않았습니다. 그러다 제가 대학원 세미나 수업에서 서울을 다루면서 마음을 먹고 올라가게 되었는데, 저는 처음으로 갔을 때의 그 감동을 잊지 못합니다. 그때까지 옛 서울인 한양을 산 위에서 전체적으로 볼 수 있는 곳은 남산 정상이 전부였는데 인왕산에 오르니 도성 안을 전혀 다른 쪽에서 보게 되어 아주 새삼스러웠던 것입니다.

인왕산에 오르는 길도 여럿 있습니다. 보통 사직단 쪽에서 오르는 길을 많이 택하는 것 같습니다. 그러나 저는 어떤 길로 가든 꼭 남산에서 옮겨온 국사당을 거치는 길로 갑니다. 그 이유는 제 전공이 종교학이기 때문에 종교와 관계된 유적을 그냥 지나치지 못하기 때문이지요.

국사당 쪽으로 올라가려면 3호선 독립문역 2번 출입구로 나와 걸어 올라가면 됩니다. 국사당에 가면 그 주변에 볼 만한 유적이 두 개 더 있습니다. 선바위와 마애불이 그것입니다. 이 가운데 선바위에 대해서는 앞의 2장에서 한국

NATURE
#18

의 샤머니즘을 설명하면서 이미 거론했으니 그것을 보기 바랍니다. 마애불은 선바위로 올라가는 계단을 등지고 섰을 때 오른쪽 길로 조금만 내려가면 만날 수 있습니다. 이 유적에 대해 아는 사람은 많지 않습니다. 이 마애불은 전형적인 민속 불상으로, 아마도 이 주변에 살던 누군가가 만든 것 같은데 공개된 정보가 없어서 저도 아는 바가 없습니다. 그러나 한 번은 볼 만한 불상입니다. 마애불까지 보고 서울 성곽으로 가려면 다시 국사당 쪽으로 올라와야 합니다. 국사당에서 성곽으로 가는 길이 있기 때문인데 이 길은 숲길이라 걷기에 아주 좋습니다.

그 길로 올라가서 성곽을 만나면 그때부터는 성곽을 따라 놓인 계단으로 정상으로 올라갈 수 있는데, 이 계단 길은 가팔라 오르기가 쉽지 않습니다. 게다가 계단의 높이가 들쑥날쑥해 더 힘듭니다. 그러나 정상에 올라 산 아래의 경치를 보면 올라오면서 힘들었던 것은 다 잊어버릴 겁니다. 그렇게 계단 길을 올라가면 먼저 도달하는 곳은 '범비위'라는 곳입니다. 이곳은 인왕산의 정상은 아닙니다. 그러나 그곳만 가도 서울 강북이 한눈에 들어와 그 경치에 감탄하게 됩니다. 그 수려한 경치에 놀랄 것입니다. 이곳에서 보는 전망이 좋은 것은 경복궁이 한눈에 들어오기 때문입니다. 광화문부터 근정전, 경회루 등 주요 건물이 다 보입니다. 여기서 보는 풍경과 정상에서 보는 풍경은 그다지 다르지 않습니다. 그래서 제 경우에도 이곳 범바위에서 하산하는 경우가 많았지요. 범바위에서 정상으로 가는 길을 걷다 보면 오른쪽으로 하산 길이 나오는데 힘들면 그 길로 하산하곤 했습니다. 여러분도 이 길을 선택한다면 다소 가파르고 험한 곳이 있어 주의를 당부하고 싶습니다. 그 길을 통해 내려가면 찻길이 나옵니다. 길을 건너서 왼쪽으로 가면 바로 서촌의 수성동 계곡이 나오고 오른쪽으로 가면 사직단이 나옵니다.

범바위에서 그 길로 하산하지 않고 그대로 올라가면 정상으로 올라가는 길이 나오는데 이 길도 꽤 험합니다. 가파른 계단으로 되어 있어 여간 힘든 게 아닙니다. 그래서 제가 인왕산에 여러 번 갔지만 정상까지 간 것은 그리

인왕산에서 바라본 풍경
ⓒ 최준식

많지 않습니다. 그러나 앞에서 말한 것처럼 약 340미터의 높이를 자랑하는 정상에 올라가면 잘 올라왔다는 생각이 저절로 들 정도로 경치가 정말 좋습니다. 이곳에서도 서울의 풍수를 한눈에 확인할 수 있는데, 남산이나 낙산, 그리고 그 너머에 있는 아차산도 다 잘 보입니다. 그런가 하면 백악산과 북한산 일원의 산줄기가 동시에 보여 절경을 이룹니다. 백악산 뒤로는 비봉과 승가봉, 문수봉, 보현봉 등이 선명하게 보입니다. 여기서 말하는 보현봉은 광화문 사거리에서 백악산을 볼 때 그 뒤로 우뚝 서 있는 산봉우리입니다. 한 나라의 수도에 이렇게 장엄한 산들이 모여 있다는 게 믿어지지 않을 정도로 산들의 잔치가 펼쳐집니다.

정상에서 하산하려면 왔던 길로 되돌아가는 방법도 있지만, 가던 길을 내처 가서 창의문彰義門까지 가는 방법도 있습니다. 이 길을 가다 보면 큰길 다 가서 '목인박물관 목석원'이 왼쪽으로 나오는데 우리가 있는 곳이 높기 때문에 박물관 전체가 다 내려다보입니다. 목석원은 아주 잘 정돈된 박물관인데,

(인왕산 정상에서 바라본) 서울을 둘러싸고 있는 내사산
ⓒ 최준식

야외에 수많은 문인석과 무인석, 동자석 등이 있어 볼거리가 많습니다. 박물관 안으로 들어가지 않아도 박물관 내부가 보이니 아주 좋습니다.

　그다음에는 큰길 다 와서 '윤동주 문학관'을 만날 수 있습니다. 윤동주가 서촌에서 잠깐 하숙 생활을 한 것을 연으로 삼아 이렇게 문학관까지 만들었습니다. 그곳만 지나면 큰길이고 그 길을 건너가면 창의문이 나오는데 이곳은 백악산 성곽길이 시작되는 곳입니다. 창의문 바로 위에 안내소가 있는데 여기서 패찰을 받고 성곽을 따라 올라가면 되지요. 이 길 말고 청운대로 올라가는 코스도 있고 삼청공원 쪽에서 올라가는 길도 있으니 각자의 사정에 따라 택하면 되겠습니다.

백악산(북악산), 이제는 모두 개방된 지금 제일 핫한 산
백악산은 청와대에 연해 있어 개방이 제일 늦었습니다. 노무현 정권이던

2007년 4월이 되어서야 삼청동에서 부암동에 이르는 전 구간이 개방되었고, 2020년 11월에는 부암동에서 청운대(백악산 정상 옆에 있는 곳)로 올라가는 길이 개방되었습니다. 그리고 2022년 5월 청와대가 전격 개방되면서 백악산을 곧장 올라가는 등산로가 하나 더 열렸습니다. 청와대 경내의 춘추문과 칠궁 쪽에 출입구가 생겨 청와대-북악산 등산로가 생겼습니다. 이로써 백악산은 김신조 사건 이후 54년 만에 완전히 개방되어 온전한 탐방이 가능한 산이 되었습니다. 그래서 지금 제일 잘 나가는 '핫'한 산이 백악산입니다. 연일 등산객들로 북적입니다.

저는 백악산 정상으로 가는 길 가운데 부암동에서 청운대로 올라가는 길을 추천하고 싶습니다. 이것은 각 코스를 다 다녀보고 내린 결론입니다. 시간 관계상 아직 청와대에서 올라가는 길을 다 가보지는 못했지만 청와대 코스 역시 좋은 산행이 될 것입니다.

부암동에서 청운대로 오르는 코스는 창의문에서 시작하는데 그곳에서 백사실 계곡(혹은 '산모퉁이' 카페)으로 가는 길로 조금 걸어가면 북악산 1번 출입구가 나옵니다. 이 문을 통과해서 올라가면 계단길이 나오는데, 이 길은 길이 없는 곳에 새로 만든 것이라 심산유곡에 들어와 있는 느낌을 받아 매우 좋습니다. 숲 위를 걷는 느낌이 납니다.

그렇게 가다 보면 청운대 안내소가 나오는데, 더 올라가면 청운대(293미터)에 도착하게 됩니다. 이곳의 경치를 보기 전에 청운대에서 오른쪽을 보면 백악산 정상인 백악마루(342미터)가 있습니다. 여기서 딜레마가 생깁니다. 백악마루로 가는 길은 가파른 계단길이라 오르기가 꽤 힘듭니다. 그런데 문제는 그곳에 올라가봐야 시내가 하나도 보이지 않는다는 데에 있습니다. 바로 밑이 청와대라 보안상 산기슭에 있는 청와대가 보이지 않게 나무를 심는 등 조치를 한 것 같았습니다. 그래서 딜레마인 겁니다.

시내가 잘 보이는 곳은 바로 이 청운대입니다. 이곳에서 내려다보면 경복궁이 한눈에 들어오고 광화문 광장이나 남산이 아주 잘 보입니다. 경복궁이나

NATURE
#18

청와대 뒷산(북악산)에서 바라본 풍경
ⓒ 최준식

그 앞을 북쪽에서 볼 수 있는 곳은 이곳과 곧 가게 될 곡장밖에 없습니다. 그야말로 북현무의 정상에서 명당자리를 보는 것입니다.

그런데 백악마루와 청운대 사이의 길을 가다보면 저 멀리 보현봉을 비롯해 북한산 일원이 한눈에 다 들어오는 절경을 발견하게 됩니다. 진정 절경입니다. 만일 이 길이 초행길이라면 백악마루까지 가서 정상을 보는 게 좋겠지만 군이 그곳에 가지 않아도 되겠다는 생각입니다. 이 청운대와 백악마루 사이에는 1968년 김신조 사건 때 공비들과 교전하던 중 총에 맞은 소나무가 있는데 이것 역시 좋은 구경거리니 가서 보면 되겠습니다. 당시 북한 공비들은 이 산을 넘어 청와대 바로 앞까지 가던 중 그곳에서 대부분 사살됩니다만 공비들이 청와대 바로 앞까지 왔다는 게 섬뜩합니다. 그러나 그때는 그런 일이 노상 일어나서 조금 놀라고 말았던 기억이 납니다.

청운대에서 숙정문 쪽으로 조금 더 가면 곡장대 조망명소가 나오는데 이곳은 이름 그대로 주변의 경광을 가장 잘 볼 수 있는 곳입니다. 판자를 엮어 조망할 수 있는 장소를 마련해 놓았는데, 정면으로는 남산과 인왕산이 훤히 보이고 뒤로는 북한산 일원이 한눈에 들어옵니다. 제가 보기에 이곳이야말로 백악산에서 가장 좋은 경치를 선사하는 곳입니다. 서울의 풍수를 높은 고도에서 볼 수 있기 때문이지요.

그런데 여기서 또 갈 곳이 있습니다. 이곳에서 북악 스카이웨이를 따라 팔각정으로 가는 길이 2020년 11월에 개방되었기 때문입니다. 굳게 닫혀 있던 철망 문이 활짝 열려 있어 그 길로 가보니 완전히 다른 세상이었습니다. 그렇게 내려가면 북악 스카이웨이를 만나는데 우리는 그 옆에 난 산책로로 걸으면 됩니다. 이 길은 노상 차만 타고 지나던 길이었는데 걷게 되니 새롭게 보였습니다. 이 길을 차로 달릴 때마다 이렇게 좋은 길을 차로 '쌩' 하고 달리는 것보다 걸어다니면 좋겠다고 생각했었는데 드디어 걸어보니 역시 최고였습니다. 그렇게 해서 팔각정에 도착하면 2층에 있는 전망대로 가는 게 좋습니다. 이 전망대를 한 바퀴 돌면 서울의 풍수가 지닌 운세를 파악할 수 있습니다.

그런데 제 경우에는 그곳에서 문제에 봉착했습니다. 그곳에서 다시 시내로 나오는 길이 없다는 것이었습니다. 저는 걸어서 내려오는 코스를 택했기 때문에 그렇습니다. 마침 그 길에 '평창동'이라는 안내판이 있어 무작정 내려왔다가 큰 낭패를 보았습니다. 산길이 험하고 정돈되지 않아 곤욕을 치른 것입니다. 평창동 큰길로 내려오는 데만 1시간 20분은 걸린 것 같았습니다. 길도 잃어버리곤 했는데 다행히 누군가가 저 같은 사람이 올 것을 미리 예측한 듯 꼭 필요한 곳에 노란 리본과 나무판으로 안내 표시를 해두었더군요. 그러다 평창동 큰길가에 다다르기 직전에 물이 흐르는 계곡을 만났습니다. 정말 환상적이었습니다. 마음 졸였던 게 일순간에 사라져버렸습니다. 숲과 계곡이 어울려 심산유곡처럼 보였습니다. 저는 북악터널로 가는 그 큰 앞길을 차를 타고 수도 없이 다녔는데 이 길 바로 뒤에 이렇게 숲이 우거진 계곡이 있으리라고는 상상하지 못했습니다. 그래서 매우 진귀한 체험을 했지만 이 길은 여러분에게 권하고 싶지 않습니다. 정비되어 있지 않아 자칫하면 길을 잃어버릴

NATURE
#18

수 있기 때문입니다. 그래서 독자 여러분은 북악팔각정 쪽으로 가지 말고 숙정문을 거쳐 삼청동 쪽으로 내려가거나 저처럼 팔각정에 가더라도 택시나 대중교통을 이용해서 내려오기를 당부합니다.

낙산! 여기서도 훌륭한 광경이 무더기로 쏟아져

마지막으로 소개할 내사산은 낙산입니다. 이곳에 갈 때 제가 제일 많이 가는 길은 동대문에서 성곽을 따라 올라가는 길입니다. 이 길로 가는 이유는 볼거리가 많기 때문이지요. 대학로에서 올라가는 길도 있지만 그 길은 별 유적이 없어 잘 가지 않습니다. 이 길로 가면, 우선 동대문부터가 큰 볼거리입니다. 그리고 그 옆에 있는 흥인지문공원(옛 이화여대 병원 자리)에 있는 한양도성박물관도 한양성에 관심 있는 사람이라면 가보아야 하는 곳입니다. 특히 3층 상설전시관에 가면 도성의 모든 것을 알 수 있습니다.

낙산은 120여 미터밖에 되지 않아 올라가기 쉬울 것 같은데 막상 걸어가다 보면 꼭 쉬운 산행은 아닙니다. 길을 오르면서 첫 번째 보아야 할 곳은 창신동 마을입니다. 이곳에는 봉제공장이 집약되어 있고 전통 시장도 있는 등 스토리가 아주 많은 지역인데, 우리의 주제에서 빗나가는 것이니 지나갑니다. 창신동 일원은 따로 날을 잡아 돌아다녀야 합니다. 대충 보려 해도 서너 시간은 족히 걸리는 답사지이기 때문입니다. 그래서 낙산 주변과 같이 볼 것이 아니라 창신동만 집중하는 답사 코스를 따로 만들어야 할 것입니다.

성곽 길을 따라 올라가면 서울의 산세를 볼 수 있는 아주 좋은 자리가 있습니다. 낙산공원에 조금 못 미치는 곳에 있는데, 이곳은 낙산공원 주변에서 가장 높은 지대입니다. 그러다 보니 조망이 정말로 끝내줍니다. 남산은 물론이고 안산, 인왕산, 백악산이 훤히 보이고 그 뒤로 보현봉을 비롯해 북한산 일원이 펼쳐집니다. 서울의 풍수를 동쪽에서 가장 잘 볼 수 있는 장소가 바로 이곳입니다. 여기서 보면 다시금 서울의 자연이 얼마나 멋있고 장엄한지 알 수 있습니다.

▲ 낙산에서 바라본 북한산
ⓒ 최준식

◀ 낙산공원
ⓒ 최준식

　이곳은 해 질 무렵에 오면 더 좋습니다. 인왕산 쪽으로 해가 지는 모습이 아주 장관이지요. 그렇게 보다가 공원 쪽으로 가보면, 이곳에서는 앞에서 말한 것처럼 주위의 경관이 일목요연하게 들어오지 않습니다. 그러나 여기서도 갈 데가 있습니다. 성 바깥으로 나갈 수 있는 작은 문이 있는데 그리로 나가면 장수마을이라는 곳을 만납니다.

NATURE
#18

　그런데 이곳의 성벽에는 각기 다른 시대에 쌓은 성벽 돌을 동시에 볼 수 있는 데가 있어 그것부터 보면 좋겠습니다. 성곽은 태조 때 쌓아 세종 때와 숙종 때 낡은 것을 보수하거나 새로 쌓았는데, 그 세 축조 시기에 따라 돌 모양이 다릅니다. 특히 세종 때 쌓은 옥수수 모양의 돌이 두드러집니다.

성벽 바깥인 여기서 보는 북한산 일원도 절경입니다. 성 안에서 볼 때와 또 다른 모습이 연출됩니다. 앞에서 누누이 말했지만 풍수론에 따라 도시를 건설하면 이렇게 훌륭한 자연 광경들이 무더기로 쏟아져 나오니 놀라지 않을 수 없습니다. 그 길로 계속 내려가면 혜화동이 나오고 복원된 혜화문을 만날 수 있지만 그쪽으로 너무 가지 말고 다시 올라오는 게 낫겠습니다. 올라오면서 장수마을을 들르는 방법도 있습니다. 한때 유명한 달동네였던 이 마을도 스토리가 많습니다.

이 낙산 지역이 좋은 것은 마을버스가 있어 동대문 쪽으로 한 번에 갈 수 있다는 것입니다. 그곳으로 가면 다른 버스와 지하철로 연결되니 교통이 아주 편리합니다. 교통이 용이하니 언제라도 다시 올 수 있겠다는 생각이 듭니다. 이 마을버스는 종로5가에 있는 광장시장으로도 가니 저녁은 그곳에서 해결하면 좋을 것입니다.

서울 풍수를 정리하며

내사산까지 보았다면 서울의 풍수는 대강 훑은 셈이 됩니다. 시간이 허락한다면 외사산도 가면 좋겠습니다. 특히 북한산 일원은 종주할 수 있는 코스가 여럿 있으니 한 번은 꼭 다녀보시기 바랍니다. 이 북한산, 정확하게는 삼각산은 조선 5대 명산 중의 하나이기 때문에 늦기 전에 산행해 보는 게 좋겠습니다. 또 관악산도 좋은데, 가본 지가 하도 오래되어 기억이 가물가물합니다. 이 산은 정상에 있는 여러 봉우리를 연결하는 길이 굉장히 험했다는 기억만 날 뿐입니다.

그에 비해 아차산(정식 명칭은 용마산)은 산행이 훨씬 편합니다. 이 산이 좋은 것은 한강을 멋있게 볼 수 있다는 것입니다. 천호동이나 둔촌동 쪽 한강이 아주 멋있게 보입니다. 예를 들면 워커힐호텔에서 바라보는 조망과 같은 것이지요. 이 호텔이 바로 이 조망 때문에 시내에서 멀리 떨어진 이곳에 들어선 것 아닙니까? 이 지역에는 이전에 이승만 대통령 별장이 있었을 정도로 조망 좋은 곳이 많았습니다. 그런데 지금은 안타깝게도 강 양안에 큰 도로(강북 강변과 올림픽도로)를 만들어놓아 경치가 많이 훼손되었습니다. 저는 1970년대에 이 산 근처에 살았기 때문에 이 산을 시도 때도 없이 다녔습니다. 그래서 이곳이 한강 쪽으로 얼마나 훌륭한 경치를 선사했는지 잘 알고 있습니다. 이렇게 서울의 주변을 이야기하다 보면 끝이 없습니다. 이번 장에서는 서울의 풍수와 자연을 이해하는 것으로 만족해야겠습니다.

NATURE
#18

19장

한국의
섬과 바다

섬과 바다와 문화가 만나는 곳을 찾아

- 한국은 아시아에서 네 번째로 섬이 많은 나라
- 통영에서 만난 사람 1: 세계 10대 해군 명장, 이순신
- 통영에서 만난 사람 2: 세계적인 작곡가, 윤이상
- 꼭 다시 가고 싶은 곳, 통영에서 볼 그 외의 이야기

한국인들은 학교에서 한국은 영토의 약 70퍼센트가 산이라고 배웁니다. 그래서 한국에 산이 많다고 생각하는데, 그에 비해 섬에 대해서는 그다지 유념하지 않습니다. 그런데 한국은 전 세계에서 섬이 네 번째로 많은 국가라는 매우 생경한 정보가 있습니다(중국 제외). 이 이야기를 처음 듣는 독자들도 많을 것입니다. 노상 자기 나라는 작은 나라라는 말만 들었지 섬이 이렇게 많은 나라라는 것은 의외일 것입니다. 섬의 숫자 면에서 한국을 앞선 나라는 세 나라밖에 없는데, 인도네시아, 필리핀, 일본입니다. 이 나라들은 나라 자체가 섬이니 섬이 많은 것은 당연한 일 아니겠습니까? 따라서 이렇게 보면 한국은 대륙에 붙어 있는 나라 중에 섬이 제일 많은 국가가 됩니다. 한국이 섬나라도 아닌데 섬이 이렇게 많은 것은 매우 뜻밖의 일입니다.

그러면 한국에는 얼마나 많은 섬이 있을까요? 사실 정확한 섬의 숫자는 누구도 모른다고 합니다. 섬을 어떻게 정의하느냐에 따라 그 숫자가 달라지기 때문입니다. 가령 섬을 다리로 연결하면 그것은 여전히 섬일까요? 아니면 육지가 될까요? 이런 것이 명확하지 않기 때문에 섬을 정의하는 문제가 간단하지 않다고 한 것입니다. 그런데 대강 말해보면 한국에는 3300여 개의 섬이 있고 그중에 470여 개가 사람이 사는 섬이라고 합니다.

한국은 아시아에서 네 번째로 섬이 많은 나라

한국에 섬이 이렇게 많다고 했는데, 지역적으로는 전라남도와 경상남도에 섬이 가장 많습니다. 약 70~80퍼센트에 달하는 섬들이 이 두 지역에 있지요. 그러니까 대부분의 섬이 한국의 남쪽 바다에 있는 것입니다. 따라서 한국 정부는 진즉에 이 해안을 둘로 나누어서 해상국립공원으로 만들었습니다. 그 결과 신안 홍도부터 여수 돌산도까지의 전남 지역은 '다도해해상국립공원'이 되었고 여수 오동도에서 거제도까지의 경남 지역은 '한려해상국립공원'이 되었습니다. 이 지역은 섬들이 많아 장관을 이룹니다. 개수로 따져도 이 남쪽

NATURE
#19

해안에 약 2500개의 섬이 있으니 이 지역에서는 어디를 가도 섬이 보입니다.

리아스식 해안, 많이 듣기는 했지만

그다음 질문은 이 지역에는 '왜 섬이 많을까?'입니다. 한국인들은 사실 이 질문에 대한 답을 이미 학교에서 배웠습니다. 우리는 누구나 지리 시간에 남해안은 '리아스식式' 해안이라고 배운 기억이 있을 것입니다. 그래서 리아스식 해안이라는 용어는 친숙한데, 정작 리아스식이 무엇이냐고 물으면 답을 잘하지 못합니다. 이 용어에 대한 해설을 읽어보면 복잡한 지질학적 용어로 되어 있어 이해하기가 상당히 어려운데, 아주 간단하게 보면 이런 것입니다.

지금 바다로 되어 있는 한국의 서남해안은 원래 육지였다고 합니다. 그러던 것이 후기 간빙기가 도래하면서 물이 불어나 육지가 물에 잠기게 되었습니다. 이때 잠기지 않고 남은 육지가 섬이 된 것입니다. 이것을 조금 더 자세하게 보면, 하천의 침식으로 만들어졌던 산봉우리 부분은 섬이 되었고 산등성이(산의 등줄기)는 곶이 되었습니다. 곶이란 바다 쪽으로 뻗어 나온 육지를 말합니다. 그리고 골짜기 부분은 물이 차면서 만이 되었지요. 이렇게 해서 형성된 것이 한국의 서남해안이라는 것입니다.

광대한 한려해상국립공원

이 지역은 실로 광대하고 다양해서 다 다루려면 하나의 단행본이 필요할 것입니다. 따라서 그것을 다 다룰 수는 없고 우리는 여기서 한 사례를 골라 설명을 해보려고 합니다. 그러면 독자들은 이 사례를 가지고 다른 지역에 적용해 그 지역의 문화와 자연을 이해하면 될 것입니다. 여기서 다루려고 하는 지역은 '한려해상국립공원'인데, 이 지역도 매우 방대합니다. 이 공원은 1968년 한국에서 두 번째이자 해상공원으로는 최초로 국립공원으로 지정되는데, 그 지역을 다시 나누어보면 '상주·금산 지구', '남해대교 지구', '사천 지구', '통영·한산 지구', '거제·해금강 지구', '여수·오동도 지구'가 됩니다. 이 지구들이 모

통영의 해안 풍경

두 방대한 곳이라 다 다룰 수는 없고 이 가운데 우리는 통영 지구를 사례로
삼아 설명하려고 합니다.

통영에서 만난 사람 1: 세계 10대 해군 명장, 이순신

통영을 떠올리면 여러분은 어떤 것이 가장 먼저 생각나십니까? '한국의 나폴
리'라는 별명도 생각날 것이고 이순신 장군도 연상될 겁니다. 그런가 하면 세
계적인 작곡가인 윤이상이 떠오를 수도 있겠지요. 또 이곳은 유달리 문인들
이 많이 배출된 곳이기도 합니다. 박경리 작가가 이곳에서 『김약국의 딸들』
을 집필했는데, 그 자세한 이야기는 미륵도에 있는 '박경리 기념관'에 가서 살
펴보면 되겠습니다. 또 「꽃」이라는 시로 유명한 김춘수 시인도 이 지방 사람
입니다. 이 분에 관해서는 이름이 다소 생소한 '김춘수 유품전시관'에 가면 생
생하게 접할 수 있습니다. 또 "파도야 어쩌란 말이냐"라는 문구로 시작해서
유명해진 시, 「그리움」을 쓴 청마 유치환 시인도 이 지방 사람인데 그에 대한
자세한 것은 '청마문학관'에 가면 알 수 있습니다.

NATURE
#19

　배출된 인물이 문인만 있는 것은 아닙니다. '한국의 피카소'로 불리고 한국

적 색면추상의 선구자로 손꼽히는 전혁림 화백도 이곳 사람입니다. 미륵산 자락에 위치한 '전혁림 미술관'에 가면 그의 그림도 볼 수 있고 그에 대해서 자세한 정보도 접할 수 있습니다. 통영에는 이렇게 유명한 분들이 많이 있습니다. 이 작은 지면에서 이 분들을 다 다룰 수는 없겠지요. 따라서 우리는 통영이 낳은 세계적인 인물 두 분을 골라 살펴보았으면 합니다. 세계적인 군인인 이순신과 세계적인 음악가인 윤이상에 집중해서 보려고 합니다.

이순신을 생각하며

통영 하면 한산도가 생각나고 한산도 하면 바로 이순신이 연상되듯이, 이 지역은 이순신과 관계가 깊습니다. 이곳은 임진왜란이 일어난 해인 1592년 7월에 이순신이 일본 해군과 싸워 대승을 얻어낸 곳이기도 합니다. 이름하여 한산대첩이 그것입니다. 따라서 그의 족적을 살피려면 한산도로 가야 합니다. 그런데 한산도에 가봐야 이순신이 그곳에 있을 때 만들어진 유적은 남아 있지 않습니다. 그래서 안타깝습니다.

한산도에 있는 건물 가운데 중심되는 건물은 '제승당'입니다. 그런데 이 건물을 비롯해 이 주변에 있는 건물들은 모두 박정희 대통령이 1970년대 중반에 시멘트로 지은 것이라 건물 자체는 별 의미가 없습니다. 그래도 굳이 의미가 있는 곳을 찾는다면 '수루戍樓' 정도가 되지 않을까 싶습니다. 한국인이면 대부분 알고 있는 이순신의 「한산섬가」라는 시조가 이곳에서 불렸다고 하니 말입니다. 이곳은 전망이 좋아 망루 역할을 했다고 하는데, 이순신이 이곳에서 적군의 동태를 살폈다고 전해집니다. 제승당 가운데 이 건물만 2014년에 목재로 다시 지었는데 고증이 잘못되었다는 지적이 있더군요.

이순신과 통제영, 그리고 현재

이순신은 1593년 이 제승당 영역에 '삼도수군통제영'을 세웁니다. 이순신 본인은 이 기관의 수장인 통제사가 되었지요. 삼도는 전라, 경상, 충청을 말하

통영 세병관
ⓒ 국가문화유산포털

니 이곳은 해상 빙어 총사령부라고 하겠습니다. 통영이라는 이름은 바로 이 '통제영'을 줄여서 만든 것이지요. 통제영은 1604년에 통영 시내에 있는 '세병관'으로 이전하는데, 이 건물은 통영에 오면 꼭 보아야 하는 유적입니다. 정면이 아홉 칸이나 되고 옆면은 다섯 칸이나 되니 그 규모가 상당해 궁궐의 정전 같은 느낌을 줍니다. 그런데 이렇게 큰 건물이 벽이나 창호는 하나도 없고 그저 기둥만 세워져 있어 기이하기 짝이 없다는 생각이 듭니다. 1603년에 건설되었다고 하니 400년도 더 된 건물이고, 또 이런 건물이 한반도에 다시없으니 당연히 국보로 지정되었습니다.

그런데 이런 건물보다 우리의 눈길을 끄는 것은 이 기관이 현대 한국인과 관련된 점이 있다는 것입니다. 이 통제영에는 13개의 공방이 소속되어 있었는데 이 공방에서는 부채, 칠, 그림, 대장간, 활통, 신, 말안장, 갓, 말총, 상자 등을 만드는 일을 했다고 합니다. 그런데 이 가운데 몇몇은 지금까지 살아남았습니다. 갓이나 나전칠기, 소목장 등이 그것으로, 이런 유의 것은 통영 것을 최고로 치고 있습니다. 이 중에서 특히 갓이 유명한데 최근 들어 한국 드라마 〈킹덤〉 덕에 이 갓이 세계적으로 유명해진 일이 생각납니다.

이 세병관에 오면 반드시 보아야 하는 것이 있습니다. 입구에 있는 '벅수'인데, 쉽게 말하면 돌로 만든 장승입니다. 이 장승은 같은 돌로 만들어진 제주

NATURE
#19

의 돌하르방과는 아주 다른 모습을 하고 있는데 한반도 남부에서 발견되는 전형적인 돌장승입니다. 1906년에 만들었다고 전하니 만들어진 해를 아는 드문 장승입니다. 그런데 그 생김새가 아주 그로테스크합니다. 특히 송곳니가 많이 돌출되어 우스꽝스러운 모습을 하고 있지요. 흡사 악동 같은 얼굴입니다. 민중들의 해학성이 여과 없이 발휘된 작품으로 보입니다.

아아, 한산대첩!

다시 한산도로 돌아가면, 이곳은 한산대첩으로 유명한 곳입니다. 이 싸움은 많이 알려져 있어 설명이 필요 없을 겁니다. 현재 거제대교가 있는 좁은 해협은 '견내량'으로 불리는데, 임진년에 일본 함대 70여 척이 이곳에 주둔했습니다. 이순신은 그들을 한산도 앞바다로 유인해 학익진을 펼쳐서 전멸에 가까운 전과를 얻었습니다. 대승을 거둔 것이지요. 그래서 이 싸움을 행주대첩, 진주대첩과 더불어 임진왜란 3대첩으로 꼽기도 합니다. 이 전투가 중요한 것은 전쟁이 일어난 지 3개월밖에 안 된 이른 시기에 승리를 거둠으로써 일본 수군의 남해 해상권을 완전하게 박탈했기 때문입니다. 이 때문에 일본군은 군수물자 조달이 원천적으로 차단되는 큰 타격을 받았습니다. 일본군은 평안도나 함경도까지 북상했지만 군수품이 바다를 통해 제때 조달되지 않아 곤경에 빠지게 됩니다. 만일 이때 조선 수군마저 궤멸되어 일본군의 군수품이 전달되었다면 전세가 어떻게 되었을지 아무도 모를 일입니다.

세계 10대 제독, 이순신

이순신의 이야기를 하다 보면 끝이 없는데, 이 분을 전체적으로 평가하고 다음 장소로 갔으면 합니다. 이순신을 한마디로 정의해야 한다면 그는 한국의 역대 군인 가운데 전 세계적으로 가장 유명한 사람이라고 말하고 싶습니다. 왜냐하면 그는 인류 역사에서 가장 큰 족적을 남긴 해군 명장 10명 가운데 한 사람으로 꼽기기 때문입니다. 이러한 영예가 그에게 가당한 것은, 그는 수십 차례의

해전에서 한 번도 진 적이 없기 때문입니다. 특히 12척만 가지고 130여 척의 적군을 궤멸시킨 명량 해전은 세계 해군사에 길이 남을 전투라 하겠습니다.

그런가 하면 세계 해군사를 통틀어 선발한 7대 명품 군함으로 거북선을 꼽는 경우가 있습니다. 한국인들은 거북선을 세계 최초의 철갑선으로 이해하는 경향이 있는데 전문가들에 따르면 거북선은 배의 윗부분을 철로 씌운 철갑선은 아닐 것이라고 합니다. 대신 철침선, 즉 배의 윗면을 나무로 덮고 거기에 철침을 박아놓았을 것이라고 추정합니다. 이 철침을 심은 이유는 적들이 거북선 위로 침투하는 것을 막으려는 의도였을 것입니다. 이것이 사실이라면 거북선은 매우 첨단적인 디자인을 가진 군함인데 학자들은 아직도 이에 대해 의견이 분분합니다. 한산도 같은 지역에 오면 아름다운 경치와 유적도 감상해야 하겠지만 이순신이 어떤 무인이었나를 다시 한번 생각해야 할 것입니다.

통영에서 만난 사람 2: 세계적인 작곡가, 윤이상

이제 통영이 낳은 또 다른 세계적인 인물인 윤이상에 대해 볼 터인데, 이 분은 소개하기가 쉽지 않습니다. 왜냐하면 윤이상이 전공한 현대음악은 일반인들이 잘 알 수 없는 분야이기 때문입니다. 현대음악은 서양음악사에서는 중요한 장르이지만 세계 전체 음악계에서 보면 소수만이 향유하는 음악이라고 할 수 있습니다. 서양 고전음악을 좋아하는 사람들도 집에서 음악을 들을 때 현대음악을 듣는 사람은 별로 없을 것입니다. 왜냐하면 곡이 소음 같은 음으로 점철되어 있는 것 같아 기괴하게 들리기 때문입니다. 현대음악은 서양 고전음악이 시대별로 발전되면서 그들 나름의 이념 체계에서 나온 것으로, 고전음악에 대한 그들의 현대적 해석이라 할 수 있습니다. 그런데 현대음악이 고전음악 내에 있는 여러 가지 틀을 깨는 시도를 하면서 기존 질서를 허무는 바람에 현대음악은 우리에게 생소한 음악이 되었습니다.

NATURE
#19

윤이상의 흔적을 찾아서

현대음악에 대해 이러한 생각을 염두에 두고 윤이상을 조망해 보지요. 그는 유럽에서 지내는 동안 자기 고향인 통영을 한 번도 잊은 적이 없다고 누차 강조했습니다. 잔잔한 파도 소리라든가 어부들의 노랫소리, 또 무당들이 굿하는 소리 등이 모두 자신의 음악적 원천이 됐다고 주장하더군요.

그는 1917년 통영시의 도천동에서 태어나서 자랐기 때문에 통영시는 바로 이 동네에 그의 모든 것에 대해 알려주는 '윤이상 기념관'을 만들었습니다. 따라서 우리는 이곳만 가면 윤이상에 대해 많은 정보를 접할 수 있을 것입니다. 이 기념관은 '도천 음악마을'이라고 명명된 지역 안에 있는데, 이 마을은 물론 윤이상을 기리기 위해 만든 것입니다. 이 안에는 기념관만 있는 것이 아니라 윤이상이 다니던 길, 특히 그가 소학교를 다니던 길이 그대로 남아 있어 감회가 남다릅니다. 기념관 안에 들어가면 그가 베를린에서 살았던 집도 복원해 놓고 타던 차도 전시해 놓아 눈길을 끕니다. 제일 재미있는 것은 기념관 건물 안에 있는 음악상자입니다. 이 안에 들어가면 전화기가 있는데, 여기에 종이 악보를 넣으면 윤이상이 통영과 부산에서 교사로 재직할 때 작곡했던 동요, 교가, 가곡 등이 재생됩니다.

신묘한 윤이상의 음악 세계

그는 1956년 프랑스와 독일로 유학 가서 본격적으로 서양 현대음악을 공부하기 시작합니다. 특히 그는 독일에서 아르놀트 쇤베르크Arnold Schönberg 같은 독일의 현대음악가가 창안한 '12음 기법'에 매료되었다고 합니다. 여기서부터 우리는 윤이상의 음악을 이해하는 데에 어려움을 느낍니다. 이른바 12음 기법 같은 것은 너무 전문적이라 비전공자들은 이해하기 어렵기 때문입니다.

윤이상이 세계적인 작곡가가 될 수 있었던 것은 이 같은 서양 기법을 따르는 데에 그친 게 아니라 여기에 한국의 전통음악과 동양의 전통 사상을 접목했기 때문입니다. 한 예를 들어보면, 서양음악에서는 하나의 음을 똑같은 높이로 균일하게 소리 냅니다. 이에 비해 한국 전통음악에서는 한 음을 끌어올리기도 하고 내리기도 하고 떨기도 하는 등 매우 다양한 방법으로 소리를 냅니다. 대금 소리가 그렇고 가야금 소리가 그렇습니다. 윤이상은 바로 이런 기법을 자신이 작곡하는 음악에 대입했습니다. 그래서 그는 한국의 전통음악을 서양음악의 악기와 기법으로 표현했다는 평을 받는 것입니다. 이 같은 새로운 시도가 있었기 때문에 그가 난다 긴다 하는 작곡가들이 난무하는 서양 현대음악계에서 두각을 나타낸 것입니다.

그의 음악 세계는 이처럼 기법에만 머물러 있지 않았습니다. 그는 동양적이면서 매우 깊은 음악 철학을 소유하고 있었던 것 같습니다. 다음과 같은 그의 주장에서 이러한 그의 사상을 알 수 있습니다. "음악은 작곡하는 것이 아니라 낳는 것이다. 동양인은 우주에 음이 흘러 다닌다고 생각해 이 음을 자기만의 방식으로 흡수해 음악을 만든다. 마치 안테나를 사용해 우주의 음악을 받아들여 그들의 개성과 재능을 통해 음악으로 변화시킨다." 이 이야기를 들어보면 흡사 노장의 무위사상을 대변하는 것처럼 들립니다. 인간이 자연과 하나가 되어 무위적인 상태에서 음악을 만들어낸다고 하니 말입니다. 아마 그의 이런 철학이 인정받아 유럽에서 이름을 크게 떨쳤을 것입니다.

드라마틱한 윤이상의 삶

사람들은 윤이상이 유럽에서 이름을 날린 유명한 현대음악 작곡가라고 하면 그러려니 하는 것 같습니다. 그런데 동양인이 유럽에서 서양 현대음악의 작곡으로 인정받는 것은 대단히 어려운 일입니다. 연주와 작곡은 아주 다른 것입니다. 연주는 사상보다 기술이 중요시되지만 작곡은 작곡가가 웅장하고도 두터운 사상 체계를 가졌을 때만이 위대한 곡이 나올 수 있지요. 동양인으로서 유럽에서 저명한 작곡가가 되는 것은 아주 힘든 일이라, 윤이상 이후에 유럽에서 이름을 떨친 한국 작곡가는 발견되지 않습니다.

윤이상은 아주 드라마틱한 삶을 살았습니다. 1967년에 이른바 '동백림 사

NATURE #19

건'이 터졌을 때 그는 한국 정부의 조작으로 스파이로 몰려 갖은 고문을 받고 2년 뒤에 풀려 나왔습니다. 그 뒤 그는 다시 독일(서독)로 돌아가는데, 한국 정부의 감시가 심해 1971년에는 한국 국적을 버리고 독일 국적을 취득합니다.

그 후 1972년에 열린 뮌헨 올림픽 때 문화행사의 일원으로 오페라 〈심청〉을 공연에 올려 큰 찬사를 받은 것은 잘 알려진 사실입니다. 저는 이 작품을 영상으로 일부밖에 보지 못했는데, 백인들이 어색한 한복을 입고 노래하는 모습이 매우 신기했던 기억이 있습니다. 나중에 평을 보니 이 오페라의 특징 중의 하나는 등장인물별로 성부가 구분돼 있다는 점이라고 합니다. 예를 들어 심청은 고음을 써서 하늘에서 내려온 천사의 성격을 나타내고, 바다 용왕은 다섯 명의 베이스로 표현함으로써 지하세계의 무거움을 나타냈다는 것이 그것입니다. 또 뱃사람들을 많이 동원해서 우렁찬 목소리로 노래를 한 것도 인상적이라고 하는데 이때 독일 공연자들이 '어기여차'라는 후렴구를 한국어로 불러 이색적이었다고 합니다.

그 뒤로 윤이상은 한국의 민주화 운동에 앞장서고 남북한 합동 음악회를 여는 등 한국의 통일을 위해 진력하다가 1995년에 영면합니다. 그는 한국 정부와 마찰이 있어 타계하는 해인 1995년까지도 통영 땅을 밟지 못했습니다. 그가 비록 유골이었지만 통영에 되돌아온 것이 2018년의 일이었으니, 1969년에 한국을 떠난 지 49년 만의 일이었습니다. 그의 유골함이 독일에서 이장된 것입니다. 영면한 곳은 그를 기리기 위해 만든 통영국제음악당의 뒷마당입니다. 그의 유골은 한참 늦게서야 들어왔지만 그의 정신을 기리는 통영국제음악제는 2002년부터 매년 열리고 있습니다.

꼭 다시 가고 싶은 곳, 통영에서 볼 그 외의 이야기

사실 통영은 이 외에도 볼 것이 많습니다. 많아도 아주 많습니다. 미륵산에 설치되어 있는 케이블카도 타봄 직하지요. 이것은 관광용 케이블카로는 길이가 가장 길다고 하는데, 타고 가면서 보는 경치도 좋고 상부 역사에 도달해서 보는 경치도 훌륭합니다. 하지만 압권은 다른 데에 있었습니다.

미륵산 전망대로!

상부 역사에서 약 20분만 걸어 올라가면 미륵산 전망대가 나오는데 이곳에서 보는 경치는 '왜 사람들이 통영을 말하는가'를 절감하게 해줍니다. 끝없이 펼쳐지는 섬과 바다의 절묘한 조화가 보는 이로 하여금 하염없는 감탄에 젖게 만들기 때문입니다.

이 경치에 관해서는 더 이상 설명이 필요 없습니다. 와서 직접 보는 게 정답이기 때문입니다. 사실 이곳만 이렇게 좋은 경치를 보여주는 것은 아닙니다. 이곳은 어디를 가서 보아도 같은 절경이 펼쳐집니다. 그 가운데 달아공원에 가서 일몰 때 보는 해넘이 역시 장관입니다. 거기서 보고 있으면 왜 사람들이 한려수도를 거론하는지 알 것 같습니다. 이렇게 통영 일대를 다니다 보면 자연스럽게 이런 천혜의 절경을 가진 통영에서 뛰어난 예술가들이 나올 수밖에 없다는 결론에 다다르게 됩니다. 아름다운 섬과 소나무 군락, 그리고 바다가 환상적으로 어우러져 있으니 이런 곳에서 빼어난 예술이 나오지 않으면 어디서 이런 일이 가능하겠습니까? 윤이상을 비롯해 통영이 배출한 예술가들은 고향 자랑을 한껏 하곤 했는데, 그 이유는 이곳에 와서 보면 알 수 있습니다. 그리고 우리도 그들의 의견에 동의하지 않을 수 없게 됩니다. 한번 가면 꼭 다시 가고 싶은 곳이 통영이 아닐까 합니다.

현대와 전통이 공존하는 통영

그런가 하면 젊음을 만끽하고 싶은 사람은 동피랑이나 서피랑 벽화마을에 가면 될 것 같습니다. 밤이 되면 통영에는 새로운 세상이 펼쳐집니다. 2020년에 남망산공원에 디지털 미디어아트를 활용해 만든 빛의 정원인 '디피랑'이 문

통영오광대 할미양반과 작은어미의 사랑춤
ⓒ 국가문화유산포털

을 열었기 때문입니다(피랑은 통영 말로 언덕을 뜻한다고 합니다). 캄캄한 밤에 색색 가지의 기물들이 빛으로 표현되고 있어 그 황홀함을 말로 표현하기 힘듭니다. 입장료를 받고 있지만 한 번 보면 입장료가 아깝지 않다고 생각할 것입니다. 저는 이런 현대적인 것보다 전통적인 것을 선호해서 이순신 기념공원에 있는 '통영예능전수관'을 방문했습니다. 이곳에서는 통영에서 산출된 통영오광대와 승전무, 그리고 남해안별신굿이 보존되어 있고 예능 전수나 후계자 육성 등이 이루어지고 있습니다. 제게는 1970년대 중반 대학생 시절 통영오광대를 배우겠다고 당시에 남망산에 있었던 오광대 전수관에서 잠시 숙식했던 기억이 있습니다. 이곳에 있던 전수관이 통영예능전수관으로 통합된 것입니다.

이렇게 살짝만 훑어도 통영에는 볼 것이 이처럼 많은데, 이제 주변 섬을 갈라치면 완전히 새로운 이야기가 펼쳐집니다. 섬 하나하나가 보석과 같기 때문입니다. 저는 이 가운데 소매물도와 매물도, 그리고 해금강밖에 가보지 못했지만 비진도나 욕지도, 연화도도 영상으로 확인해 보니 아주 훌륭한 관광지였습니다. 특히 욕지도의 모노레일이나 해안도로는 꼭 가보고 싶은 곳이었습니다. 이런 곳들은 각자가 인터넷으로 확인해서 관심이 끌리는 쪽으로 가면 되겠습니다. 이 정도로 통영 설명을 끝내지만, 이 도시는 면밀하게 계획을 짜서 오랫동안 보아야 하는 도시임에 틀림없습니다.

20장

한국의 세계자연유산 제주도

내외국인 모두 좋아하는 세계적인 명승지

- 육지와 사뭇 다른 게 많은 섬, 제주도
- 아주 먼 옛날, 제주에 살았던 사람들의 흔적을 찾아
- 지질학적으로 본 제주도
- 일출봉에 해 뜨거든 날 불러주오, 성산일출봉
- 세계적인 용암동굴을 찾아
- 한국 문화의 보고, 제주를 정리하며

제주도는 우리에게 어떤 의미가 있을까요? 이 지역은 물론 한국 땅이지만 육지와는 다른 점이 많아 매우 이색적입니다. 육지(한반도)가 온대 지방이라면 제주도는 아열대 지방과 닮은 점이 있어 그렇게 보일지도 모르겠습니다. 제주도에 가면 분명 특이한 자연과 색다른 문화가 있습니다. 공항을 나가면 바로 보이는 야자수 나무부터 그렇습니다. 육지에는 그런 나무가 밖에서 자라지 못하는데 제주도에서는 가능하니 도착하자마자 이국적인 분위기가 흠씬 나서 좋습니다. 또 귤이라는, 육지에서는 재배가 잘 안 되는 남방 과일이 나오는 지역이 제주도입니다. 그래서 제주도가 특이하게 느껴지는 것이지요.

육지와 사뭇 다른 게 많은 섬, 제주도

그런가 하면 전 세계적으로도 보기 드물게 화산이 폭발해서 섬이 만들어졌으니 제주도는 그 시작부터가 육지와 영 다릅니다. 그렇게 해서 큰 산이 생겼는데, 그 산은 남한에서 제일 높은 산이 되어버렸습니다. 육지에 있는 숱한 산을 다 제치고 섬에 있는 산, 즉 한라산이 제1위로 등극한 것입니다. 그러니 제주도가 매우 색다르게 보이는 것이지요.

자연도 문화도 육지와 달라

그런데 그 한라산의 산신은 할머니, 즉 여성입니다. 육지에 있는 산들의 주재신은 대부분 남신인데 제주도의 한라산의 주재신은 여신(설문대할망)이니 이것도 특이합니다. 제주도는 또 한반도 최남단 지점과도 관계됩니다. 최남단인 마라도가 제주도에 바싹 붙어 있기 때문입니다. 그런가 하면 더 남단에는 수중섬水中島인 이어도라는 신비한 곳이 있어 제주 사람들에게 일종의 이상향이 되었습니다. 특히 이전에 제주의 아내들은 고기 잡다 풍랑을 맞은 남편들이 이어도로 가서 살고 있다고 생각했습니다.

   제주도는 이렇게 자연만 특이한 게 아닙니다. 문화도 육지와 사뭇 다릅니다.

NATURE #20

우선 제주도의 시조라는 세 사람, 즉 고씨, 부씨, 양씨가 그렇습니다. 어떤 지역을 세운 시조가 선명하게 드러나 있는 것도 재미있지만 그게 또 세 사람이라니 매우 이채롭습니다. 그들이 세상에 나타나는 통로도 신비하기 짝이 없습니다. 말 타고 멋있게 제주도로 진입한 게 아니라 땅속에서 나타났다고 하니 말입니다. 이 이야기는 의미하는 바가 큰데 뒤에서 자세하게 보려고 합니다.

또 '삼다三多'와 '삼무三無'로 유명한 것도 제주의 특징인데 지금은 무색한 지경에 이른 것 같습니다. 우선 삼다, 즉 제주도에는 바람과 돌과 여자가 많다고 하는데 지금 제주도에 많은 것은 그런 것보다 카페, 식당, 온갖 종류의 전시관(박물관, 미술관, 수목원 등)이 아닐까 합니다. 삼무, 즉 '도둑과 거지와 대문'이 없다고 했던 것도 제주가 더 이상 전통 사회가 아니니 별 의미가 없겠습니다.

그런가 하면 제주도의 전통 유산으로 유네스코 세계무형문화유산에 오른 것이 있어 눈길을 끕니다. '칠머리당 영등굿'과 '해녀 문화'가 그것인데, 작은 (?) 섬이 세계유산을 두 개나 갖고 있으니 대단하다고 하겠습니다. 그런데 특히 관심을 끄는 것은 '영등굿'입니다. 한국이 보유한 세계무형유산 가운데 무속의 굿이 들어간 것은 이것이 유일한데, 이것을 통해 보면 제주도는 민간 신앙 전통이 아직도 상당히 강하다는 것을 알 수 있습니다. 제주도의 샤머니즘은 육지의 그것과 다른 요소가 많은데 이는 우리의 주제가 아니니 설명을 생략하기로 합니다.

유네스코 자연 분야 3관왕

지금까지 언급한 것만 가지고도 설명할 것이 많은데 제주도는 이런 것 말고 전 세계적으로 뛰어난 유산을 갖고 있습니다. '제주도 화산섬과 용암동굴'이라는 이름으로 2007년에 유네스코 세계자연유산에 등재된 것이 그 상황을 말해줍니다. 그뿐만이 아닙니다. 2010년에는 유네스코 세계지질공원으로 지정되었는데 그보다 훨씬 이전인 2002년에는 유네스코 생물권 보전 지역으로

삼성혈
ⓒ 송혜나

지정되었습니다. 이로써 제주도는 유네스코 세계유산의 자연 분야에서 3관
왕이 되었다고 알려져 있습니다.

이 가운데 제주도를 가장 제주도답게 만든 것은 세계자연유산이기 때문에
이번 장에서는 그것을 중심으로 보았으면 합니다. 제주도에는 앞에서 언급
한 것처럼 볼거리가 무진장 많지만 이 자연유산만큼은 다른 곳에서 볼 수 없
으니 이것부터 살펴보는 것이 제주도를 제대로 감상하는 방법이 아닐까 합니
다. 특히 제주도의 화산과 동굴은 지구의 화산 생성 과정을 확연하게 보여주
기 때문에 전 세계적인 주목을 받고 있다는 점을 기억해야 할 것입니다.

아주 먼 옛날, 제주에 살았던 사람들의 흔적을 찾아

그런데 이렇게 자연을 이야기하다가 그냥 지나치는 것이 있습니다. 제주에 살
았던 사람들의 이야기가 그것입니다. 자연이 아무리 대단하다 해도 거기에
사람이 없으면 그 자연은 인문학적으로 의미가 많이 퇴색합니다. 제가 여기

NATURE
#20

에서 언급하고 싶은 것은 역사시대에 살았던 사람만이 아닙니다. 역사시대에 제주도에 살았던 사람들에 대해서는 어느 정도 알려져 있습니다. 삼국시대나 고려, 조선 때 어떤 사람이 어떻게 살고 있었는가 하는 것은 그 자료를 쉽게 찾을 수 있습니다. 요새는 스마트 전화기만 두들기면 언제든지 알 수 있습니다. 그에 비해 선사시대에 살았던 사람들에 대해서는 잘 알려지지 않았고 혼선도 있어서 제주도의 먼 과거에 대해 오해가 있는 듯합니다. 따라서 여기서는 그 점도 설명하려 합니다.

제주도에도 선사시대가 있었다!

제주도에서 인간 역사가 시작되는 모습은 전설적인 삼성三姓씨, 즉 고씨, 부씨, 양씨가 출현한 신화에서 찾아볼 수 있습니다. 모르는 사람이 없을 정도로 유명한 이 신화는 이렇게 진행됩니다. 이 세 사람이 '삼성혈'이라는 구멍에서 나와 수렵 생활을 하다가 다섯 가지 곡식의 종자와 가축을 가져온 세 명의 공주와 결혼해 농경 생활을 시작했고, 이들의 공동체가 탐라왕국으로 발전했다는 것이 그것입니다.

이 짧은 신화는 우리에게 생각할 거리를 많이 주는데, 그중 중요한 것 몇 가지만 보았으면 합니다. 우선 사람들이 가장 많이 하는 오해는, 제주도에서 사람이 살기 시작한 것이 이 세 사람이 나타난 이후라고 생각하는 것입니다. 이 오해를 풀기 위해 일단 이 신화를 액면 그대로 받아들이고 설명을 해보지요. 이 사람들이 성씨를 갖고 있다는 것은 이들이 선사시대 사람이 아니라는 것을 말합니다. 성씨라는 것은 국가 체제가 확립된 이후에나 발생한 것이기 때문에 이 사람들처럼 수렵 생활을 하는 차원에서는 있을 수 없습니다. 한국에서도 성씨는 삼국시대 이후에나 부분적으로 생겨났지 국가가 생기기 전인 청동기시대나 철기시대에는 성씨가 없었을 것입니다. 이런 시각에서 본다면 이 신화는 국가 체제가 수립된 다음의 모습을 적고 있다고 할 수 있습니다. 물론 다른 시각도 가능합니다. 즉, 이 세 사람은 수렵 생활을 했으니 선사시대 사람이고 그들이 가진 성씨는 후대에 사람들이 붙여준 것이라고 말입니다. 그러나 이 신화에 따르면 이 세 사람으로 인해 탐라국이라는 나라가 시작되었다고 하니 이 세 사람은 국가 체제가 생긴 뒤에 나타난 사람이라고 보아야 할 것입니다.

어떻든 이 신화 때문에 사람들은 제주도에는 인류가 꽤 늦은 시기, 즉 선사시대가 아니라 역사시대가 되어서야 살았을 것이라고 생각하는 경향이 있습니다. 그러니까 제주도에는 흡사 구석기시대나 신석기시대가 없었던 것으로 생각할 수 있다는 것이지요. 그러나 이것은 잘못된 생각입니다. 제주도에는 구석기시대부터 신석기시대, 청동기시대, 철기시대에도 사람이 살았던 유적이 오롯이 남아 있기 때문입니다. 이 가운데 가장 오래된 것은 북제주 애월읍에 있는 '빌레못 동굴'의 유적입니다. 여기서는 동물 화석과 석기 조각이 발견됐는데, 수만 년 전의 것이라고 하니 이것들이 구석기시대 유물인 것을 알 수 있습니다. 물론 신석기시대 유물도 발견되는데 그중에서도 우리의 눈길을 끄는 것은 고인돌입니다. 이 고인돌은 육지에서는 보통 청동기시대에 보이는 유물인데, 이곳 제주에서는 초기 철기시대(대략적으로 탐라국이 등장하던 시기)에 나타났다고 합니다.

세계 일곱 곳뿐인 사람의 발자국 화석이 제주도에

그런데 제주도에는 선사시대의 유적과 관련해서 이런 유적들보다 우리의 눈길을 단번에 끄는 엄청난 유적이 있습니다. 이것은 세계적으로도 흔하지 않은 유적인데 일반 사람들에게는 그다지 알려지지 않은 것 같습니다. 이것은 선사시대에 살았던 사람의 발자국 화석으로, 서귀포시 서쪽에 있는 사계리에서 2001년에 발견된 것입니다. 여기에서는 사람 발자국과 함께 새나 사슴 같은 동물의 발자국 화석도 다수 발견되었습니다. 또 특이한 것은 매머드(맘모스)의 발자국도 발견되었다는 것입니다.

이곳에서는 아홉 사람의 발자국이 발견됐는데, 이 사람들이 살았던 시기는 후기 구석기시대로, 1만 9000년~2만 5000년 전인 것으로 추정된다고 합니다(2012년에 추가로 사람의 발자국 화석이 발견됐다고 합니다). 이 사람들의 신장은 대체로 150~160센티미터인 것으로 보고되었는데, 선사시대에 살았던 사람들에 대해 이렇게 생생한 기록이 남은 것은 다른 곳에서 그 유례를 찾아보기 힘들다고 합니다. 사람의 발자국 화석이 있는 것은 전 세계적으로도 일곱 군데밖에 없는데, 이곳의 화석이 그중의 하나이니 얼마나 대단한 유적인지 알 수 있습니다. 게다가 아시아에서는 최초의 발견이라고 하더군요.

그래서 우리는 제주도에 사람들이 언제부터 살았는지를 정확하게는 모르지만 적어도 후기 구석기시대에는 살고 있었다는 것을 알 수 있습니다. 저는 이 같은 유적이야말로 제주도의 진정한 가치를 높이는 것이라고 생각합니다. 그러니까 제주도는 지질학적으로도 훌륭한 땅이지만 사람 발자국 화석을 통해서 알 수 있는 것처럼 인류학적으로도 대단한 땅이라는 것이지요. 그래서 우리는 제주도를 생각할 때 자연과 인간을 동시에 살펴야 하는 것입니다.

세 성씨 고, 부, 양! 그들이 외부인이라고?

그러면 앞에서 본 세 성, 즉 고씨, 부씨, 양씨를 가진 사람과 이 선사시대 사람들은 서로 어떤 관계가 있을까 하는 의문이 생기지 않을 수 없습니다. 이 세 성씨가 과연 지금 말한 후기 구석기시대 사람이었을까요?

앞에서 이미 그렇게 볼 수 없다고 했습니다. 이 세 성씨로부터 국가가 비롯되었다고 하니 이들은 선사시대 사람이 아니라는 것이지요. 그래서 저의 순전한 추측인데, 이 세 성씨들은 앞선 문화를 갖고 외부로부터 들어온 사람이 아닐까 하는 생각이 듭니다. 이 사람들은 뛰어난 문화를 갖고 있었기 때문에 이곳에서 지배계급이 되었고 그러한 권력을 바탕으로 국가를 세웠다고 볼 수 있지 않을까요?

이와 비슷한 경우는 신라에서 찾을 수 있습니다. 신라 초기의 왕들은 박씨와 석씨, 그리고 김씨가 돌아가면서 왕위에 앉았는데, 이 세 성씨는 앞선 문화를 가지고 외부로부터 들어온 사람들이라는 설이 있습니다. 이들은 선진화된 문물을 갖고 있었기 때문에 신라의 지배계급이 되었다는 것이지요. 그중에서 김씨는 가장 늦게 들어왔는데, 매우 우수한 기술과 문화를 갖고 있어서 왕위를 독점했다는 것입니다. 실제로 김씨는 미추왕 때부터 왕위를 독점해 신라는 김씨 왕조가 되지 않았습니까? 이것을 그대로 제주에도 적용하면 어떨까 하는 생각인데, 더 확실한 것은 학자들의 연구를 기다려 보아야겠습니다.

세 성씨의 탄생 설화가 지닌 뜻

이 세 성씨와 관련해서 꼭 언급해야 하는 것은 그들의 탄생 모습입니다. 그들은 땅에 있는 세 구멍을 통해 지상으로 나왔다고 하는데, 이것은 한반도의 다른 지역에서는 발견되지 않는 희귀한 신화입니다. 부여나 신라, 가야 등의 시조 신화를 보면 모두 하늘에서 내려온 것으로 되어 있는데 제주의 경우는 시조가 땅에서 솟았다고 하니 특이한 것이지요.

이에 대해서는 몇 가지 설이 있는데 가장 유력한 설은 농경문화와의 관련성입니다. 인류의 신화를 보면 시조의 연원과 관련해 대강의 경향이 보입니다. 즉, 유목 민족의 경우에는 신이나 시조가 하늘에서 내려오는 존재이고 농경 민족의 경우는 땅에서 올라오는 존재라는 것이 그것입니다. 유목 민족들은 노상 돌아다니며 살았으니 땅이 큰 의미를 가지지 않습니다. 그 때문에 그들은 시조 같은 중요한 존재가 땅에서 비롯됐다고 여기지 않습니다. 이에 반해 농경 민족은 생명의 근원인 곡식을 땅에서 얻으니 땅을 가장 신성한 것으로 생각하게 됩니다. 따라서 그러한 생각의 연장으로 자신들의 시조와 같은 중요한 존재가 땅에서 비롯되었다고 생각한다는 것입니다. 이것을 염두에 두고 살펴보면, 세 성이 땅속에서 나왔다는 것은 그들이 농경문화에 속한 존재임을 말해줍니다. 저는 이 설에 동의하는데 해석을 하는 김에 개인적인 억측을 하나 더 붙여볼까 합니다. 제주도는 땅에서 용암이 솟아 만들어진 섬입니

▲ 한라산 천연보호구역
ⓒ 국가문화유산포털

다. 그러니까 모든 것이 땅(정확히는 바다)에서 솟아오른 것이 됩니다. 사정이 이렇다면 제주도에 살았던 옛사람들은 자신들의 시조도 땅에서 솟아 나왔다고 생각하지 않았을까 하는 추단을 조심스레 해봅니다.

지질학적으로 본 제주도

제주도에 살았던 사람들의 이야기는 여기까지 하고 제주도의 자연으로 시선을 돌리기로 합니다. 이에 대해서는 수없이 많은 자료가 있고 그런 자료를 쉽게 얻을 수 있어 여기서 그 주제를 장황하게 설명할 필요성을 느끼지 못합니다. 그런데 그 자료들은 많은 경우 너무나 전문적인 용어로 되어 있어 비전공자들은 이해하기 어려울 때가 많습니다. 따라서 여기서는 가능한 한 간단하게 쉬운 용어로 설명하려 합니다. 그리고 그 대상은 유네스코 자연유산에 등재된 것에 국한하려 합니다.

한라산은 어떻게 생겨났을까?

제주도에서 세계자연유산으로 지정된 지역은 한라산, 성산일출봉, 거문오름 용암동굴계 등 세 지역이니 이것들을 중심으로 보기로 합니다. 제주도와 한라산은 떼려야 뗄 수 없는, 혹은 더 나아가서 제주도는 곧 한라산이라고 말할 수 있을 정도로 양자는 관계가 깊습니다. 제주도의 시작은 우선 120만 년 내지 100만 년 전에 화산이 터진 것으로 잡아야 합니다. 그러나 한 번의 화산폭발로 제주도가 이루어진 것은 아닙니다. 이때부터 2만 5000년 전까지 적어도 4단계의 화산 활동을 거친 끝에 현재의 제주도가 만들어진 것이라고 합니다. 그러면 현재 규모의 용암대지는 언제 만들어졌을까요? 대략적으로 말하면 약 60만 년 전부터 약 30만 년 동안 용암이 흐르면서 현재와 같은 용암대지가 형성되었다고 합니다. 이때 용암이 물 흐르듯이 흘러나와 경사가 완만한 용암대지가 만들어졌다는 것이지요. 그러나 이때에도 아직 한라산 정상에 있는 종을 엎어놓은 깃 같은 화산체가 형성된 것은 아니었습니다. 이러한 정황은 한라산을 멀리서 보면 알 수 있지만 특히 등반을 해보면 더 쉽게 절감할 수 있습니다. 한라산 등반은 두세 시간 아주 경사가 완만한 길을 걷다가 마지막에 매우 가파른 산길을 가야 합니다. 성판악에서 올라가면 진달래밭 대피소까지는 약 세 시간이 걸리는데 그다음에 백록담까지 가는 2.3킬로미터의 길이 대단히 가파릅니다. 물론 이 길도 계단으로 되어 있고 경치도 기가 막혀 힘들다는 것을 잘 느끼지 못하지만 그래도 1시간 반 정도를 계속 오르막길을 오르는 것은 쉬운 일이 아닙니다.

한라산 등반 시 마지막에 걷는 이곳이 바로 한라산의 화산체로서, 약 30만 년 전부터 10만 년 전 사이에 만들어졌다고 합니다. 백록담은 약 12만 년 전에 만들어졌다고 하니 이때 한라산의 현재 모습이 형성된 것으로 보아야 할 것입니다. 그리고 그 뒤 10만 년 전부터 2만 5000년 전까지는 후속 화산 활동이 계속되어 기생화산인 오름들이 적잖이 생기게 됩니다. 현재 제주도에는 약 360개의 오름이 있으니 상당히 많은 것입니다. 그런데 이것으로 화산 활

NATURE
#20

동이 끝난 것은 아닌 모양입니다. 이전 역사 기록을 보면 적어도 고려시대에 두 번(1002년과 1007년), 그리고 조선시대에도 두 번(1455년과 1570년)에 걸쳐 용암이 분출되었다는 기록이 있으니 말입니다. 그런데 이때 사람들이 죽었다고 하니 작은 폭발이 아니었던 모양입니다.

화산섬 중에서도 특이한 제주도

이것이 제주도와 한라산이 만들어진 배경인데, 한라산이 이것만으로 세계자연유산에 등재된 것은 아닙니다. 제주도 같은 화산섬은 전 세계에 꽤 많습니다. 섬으로 구성된 필리핀이나 인도네시아 등이 다 그런 예인데, 제주도는 이런 섬들과는 다른 특별한 점이 있습니다. 원래 화산 폭발은 대륙 지각판들의 경계선에서 이루어진다고 합니다. 아무래도 지각판이 만나는 곳에는 틈이 있을 테니 용암이 이 지점을 뚫고 나오는 모양입니다. 그런데 한라산 화산은 지각판의 경계선에서 폭발이 이루어진 것이 아니라 지각판 내부에서 폭발한 것으로, 이러한 예는 하와이 화산섬 정도만 그것에 해당하고 전 세계적으로 드문 경우라고 합니다. 이 지각판 위에는 '열점熱點, hot spot'이라는 것이 있는데 여기에서 용암이 분출된 것입니다. 이러한 점 덕에 한라산이 세계자연유산으로 선정됐다고 하더군요.

이것이 한라산에 대한 대강의 설명인데, 더 자세히 보려면 언급해야 할 것들이 많습니다. 예를 들어 백록담의 화구를 보면 서쪽에는 조면암이, 동쪽에는 현무암이 각각 반씩 차지하고 있다는 것 등이 그런 것입니다. 전문가에 따르면 조면암질의 용암 돔이 만들어진 뒤 현무암질의 용암이 분출하면서 이러한 모습이 형성되었다고 하는데, 그 설명이 어렵고 전문적이라 귀에 잘 들어오지 않습니다. 그런 설명을 듣는 것도 좋지만 비전문가인 우리는 조면암으로 구성된 '영실기암'의 최고 절경을 즐기는 것으로 만족하는 편이 낫겠습니다.

성산일출봉

일출봉에 해 뜨거든 날 불러주오, 성산일출봉

다음에 우리가 볼 것은 제주도에서 대표적인 수성화산체라고 할 수 있는 성
산일출봉입니다. 이 일출봉은 수만 년 전에 폭발했다고 하는데, 수성화산은
용암이 육지에서 분출되는 것이 아니라 얕은 바닷속에서 터져서 생긴 화산
을 말합니다. 온도가 섭씨 1000도가 넘는 뜨거운 용암이 바닷물을 만나면 격
렬한 폭발을 일으키며 수증기 기둥을 형성합니다. 이때 나온 화산재들은 화
구 주위에 차곡차곡 쌓이게 되지요. 이렇게 해서 생긴 화산구를 '응회구凝灰
ロ'라고 부르는데, 응회라는 것은 화산재가 엉기면서 쌓였다는 것을 뜻합니
다. 그런 다음 오랜 세월에 걸쳐 파도가 네 면을 절묘하게 깎아냈는데, 그 결
과 나온 것이 현재의 모습입니다.

화산섬이 웅장한 육지가 되어

일출봉의 가치는 이 화산체의 모습을 자세하고 정밀하게 볼 수 있다는 데에

NATURE
#20

제주 거문오름 용암동굴계 북오름굴
ⓒ 국가문화유산포털

서 찾을 수 있다고 합니다. 파도가 이 화산체의 겉면을 깎았기 때문에 이것이 가능하게 된 것입니다. 이 때문에 화산 폭발 당시 만들어진 퇴적 구조를 있는 그대로 관찰할 수 있게 되었습니다. 그뿐만이 아닙니다. 일출봉은 원래 화산섬이었는데 파도에 의해 깎인 물질들이 계속 쌓이고 그것이 육지로 이어지면서 지금과 같은 모습이 되었습니다. 섬이 육지가 된 것이지요. 일출봉에는 이 과정이 지면에 고스란히 반영되어 있어 그 변화되는 모습을 확실하게 관찰할 수 있다는 점이 높은 평가를 받았습니다.

사실 일출봉을 생각할 때 이 같은 지질학적인 설명도 중요하지만 우리 같은 비전문가들은 "일출봉에 해 뜨거든 날 불러주오"와 같은 노래 가사를 통해 일출봉을 느끼는 것이 더 의미가 있지 않을까 합니다. 이런 가사를 읊조리면서 일출봉의 웅장한 모습을 감상하는 게 진정한 감상이라는 것이지요. 육지와 연결된 서쪽을 제외하고 높이 약 180미터의 위용을 자랑하는 일출봉은 남쪽, 북쪽, 동쪽이 모두 가파른 절벽으로 되어 있어 그 기세가 엄청납니다. 흡사 우뚝 서 있는 성곽이나 장엄한 왕관을 보는 느낌입니다. 또 여러 방향에서 보는 일출봉도 장관인데, 개인적으로는 섭지코지에서 바라보는 일출봉의 장엄한 모습을 잊을 수 없습니다. 또 용눈이오름과 같은 주변 오름에서 바라보는 일출봉도 꽤 멋있었던 기억이 있습니다. 무엇보다도 일출봉이라는 이름에 걸맞게 해가 뜰 때 가서 일출봉 정상에서 해를 맞이해야 하는데 아직 그 장관은 보지 못해 안타깝습니다. 일출봉과 더불어 수월봉이나 송악산도 같은 수성화산이니 시간이 되면 이 산들도 같이 보면 좋을 것입니다.

세계적인 용암동굴을 찾아

다음은 '거문오름 용암동굴계'입니다. 이 지역은 거문오름보다 이곳에서 흘러나온 용암으로 인해 생긴 동굴들이 더 유명한 자연유산이 되었습니다. 거문오름은 이 용암동굴계를 형성한 모체 역할을 했습니다. 이 거문오름의 분화구에는 속이 깊이 파인 화산구가 있는데 그 안에는 또 작은 봉우리가 있습니다.

　이 오름은 북동쪽이 터져 있어 말굽형 모습의 분화구를 갖고 있었는데 화산이 폭발했을 때 그 방향으로 용암이 흘러가 13킬로미터 떨어진 바닷가까지 간 것입니다. 이렇게 용암이 흘러가면서 용암동굴이 생겨난 것인데 그 과정을 아주 간단하게 보면 다음과 같습니다. 용암이 흐를 때 그 윗부분은 찬 공기를 만나 식으면서 지표를 만듭니다. 그러는 사이 지표 안에 흐르는 용암은 계속 흐르고 이것이 다 흐르면 속이 비면서 동굴이 만들어지는 것입니다.

용암동굴이면서 석회암동굴

이렇게 해서 생겨난 동굴에는 만장굴을 비롯해 많은 동굴이 있는데 원래 이 동굴들은 모두 연결되어 있었다고 합니다. 그러다가 천장이 무너져 내리면서 지금처럼 분리되었을 것으로 추정하지요. 이 굴들의 높이는 3~20미터 사이인데 평균으로 하면 6미터가 되고, 너비는 3~23미터 사이인데 평균으로 하면 4~5미터가 된답니다. 이 동굴 무리가 세계적인 유산이 된 데에는 여러 이유

NATURE
#20

가 있습니다. 우선 이 동굴에는 용암동굴이 생기는 과정이 여러 흔적으로 남았고, 그것이 잘 보존되어 있어 학술적 가치가 매우 크기 때문입니다. 이 동굴들의 학술적 가치는 여기서 끝나지 않습니다. 이 동굴들은 용암동굴이지만 석회암동굴의 특징도 동시에 갖고 있다고 하는데, 그 희귀성이 인정되어 세계자연유산이 된 것입니다.

이 동굴들이 용암동굴이면서 석회암동굴의 특징을 갖게 된 과정을 살펴보면 대략 이렇습니다. 먼저 바다에서 흰 모래가 바람에 날려 이 동굴 위에 쌓였습니다. 이 모래는 바다에 사는 생물체들의 껍질이 부서진 것으로 탄산염의 성분을 갖고 있었습니다. 이것이 빗물에 녹아 동굴 안으로 흘러들었습니다. 여기에서 탄산염 성분이 침전되면서 다양한 2차 석회 생성물이 만들어진 것입니다. 이 생성물들은 아주 아름다운 모습을 지니게 되는데, 이 모습은 벵뒤굴이나 용천굴에서 잘 볼 수 있다고 합니다. 그 모습을 보면, 천장에 '종유관'이 생기는데 이것은 빨대처럼 긴 모양을 하고 있습니다. 그런데 이 종유관의 둘레가 넓어지고 길이가 길어지면 '종유석'이 됩니다. 이 종유석에서 물방울이 떨어져 땅바닥에 원추형 돌출물을 만드는데 이것을 '석순'이라고 부르지요. 그러다 수백만 년이 지나 종유석과 석순이 맞닿으면 '석주'가 됩니다. 한마디로 말해 커다란 기둥이 만들어지는 것입니다. 이런 것 외에도 산호처럼 생겨서 '동굴 산호'라고 부르는 것도 있습니다.

이처럼 이 동굴 안에는 다양한 석회질 동굴생성물이 잘 보존되어 있습니다. 조사 보고서를 보면 이 동굴 가운데 하나인 당처물동굴은 규모가 매우 작은 동굴이지만, 이 동굴 내에서 발견되는 석회질 동굴생성물은 세계 최고의 아름다움을 자랑한다고 하더군요. 아울러 용천동굴의 석회질 동굴생성물 역시 세계 어디서도 볼 수 없는 화려한 장관을 이룬다고 합니다. 또 벵뒤굴은 세계에서 가장 복잡한 미로형 동굴이라는 평도 있습니다. 그러나 이런 설명들이 공허하게 들리는 것은 이 동굴들이 개방되어 있지 않기 때문입니다. 사진으로만 볼 수 있으니 이 동굴들이 실제로는 얼마나 멋진지 알 수 없는

제주 만장굴 내부
ⓒ 송혜나

일입니다. 한편, 재미있는 것은 이 동굴들이 발견된 것이 그리 오래되지 않았다는 것입니다. 벵뒤굴은 1988년에 그 존재가 알려졌는데 더 극적인 경우는 용천굴입니다. 이 굴은 2005년에 발견되었는데, 그 발견되는 과정이 코믹하기까지 합니다. 인부들이 도로를 공사하는 중에 전신주를 심었는데 전신주가 밑으로 쭉 빠졌다고 합니다. 그래서 조사해 보니 그 밑에 엄청난 동굴이 있었던 것입니다. 이것이 바로 용천굴이었지요.

지금까지 설명한 주제에 관해 자세한 정보를 얻으려면 거문오름 입구에 있는 제주세계자연유산센터를 방문하는 것이 가장 좋은 방법일 것입니다. 이곳에 가면 제주도의 세계자연유산에 대해 확실한 정보를 얻을 수 있는데, 특히나 인상적인 것은 이 센터에 동굴 내부를 재현해 놓은 것입니다. 그중에서도 당처물동굴을 재현해 놓은 것은 실로 멋있었습니다. 이 동굴은 앞에서 말한 것처럼 석회질 생성물이 아름답기로 이름이 높은데, 개방하지 않으니 그 아름다움을 체감할 길이 없습니다. 그런데 이 센터 안에 그 동굴의 내부를 부분적으로 재현해 놓았으니 얼마나 좋습니까? 진짜 동굴에 가면 바닥이 미끄

NATURE
#20

럽고 울퉁불퉁해 걷는 것이 힘든데 이곳은 그런 것이 없으니 더 좋습니다. 실내에 재현해 놓았으니 바닥이 평평해 편안하게 관람할 수 있습니다.

심상치 않은 만장굴

그런데 이런 동굴 중에 개방된 곳이 있으니 이곳을 꼭 방문하면 좋겠습니다. 이곳은 잘 알려진 대로 만장굴입니다. 거문오름에서 바닷가인 구좌읍까지 13킬로미터에 걸쳐 동굴이 형성되었는데, 그중에 만장굴이라고 이름 붙인 곳은 길이가 약 7킬로미터나 됩니다. 그리고 그중 1킬로미터만이 개방되어 있습니다. 세계적으로도 이렇게 큰 동굴은 흔하지 않다고 합니다. 전 세계에 용암 동굴이 많이 있지만 만장굴처럼 용암 종유나 석순 등 다양한 생성물들이 제대로 보존된 곳은 드물어 이 만장굴의 학술적 가치는 매우 큽니다. 만장굴에 들어갔을 때 가장 먼저 놀라는 것은 그 규모입니다. 만장굴은 높이가 높은 곳은 20미터, 또 너비가 넓은 곳은 약 20미터에 달한다고 하는데 입구 부분도 꽤 넓다는 느낌을 줍니다. 그다음에 받는 인상은 온도가 쾌적하다는 것입니다. 기온이 항상 15도 내외라 여름에는 시원하고 겨울에는 따뜻한데, 대신 습도는 거의 100퍼센트에 달합니다. 그래서 바닥이 젖은 곳도 있으니 걸을 때 주의해야 합니다.

불편한 점도 있는데, 그것은 바닥이 고르지 못하고 울퉁불퉁해 신경이 많이 쓰인다는 것입니다. 그래서 어떤 사람은 바닥에 신경 쓰느라 정작 동굴 내부를 제대로 보지 못했다고 푸념하기도 합니다. 따라서 우리는 천천히 둘러볼 각오를 하고 들어가야 합니다. 사실 동굴 안으로 들어가면 볼 것이 많아서 자연히 천천히 걷게 됩니다. 마지막으로는 동굴에 대해 충분히 공부하고 들어가야 한다는 것입니다. 앞에서 말한 것처럼 이 동굴 안에는 아주 다양한 생성물들이 있는데 미리 학습하지 않으면 이런 것들을 다 놓치고 그저 색색 조명에 비친 동굴만 보다가 나올 수 있습니다. 이 동굴의 내부에 있는 생성물에 대해서는 만장굴 홍보관에 잘 설명되어 있으니 동굴에 들어가기 전에 그곳을 꼭 미리 둘러보고 갈 것을 추천합니다.

동굴 안에는 앞에서 말한 것처럼 용암 종유나 용암 석순, 용암 유석, 용암 유선, 용암 선반 등 아주 다양한 용암동굴 생성물이 있는데, 여기에 그 실물이 없으므로 자세하게 설명하는 것은 별 효과가 없을 것 같습니다. 이에 대한 상세한 설명은 실제로 동굴에 들어가기 전에 홍보관에 가서 사진을 보면서 학습하는 게 훨씬 더 효율적일 겁니다. 그래도 인상 깊었던 것을 언급했으면 하는데, 가장 놀라웠던 것은 굴의 벽 중간 부분에 선명하게 나 있는 용암 유선이었습니다. 이것은 이곳을 흐르던 용암의 양이 줄어들면서 그 높이가 벽면에 선으로 남은 것이라고 합니다. 굴 내부에 계속해서 이 선이 있었다는 것인데 수십만 년 전에 바로 이 부분에 시뻘건 용암이 흘렀다고 생각하니 감회가 남달랐습니다. 또 바닥에는 용암이 흐르다 밀려서 밧줄 모양처럼 된 부분도 있어 당시 용암이 흘렀던 모습이 연상되기도 했습니다. 그런가 하면 용암이 흘러 발가락처럼 표현된 곳도 있었고, 천장에서 떨어진 용암 덩어리가 바닥에 흐르던 용암에 실려 떠내려가다 식으면서 생겼다는 일명 '거북바위'도 아주 신기했습니다. 물론 이 동굴 답사의 하이라이트는 마지막 부분에 있는 용암 석주, 즉 용암 기둥입니다. 이것은 높이가 7.6미터인데 용암 석주로는 세계에서 가장 큰 것이라고 하지요? 이 굴은 불과 1킬로미터밖에 되지 않았지만 이렇게 하나하나 되씹어 가며 보니 시간이 상당히 걸렸습니다. 두 시간을 훌쩍 넘겨 관람을 다 마치고 나오니 흡사 별세계에 다녔다 온 것 같아 정신이 얼얼했던 기억이 납니다.

한국 문화의 보고, 제주를 정리하며

이렇게 해서 제주도의 유네스코 자연유산에 대해 주마간산 격으로 살펴보았는데, 이 섬에는 이 외에도 지질학적으로 볼 것이 많습니다. 예를 들면 360여 개에 달하는 오름이 있고 웅장함을 자랑하는 주상절리 등이 있는데 이런 것

NATURE
#20

들을 일일이 다 다루면 아마 하나의 단행본으로도 부족할 겁니다. 또 제주도가 유네스코에 의해 생물권보전지역으로 지정된 데에서 알 수 있듯이, 이곳에는 다양한 식물들이 서식하고 있습니다. 예를 들어 한라산 하나만 놓고 보아도 정상에는 한대성 식물종이, 저지대에는 난대성 식물종이 서식하는 등 매우 다양한 식물들이 자라고 있는 것을 알 수 있습니다. 특기할 만한 사실은 한국의 멸종위기종과 보호야생종의 약 2분의 1이 제주도에 있다는 것입니다. 사정이 이러하니 이 섬이 식물학적으로 얼마나 귀중한 섬인지 알 수 있을 것입니다.

지금까지의 이야기들은 자연과 관계된 것이고, 인간 역사와 관련해서 제주도를 파헤치기 시작하면 완전히 다른 이야기가 나옵니다. 특히 중국의 원나라가 일본 침공을 위해 제주도에 '탐라총관부'를 설치하고 직접 지배하면서 이 섬에 남겨놓은 영향은 막대합니다. 제주도를 연상하면 말이 떠오르는 경우가 많은데, 말을 기르는 전통이 이때 생겼다는 것은 잘 알려진 사실입니다. 원은 목장을 만들기 위해 한라산 기슭에서 해발 600미터에 이르는 지역에 나무를 태우고 초원을 만들었다고 하는데 지금도 이 흔적이 남아 있습니다. 그런가 하면 김정희가 9년 동안 유배 생활을 한 흔적을 찾아보거나 헨드릭 하멜이 표류해 도착한 바닷가에 가서 그의 족적을 살피는 것도 재미있는 일이 될 것입니다. 또 현대에 와서 제주 역사에서 가장 비극적인 사건이라 할 수 있는 4·3 사건에 대해 살펴보는 것도 좋은 답사거리가 될 것입니다. 이 사건은 제주 곳곳에 흔적을 남기고 있는데, 그것을 찾아 이 사건을 재구성해 보면 제주도의 현대사를 아는 데에 많은 도움이 될 것입니다.

이 지면에서는 제주도의 상징처럼 되어 있는 돌하르방에 대해서는 전혀 언급하지 못했습니다. 이 장승은 육지 장승과 많이 달라 상세한 설명이 필요한데, 아쉽게도 다루지 못했습니다. 이렇게 보면 이 섬과 관계된 인간과 자연에 관한 이야기를 전부 훑는 것은 불가능한 일일지도 모릅니다. 제주도는 그렇게 '스토리'가 풍부한 한국 문화의 보고 같은 섬입니다.

최준식

서강대학교 사학과 졸업
미국 템플대학교 종교학과 대학원 졸업
이화여대 한국학과 교수 역임
현재 이화여대 명예교수

대표 저서: 『한국인에게 문화는 있는가』, 『한국 음식은 '밥'으로 통한다』, 『한 권으로 읽는 우리 예술 문화』, 『예순 즈음에 되돌아보는 우리 대중음악』, 『국악, 그림에 스며들다』(공저), 『그릇, 음식 그리고 술에 담긴 우리 문화』, 『서촌이야기』 등

아는 듯 몰랐던 한국 문화

ⓒ 최준식, 2023

지은이 **최준식** | 펴낸이 **김종수** | 펴낸곳 **한울엠플러스(주)**

편집 **신순남, 이동규**

초판 1쇄 인쇄 **2023년 12월 5일** | 초판 1쇄 발행 **2023년 12월 20일**

주소 **10881 경기도 파주시 광인사길 153 한울시소빌딩 3층**
전화 **031-955-0655** | 팩스 **031-955-0656** | 홈페이지 **www.hanulmplus.kr**
등록번호 **제406-2015-000143호**

ISBN **978-89-460-8274-8 03910**

Printed in Korea.
책값은 겉표지에 표시되어 있습니다.